# PSICOTERAPIA
## FENOMENOLÓGICO-EXISTENCIAL

CB030581

**VALDEMAR AUGUSTO ANGERAMI**
(ORGANIZADOR)

André Roberto Ribeiro Torres
Bruno Gonçalves
Daniela Ribeiro Schneider
Débora Candido de Azevedo
Denis Eduardo Batista Rosolen
Érica Eneas Rodrigues
Luiz José Veríssimo

Mayara Cristina Fonseca Oldoni
Rafael Renato dos Santos
Rayza Alexandra Aleixo Francisco
Sonia Maria Machado de Oliveira Nukui
Sylvia Mara Pires de Freitas
Tereza Cristina Saldanha Erthal
Tiago Lupepsa

# PSICOTERAPIA
## FENOMENOLÓGICO-EXISTENCIAL

NOVA EDIÇÃO ATUALIZADA

Psicoterapia fenomenológico-existencial
Nova edição atualizada
Copyright © 2017 Artesã Editora

É proibida a duplicação ou reprodução deste volume, no todo ou em parte, sob quaisquer formas ou por quaisquer meios (eletrônico, mecânico, gravação, fotocópia, distribuição na Web e outros), sem permissão expressa da Editora.

**COORDENAÇÃO EDITORIAL**
Karol Oliveira

**DIREÇÃO DE ARTE**
Tiago Rabello

**REVISÃO**
Maggy de Matos

**CAPA**
Karol Oliveira

**IMAGEM DE CAPA**
Evandro Angerami

**PROJETO GRÁFICO E DIAGRAMAÇÃO**
Conrado Esteves

---

A587    Angerami, Valdemar Augusto, 1950-.
            Psicoterapia fenomenológico-existencial / Valdemar Augusto Angerami. – Belo Horizonte : Ed. Artesã, 2017.
            420 p. ; 24 cm.

            ISBN: 978-85-88009-81-3

        1. Psiquiatria. 2. Psicoterapia. 3. Psicoterapia existencial. 4. Fenomenologia. 5. Psicoterapia Sartriana. I. Título.
                                                                                    CDU 616.89

---

Catalogação: Aline M. Sima CRB-6/2645

**IMPRESSO NO BRASIL**
*Printed in Brazil*

**ARTESÃ EDITORA LTDA.**
Site: www.artesaeditora.com.br
E-mail: contato@artesaeditora.com.br
Belo Horizonte/MG

Apresentação..................................................................................................7

CAPÍTULO 1
**A Psiquiatria sob Sartre. Uma psiquiatria humana...** ...........................9
*Valdemar Augusto Angerami*

CAPÍTULO 2
**Psicoterapia, detalhes e nuances...** .................................................55
*Valdemar Augusto Angerami*

CAPÍTULO 3
**O fenômeno da Alienação Parental no contexto judiciário.**
**Possibilidade de intervenção sob o enfoque fenomenológico existencial**...........87
*Tiago Lupepsa*

POESIA
**Sinto tanta falta de você...** ...............................................................117
*Valdemar Augusto Angerami*

CAPÍTULO 4
**Encontros terapêuticos na Proposta do Plantão Psicológico: o olhar**
**da supervisão clinica sob a perspectiva fenomenológico-existencial**..............119
*Sonia Maria Machado de Oliveira Nukui*

CAPÍTULO 5
**Análise situacional ou psicodiagnóstico infantil:**
**uma abordagem fenomenológico-existencial**...................................................133
*Débora Candido de Azevedo*

CAPÍTULO 6
**Sentimento de Inadequação e Comunicação Não-Violenta**............................159
*André Roberto Ribeiro Torres*

POESIA
**Douze baiser...** .................................................................................171
*Valdemar Augusto Angerami*

CAPÍTULO 7
**Temporalização e liberdade. É o ser humano livre para mudar?** .....................173
*Tereza Cristina Saldanha Erthal*

CAPÍTULO 8

**Adolescentes em conflito com a lei:**

**em busca de uma perspectiva fenomenológica**....................................189

*Rafael Renato dos Santos*

CAPÍTULO 9

**Análise de um caso clínico sob a ótica de Sartre**.............................209

*Mayara Cristina Fonseca Oldoni*

CAPÍTULO 10

**A psicologia no sistema prisional**.........................................................223

*Érica Eneas Rodrigues*

CAPÍTULO 11

**Nietzsche e a Psicologia:**

**uma proposta de psicoterapia nietzschiana**......................................243

*Bruno Gonçalves*

CAPÍTULO 12

**Interlocução com o pensamento de Sartre:**

**fundamentos e prática de uma psicoterapia**......................................265

*Luiz José Veríssimo*

CAPÍTULO 13

**A clínica psicológica inspirada na obra sartriana**............................295

*Denis Eduardo Batista Rosolen*

CAPÍTULO 14

**Psicoterapia e fenômeno humano**.........................................................319

*Valdemar Augusto Angerami*

POESIA

**Parêmia Dádiva que a vida se nos presenteia**....................................357

*Valdemar Augusto Angerami*

CAPÍTULO 15

**Contribuições para uma clínica do trabalho existencialista sartriana**..............359

*Rayza Alexandra Aleixo Francisco e Sylvia Mara Pires de Freitas*

CAPÍTULO 16

**Existe uma psicopatologia existencialista?!** ......................................389

*Daniela Ribeiro Schneider*

**Os autores**...............................................................................................413

# Apresentação

*Valdemar Augusto Angerami*

Ouvindo Debussy e tomando a dose noturna do vinho companheiro. O estalar do fogo na lareira exibe alternância de sons disforme, sem qualquer harmonia rítmica. A cor se alterna, devido a presença de revistas, que foram lançadas junto com a madeira, para produzirem cores no fogo. A cor predominante, quando temos apenas a madeira queimando, é o amarelo, mas a presença de revistas provoca alternâncias entre variações de azul, amarelo e um tom levemente esverdeado, em linda alternância cromática. E, um pouco antes, admirei a outro espetáculo que a repetição não cansa: o contorno das montanhas ao longe, sombreado pela luz do luamento. Noite fria tornando incrédula a percepção de que estamos na Primavera. E isso em que pese ao longo do dia, a apreciação dos Ipês Brancos, Amarelos e Verdes, os Ipês da Primavera embora o Ipê Roxo em sua majestosa exuberância de Inverno ainda se mostra portentoso mesmo sem a leveza de suas flores. O silêncio da mata traz uma magia e mistério, que se esconde em seus detalhamentos. Tento alinhavar as ideias, para escrever a apresentação de um novo livro, experiência que sempre me é emocionante. E de um livro que também traz alternâncias dos trabalhos realizados, a partir da ótica fenomenológico existencial. Trabalhos que mostram o modo como se realiza a prática da psicologia e psicoterapia sob essa égide. Ousadia em seus princípios e postulações, mas que certamente se tornarão referência a todos que se debrucem sobre ele em busca de subsídios teóricos e filosóficos. Nova obra a embalar nossos sonhos de uma sociedade mais justa e fraterna. Sonho que se renova a cada dia, em que pese tantas injustiças e mazelas que vivemos em nossa realidade contemporânea. A fé inquebrantável de que nossos livros contribuem com a construção de justeza social se renova a cada partilha. E por maiores que sejam as asperezas do caminho continuaremos na renovação dessa esperança.

Serra da Cantareira, numa noite fria de Primavera.

CAPÍTULO 1

# A Psiquiatria sob Sartre.
# Uma psiquiatria humana...

*Valdemar Augusto Angerami*

*Para Kess,*
*simplesmente Kess...*

## Introdução. Ou de como me aproximei da obra de Sartre...

*O trovão é estrondoso, mas é sinal de que o perigo do raio cessou.*
(SABEDORIA CIGANA)

Na faculdade, em que efetivei o curso de psicologia, a disciplina de psicopatologia era oferecida no 8º semestre. O conteúdo da disciplina versava sobre conceitos da psiquiatria clássica mais a observação e discussão de casos observados, em um hospital psiquiátrico. Tudo era arrolado a partir dos conceitos de entidades nosológicas tradicionais, em que nem mesmo as correntes alternativas de psiquiatria tinham espaço. Um grupo de psiquiatras se alternava entre as aulas teóricas e as discussões realizadas no hospital psiquiátrico, depois da observação e descrição do caso que era exibido.

No momento em que adentrei para o oitavo período, concomitantemente, estudava violão erudito com o Prof. Benedito Moreira[1] e, além das aulas de violão, tinha com ele também grande afinidade literária. Foi por seu intermédio, inclusive, que um romance de Sartre, *A Náusea*[2], chegou às minhas mãos. Familiarizado e apaixonado pela obra de Dostoievsky, fiquei fascinado com a escrita de Sartre e o modo como ele analisava cada um das personagens

---

[1] Benedito Moreira foi um exímio violonista, alem de um grande professor. Formou grandes musicistas ao mesmo tempo em que se tornou referência no estudo e divulgação do violão clássico no Brasil

[2] SARTRE, J.P., *A Náusea*. São Paulo: Difusão Europeia do Livro, 1970.

do enredo e a maneira como tudo se enfeixava de maneira indescritível. Lia Dostoievsky, Tolstoi, George Sand, Sartre e outros romancistas e não possuía a menor afinidade com os textos estudados e referendados na aula de psicopatologia.[3] E assim fui para a primeira prova: sem qualquer sintonia com os textos e nem mesmo com o conteúdo das aulas. A prova constava de dois casos, para serem analisados à luz dos ensinamentos e textos discutidos em aula.

E, num dado momento, sem que pudesse saber as razões dessa insubordinação, ao invés de analisar os casos apresentados sob a ótica dos textos apresentados em aula, comecei a analisá-los a partir do modelo sartriano conhecido apenas e tão somente pelo romance *A Náusea*, e pela maneira como Dostoievsky descria suas personagens. Escrevi várias páginas nessa análise e entreguei a prova com a consciência de que talvez essa insubordinação e irreverência me custassem a própria reprovação na disciplina. Mas, certamente foi uma força imperiosa que me impeliu a fazer análise diferente dos modelos apresentados em aula e nas discussões do hospital psiquiátrico. E nesse estado de inquietação e ansiedade permaneci até o dia em que o professor trouxe as provas devidamente corrigidas e as respectivas notas. Para surpresa geral, inclusive a minha mesma, tive nota máxima, e de modo surpreendente a única nota 10 de toda a turma. Não acreditei naquilo e fiquei pasmado, diante desse fato e totalmente inebriado. Achei, inclusive, que o professor diante da quantidade enorme do que havia escrito sequer havia lido o que havia produzido, dando a nota muitas mais

---

[3] Em minha vida o fascínio por esses autores sempre foi tonica principal. Uma passagem quando ainda cursava o antigo ginásio dá ideia desse quadro. O meu professore de português e literatura era o renomado Domingos Pascoal Cegala, que posteriormente se tornaria um dos principais autores da área. Em uma de suas primeiras aulas ele simplesmente perguntou à classe quem gostava de ler, e os autores lidos. Ao me manifestar positivamente ele me perguntou sobre os autores que lia. Diante da minha citação a Dostoievsky, Tolstoi, Georg Sand e Sienkiewicz ele inicialmente mostrou incredulidade. Fez algumas perguntas e ao comprovar que realmente conhecia tais autores, e ainda incrédulo disse desconhecer dentre esse Sienkiewicz. Citei algum de seus livros que havia lido principalmente sua principal obra *Quo Vadis* inclusive citando que ele havia ganhado o Premio Nobel de Literatura. Ele quis saber como essas obras chegavam às minhas mãos uma vez que ainda era muito novo para ler tais autores. Era esperado para minha idade que houvesse lido Monteiro Lobato, ou até mesmo Machado de Assis que, aliás, eram autores que havia lido a exaustão. Mas os citados não eram pertinentes a uma criança. Disse então que meu pai era assinante do Clube do Livro, e que mensalmente recebíamos pelo correio o exemplar do mês, e que trazia obra dos autores citados. Ele fez algumas anotações e na aula seguinte citou que buscou informações sobre Sienkiewicz e que era muito grato pelas informações. E nesse momento não havia o Google, ou seja qualquer pesquisa de autor era algo realmente complexo e difícil. Anos atrás o encontrei em uma feira de livro. Adulto e com vários livros publicados me identifiquei a ele que não tinha condições de me reconhecer. Mas diante das citações da infância ele se lembrou de pronto e ficou muito feliz em ver que agora éramos autores, e que o pequeno aluno que havia dado a ele as primeiras informações sobre Sienkiewicz também ensinava através de livros. Certamente ele é uma dessas pessoas que iluminam nossas vidas pela delicadeza e profundidade de seus ensinamentos.

pela quantidade, do que por uma eventual qualidade do texto. A incredulidade pela minha nota provocou uma aura de total estranhamento ao que realmente havia ocorrido, principalmente pelo fato de que havia comentado com alguns colegas a minha atitude na análise dos casos apresentados na prova. Permaneci calado, durante toda a apresentação das notas e me contive de comentários, pois eu mesmo não tinha ideia do que havia ocorrido.

Na saída, ouço o professor me chamar, dizendo que gostaria de falar comigo. E aí tive um dos maiores ensinamentos sobre o verdadeiro significado da palavra *mestre*.[4] Inicialmente, ele me elogiou pela nota e, na sequência, disse que, embora não tivesse escrito a partir dos textos apresentados em aula, havia gostado muito da minha fundamentação teórica. Alguém aceitar argumentação diversa do que havia sido pedida, certamente, é algo cada vez mais raro em uma sociedade em que a imposição do poder, representado pela nota, determina verdadeiras barbáries de subserviência teórica e até mesmo pessoal. A aceitação da diversidade teórica é algo tão intangível que, até hoje, procuro fazer desse ensinamento esteio para a vida pessoal.

Incrédulo estava, mais incrédulo fiquei, pois sequer sabia de que fundamentação teórica ele fazia referência. Mas ele foi enfático, afirmando que, embora não houvesse atendido sua solicitação teórica, havia gostado muito da minha fundamentação em antipsiquiatria. Perguntou-me, ainda, se estudava os autores de antipsiquiatria, pois havia gostado muito da minha explanação teórica. Era uma situação de total surrealismo, o professor de psiquiatria me

---

[4] Deixo de citar o nome desse professor por um pedido pessoal que ele me fez em diferentes ocasiões. Fomos colegas em algumas universidades e ele sempre me pediu que não citasse seu nome nesse episódio, pois segundo sua visão, ele não havia feito nada que merecesse tal citação. Recentemente o encontrei em um lançamento editorial e disse da minha intenção em registrar esse episódio pela maneira como havia marcado minha vida. Novamente ele se emocionou pela minha gratidão à sua postura, e voltou a pedir para que não fosse citado. Insistiu que nada fez para que merecesse essa homenagem que pretendia fazer citando seu nome em meus escritos. Em respeito a sua solicitação deixo de citá-lo, mas seguramente tenho sua postura como um dos mais preciosos ensinamentos dessa vida. Os livros da área da saúde por mim organizados apresentam sinais claros disso tudo, pois não apenas contemplam diferentes abordagens teóricas como igualmente deixam os coautores livres para suas explanações. E por mais díspares que possam ser essas visões teóricas, muitas vezes até com antagonismos significativos, a presença desse professor é o determinante de que a divergência se bem fundamentada precisa ser aceita e respeitada. E a despeito dos anos transcorridos todas as vezes que insiro em algum livro pensamento contrário ao meu esse ensinamento se faz presente a mostrar a importância de se aceitar o divergente. A questão da qual não se abre mão é a exigência do embasamento teórico a mostrar qualificação e seriedade ao trabalho. O cabedal teórico na área da saúde contempla pensamentos que podem se antagonizar, mas que certamente se harmonizam ao buscarem com a mesma intensidade uma melhor compreensão da condição humana. E isso é o mais importante a ser preservado, pois na realidade a divergência teórica sinaliza que buscamos as mesmas coisas, apenas nos embasamos com olhares e metodologias diferentes.

perguntando sobre a minha fundamentação teórica de antipsiquiatria. Ele entusiasmado ainda perguntou se me debruçava em muitas horas na leitura de Laing e Cooper[5]. O surrealismo se tornava cada vez mais dantesco, pois jamais ouvira falar nem de Laing, nem tampouco de Cooper e estava sendo inquirido sobre o meu conhecimento e estudo sobre esses autores. E o que era pior, estava sendo elogiado pela análise que fizera na prova, a partir deles.

Na aula de psicopatologia, estava me sentindo o próprio paciente psiquiátrico, sem saber como poderia ter utilizado a fundamentação teórica de autores, que jamais ouvirá falar. E diante desse quadro de total incongruência em minha realidade existencial, dei curso ao ensandecimento total dos fatos e ainda confirmei com o professor que estudava sim tais autores, e que eles eram minhas referências teóricas. Meus colegas ouviram totalmente atônitos, pois eles igualmente não sabiam que eu estudava tais autores com tanto afinco. Aliás, nem eu mesmo sabia, ou melhor, nem mesmo os conhecia...

Sai da sala de aula e corri incontinente até a livraria que existia no pátio da faculdade. E lá me dirigi ao livreiro, perguntando se ele tinha livros do Laing e do Cooper, afinal precisava começar a estudar os autores sobre os quais já teorizava... O livreiro apanhou diversos livros desses autores, e dentre eles o estupendo *Razão e Violência* [6] escrito pelos dois. Apanhei esse livro nas mãos e fui direto para a apresentação. E, ainda mais estupefato, vi que a apresentação do livro era feita por Sartre. Aliás, uma apresentação maravilhosa, de apenas três parágrafos em que ele agradecia aos autores o cuidado e apreço que dedicavam à sua obra e antevia, a partir disso, o dia em que a psiquiatria se tornaria mais humana. Então, tive a resposta para tudo que havia ocorrido; o professor fazia referência a autores sartriano, e eu de minha parte havia escrito a partir do próprio Sartre e de Dostoievsky. Ainda assim a coisa era muito inusitada, pois não me era possível ter como real que havia obtido a nota máxima em uma prova de psicopatologia, utilizando apenas obras de romancistas. Pois se Sartre era também um grande filósofo, para mim, naquele momento, era apenas um magnífico romancista.

Lembro que, ao comentar esse episódio com o Prof. Benedito Moreira, ele simplesmente riu e disse que isso era apenas uma pequena mostra de como esses romancistas influenciavam os grandes nomes da psiquiatria e da psicologia. Tudo tão insólito e irreal, que me era muito difícil articular as ideias para uma compreensão que pudesse abranger as filigranas desse episódio.

---

[5] Ronald Laing e David Cooper, autores sartriano sobre os quais iremos discorrer ao longo desse capítulo.

[6] LAING, R., e COOPER, D. *Razão e Violência*. Petrópolis: Editora Vozes, 1976

Na sequência tentei me debruçar sobre a obra de Laing e de Cooper e me vi totalmente sem fundamentação filosófica, para entender a amplitude de seus ponteamentos reflexivos. Decidi, então, continuar a ler os romances de Sartre e Dostoievsky para o enfrentamento da outra prova de psicopatologia.

Li *Sursis*[7] e *A Idade da Razão*[8] de Sartre e reli *O Sonho do Príncipe* de Dostoievsky. Coincidentemente, vim a saber, depois, que esse romance de Dostoievsky havia sido uma das principais referências de Laing, grande criador e principal teórico da antipsiquiatria.

No ano de 1977, Ronald Laing veio ao Brasil para o VI Congresso Internacional de Psicologia Transpessoal e tive a dádiva de conhecê-lo pessoalmente. Estive com ele, junto com um grupo da organização do evento, em um encontro mais reservado. Nessa ocasião, inclusive, *estraguei* a tarde dos organizadores, pois fui convidado para estar presente e brindar nosso convidado com algumas músicas de violão erudito. No entanto, ele que também era pianista ficou tão fascinado com as peças executadas, principalmente a obra de Villa-Lobos para violão, que se permitiu passar a tarde apenas ouvindo e falando de música. O tempo para se falar de psiquiatria foi, dessa maneira, bastante prejudicado. Ainda assim, foi possível ouvi-lo dizer que sentiu necessidade de uma revisão da psiquiatria e até de si mesmo, enquanto profissional, após a leitura do romance *O Sonho do Príncipe*[9] de Dostoievsky, livro que eu, igualmente, havia lido. E que havia me deixado simplesmente estonteado pela profundidade de suas análises e imersão nos subterrâneos da condição humana. Aquilo me deixou estonteado. Depois de anos, tinha a compreensão dos episódios ocorridos na disciplina de psicopatologia. Nessa obra, Dostoievski efetiva um enredo em que o principal personagem, o príncipe do título, é alguém com título nobre e muito rico. Também possuía sérios sofrimentos psíquicos. E, como era solteiro, tinha muitas pretendentes, e todas as afirmações que emitia, por mais ensandecidas que pudessem ser, eram vistas como metáforas de algo, que apenas os mais evoluídos intelectualmente podiam alcançar. Tudo era interpretado como sendo mensagens emitidas por alguém de inteligência superior e que apenas alguns alcançavam. Posteriormente, perde sua fortuna, e imediatamente é rotulado de louco, como um perigo eminente à paz social e familiar. Tudo se desmorona.

A disciplina de psicopatologia, como foi citada anteriormente, além das aulas teóricas apresentava também as chamadas aulas práticas. Tínhamos, então,

---

[7] SARTRE, J. P. *Sursis*. São Paulo: Difusão Europeia do Livro, 1972.

[8] SARTRE, J. P. *A Idade da Razão*. São Paulo: Editora Nova Cultural, 1996.

[9] DOSTOIEVSKY, F., *O Sonho do Príncipe*. São Paulo: Editora Clube do Livro, 1963.

algo que hoje classifico como um verdadeiro acinte à dignidade humana, no tocante ao desrespeito às pessoas em situação de sofrimento psíquico. Os alunos iam a um hospital psiquiátrico feminino e uma paciente era colocada e entrevistada por dois professores psiquiatras, na presença dos alunos. Essa pessoa tinha sua vida totalmente devassada, para que posteriormente, se discutisse a nosologia que eventualmente possuísse. Respeito ao sofrimento era algo que não fazia parte do repertório desses professores. Se essa paciente exibisse sofrimento e constrangimento diante da situação, ou, ainda, se desfizesse-se em lágrimas, nada era absolutamente considerado, diante do interesse de análise do caso.

Na minha primeira ida para essa aula prática, e depois da minha nota máxima, em razão da minha postura de antipsiquiatria, eu já era aguardado, com certa ansiedade pelos professores responsáveis por esse setor. Nas aulas práticas anteriores, havia me mantido em silêncio, e totalmente despercebido por todos, pois meu desinteresse não permitia qualquer manifestação às discussões por menor que fosse. Mas dessa vez era alguém adepto da antipsiquiatria e certamente seria cobrado, se o meu silêncio fosse mantido. E dentro desse espírito cheguei a essa aula prática.

Foi chamada à frente da sala uma mulher, que havia passado pela situação de parto recentemente, e que na sequência entrara em profundo estado de sofrimento psíquico, inclusive com a prescrição de internação. Considerei ser situação de total humilhação e desrespeito à dignidade humana. Um ser humano exposto à excreção pública de seu sofrimento para que o saber psiquiátrico pudesse referendar seus postulados teóricos. Um ser humano humilhado e cabisbaixo à espera das especulações sobre seu sofrimento psíquico. Os professores então fizeram as perguntas habituais, para identificar sua entidade nosológica. Exploraram detalhes de sua vida pregressa, de sua sexualidade, do significado da maternidade e assim por diante. Após a saída dessa mulher da sala tipificaram o caso como sendo psicose puerperal, ou seja, um quadro que acometia algumas pacientes após o parto. Detalharam aspectos dessa nosologia, e abriram espaço para discussão com o grupo de alunos. A minha participação era aguardada, e, decididamente não me fiz de rogado, e dei minha contribuição para a aula. Simplesmente perguntei aos professores se eles haviam se questionado qual o significado dessa doença na vida dessa paciente. E por qual razão, ainda segundo essa tentativa de compreensão do sentido do sofrimento, isso havia se manifestado apenas após o parto, situação geralmente esperada e prazerosa para a maioria das mulheres?! Os professores, que também eram psiquiatras clínicos, não tinham respostas a essas indagações, e após uma frustrada tentativa de tergiversar sobre minhas questões, a partir dos conceitos de suas entidades nosológicas, simplesmente se curvaram diante do simplismo dos fatos. Evidenciava-se assim que o significado da doença era algo que não dizia respeito a essas classificações. E que tais ponteamentos implicavam em um respeito à condição humana que certamente não cabiam em seus arcabouços teóricos. Foi uma situação difícil para esses professores, pois tinham diante de si um simples aluno de graduação, que genuinamente estava a desmoronar com seu embasamento teórico. Houve um silêncio sepulcral na sala, e o constrangimento era tamanho, que a discussão foi encerrada antes mesmo do término do horário.

Na aula teórica seguinte, e com o professor titular, fui novamente chamado por esse, ao final. Ele, então, me comunica, que estava me dispensando da chamada aula prática, pelo constrangimento que havia causado aos professores, pois esses não tinham base teórico filosófica, para se embaterem comigo. De início, fiquei estupefato, acreditando que estava sendo reprovado da disciplina, ao que ele me mostrou que não era o caso. E que, na realidade, eu estava sendo dispensado para preservação de seus professores, e que isso não traria qualquer prejuízo na avaliação final. Apesar da avaliação ser a somatória das provas e da presença na aula prática, eu estava sendo dispensado dessa obrigatoriedade; minha avaliação seria apenas pelas provas regulares. Fui dispensando de algo que, na verdade, me era um fardo terrível, e, de outra parte, estava simplesmente estarrecido, de ter acuado psiquiatras experientes com a simples explanação feita, a partir de leituras de romances. Era algo insólito, um simples acadêmico desmoronando o poder da psiquiatria tradicional, exibindo apenas a leitura de Sartre e Dostoievsky. Evidentemente que, na ocasião, não exibia o constitutivo filosófico de hoje, e, na realidade, isso tudo era algo tão fantástico, que a própria crença no poder da psiquiatria começou a se esvair, por esse simples contraponto.

Depois da nota máxima na primeira prova de psicopatologia, a segunda e última provas se avizinhavam. Isso era para muitos a oportunidade de se evitar a reprovação na disciplina, pois isso implicava, inclusive, no adiamento da ida para os últimos períodos, uma vez que, nesse momento, não era possível ter-se matérias levadas como dependência em razão de reprovação. Era muito dantesco em minha percepção, que a minha preparação, para essa prova de psicopatologia com todas as suas implicações de severidade, fosse feita a partir de romances maravilhosos. Isso, enquanto meus colegas de turma se debatiam em textos enfadonhos e indigestos da psiquiatria clássica, para a prova considerada uma das mais difíceis por todos, indistintamente. Mas, afinal, pelo fato de ter tirado a nota máxima na primeira prova, minimamente teria média cinco na somatória das duas com direito, então, a prestar exame e até mesmo o chamado segundo exame.

Chegou o dia da prova e, igualmente, dois casos foram apresentados, para serem analisados à luz dos textos e reflexões apresentados em aulas e nas discussões, realizadas no hospital psiquiátrico. Se da primeira vez tive êxito total, fazendo minhas análises a partir de Sartre e Dostoievsky, livremente, sem qualquer consciência dos fatos, agora a minha decisão era soberana. E não havia a mínima razão para mudanças. E assim foi; mais uma vez me debrucei sobre os casos apresentados e escrevi inúmeras páginas sob a ótica soberana de Sartre e Dostoievsky. Vivi, novamente, muita ansiedade, até a chegada das provas com suas respectivas notas e correções. Repetiu-se o ocorrido na primeira prova, e tive, mais uma vez, a nota máxima e também a maior de toda a classe. Dessa vez, no entanto, não houve mais espanto dos colegas e nem de minha parte, pois, nesse momento já era identificado e até mesmo definido como seguidor da antipsiquiatria, embora não soubesse, exatamente, o que isso significava. Mas isso, naquele momento, não importava! Fui cumprimentado pelo professor, que repetiu os elogios tecidos por ocasião de primeira prova e, mais uma vez, disse da admiração pela minha fundamentação teórica, e ainda teceu mais uma digressão sobre a diferença do que havia escrito diante, do que ele havia pedido.

Dessa maneira, passei a ser adepto da antipsiquiatria sem ter lido seus autores e idealizadores. A meu favor havia apenas o fato de que era Sartre o grande inspirador dessa corrente, e, portanto, ainda que tangencialmente, já conhecesse algo de sua obra. Apenas não sabia que, no momento em que me deparasse com sua obra filosófica iria constatar que os romances delineavam apenas um fragmento muito pequeno de seu pensamento. E que a obra que embasou Laing e Cooper era *Critica de La Razón Dialética* [10], justamente uma obra em que ele faz uma revisão em sua principal obra *O Ser e o Nada* [11] e promove um enfeixamento entre o existencialismo e o marxismo. E fui em busca de cursos, grupos de estudos e de incessantes leituras, para compreender o pensamento filosófico que se afinava com minha concepção de valores e de mundo. Assim, então, foi que me iniciei no existencialismo, inicialmente na leitura dos grandes romancistas para, posteriormente, me dedicar à leitura dos filósofos. Não por outra razão que ao escrever meu primeiro livro sobre psicoterapia existencial[12] citei Dostoievsky, George Sand, Tolstoi, Sienkiewicz e outros, como precursores do existencialismo, não apenas pela influência que exerceram sobre os filósofos, mas principalmente, pela maneira profunda e concisa como penetraram nas profundezas da alma humana.

---

[10] SARTRE, J. P. *Critica de la Razón Dialéctica*. Buenos Aires: Editorial Losada, 1979.

[11] SARTRE, J. P. *O Ser e o Nada*. Petrópolis: Editora Vozes, 1986.

[12] ANGERAMI, V. A. *Psicoterapia Existencial. Noções Básicas*. Belo Horizonte: Artesã, 2018.

Lendo Dostoievsky e ouvindo Debussy síntese do enfeixamento da minha condição de ser, da plenitude da minha vida. Existencialista ou antipsiquiatra, não sei. Apenas alguém que teve a dádiva de ter a vida tingida pelas cores maravilhosas dos grandes romancistas e dos grandes compositores musicais. E não deixa de ser hilário que a leitura de romances, em princípio, apenas mero entretenimento diante das agruras da vida, se tornasse o balizamento de meu desempenho profissional e até mesmo de minha trajetória de vida.

Não deixa de ser dantesco, por outro lado, enfrentar a psiquiatria tradicional com todo seu poderio econômico e toda sua truculência social com a mera citação de romancistas e filósofos. Igualmente, é algo insano a constatação de que as conceituações da psiquiatria nada mais são do que mera especulação teórica, efetivada sobre pacientes que estão em busca de alívio em sua doença e sofrimento. Essas afirmações, longe de nos tornar soberano diante da psiquiatria, ao contrário, mostra que estamos totalmente reféns de situações em que a nossa concepção de saúde mental é tênue. E está totalmente à mercê desse poder denominado psiquiatria, que tem seus ditames determinados pelo poder econômico.

Talvez estejamos ainda muito distantes do que Sartre escreveu na apresentação de *Razão e Violência,* em que acreditava que a obra de Laing e Cooper, enfim, tornariam a psiquiatria mais humana. Ou talvez, na realidade, jamais tenhamos uma psiquiatria decididamente humana, uma psiquiatria que contemple seus pacientes com dedicação, amor e distante dos interesses do poderio econômicos das multinacionais farmacêuticas. A simples visita a algum congresso de psiquiatria dará a oportunidade de constatação do investimento feito pelas multinacionais farmacêuticas, em busca da divulgação de seus produtos. Stands luxuosos, recepcionistas, coquetéis, além do custeio dos médicos e familiares para a participação nesses eventos. O poder de persuasão desses laboratórios é determinante na própria configuração da abrangência da psiquiatria em nossa sociedade contemporânea. A psiquiatria como guardiã social; a psiquiatria como defensora intransigente dos valores morais e sociais; a psiquiatria, enfim, como o próprio algoz dos nossos valores de exclusão social no âmbito da saúde.

## Um pequeno apanhado histórico

> *Da chicotada só esquece quem açoita.*
> (SABEDORIA CIGANA)

Falar em psiquiatria humana, em princípio, pode parecer algo contraditório, em relação ao próprio sentido das palavras. Afinal, psiquiatria nos remete a uma derivação da medicina que cuida de pessoas, ou seja, de seres humanos com distúrbios emocionais, pessoas em situação de sofrimento psíquico. Em que pese tais asserções, o termo psiquiatria humana sequer causa espanto, tal o número de atrocidades cometidas ao ser humano pelos representantes dessa especialização médica. Psiquiatria, que fez do paciente algo desprezível sob suas garras. E, acima de tudo, se tornou aliada de todas as formas de exploração à dignidade humana. Todas as ditaduras, tanto as militares como a civil militar, que assolou o Brasil, durante longos 20 anos, sempre tiveram na psiquiatria um de seus sustentáculos mais eficazes, na maneira de se enquadrar os dissidentes em patologias convenientes ao poder constituído pelo uso da força. E, nesse quesito de destruição da condição humana, não há exceção entre a natureza das ditaduras. Isso sem considerarmos os casos em que ele serve de instrumento de opressão a conflitos familiares, em que muitas vezes, sua conceituação sobre os desatinos se mostra soberana e altamente destrutiva à dignidade humana. O poder da medicação, em uso da psiquiatria, é exemplo de seu poder de destruição e alienação. E, sem entrarmos na discussão, que envolve os interesses dos grandes laboratórios e seu imbricamento com os médicos, na prescrição desses remédios, temos o fato de que a dependência criada é algo simplesmente absurdo. E com os pacientes totalmente indefesos aos seus preceitos de destruição. Humanizar a psiquiatria é trazer, antes de qualquer outro balizamento, subsídios para que o paciente deixe de ser considerado um objeto de lucro, e alguém a ser enquadrado em possíveis psicopatias, ao sabor da manutenção das desigualdades sociais e atrocidades cometidas pelos poderosos, juntos aos combalidos e desvalidos sociais.

A psiquiatria, desde os seus primórdios, até nossos dias, é uma instituição de delação. Instituição mórbida, que ainda nos surpreende muito. Apesar de todas as investidas de questionamentos aos seus sustentáculos de imbricamentos imorais com o poder constituído do Estado, ainda se mantém inatingível em suas estruturas. Psiquiatria que trancafia, açoita e faz de seus pacientes vitimas indefesas de um sistema cruel de aprisionamento, estigma e toda a sorte de desvarios sociais. No entanto, em que pese sua soberania, muitas forças se ergueram para dar novos parâmetros a essa psiquiatria tão forte e desumana. Nesse trabalho, vamos mostrar o ponteamento feito, principalmente, por Laing e Cooper.

No final da década de 40, do século XX, Seguin[13] publicou obra que se tornaria referência, por muitos anos sobre a inserção da filosofia existencialista no campo da psiquiatria, o clássico Existencialismo y Psiquiatria. Nela eram

[13] SEGUIN, C.A. *Existencialismo y Psiquiatria*. Buenos Aires: Editora Paidos, 1960.

apresentadas inserções de Medard Boss, Binswanger, Van Den Berg e suas transposições da obra de Heidegger para a psiquiatria. Foram enfeixadas de maneira detalhada, as reflexões desses autores, a partir da obra de Heidegger. Era o início de uma nova maneira de compreensão da psiquiatria, e o existencialismo tornava-se uma nova vertente de apreensão da doença mental. Assim, ao lado da psiquiatria clássica, da organicista, da psicodinâmica, etc., tivemos o surgimento da psiquiatria fenomenológica. Ou seja, uma nova compreensão da doença mental que, todavia olhava ao doente por outro ângulo, mas igualmente não se propunha a refletir sobre o significado mais amplo da psiquiatria e seus determinantes de opressão social.

Nesse momento, não havia autores que trabalhavam com a obra de Sartre, e temos então, o próprio Sartre, dizendo que não importava que ainda não houvesse psiquiatras trabalhando com sua obra, o importante é que isso era possível.

Somente na década de 60, do mesmo século XX, na esteira da contracultura, que se configura e se materializa principalmente na Europa e nos EUA, surgem os primeiros psiquiatras, Laing e Cooper a transporem a obra de Sartre para a psiquiatria. A adesão inicial às propostas de uma nova compreensão da psiquiatria e da saúde mental encontrou guarida inicial, por estarem no bojo da contracultura acima citada, sendo que sua efetivação ocorreu a partir do momento em que sua fundamentação teórica e filosófica se alicerçou nas lides da saúde. E o estrondo dessa passagem foi de tamanha monta, que, não apenas houve uma total resignificação da psiquiatria como um todo, como também tornou a obra de Seguin totalmente obsoleta.

Na Inglaterra, no momento anterior ao surgimento da obra de Laing e Cooper, ocorre o aparecimento de novas propostas sobre o tratamento do *doente mental*[14] com Jones[15], apresentando propostas de tratamento fora dos muros manicomiais e que teve grande repercussão em níveis mundiais: a chamada *comunidade terapêutica*[16].

---

[14] Usamos nesse trecho a expressão *doente mental* tal como na época desses avanços. Posteriormente adotamos a expressão *sofrimento psíquico* para mostrar, inclusive, o processo de humanização do paciente até mesmo pela mudança de terminologia.

[15] JONES, M. *Comunidade Terapêutica*. Petrópolis: Editora Vozes, 1976.

[16] É importante sempre salientar que a proposta de Jones era um tratamento que envolvia paciente, familiares e equipes de saúde fora dos muros hospitalares. Portanto, bastante diferente dos hospitais brasileiros denominados comunidades terapêuticas que nada mais são do que um novo nome, um verniz aos antigos hospitais psiquiátricos que foram banidos por lei. A forma encontrada para manterem suas práticas foi a de mudar o nome para *casas de repouso*, ou *comunidade terapêuticas*. Sem dúvida completamente distante do que foi preconizado por Jones.

A proposta de Jones incluía a família e a comunidade no tratamento do *doente mental* e arvorava a necessidade de uma comunhão intensa e abrangente, para que o paciente pudesse ser compreendido em toda sua abrangência. Foi uma tentativa de lançar novas luzes sobre a psiquiatria tradicional, que ainda vivia momentos de masmorra[17], em que não havia o menor discernimento sobre o verdadeiro significado de tratamento de saúde. Jones propõe que se acolha o paciente, inserindo a família como corresponsável por todas as mazelas e agruras por ele enfrentado. Sua proposta de tratamento extramuros fortaleceu-se principalmente, pelas condições medievais apresentadas pela psiquiatria de então, o que se frise, sempre, continuam praticamente inalteradas. Os profissionais da saúde, que empreendiam novas tentativas de compreensão da doença mental, viam nos tratamentos convencionais algo que, ao contrário da cura desse paciente, agravavam seus sintomas e sofrimento.

Jones enfrentou inúmeras resistências de toda sorte, e suas propostas acabaram vingando muita mais, pelas condições da prática medieval da psiquiatria tradicional do que por seus alicerces teóricos. No entanto, sua tentativa de humanização de tratamento do *doente mental* ecoou em vários segmentos da área da saúde e suas propostas aos poucos ganharam respaldo. E passaram a ser referência para todos que empreendessem uma nova dimensão do tratamento em saúde mental. Discussões, envolvendo a real participação da família e da comunidade no tratamento passaram a determinar os diferentes ponteamentos que se faziam sobre o tratamento em saúde mental. E a mesma Inglaterra, que cunhou a expressão *doença mental* no século XVI, em referência aos sofrimentos e distúrbios dessa natureza, apresentava nesse momento, novas propostas de atendimento ao *doente mental.*

E se as propostas de Jones não tiveram a sequência e abrangência que o estrondo de suas ideias prenunciava, todavia, serviram para determinar que algo precisava ser feito na tentativa de resgatar a psiquiatria de sua condição medieval. Até mesmo pelo fato de os representantes da psiquiatria tradicional se arvorarem contra as propostas apresentadas por Jones, o mais importante é que algo estava sendo questionado, diante de práticas seculares e até então imutáveis.

Na realidade, o grande mérito de Jones foi justamente apresentar fatos que mostravam que o tratamento e acolhimento ao *doente mental* necessitavam de reformulações severas. E que o tratamento manicomial com o confinamento do paciente era algo que precisava de revisão e mudanças urgentes. Evidente que

---

[17] Não queremos com isso afirmar que a psiquiatria se libertou totalmente dessa condição de masmorra. Muito pelo contrário, ainda hoje assistimos, desolados, inúmeras pessoas serem atingidas impunemente por suas garras repressivas e totalmente desumanas.

a aceitação às suas ideias e propostas sempre foram reticentes e mostravam em primeiro plano que toda e qualquer tentativa de mudança esbarra nos interesses escusos que se beneficiavam dessa condição medieval. Mas a despeito dessas resistências, as propostas de Jones começaram a trazer novos patamares para a psiquiatria, e, ainda que lentamente, mudanças começassem a trazer novos alentos ao campo nebuloso, retrógrado e conservador da psiquiatria medieval.

No entanto, o que não se sabia é que o trabalho de Jones abriria a possibilidade para propostas de enfrentamento a essa psiquiatria, muito mais drásticas, e que traziam uma grande e radical mudança constitutiva na compreensão da *doença mental*. Estava assim pavimentado o caminho para o surgimento de questionamentos e reflexões que lançariam por terra todo o arcabouço da psiquiatria tradicional.

De início, lenta e progressivamente, mas, aos poucos se encorpando e se tornando uma nova força para o enfrentamento dessas forças conservadoras e retrógradas representadas nos meandros teóricos da psiquiatria tradicional.

Novos prismas, novos horizontes e uma nova vida pulsando nessas perspectivas que resgatam o *doente mental* de seu aprisionamento e passam a considerá-lo como alguém em sofrimento intenso, mas cuja doença transpassa sua condição individual para tornar-se fragmento de uma desestruturação social mais ampla. E assim a psiquiatria é lançada por terra diante de uma nova proposta em que o doente, sua família e a sociedade emergem como senhores de suas vidas e tratamento. E surge de modo triunfal e soberano a obra de Laing e Cooper, que embasados na filosofia de Jean Paul Sartre, principalmente em sua obra *Critica de La Razon Dialectica* [18] dá início ao que se denominou inicialmente de antipsiquiatria, e posteriormente de psiquiatria sartriana. Ao invés de *doente mental* passamos a definir essa pessoa como alguém com sofrimento psíquico. Ou seja, a própria humanização de sua condição existencial e resgate de sua dignidade se iniciam pela própria terminologia a definir seu sofrimento.

A antipsiquiatria provocou inúmeras reações, tanto de apoio como de rejeição. Mas, a partir desse marco, muitos outros profissionais e teóricos passaram igualmente a questionar a psiquiatria em todas as instâncias e níveis passiveis de reflexão. Na Itália, surge com força igualmente estrondosa, a obra e o trabalho de Franco Basaglia, que igualmente provoca grande esmorecimento na psiquiatria tradicional.

E surge, nesse contexto, uma aglutinação de forças multiteóricas e se forma, então, o Movimento de Luta Antimanicomial. De início, apenas

---

[18] *Critica de La Razon Dialectica. Op. Cit.*

um movimento existencialista, escorado nas ideias de Laing e Cooper, e na sequência, um movimento multiteórico encampado por todas as forças que se dispunham a questionar e refletir e, principalmente, acabar com a psiquiatria medieval, que trancafiava seus doentes como em masmorras cruéis e sanguinárias.

Esse movimento ganha proporções imensuráveis, e até mesmo no Brasil existe, de maneira consistente, agregando todos que, de alguma maneira, desejam o fim da psiquiatria cruel e desumana.

O político Paulo Amarante[19] em entrevista ao site Outras Palavras[20] relata aspectos da trajetória da Luta Antimanicomial no Brasil, bem como aspectos de sua inserção na atualidade.

Cita, então, que em 1978, dois eventos importantes aconteceram e se tornaram marcos da Luta Antimanicomial no Brasil. Um deles, o Congresso Brasileiro de Psiquiatria ocorreu em Camboriú (SC). Um evento clássico da psiquiatria, em um grupo formado com a participação de outros profissionais, que já trabalhavam na articulação da Luta Antimanicomial, em Minas Gerais, o João Magro; na Bahia, Naomar de Almeida Filho e Luiz Humberto, que depois se tornaria deputado federal; Ana Pitta, em São Paulo. Relata que um médico idoso e bastante conhecido, Luis Cerqueira, que deu nome ao primeiro Centro de Atenção Psicossocial[21] (Caps) no Brasil, levantou uma questão de ordem, para que o congresso reconhecesse a importância do Movimento de Luta Antimanicomial. Esse evento ficou sendo conhecido como o congresso da abertura. Paulo Amarante sempre defendeu que a reforma psiquiátrica deveria ser algo mais do que uma simples reforma dos serviços, e mais que uma simples humanização do modelo manicomial, ideia que persiste até hoje, a de "ser mais humano com os coitadinhos". Sempre defendeu que esses doentes deveriam ser vistos e considerados como sujeitos diversos, porém sujeitos. E na realidade, esse também é um desafio dos Caps, ainda hoje. Na entrevista citada, Amarante afirma que, em sua luta, para muitos casos, é a possibilidade, inclusive, de suspensão da medicação. E Isso, para o médico em geral, é uma ideia absurda: ele não acredita que possa haver psicótico sem tomar antipsicótico. Paulo Amarante defende que se trata de um mito que a

---

[19] Paulo Amarante foi um dos precursores da Luta Antimanicomial no Brasil. E desde então um dos principais artífices dessa lua. Preside a Associação Brasileira de Saúde Mental, sendo também pesquisador da Fundação Oswaldo Cruz no Rio de Janeiro.

[20] http://outraspalavras.net/outrasmidias/capa-outras-midias/a-fabrica-da-loucura-e-da-depressao-nao-acabou/

[21] Os CAPs surgem como alternativas aos hospitais psiquiátricos tradicionais que foram paulatinamente fechados. Surgiram inicialmente como sendo proposta de hospital dia e aos poucos foram adquirindo a forma que se encontram na atualidade.

indústria farmacêutica criou, que só há um jeito para manter vivo: tomando remédios. Afirma ainda que o Movimento de Luta Antimanicomial pedia a superação do modelo psiquiátrico. E isso parcialmente se deu na assistência, mas a medicalização continua. Amarante cita que existe uma confusão sobre a superação do modelo assistencial hospitalar asilar manicomial, que está em processo razoável, embora hoje haja novas formas de institucionalização, como as comunidades terapêuticas e as instituições religiosas. Ainda, segundo ele, o médico Luiz Cerqueira calculava que o Brasil tinha de 80 mil a 100 mil leitos psiquiátricos, no final dos anos 1970. Hoje são em torno de 30 mil leitos. Sem dúvida, houve grande redução. Cita que os Caps foram criados e também estão surgindo novos projetos de residências; já são dois mil projetos de economia solidária, culturais e muitas outras formas de enfrentamento da questão da hospitalização. Isso é definido como dispositivos de saúde mental. Seu trabalho se concentrou na desospitalização. Enfatiza que, ao falar em desmedicalização, não está falando em diminuição do medicamento mas, sim na diminuição do papel da medicina. Sua intenção é diminuir a apropriação que a medicina faz da vida cotidiana, o discurso médico sobre a vida. O desafio hoje da reforma psiquiátrica é a formulação discursiva, excessivamente médica. Cita como exemplo: as pessoas são contra o manicômio, mas não abrem mão do conceito de depressão tal qual utilizado pela indústria farmacêutica.

Amarante assevera, ainda, que o próprio aparato psiquiátrico está produzindo a epidemia contemporânea de depressão. E uma discussão central não é feita devido ao controle da produção de conhecimento pela psiquiatria e pela indústria farmacêutica. Assim, boa parte da chamada crise mundial de aumento de depressão é produzida pela psiquiatria que não está se preparando para evitar, mas para produzir a depressão. Os relatórios contribuem para que pessoas se identifiquem como depressivas. Cita que os intelectuais orgânicos da indústria farmacêutica têm muito claro que, é possível aumentar o número de diagnósticos, ensinando a ser depressivo. Exemplifica então: "você chora muito? Tem ideias de morrer?". Isso produz identificação e as pessoas não dizem que estão tristes e sim depressivas.

Paulo Amarante cita o final dos anos 1980, quando começam a surgir iniciativas alternativas ao manicômio: em 1987 o primeiro Caps que recebeu o nome de Luz Cerqueira e, em 1989, a reforma psiquiátrica em Santos, que se tornou referência nacional da Luta Antimanicomial. As alternativas – ambulatórios, hospitais-dia, centros de convivência – começaram a aparecer no início dos anos 1980, pois de alguma forma em Santos deixou-se de ser oposição para ser situação, e isso incrementou de forma significativa o fortalecimento do movimento antimanicomial. Não havia, entretanto, a concepção de rede, território e integralidade. O marco inovador foi a experiência de Santos em 1989. Sob a égide da primeira prefeita eleita democraticamente, após o período da ditadura militar, em que os prefeitos e governadores eram biônicos e indicados pelo Estado. Ela fez uma revolução na prefeitura, nas políticas públicas como um todo. Na saúde o secretário era David Capistrano Filho, mentor intelectual do Cebes, uma expressão do movimento sanitário. Ele levou adiante a intervenção na Clínica Anchieta, que tinha alta mortalidade e onde os doentes eram tratados de maneira degradante. Ele não quis reformar, mas sim criar uma estrutura substitutiva e territorial, e foi a primeira vez que apareceram essas expressões. E, se hoje se fala muito em rede substitutiva e territorial, é importante registrar, que a primeira gestão municipal que trabalhou como o projeto aprovado pelo SUS, ainda que não regulamentado, foi Santos. Amarante afirma que essa participação social nas políticas de saúde mental está diminuindo. O SUS perdeu o espírito da reforma sanitária como projeto civilizatório, e virou mais um sistema de saúde. E o mesmo aconteceu com a reforma psiquiátrica: se queria transformar a vida, a relação da sociedade com o comportamento do outro, ficou-se restrito a transformar serviços. Houve redefinição do usuário, tido não mais apenas como paciente, mas que não chegou a ser ator social como se queria ter – é ator coadjuvante das políticas. Não tem força, por mais que esteja presente em vários níveis de discussão social.

Paulo Amarante coloca, ainda, que, desde o início, teve preocupação com o Caps funcionando em horário comercial, descontextualizados do território, como ambulatórios multidisciplinares. Questiona por que fazer uma oficina de teatro dentro do Caps, em vez de usar o teatro da cidade?! Argumenta, também, que não basta transformá-los em Caps 24 horas. Serão minimanicômios quando deveriam ser substituição. É necessário, ainda segundo ele, de mudanças nas bases conceituais dos serviços: as noções de doença, terapia, cura e tratamento. Se o ideal for a remissão total dos sintomas, não vai ser alcançado com ou sem medicamento.Sempre se tem a ideia de uma normalidade abstrata. E o mais cômodo é medicar, apontar que a doença é do indivíduo, está nos neurotransmissores, fazer o controle bioquímico e tutelar para o resto da vida. Amarante aponta ainda que os primeiros questionados da psiquiatria foram psiquiatras: Franco Basaglia, Ronald Laing, David Cooper, Thomas Szasz entre outros. E no Brasil, além dele, Pedro Gabriel, Ana Pitta, Jairo Goldeberg, todos psiquiatras presentes na fundação do Movimento dos Trabalhadores de Saúde Mental. Era preciso, segundo Amarante, criar outra psiquiatria, não uma antipsiquiatria. Cita Basaglia ao afirmar que o termo antipsiquiatria poderia dar margem a incompreensões. Basaglia procurava fazer uma psiquiatria centrada no sujeito, não na doença. Diz ainda, que a psiquiatria errou por focar na doença, fato abstrato, que tomou como fato objetivo, concreto, no modelo das ciências naturais. Cita Cooper, que observava que a psiquiatria usava o mesmo modelo que estuda pedra, planta e animais para estudar a subjetividade. E na psiquiatria não se tem objeto, e sim sujeito.

Em 1978, Paulo Amarante começou a trabalhar na Divisão Nacional de Saúde Mental (Dinsam), e sua demissão deste órgão é um marco divisório no surgimento do Movimento de Luta Antimanicomial. Ao iniciar suas atividades no Dinsam notou a ausência de médicos nos plantões, deficiências nutricionais nos internos, violência (a maior parte das mortes causada por cortes, pauladas, não investigadas e atribuídas a outros pacientes). Investigações foram realizadas e as conclusões causaram muitos problemas. Outra denúncia era da existência de presos políticos em hospitais psiquiátricos[22], inclusive David Capistrano, pai, um dos fundadores do Partido Comunista Brasileiro – e existem fortes indícios de que era ele mesmo. Havia médicos psiquiatras envolvidos em tortura e desaparecimento de presos políticos – a Colônia Juliano Moreira no Rio de Janeiro tinha um pavilhão onde só entravam militares. Diz que foi chamado na sede da Dinsam tendo sido demitido com mais dois colegas. E oito pessoas, entre elas, Pedro Gabriel Delgado e Pedro Silva, organizaram um abaixo-assinado em solidariedade a nós. Depois, mais 263 pessoas foram demitidas. Isso caracterizou um movimento. A crise da Dinsam ficou na imprensa por cerca de seis meses. E nesse contexto articularam-se forças contrárias a psiquiatria estruturadas de maneira repressiva.

Exemplo marcante dessa crueldade foi a presença e a participação incisiva de Austregésilo Carrano Bueno no Movimento de Luta Antimanicomial no Brasil, e particularmente em São Paulo. Ele narrou seu drama pessoal em um livro intitulado *Canto dos Malditos*[23], que originou o filme dirigido por Laís de nome *Bicho de Sete Cabeças*. Ele foi internado em uma unidade psiquiátrica do Paraná, por fazer uso de maconha. E sua transformação em paciente psiquiátrico seguramente figura entre as grandes atrocidades da história da doença mental no Brasil e, talvez, mesmo em nível mundial.

Ao se tornar militante ativista do Movimento de Luta Antimanicomial mostrava com sua presença e lucidez a absurdidade da psiquiatria como força de controle e repressão social a serviço do Estado. Carrano, além do livro de sua história pessoal, também escreveu textos para teatro e outros romances.

---

[22] No capítulo "Dor Manicomial" abordamos os casos de hospitalização de presos políticos no Hospital do Juqueri. Esse capítulo está inserido no livro "Psicoterapia e Brasilidade", Angerami, V.A., (org.) São Paulo: Editora Cortez, 2011.

[23] CARRANO, A., *Canto dos Malditos*. São Paulo1996: Edição do autor.

Mas sua principal obra foi, sem dúvida, aquela em que narrou sua desventura e as atrocidades cometidas contra ele por um sistema absurdamente repressivo e punitivo. Evidentemente que sua história não é única, e se mostra como sendo um detalhamento dos inúmeros casos que foram hospitalizados em unidades psiquiátricas por questões meramente repressivas.

Em trabalho anterior[24] mostramos que até mesmo a crueldade da ditadura militar que ceifou inúmeras vidas no Brasil durante os anos de chumbo, se utilizou da estrutura do Manicômio Judiciário do Juqueri para desaparecer com alguns presos políticos, pois esses eram simplesmente trancafiados nesse manicômio e tinham suas identidades totalmente adulteradas de modos que jamais fossem localizados, o que de fato aconteceu. Buscam-se ossadas em cemitérios que foram descobertos para esse fim, mas os presos políticos que foram hospitalizados como *doentes mentais* simplesmente desapareceram sem deixar qualquer vestígio. Desnecessário dizer que esse aparato repressivo da ditadura civil e militar que assolou o Brasil contava com os recursos disponibilizados por parcelas da categoria médica, seja forjando diagnósticos, ou ainda elaborando atestados de óbitos bastante diferentes escamoteando o que realmente havia ocorrido.

No Brasil, tivemos grandes avanços nesses esforços com o fechamento dos hospitais psiquiátricos mais emblemáticos – Barbacena[25] e Juqueri – e de outras tantas casas de torturas psiquiátricas espalhadas por todos os cantos desse país. Também tivemos um grande avanço na legislação, que de alguma forma dificulta a abertura de novos leitos com patrocínio do SUS, e isso embora a rede particular continue em atividade normal.

Embora muitos desses hospitais, fechados diante da calamidade dos descalabros de suas condições de atendimentos, reabriram suas portas com o título de *casa de repouso*, ainda assim, o avanço conquistado é inegável, pois a liberdade com que torturavam e ceifavam milhares de vidas foi cerceada. E se hoje reabriram suas portas com outra denominação, isso por si é indício de que cuidados extras se impõem para que continuem a funcionar. Inclusive, com o receio de novos prejuízos financeiros diante de possíveis fechamentos.

As pessoas em sofrimento psíquico passaram a ser atendidas em hospitais dia, modelo que deu origem ao CAPS. E em que pesem possíveis desatinos

---

[24] ANGERAMI, V. A. *Dor Manicomial. IN* Psicoterapia e Brasilidade, ANGERAMI, V.A., (organizador), São Paulo: Editora Cortez, 2012.

[25] A saga do manicômio de Barbacena está retratada de maneira contundente no livro "Holocausto Brasileiro", de Daniela Arbex, de leitura indispensável a todos que de alguma maneira queiram entender a realidade brutal com que nossos doentes eram e são tratados em nossos principais hospitais.

na estruturação e até mesmo rotinas desses serviços, o simples fato de esses pacientes não estarem mais trancafiados sem qualquer controle de quem quer que seja, é por si, um dos maiores avanços na área da saúde no Brasil, e por assim dizer em todo o mundo. A luta continua em que pesem os avanços citados. A necessidade de mudança de paradigma no atendimento médico para que o paciente seja considerado um sujeito próprio com características e especificidades histórias que precisam ser preservadas e consideradas, ainda é um dos maiores desafios enfrentados nessa área. É dizer que mesmo com tantas conquistas ainda não temos como se entusiasmar diante de tantas atrocidades cometidas contra todos os tipos de pacientes no âmbito da saúde em nosso país. As longas filas que se arrastam em nossos hospitais públicos; o descaso com as condições básicas mínimas necessárias para uma vida digna; condições de saneamento básico que por si estancariam o surgimento de inúmeras doenças; uma medicina voltada para a realidade brasileira. Enfim, tantos e tamanhos obstáculos a serem superados que toda conquista, por menor que seja, precisa sempre ser comemorada, pois sempre é obtida no enfrentamento de forças repressivas e conservadoras.

## Principais alicerces filosóficos e teóricos da psiquiatria sob Sartre

*A Lua te mostra a borboleta no casulo...*
(SABEDORIA CIGANA)

### *O conceito de Serial*

Sartre[26], em uma de suas principais contribuições para o pensamento contemporâneo, e para compreensão humana traz à baila o conceito de *Serial*. Nessa conceituação, inclusive, ele faz uma séria e contundente crítica ao marxismo, em que a principal causa dos conflitos humanos derivava da chamada luta de classes. Ao trazer a conceituação de *Serial*, Sartre mostra que, muito mais do que essa luta de classes, na raiz dos principais conflitos humanos está essa condição *Serial*. Assim, muitas vezes, não temos a presença de conflitos de

---

[26] *Critica de La Razon Dialectica*

natureza econômica, podendo, ao contrário, mostrar que esse aspecto econômico não é considerado em determinados conflitos. Sartre define como *Serial* os grupos dos quais fazemos parte ao longo da vida. Grupo que somos inseridos pela nossa própria facticidade, e outros em que nos inserimos, ou somos inseridos pelo outro, ao longo da vida. Ele dá como exemplo que as pessoas nascidas em Paris irão fazer parte da serialidade denominada de parisienses. E não terão como mudar tal serialidade, pois isso é algo de facticidade, ou seja, algo que não temos arbítrio sequer para tentar mudar. Assim, os nascidos em São Paulo serão paulistanos e isso será irreversível por toda a vida. Dessa maneira alguém que nasça em São Paulo, ainda que vá em tenra idade para outra cidade e país, e até possa adquirir outra naturalização, sempre continuará sendo paulistano naturalizado para outra nacionalidade. Da mesma forma a minha origem familiar estará encravada em meu ser independentemente de mudança que possam surgir ao longo da vida. Alguém, por exemplo, que nasça no seio da comunidade judaica, sempre será judeu independentemente de suas mudanças religiosas, ideológicas e assim por diante.

De outra parte, em outras serialidades seremos inseridos por livre arbítrio ou pela ação do outro. E tal inserção faz com que sejamos sujeitos dessa condição *Serial* e como tal iremos agir. Um exemplo dessa situação podemos observar em situações banais de uma sala de aula. Os alunos farão parte de um *Serial* denominado alunos, ou se preferirmos corpo discente. Os professores farão parte do *Serial professor*, ou se preferirmos corpo docente. Em qualquer situação de conflito, por mais inócuo e banal que esse possa ser os componentes do *Serial,* alunos estarão unidos para embate com os do *Serial* professores. Interesses dos dois grupos são conflitantes e o embate não traz em seu bojo conflito originado por situações econômicas adversas. Não, o que está em questão são apenas e tão somente interesses de serialidades antagônicas. Dessa maneira podemos ainda perceber que iremos fazer parte de serialidades diferentes em diferentes contextos. Em uma dada instituição, onde eventualmente trabalhe como professor serei parte da serialidade corpo docente, e em outra, em que eventualmente faça mestrado ou doutorado, ou qualquer outro curso, serei da serialidade corpo discente. E assim em outras tantas situações da vida em que me alterno em diversas serialidades ao sabor das circunstâncias.

É interessante ainda pontuar que as serialidade apresentam sinais exteriores de identificação e mesmo de similaridades. Assim, a serialidade de cristãos é facilmente identificável pelo uso de cruzes sobre o peito, ou em paredes, móveis de seus locais de convívio; dos judeus pela referência a estrela de Davi; os nazistas e neonazistas pela referência a suástica; uma torcida de um determinado clube de futebol pelo escudo da agremiação. Dessa maneira, as mais diversas serialidades possuem sinais exteriores fixos que as identificam e a difundem junto a outros grupos seriais. Vemos assim que uma determinada pessoa pode pertencer simultaneamente a vários grupos de serialidade, ainda que muitas vezes eles podem se conflitar em seus determinantes de convivência e harmonia. Como exemplo podemos citar os judeus que podem se dividir entre sionistas e aqueles que não defendem o sionismo. Dessa maneira, embora sejam todos judeus alguns em dado momento defenderão bandeiras diferentes do outro grupo.

Sartre coloca que a necessidade do ser humano de viver em grupos faz com que se busquem diversas serialidades. Sua solidão é enfrentada na maioria das vezes na busca de grupo, na confluência de serialidades.

Ao afirmarmos dos confrontos de diferentes seriais como aquele citado entre professores e alunos, certamente não estamos fazendo referência à totalidade dos conflitos existentes entre serialidades. Um fenômeno recente nos principais países de todo o mundo é o surgimento de torcidas organizadas de clubes de futebol. Seja na Inglaterra, Itália, França, Brasil etc. a autoridade pública está cada vez mais atenta aos conflitos bélicos existentes entre essas facções clubísticas que se tornaram verdadeiros grupos em permanente confronto bélico. Mortes, ferimentos, destroços materiais, o saldo desses confrontos beira quase a uma situação de guerra civil. E, no entanto, estamos apenas e tão somente diante do que seria, em princípio, apenas diferenças de matizes clubísticas.

A serialidade muitas vezes pode ser transitória e buscada por arbítrio próprio. Posso em um mero e simples exemplo, transitar de uma religião cristã, a católica, e mudar minha orientação religiosa para o islamismo. Assim, deixaria a serialidade dos cristãos e iria para a serialidade islâmica. E juntamente com essa transição faria parte de novos padrões de valores morais, éticos, religiosos e até mesmo sociais. Essa mudança de serialidade, ao contrário do exemplo anteriormente citado, em que em uma dada instituição faço parte do corpo docente, e em outra do corpo discente, é algo buscado como fazendo parte das minhas inquietações religiosas e até mesmo filosóficas. E da mesma forma que transite de uma serialidade cristã para uma islâmica, também me é facultado o retorno para a serialidade original. Assim também inúmeras outras serialidades que permeiam nossas vidas podem igualmente ser transitórias e dependem apenas e tão somente de nossas opções de vida.

A questão se torna severa e de cunho estritamente punitivo quando a serialidade é efetivado por algum representante do Estado. É dizer que o Direito regula a vida das pessoas em sociedade imprimindo normas de convivência e harmonia social. Essa regulação passa pela criação de leis que estabelecem limites e sanções para os que rompem esses limites. As demais disciplinas – psicologia, medicina, serviço social, engenharia etc. –, sempre são assessórias do Direito. Elas asseguram assessoria dos mais diferentes matizes para que o Estado de Direito seja cumprido em sua plena normatização. É dizer como mera citação ilustrativa que um juiz de Direito diante de um sentenciado que cumpre sanção penal em instituição prisional e que tem direito ao chamado indulto de natal, pode recorrer ao auxílio do psicólogo, ou do psiquiatra para que sua condição mental seja testada e avaliada. E consequentemente diante dessa avaliação esse juiz decide se esse preso tem ou não condição do recebimento desse indulto.

Nesse quadro o representante do Estado de Direito ao conferir determinadas características e conceituações a uma dada pessoa está imputando sua inserção em uma serialidade muitas vezes irreversível. É dizer que um profissional da saúde, um psicólogo, ou psiquiatra, como mera citação de exemplo, ao diagnosticar uma determinada pessoa com sendo portador de algum distúrbio mental estará inserindo essa pessoa em uma serialidade da qual ela não conseguirá mais sair ou mesmo se desvencilhar. Um paciente diagnosticado como sendo portador de bipolaridade sempre será por toda sua vida alguém bipolar. E tudo que fizer ou deixar de fazer o será por ser bipolar. Se houve erro no diagnóstico, ou se o profissional que efetivou o diagnóstico era devidamente qualificado para tal é mero detalhe, pois essa categorização serial será vincada em sua vida para sempre. Não existe paciente ex-bipolar, existe apenas um bipolar que está em um período em que o distúrbio não se manifesta. Exemplo significativo dessas citações é o jogador de futebol Messi.

Craque indiscutível e reverenciado em todos os cantos do planeta em sua infância foi diagnosticado como *autista*. Discute-se na atualidade como essa condição de *autismo* pode tê-lo ajudado a se transformar no fenômeno futebolístico em que ele se tornou. Argumenta-se então que o *autismo* faz com que ele seja retraído, e, portanto, avesso a baladas noturnas e outras excessos cometidos por outros futebolistas. Argumenta-se ainda que esse *autismo* faça com que seu individualismo prevaleça na medida em que resolve muitas partidas com gols em que seu talento individual sobressai-se ao coletivo de sua equipe. Jamais ouviremos qualquer pontuação sobre o acerto desse diagnóstico, ou então das condições em que foram efetivadas. Ou ainda, sobre a qualificação profissional de quem incrustou em sua vida a marca de *autista*. *Autista* na infância, *autista* para sempre, ainda que isso seja desmentido, ou minimamente confrontado com seu empenho profissional.

De outra parte, representantes do Estado de Direito que atuam na esfera judicial ou policial ao imputar a uma determinada pessoa conceituações de sua pertinência igualmente estão conferindo a essa pessoa algo imutável. É dizer, por exemplo, que um adolescente que tenha cometido um delito, ainda que leve e totalmente inconsequente em termos sociais, e que seja denominado de *delinquente juvenil*, ou *adolescente infrator*, ou ainda qualquer outra conceituação existente nesse meio, será para sempre alguém em cujo ser tais conceituações serão eternizadas. E se essas imputações vierem também acompanhadas de laudos psicológicos ou psiquiátricos efetivados por outros representantes do Estado de Direito, a irreversibilidade dessa serialidade é algo então decididamente inominável.

A inclusão de pessoas nas serialidades que envolvem entidades nosológicas, por outro lado, é algo muito cruel, e verdadeiramente desumano. Ao se incluir o paciente em uma serialidade da qual ele não pode se desvencilhar, e cujas consequências e implicações farão parte de sua vida de maneira irreversível, sua vida será para sempre marcada de modo irreversível por essa serialidade e suas consequências. Citamos acima o exemplo do jogador Messi, mas igualmente irreversível e verdadeiro é o diagnóstico que se faz a determinados pacientes imputando-lhes a condição serial de *doentes mentais*, algo tão severo e que, na quase totalidade das vezes, deriva de um olhar profissional embasado em determinada teoria[27]. Portanto, factível de erro, ou de olhar diferente em outra avaliação profissional. Dessa maneira, se evocarmos o exemplo acima citado de Carrano, que por uso de maconha, foi diagnosticado e hospitalizado como sendo *doente mental*, tem a extensão da severidade e gravidade de um diagnóstico desse teor. A serialidade *doença mental* é algo que faz dessa pessoa alguém que sempre será *doente mental*, ou na melhor das hipóteses, alguém que apesar de ser *doente mental* superou inúmeros obstáculos e obteve êxito em sua vida pessoal.

Vimos anteriormente que temos varias serialidades em nossas vidas, algumas que buscamos livremente, e outras que fazem parte de nossa facticidade. No entanto, as serialidades que são imputadas pelos representantes do Estado de Direito são as mais severas e cruéis que podem incidir sobre uma pessoa. Elas simplesmente irão estigmatizar essas pessoas com toda a sorte de preconceitos e jugos sociais e morais, além do estigma que incide sobre essa categorização. Goffman[28] mostra que o estigma faz parte da pessoa de tal modo que ela, muitas vezes, se transforma no próprio estigma. E passa então a viver seus determinantes como se fosse sua própria vida. E tudo se transforma no estigma por si, e não pela ocorrência do surgimento de determinada doença ou fato social que estivesse a justificar tal conceituação. É dizer da possibilidade

---

[27] Não podemos esquecer que teoria é um conjunto de hipóteses formuladas na tentativa de compreensão de um fenômeno ou ocorrência. Uma formulação teórica sempre é feita a partir dos fundamentos de uma dada hipotetização, o que significa que diante de outra teorização seus enunciados perdem sua condições analítica.

[28] GOFFMAN, E. *Estigma. Manipulações Sobre a Identidade Deteriorada*. São Paulo: Editora Perspectiva, 1976.

de que o estigmatizado viva o estigma plenamente, pois é isso que socialmente se espera dele e do que tenha provocado esse estigma. Alguém definido pela autoridade do Estado de Direito como *delinquente*, *doente mental*, ou qualquer outra definição que se queira arrolar sempre será alguém cuja vida será trilhada por tais definições e conceituações. Não podemos perder de vista que somos seres sociais, e que, portanto, o vivemos sobre a égide das normas e sanções da sociedade em que vivemos. É dizer que nossa vida sempre é pautada pelo Estado de Direito, e quando seus representantes nos conferem determinadas conceituações, elas irão configurar nossa vida nos ditames desses valores. E podem, inclusive, pautar a vida segundo esses estigmas, como que procurando corresponder aquilo que a sociedade espera das pessoas que foram inseridas nessas serialidades.

O exemplo de Messi é soberano, pois a inserção Serial feita ainda na infância, que o definiu na condição de *autista* não o impediu de ser o fenômeno mundial que se tornou na vida adulta. Nem tampouco sua vida é suficientemente grande, em que pese seu sucesso profissional e projeção mundial, para minimamente questionar a veracidade desse diagnóstico. Ao contrário, o que temos é a projeção sempre presente de que o diagnóstico da infância é apenas derivativo para se pontuar a sua superação pessoal diante dessa condição.

A grande dificuldade da inserção em diferentes serialidades feitas pelos representantes legais do Estado de Direito é justamente o peso conferido por tal asserção. Não existe a menor condição de questionamento dessas conceituações, pois na medida em que são efetivadas por profissionais qualificados pelo Estado para esse fim nada tem o poder de minimamente dissuadir, ou mesmo confrontar tais afirmações com outros olhares, ainda que sejam de outros representantes desse mesmo Estado.

Algo que ocorre na trivialidade da contemporaneidade sem qualquer problema, e com bastante frequência é a procura por olhares e diagnóstico diferentes. Vou a um médico cardiologista, por exemplo, e não fico satisfeito com seu diagnóstico e avaliação, procuro por outro profissional para ter outro olhar diagnóstico. E isso não deprecia qualquer dos profissionais buscados nem a mim na condição de paciente. No entanto, quando estamos diante de diagnósticos que inserem o paciente na condição serial de *doente mental* a questão se vê travestida de muitos complicadores, pois essa serialidade será incrustada de modo indissolúvel. E de nada adiantará a busca de outros diagnósticos, pois as se enquadrar alguém na serialidade de *doente mental* não existe credibilidade em diagnósticos antagônicos.

Nos diagnósticos efetivados na área de saúde mental, a procura por outro profissional jamais tem a condição de anular o primeiro diagnóstico, pois a avaliação inicial sempre será o balizamento para novos enquadres diagnóstico. E se esse diagnóstico for realizado em uma instituição do Estado a severidade de seu enquadre é ainda mais cruel, pois além de ter sido feita por um representado do Estado no exercício de todas as suas atribuições, ainda temos o agravante que tal fato sucedeu em uma unidade do Estado. E isso por si determina que a serialidade tenha duplo referendo.

O conceito de Serial e suas inúmeras facetas de serialidade mostram que os principais conflitos da condição humana se dão por razões que não necessariamente o conflito de classes separadas entre por si por condição econômica. O aspecto principal de esse olhar é mostrar que vivemos em grupo, pela própria situação ontológica de que a condição humana é grupo desde o seu nascimento até a morte. E as diferentes buscas que efetivamos ao longo da vida por grupos que se harmonizem com nossa vida e visão de mundo faz com que as serialidades nos acoplem de tal modo que seremos partes indivisíveis de sua estruturação.

Ao efetivar diagnóstico em uma determinada pessoa e enquadrá-la em uma entidade nosológica, ela estará sendo inserida na serialidade de *doente mental* de modo irreversível. E terá que conviver com as consequências e implicações desse diagnóstico por toda a vida. Não existe minimamente em nossa sociedade a menor possibilidade de reversibilidade desses diagnósticos, por mais que tenham sido feitos sem critérios precisos, ou por profissionais sem qualificação para tal. É dizer que uma vez diagnosticado por uma entidade nosológica, seja ela esquizofrenia, bipolaridade, depressão ou qualquer outra que se queira arrolar, teremos um quadro incisivo e fechado com toda a sorte de preconceitos e distorções sobre esse paciente. Sua vida por mais vitoriosa que possa ser em termos sociais e profissionais não será capaz de desmoronar com esse diagnóstico nem tampouco colocar o profissional em cheque ou questionamento. Messi novamente surge para mostrar em tonalidades gritantes essa irreversibilidade diagnóstica.

A serialidade de *doente mental* surge como uma das mais estigmatizantes em nosso seio social, pois se o paciente for diagnosticado em outras patologias, o câncer, por exemplo, não terá jamais a carga social que incide sobre o assim chamado *doente mental*. O paciente diagnosticado de câncer, após a superação da doença, pode ser alguém que superou o câncer, ou ainda alguém que convive com a possibilidade recidiva do câncer. Mas seguramente as implicações de irreversibilidade presentes na serialidade de *doente mental* não estarão nesse rol. Talvez em níveis de preconceito e estigma social apenas as doenças derivadas de condutas sociais condenadas do ponto de vista da moral – AIDS, ingestão de drogas, etc. –, possam ser equiparadas ao enquadre de alguém na serialidade *doente mental*.

A serialidade *doente mental* traz sobre si a condição marginal, a exclusão dessa pessoa de condições mínimas de dignidade e até mesmo convívio social. E isso traz implicações severas sobre a vida desse paciente e por assim dizer de seus familiares e amigos. O *doente mental* é aquele paciente que o estigma social define como perigoso, alguém que precisa ser evitado com o risco até mesmo de contaminação. Dessa maneira fica evidenciado de modo contundente que todo e qualquer diagnóstico envolvendo saúde mental com suas implicações e consequências só poderia ser realizado com critérios muito severos e que envolvessem também a responsabilidade dos responsáveis pelo diagnóstico. Simplesmente diagnosticar alguém que busca um consultório médico ou psicológico em busca de ajuda como sendo portador de algum distúrbio mental é basicamente lançá-lo em uma serialidade de extrema crueldade que irá marcá-lo para o resto de sua vida.

Evidentemente que em razão de nosso ângulo de análise ser a questão da conceituação de *doente mental* para alguns pacientes estamos dando essa ênfase nesse quesito. Isso não significa que a inclusão de pessoas em serialidades como *delinquentes, infratores* não tenham cores e matizes tão severas e contundentes. E igualmente com danos irreversíveis para toda a vida.

De outra parte, outras serialidades que somos incluídos pela própria facticidade da vida igualmente nos lançam em enredamentos complexos e muitas vezes indissolúveis. Assim, por exemplo, um negro faz parte de uma serialidade que envolve preconceitos sociais, morais e até mesmo de conceituações pejorativas e absurdamente abusivas de marginalidade em termos criminais. A pessoa é negra, e isso basta para que ela seja excluída de situações de dignidade e respeito à condição humana. Trata-se de uma serialidade que irá vincar essa pessoa com toda a crueza dessa condição. É estarrecedor nesse sentido a célebre frase do líder negro, Reverendo Jesse Jackson, citado na edição de El País[29] por Marc Bassets. Eis sua frase: *"Nada me dói tanto, a esta altura da vida, ouvir passos atrás de mim, e começar a pensar que me vão roubar e, então, olhar para trás e respirar aliviado ao ver que é alguém branco"*. É dizer que a serialidade negro é desprezível até mesmo para um líder negro que afirma sem qualquer pudor que sente alívio ao ver atrás de si um branco. Isso equivale a dizer que o fato desse transeunte ser de cor branca exime totalmente a possibilidade de qualquer ato de violência. E que agressão presente nas ruas deriva apenas e tão somente da cor de pele das pessoas. E na medida em que tal absurdidade foi proferida por alguém igualmente negro temos a medida das implicações dessa serialidade.

---

[29] *El País*, edição de 26 de novembro de 2014.

Outras serialidades igualmente são irreversíveis embora dependam de nosso arbítrio em sua inserção. Alguém que se torna usuário de drogas vinca sua vida irreversivelmente nesse Serial. Se deixar as drogas será alguém que conseguiu vencer a batalha contra as drogas, e qualquer conquista que possa galgar em sua vida sempre terá essa referência a mostrar essa serialidade. Não há como ser alguém que tenha feito parte da serialidade usuário de drogas e que possas se desvencilhar disso mesmo após décadas do abandono das drogas. A possibilidade de reincidência ao universo das drogas estará presente na vida dessa pessoa que qualquer dificuldade inerente à própria vida trará em seu bojo a possibilidade de retorno ao alívio provocado pelo uso contínuo e indiscriminado de drogas.

Inúmeras serialidades marcam a vida de uma determinada pessoa, e isso nos faz imbricados emocionalmente nos valores e ditames desses grupos. Assim, alguém que entra para uma serialidade punk, ou gótica, ou funk, muito mais do que buscar apenas um grupo com o qual se pode partilhar afinidades, troca de informações etc. está também aderindo as implicações e preconceitos que eventualmente possam incidir sobre tais serialidades. Da mesma forma que alguém que se identifica como sendo religioso católico romano está mostrando mais do que simplesmente a crença nos ensinamentos de Cristo. Também está mostrando que aderiu aos valores morais impostos pela Igreja e que segue tais pressupostos ainda que esses sigam em sentido contrário aos avanços sociais. Por exemplo, aceitar a proibição do uso de preservativos imposta pela Igreja com todas as consequências desse ato como a aquisição de doenças sexualmente transmissíveis, abortos indesejados etc.

Um dos aspectos importantes dessa conceituação trazida por Sartre reside justamente no fato de que, ao se refletir sobre a inserção de uma pessoa em determinadas serialidades, e que é efetivada pelos agentes do Estado, uma luz é lançada sobre a responsabilidade dessas implicações. E o tanto de arbítrio que existe na simples conceituação que irá modificar a vida dessa pessoa sem qualquer condição de reparação aos danos que isso irá causar. Frise-se ainda que ao se efetivar determinadas conceituações que implicam a inserção de uma pessoa em serialidades contundentes como *doente mental,* ou *adolescente infrator,* o representante do Estado está a legitimar todo o anseio social para que essas pessoas sejam excluídas da vida social, ou sendo trancafiadas nos hospitais manicomiais, ou em instituições penais. A serialidade definida pelo agente do Estado se torna norma repressora contra pessoas que se portaram de modo condenável aos princípios sociais. Ao se assistir ao longo dos anos toda uma discussão infindável sobre a redução da maioridade penal, o que temos nesse aspecto é o clamor social pedindo penas mais severas para adolescentes que insistem em praticar atos de transgressão social. Compreensão da brutal desigualdade social que provoca tais desatinos é algo que não cabe no bojo dessas discussões. A punição severa da instituição penal surge como algo que não apenas é clamado, mas que principalmente traz a ilusão de que o problema da criminalidade está sendo resolvida pelo Estado.

A sociedade legitima formas de destruição, algumas legalizadas e outras ilegais. O Estado propicia que seus membros se destruam por condições de vidas que podem ser consideradas indignas. As maiores fontes de destruição da vida contemporânea são legalizadas pelo Estado, o uso de álcool e de tabaco. Outras formas de destruição embora ilegais contam no mínimo com a leniência do Estado como o uso excessivo de drogas proibidas e a vida contemporânea com seus requintes de competição e destruição da dignidade humana.

O Estado não permite que seus cidadãos tenham uma vida com dignidade em sua condição profissional, sexual, afetiva e mesmo cidadã. E, no entanto, enquadra todos que de alguma maneira se rebelem a isso em severas e cruéis serialidades. O Estado moderno com sua globalização neoliberal enlouquece seus cidadãos. Simplesmente cria competições inalcançáveis pela condição humana que tenta se preservar com dignidade. Somos lançados em um grande turbilhão consumista ao qual temos que responder prontamente. Do contrário, seremos eriçados à serialidades que nos impingem tratamentos psiquiátricos, ou sanções penais. E isso tudo legitimado pela competente avaliação do representante do Estado que nos enquadra na serialidade pertinente aos nossos desatinos. É dizer que a loucura pessoal sempre está engendrada com a loucura social da vida contemporânea. Uma vida que a sanidade mental está estreitamente ligada a condições de resposta a esse consumismo neoliberal contemporâneo. Detalhes da vida contemporânea mostram que cada vez mais somos açoitados por implicações sociais de desrespeito a nossa condição humana. De aviltamento aos nossos direitos existenciais mais básicos. E até mesmo dos detalhamentos que nos fazem humanos e que são simplesmente lançados por terra diante do modo aviltante como o Estado contemporâneo abarca seus cidadãos.

Vidas que se perdem no ostracismo por serem lançadas em serialidades irreversíveis e que muitas vezes, ao contrário do que querem nos fazer crer, não trazem valores absolutos em seu bojo. Pontuações que a fragilidade conceitual de tais asserções estaria a merecer e exigir um total revisionismo dos fatos e até mesmo de sua abrangência. Somos serialidades em constante conflito e até mesmo confronto mesmo que não saibamos tal definição e nem tampouco reflitamos sobre tais questionamentos.

Laing e Cooper[30] vão tecer suas reflexões sobre a serialidade da doença mental asseverando que tal inserção além do estigma traz também todo o peso

---

[30] *Razão e Violência. Op. cit.*

da psiquiatria enquanto força repressora sobre essa pessoa. E se considerarmos a maneira preconceituosa como a própria sociedade define a psiquiatria, temos então, um caudaloso conjunto de matizes em que a doença mental e o doente sempre serão ceifados de toda a ordem de conceitos adversos à dignidade humana.

E mesmo que na atualidade até as forças conservadoras na psiquiatria também se manifestem a favor da luta antimanicomial, querendo se afastar de vez daquela ideia de masmorra que incide sobre os hospitais psiquiátricos, ainda assim, a questão é muito mais sensível e delicada. E está a exigir cada vez mais uma nova maneira de se olhar tanto o sofrimento psíquico e suas derivações, como a psiquiatria para que ela possa se tornar decididamente humana. Uma psiquiatria que seja algo libertário e não apenas uma força motriz a enquadrar em serialidades de entidades nosológicas todos que de alguma maneira ousem confrontar os princípios e normas sociais. Nesse sentido nunca é demais arrolar que um dos quesitos que determinam que uma pessoa estará livre de sofrimento psíquico é sua condição de pragmatismo. Ou seja, se estiver em condições de exercer atividades produtivas ela pode ser considerada saudável. Isso em plena harmonia com os preceitos capitalistas quer regem nossa sociedade como um todo.

A célebre discussão realizada nas lides acadêmicas sobre a conceituação de normalidade, ou do que é patológico ganha contornos ainda mais severos e até mesmo dantescos quando se constata que a serialidade *doente mental* geralmente acopla apenas pessoas de baixa renda. Apenas e tão somente os desfavorecidos em níveis socioeconômicos são considerados *doentes mentais* por atos que estejam em harmonia com os ditames sociais. Como mera citação ilustrativa tem que os participantes de uma sociedade de ufologia não são considerados *doentes mentais*. E ainda que se reúnam para discutir sobre pessoas que possivelmente tenham sido abduzidas, ou mesmo outras que tenham visto ou até mesmo andado em disco voadores. E não estão, e jamais serão enquadrados em nenhum serialidade de entidades nosológicas pela simples razão de serem de uma condição socioeconômica privilegiada. Pois ninguém em sã consciência vai definir que pessoas que viajem para congressos e encontros de ufologia sejam pessoas que possuam carência material e socioeconômica. Mas certamente se um pobre em alguma pequena cidade do interior afirmar que viu e contatou com a Virgem Maria seguramente será enquadrado em alguma entidade nosológica e inserido na serialidade de *doente mental*.

E na medida em que a conceituação de doença mental está diretamente ligada à condição socioeconômica de uma determinada pessoa, o que temos também é um conjunto de teorias que se complementam no sentido de enquadramento desse paciente a esses ditames. É dizer que antes de qualquer avaliação clínica que se possa efetivar, o que de fato importará são as condições socioeconômicas do paciente. Essas estarão a nortear o próprio olhar clínico do profissional de saúde que fará tal diagnóstico.

Se considerarmos ainda as condições desumanas enfrentadas pelas pessoas de condições socioeconômicas desfavorecidas em busca de atendimento de saúde a questão fica ainda mais severa e delicada. Temos então que, na maioria das vezes, esse diagnóstico é realizado, sem os preceitos mínimos de qualidade para a realização de uma anamnesse. Tornou-se frequente o fato de um determinado profissional da saúde ter uma postura de atendimento e prescrição clínica em uma unidade de saúde pública, e ter outra completamente diferente em sua clínica particular. São dois universos diferentes que irão receber não apenas posturas diferenciadas de atendimento, mas igualmente avaliações igualmente diferentes em seus diagnósticos.

Esse detalhamento de diagnósticos diferentes efetivados a partir de realidades socioeconômicas diferentes é por assim dizer um dos aspectos mais acintosos da desigualdade social escancarada nas lides da saúde. Não é possível se estabelecer os limites da atuação profissional que determina a ocorrência desses diagnósticos de modo tão claro e determinante. A constatação de sua ocorrência apenas enseja que a própria realidade social esteja a estabelecer condições de sofrimentos e até mesmo de patologias diferenciados.

De outra parte, na área de saúde mental, tida dentro da própria medicina como distante dos padrões médico acadêmicos de excelência, a coisa se complica de maneira irreversível. Temos assim um quadro de tantas e divergentes abordagens teóricas que longe de se complementarem, ao contrário, apenas se digladiam em torno do sofrimento exibido pelo paciente. E a questão adquire contornos ainda mais comprometedores quando nos deparamos com pessoas que possuem sofrimentos reais e que não podem ficar a mercê de simples antagonismos teóricos.

O paciente tem um sofrimento real, e a postura do profissional da saúde deveria ser a de tentar entendê-lo nessa condição humana, e não apenas se buscar o escoramento de suas teorias para acoplá-lo a uma compreensão que muitas vezes sequer considera esse sofrimento. Nesse sentido até mesmo a serialidade *doente mental* será subdividida em várias outras serialidades. Teremos então subdivisões nessa serialidade a partir da condição socioeconômica do paciente. E não apenas de sua possível patologia. Isso por si implica em que a severidade dessa serialidade *doente mental* será significativamente agravada se esse paciente ainda tiver condição social desfavorável no tecido social.

O aspecto significativo desses aspectos divergentes de diagnósticos reside principalmente no fato de que a patologia é descrita não apenas pelo que se observa no paciente propriamente dito, mas principalmente, como afirmamos exaustivamente, por sua inserção social. E se consideramos que um diagnóstico deveria se ater apenas e tão somente a patologia em si, temos uma ocorrência que traz implicações bastante severas no esboço de formulação das teorias que se propõem a compreender a condição humana. É dizer que uma mesma patologia se alterna de acordo com as condições sócio econômicas, e não por aspectos relevantes de características que a definem enquanto nosologia. E não estamos fazendo referência àquela condição de se buscar diferentes profissionais para a confirmação de um diagnóstico mais severo. Fazemos referência apenas e tão somente ao olhar de um único profissional e que irá diagnosticar seus pacientes diante de uma mesma patologia por sua inserção social. A inclusão desse paciente na serialidade será irreversível e sem qualquer contestação. Infeliz ilustração dessas palavras é a consulta feita em uma unidade de saúde pública em que não existem recursos para a realização de exames complementares, e a consulta feita em clínica particular em que todos os suportes para uma melhor apuração do diagnóstico serão utilizados. E também podemos supor que ainda que as unidades públicas tivessem tais recursos, o profissional, infelizmente, na maioria das vezes, prescindiria de tais recursos pela precariedade de vida desse paciente. De nada adiantará, por exemplo, a prescrição de alimentação repleta de nutrientes para um paciente que luta com problemas severos de subsistência. Ou que ainda mal possui o dinheiro para a condução que o conduz ao posto de atendimento de saúde.

As contradições derivadas da desigualdade social existente nos países sub-desenvolvidos se escancaram nas lides da saúde, pois nesse âmbito as diferenças se tornam ainda mais contundentes. E na medida em que essas contradições se configuram em precariedade de atendimento, a situação verdadeiramente não é apenas dramática, mas também desesperadora. Falta de recursos laboratoriais, medicamentosos e de suporte farmacêutico para os atendimentos são apenas a ponta do iceberg a esconder a desumanização desses atendimentos. Nessas circunstâncias temos a configuração de serialidade levada ao extremo de seu significado conceitual.

No Brasil temos uma condição de desigualdade que se escancara a olhos nus, um verdadeiro acinte a todos que buscam pela dignidade e respeito à condição humana. É dizer que buscamos enquadres teóricos mais dignificantes, e concomitantemente temos uma realidade social em que muitas pessoas simplesmente sucumbem pela falta de saneamento básico.

Miséria que se espraia por todos os campos e que torna a condição de saúde da população ainda mais degradante. Pois na medida em que não se tem sequer saneamento básico, o que se dizer então da falta total de consultas eletivas e propedêuticas que implicariam seguramente na redução de inúmeras patologias?! É dizer que em situação de tanta precariedade e desigualdade social, aspectos preventivos em saúde se tornam quase que uma extravagância. Se considerarmos o número de pessoas que moram nas favelas em casas de madeira sem qualquer proteção diante de fortes chuvas e temporais, situação que muitas vezes implica em morte, não há minimamente como exigir que essas pessoas procurem por atendimentos preventivos de saúde.

Na realidade a luta pela simples sobrevivência, por assim dizer, não permite que se busquem atendimentos preventivos seja de saúde, ou mesmo por condições de vida mais digna.

A luta cotidiana pela sobrevivência faz com que preceitos preventivos sejam completamente desprezados uma vez que se busca apenas o que pode trazer alívio imediato, seja para condições de moradia, alimentação, proteção contra a violência, ou outras ocorrências triviais. Em publicação anterior[31] cito o caso de um trabalhador da construção civil que trabalha em uma construção muito alta sem a devida proteção contra quedas e outras ocorrências. Diante de questionamento sobre se ele não temia pela vida, ou mesmo por ferimentos graves diante de uma possível queda daquela altura ele simplesmente argumentou que precisava trabalhar para sustentar sua família. E que aquelas eram as condições com as quais tinha que lidar, e se eventualmente caísse e se ferisse seriam questões para serem pensadas posteriormente. O que ele precisava era trabalhar e não tinha como reivindicar o que quer que fosse, mesmo a própria segurança diante de uma possível perda da vida. Essa citação dá exemplo não apenas da própria banalização da vida de milhares de pessoas que lutam incessantemente pela própria sobrevivência em condições totalmente adversa, como também escancara o que é prioridade para quem busca apenas e tão somente o sustento mínimo necessário para essa sobrevivência. E se adentrarmos para a discussão do número absurdo de pessoas que constroem barracos sem qualquer arrimo de proteção em morros que deslizarão na época das chuvas tem a banalização de tudo que significa preceitos de vida e dignidade.

E na realidade essa equação chega até ser banal de tão simples. O que detém a terra dos morros de um possível deslizamento diante das chuvas é justamente a vegetação existente. Ao remover essa vegetação inconsequentemente e sem qualquer orientação e prevenção da proteção civil das cidades para a construção de barracos, essas pessoas estão simplesmente acabando com a proteção que a própria Natureza provê para evitar o deslizamento de terra.

---

[31] ANGERAMI, V. A. "Sobre Saúde Mental". In: ANGERAMI, V. A. (Org.). *Crise, Trabalho e Saúde Mental no Brasil*. São Paulo: Traço Editora, 1988.

Daí a diferença, em princípio meramente semântica, mas que na realidade mostra essa questão de busca de dignidade e igualdade social: o rico mora na *serra,* o pobre no *morro.* A diferença entre *serra* e *morro* deixa de ser semântica e mostrar simplesmente que as casas dos ricos são construídas com grande aparato de segurança em suas estruturas, como principalmente pela preservação da vegetação. O que significa que a construção estará bastante protegida e não deslizará diante das chuvas. E nem tampouco sofrerá danos em sua estrutura devidos a infiltrações no solo em razão de chuvas torrenciais. Estamos falando de uma das questões mais básicas do quesito sobrevivência que é a questão da moradia. É dizer que se aqui temos esse descaso com a própria vida, como esperar que essas pessoas procurem unidades de saúde para a prevenção primária no atendimento de saúde?! E se considerarmos que junto com essa questão de risco de morte em suas unidades habitacionais essas pessoas igualmente não possuem saneamentos básicos, nem tampouco qualquer cuidado com relação a tratamento de água e esgotos, temos um quadro em que o caos da saúde está definitivamente implantado sem qualquer esmorecimento. E quando Basaglia *apud* Angerami[32] afirma que a doença mental é consequência principalmente da miséria em que a maioria das pessoas dos países em desenvolvimento vive, temos a configuração real do verdadeiro drama tanto da saúde mental como da saúde básica e geral.

Igualmente indescritível é a subcondição humana na busca de atendimento médico diante de uma doença que acometa essas pessoas desfavorecidas na pirâmide social. Temos então uma combinação perversa em que essas pessoas estão condenadas a uma vida sem qualquer dignidade desde a moradia, passando pela precariedade de transporte, saneamento básico, empregos mal remunerados e finalmente um atendimento na área de saúde simplesmente desumano.

Devidamente separados por serialidades e até mesmo por subserialidades, temos uma condição de total precariedade humana e de total exclusão social daquilo que é minimamente necessário para uma vida digna. A serialidade da exclusão mantém a todos devidamente isolados e separados em seus respectivos grupos, o que significa dizer que essa própria divisão por si, já é uma defesa usada pelos grupos que estão no topo da pirâmide social para que a exclusão seja mantida e preservada com distanciamentos cada vez mais estanques.

Uma sociedade perversa em sua estruturação e mantém os mais humildes cada vez mais miseráveis e sem qualquer condição mínima de uma sobrevivência digna.

Temos movimentos sociais no Brasil que reivindicam moradias dignas como sendo o primeiro passo para se buscar outros quesitos igualmente necessários

---

[32] *Dor Manicomial. Op. cit.*

para a vida humana. O atendimento básico em saúde passa necessariamente pela questão da moradia digna como preceitos fundamental a ser buscado. A serialidade acima descrita que coloca uns morando na *serra* e outros nos *morros* é apenas a ponta de um iceberg submerso de dimensões continentais e que deixa a mostra apenas uma de suas pontas. O confronto entre as pessoas dessas diferentes serialidades não se dá necessariamente em forma de conflitos beligerantes, ao contrário, muitas vezes ocorre na subjetivação imposta pela classe dominante de que essa desigualdade é algo que deriva de uma possível *vontade divina,* ou de que tudo se ajeitará em futuros mais promissores de desenvolvimento social. E ainda em conceitos bastante difundidos de meritocracia como se todos tivessem condições similares para buscarem sua ascensão e dignidade social. E ao se definir alguém como pertencente à serialidade de *doença mental* toda sua vida estará conspurcada e completamente comprometida com a severidade desse conceito. E ainda que posteriormente essa conceituação possa ser atenuada diante de olhares a partir de suas realizações sua vida sempre será arraigada no sofrimento dessa conceituação. Célebre exemplo dessas citações é o extraordinário pintor Vincent Van Gogh que em vida foi considerado *doente mental*, e até mesmo hospitalizado em manicômio. Entre seus momentos de sofrimento existe a famosa mutilação que ele promoveu em sua própria orelha. Além de uma vida totalmente desprendida de todos os cuidados necessários tanto de higiene, saúde ou qualquer coisa que implique em asseio pessoal. Os dentes estragados e pretejados são detalhes a mostrar o total abandono dos cuidados com sua própria vida. E, no entanto, após sua morte sua obra ganhou projeção, figurando entre as grandes realizações da humanidade. Altman[33] seguramente um dos grandes diretores de toda a história do cinema, em sua magistral obra *Van Gogh* inicia o filme com um leilão na contemporaneidade em que um quadro seu é comprado por uma fortuna sequer tangível pela realidade da maioria das pessoas. O sofrimento de sua vida e sua condição de sofrimento psíquico são resquícios que não são contemplados na avaliação de sua obra. Seu trabalho é avaliado pela maneira cromática como as imagens foram justapostas e com os recursos utilizados e criados em sua busca desvairada de perfeição. A maneira como sua vida é retrata por Altman mostra Van Gogh em muitas ocasiões destruindo seus quadros por não gostar do resultado de seus matizes. E verdadeiramente o quadro de sofrimento psíquico mostrado nas diferentes cenas mostra um ser totalmente à mercê de uma vida totalmente quedada frente às vicissitudes de sua existência. Desde a procura por prostitutas

---

[33] ALTMAN, Robert. *Van Gogh*, distribuído no Brasil pela DVD Versátil.

até os seus relacionamentos amorosos em tudo existe a marca de uma situação de sofrimento simplesmente comovente. Hoje falar de sua loucura é algo tão abstrato e distante quanto tentar apanhar nuvens no céu para engarrafá-las.

Em termos brasileiros temos a vida de Artur Bispo do Rosário que passou a maior parte de sua vida, cerca de 50 anos, em situação manicomial na colônia psiquiátrica Juliano Moreira. Contando com a ajuda de alguns funcionários que se sensibilizaram com sua arte teve acesso a tesouras, agulhas, linhas e demais apetrechos necessários para a elaboração de suas obras. Ele, igualmente após sua morte teve sua obra valorizada e considerada como referência artística no cenário nacional e até mesmo mundial. Assim como Van Gogh, sua obra lança questionamentos complexos sobre os conceitos de *doença mental* e o que se define por normalidade. Sua vida foi levada às telas pelo diretor Geraldo Motta[34] no filme *O Senhor do Labirinto*, em que seu sofrimento psíquico é retrato de modo muito contundente. Vidas que se enfeixam no sofrimento psíquico extremado e que, entretanto, produzem obras que tornam esse mundo menos cáustico, ao mostrar o grandeza da genialidade humana. A fragilidade e incertezas da condição humana são expostas de modo que os questionamentos sobre normalidade são deixados ao relento. Vidas que se cruzam no desespero e na dor, mas que ainda assim, conseguem tornar a própria condição humana revestida de deificação única.

Em seguida, iremos pontuar como a serialidade se imbrica com a violência, e como que, a partir disso, temos a configuração da realidade da saúde mental em nossos dias.

## Sobre a violência

Ao se falar em violência, a primeira ideia que nos ocorre, na maioria das vezes, são aquelas situações em que pessoas são vitimas de espancamentos, e todos os tipos de violações físicas. Sem dúvida isso é violência, e das mais degradantes. Cenas de policiais espancando pessoas em manifestações públicas nos mais diferentes cantos desse mundo, são imagens claras e precisas da violência efetivada pelo Estado contra seus cidadãos por um de seus órgãos repressores. E se considerarmos que o aparato policial em uma sociedade estabelecida com suas normas e legislação servem justamente para legar ao cidadão um de seus direitos mais básicos e fundamentais, o direito à segurança, tem então, uma

---

[34] MOTTA, Geraldo. *O Senhor do Labirinto*, distribuído pela Paris Filmes.

total inversão da realidade. No Brasil discute-se a necessidade da desmilitarização policial que adquiriu esse forte adereço armistício por ocasião da ditadura cível e militar que assolou o país por duas longas décadas. E na qual as policias estaduais eram utilizadas como braço armado do exército para a repressão dos opositores da ditadura cível e militar implantada no país. Cenas claras de violência também são aquelas em que um homem covardemente espanca uma mulher, ou então a que um adulto igualmente imprime a uma criança toda sorte de castigos e sevícias corporais. Também são cenas pungentes de violência as desocupações efetivadas pela polícia em áreas ocupadas por defensores da melhor situação distributiva social e econômica. Alguns esportes também primam sua idealização pela superioridade de atos e golpe violentos desferidos contra o oponente dessa competição. E poderíamos ainda arrolar um sem número de situações em que a violência física determina sua conceituação e até mesmo os matizes de sua configuração.

É comum atribuirmos aos grupos de defesa de direitos humanos apenas e tão somente a defesa efetivada contra ações de violação e degradação física. É dizer que apenas e tão somente os atos em que pessoas são violentadas, espancadas e levadas aos limites da degradação física são atos violentos. Assim, deixamos de lado dessa conceituação a violência que nos acomete em nossa cotidianidade e que nos envolve em níveis subjetivos e sensíveis à nossa condição humana. Os diferentes tipos de preconceitos estabelecidos contra grupos de etnias, credos, raças, gêneros, cor etc. também açoitam com tanto agressividade como o espancamento físico.

No entanto, ao refletirmos sobre o real significado da violência é necessário uma expansão conceitual para abarcarmos aqueles atos de violência em que a ação se processa na subjetivação, e em que o sofrimento é tão ou mais doloroso do que a própria violação física.

Desde a tenra infância somos impelidos e moldados em nossa subjetivação de valores que segregam determinados segmentos sociais sempre com requintes de violência. Assim, por exemplo, ouvimos os apresentadores de televisão e rádio que comandam programas que mostram a violência policial citando os bandidos como *"pretalhas"*, *"pretos imundos"* e outras tantas formas acintosas de referência aos negros. Ou em formas mais sofisticadas temos expressões como *"clarear as ideias"*, *"a coisa está preta"*, *"lista negra"* e outras tantas mais expressões degradantes que forjam nossa subjetivação em repulsa a figura do negro. Ou ainda o uso da expressão *"denegrir"*, que significa tornar negro.

Daí ao extermínio da população negra pela polícia é um passo simples e real, pois o negro foi forjado em nossa subjetivação como um ser desprezível e que merece sim ser exterminado impiedosamente. E mesmo o surgimento de movimentos como o existente em São Paulo denominado de PPP – Preto Pobre da Periferia –, que luta contra o extermínio da comunidade negra pela força policial é visto por muitas pessoas como totalmente indevido, pois se os negros são exterminados, na subjetivação de grande parte das pessoas, isso se deve a sua insignificância desprezível.

E isso com o agravante que muitas vezes esses policiais, inclusive são negros. Mas verdadeiramente pertencem ao *serial* polícia enquanto a população atingida é classifica como escória, marginalidade, bandidos ou qualquer outra denominação depreciativa. Embora os policiais sejam negros assim como as vítimas alvejadas e perseguidas, o *serial* de que são representantes da lei, enquanto os outros são bandidos confere uma legitimação à violência e a própria configuração de que são diferentes em tudo que se queira definir e arrolar. A serialidade negra que enquadra tanto os policiais como suas vítimas, no entanto, se subdivide em outra serialidade a separa-los em grupo distintos em que o confronto é a determinação maior. Então o grupo dos policiais fazem parte do *serial* que representa o Estado e a legalidade, e os demais os contraventores. Simples assim, embora na realidade a configuração verdadeira não seja essa com os verdadeiros marginais estando travestidos muitas vezes de policiais. E ainda que a violência empregada pelo aparato policial seja descomunal, ainda assim, sempre haverá tolerância de grande parte da sociedade, pois, afinal, os que estão sendo massacrados pertencem a serialidade de marginais que precisam ser extirpados do convívio social. E o simples fato de se aceitar tal arranjo temático implica necessariamente que a violência está incrustada em nossa subjetivação de maneira muitas vezes irreversível. E isso decididamente é o mais lamentável, pois ao inserirmos determinadas pessoas e grupos em definições de serialidade estamos conferindo um estigma que irá justificar tudo que se cometa por mais cruel e descabido que isso possa ser. Assim, como mera citação, tenta se justificar as atrocidades cometidas contra os negros da periferia por eles serem potencialmente bandidos tão somente a espera do momento oportuno para agirem contra o restante da sociedade. Da mesma forma a nossa subjetivação tende a tolerar tudo que nos foi moldado como pertencente às serialidades estigmatizadas como nocivas ao nosso convívio social. Se verdadeiramente são nocivas é questão que não cabe diante do estigma estabelecido em nossa subjetivação. A repressão policial contra grupos considerados *delinquentes* não apenas é tolerada como na maioria das vezes esperado e incentivado.

No caso específico do negro a própria legitimação dessa violência reside no fato de que ele é visto como marginal excluído de tudo que significa dignidade e decência social. E na medida em que a violência inicial se origina na própria subjetivação a ação violenta que acomete fisicamente essas pessoas é apenas um passo secundário. A própria legitimação do ódio e do extermínio já foi forjada em nossa subjetivação desde a tenra idade, como foi exposto acima. E se do negro passarmos à condição feminina veremos que da mesma forma a desigualdade é forjada em nossa subjetivação desde a mais tenra idade.

A mulher é mostrada desde sempre como um ser inferior ao homem, e que por essa razão a sua subserviência é algo tido como absolutamente normal. Quando se vê os movimentos feministas em busca de igualdade e condições à condição masculina, mais do que uma simples condição de gênero, o que temos absolutamente é um grito contra a violência subjetiva cometida contra elas. Existem situações de espancamento, e não temos a ingenuidade de lhes negar a importância, mas existe essa condição subjetiva que lega à mulher uma condição de inferioridade pela simples questão de gênero. E isso de alguma maneira sedimenta outras práticas de violência. Ao colocá-las em condições de inferioridade o homem está a subjulgar não apenas sua situação de igualdade, mas principalmente a colocando na posição de subserviência aos seus desmandos. Tenho incrustado em minha subjetivação que a superioridade masculina é dominante em todos os segmentos sociais. E que até mesmo os livros sagrados das principais religiões do planeta têm inserido em suas páginas fatos que mostram a proximidade do homem diante dos mistérios divinos, e o consequente distanciamento feminino. As duas principais religiões ocidentais, o cristianismo e o judaísmo, ambas monoteístas mostram o homem como feito à imagem e semelhança de Deus. Simples assim, o homem reproduzindo a figura divina cabendo à mulher a simples condição de coadjuvante no desenvolvimento masculino. E nas cerimônias religiosas de casamento é feita uma inflexão em que a mulher deixará sua casa e família e se unirá ao homem, e os dois formarão um só corpo. Consequência visível dessa subserviência pode ser observada nos inúmeros casos em que a mulher mesmo estando estabilizada profissionalmente deixa tudo para acompanhar o homem para outra cidade, estado, país quando esse por qualquer razão se vê na contingência dessa mudança. E temos também o acinte de nessas cerimônias religiosas assistirmos a mulher jurando obediência ao homem. Isso em pleno século XXI, e a despeito das inúmeras conquistas e clamores feministas. Esse voto de obediência não apenas mostra a condição de submissão da mulher diante da superioridade do homem, mas principalmente a questão abjeta em que se estrutura tal desigualdade. A violência cometida contra a mulher se encontra incrustada em nossa subjetivação desde sempre. Desde os primeiros passos somos direcionados a assimilação dessa superioridade masculina, pois até mesmo na divisão de tarefas doméstica sempre é determinado à mulher as atividades e funções que implicam em total subserviência. Na atualidade temos vários estudos e projeções que mostram essa situação de inferioridade até mesmo no âmbito profissional, onde a mulher recebe remuneração inferior ao homem diante de uma mesma ocupação. Ou ainda que o assédio moral e até mesmo sexual no ambiente de trabalho faz vítimas no universo feminino, muitas vezes, até por outra mulher. E na verdade essas configurações lançadas sobre o universo feminino nada mais são que apenas uma faceta das múltiplas similaridades da destrutividade humana presentes nos gestos de violência em si.

E lamentavelmente quando citamos a violência cometida contra a mulher e o negro não significa dizer que apenas e tão somente esses escopos são atingidos pela violência. São apenas pedaços de uma violência que atinge todo o esteio social, mas que por diferentes razões encontram nesses segmentos diversificações e transformações únicas. Pessoas em situação de rua; o extermino indígena; a desocupação de áreas urbanas em que pessoas são brutalmente desalojadas em razão de grandes especulações imobiliárias; superlotação do sistema prisional; a violência incontida nas ruas fruto de assaltos, acidentes automobilísticos, brigas de trânsito etc. São tantas as facetas da violência com os mais diferentes matizes que tentar arrolar a todas seria tarefa insana.

A psiquiatria se insere nesse imbricamento enfeixando diversas facetas da violência normatizando-as em conformidade com os princípios do determinismo de alienação social. Alienante e alienada, sendo assim uma força a serviço da brutal desigualdade social que leva tantas pessoas a uma brutal situação social de total excludência. Dessa maneira, tudo e todos que não se inserem nos padrões de normalidades dessa brutal desigualdade imposta pelo capitalismo terão sua conduta enquadrada e nominada em alguma psicopatia contemporânea.

A psiquiatria caminha uniforme em sua determinação de amoldar condutas que perturbem o status quo. Exemplo dessas citações é o enquadre do comportamento dos jovens que se comunicam praticamente de modo contínuo e sem intermitência pelos modernos recursos das mídias sociais em novas configurações de psicopatias. A dependência apresentada pelas pessoas diante desses novos aparelhos eletrônicos – iphod, iphone, celulares, etc. –, na comunicação frenética que se impôs na atualidade já tem no campo da psiquiatria o seu enquadre em novas entidades nosológicas. Na medida em que a indústria farmacêutica impõe novas formas de sofrimento acopladas aos medicamentos que são lançados no mercado, temos então a psiquiatria totalmente refém desses determinantes. Da mesma forma, alguém que não se enquadra nos padrões de comportamento imposto pelas relações de trabalho também terá sua conduta explicada a partir de alguma psicopatia. Seja nos manicômios, seja ainda em clínicas privadas, a psiquiatria cumpre seu papel soberano de alienar as pessoas diante da inquietação gerada pelas desigualdades impostas pelas mais diversas formas de opressão. Assim, diante da angústia provocada pela consciência da opressão social, nada mais eficaz do que alguma droga medicamentosa para acalmar esse sentimento; diante de uma tristeza contundente diante das situações da própria vida temos outro remédio projetado especialmente para essa ocasião; diante do sofrimento provocado por alguma perda, luto ou qualquer outra situação de dor provocada por apego, também teremos alguma droga para acalmar os espíritos inquietos.

A psiquiatria é a violência da normatização, da classificação uniforme aos comportamentos inquietantes e que possam provocar distúrbios à ordem social. Também é responsável pela criação de conceitos deterministas que enquadram pessoas e vidas em psicopatias estigmatizantes e, na maioria das vezes impondo sofrimentos e humilhações que transcendem a própria psicopatia. No entanto, estranhamente, a psiquiatria só é vista como prática de extrema violência quando seus detalhamentos são expostos e exibidos sem retoques protecionistas. Nessas situações sua configuração de violência se torna assustadora, pois exibe uma das facetas mais cruéis da condição humana que é a deflagração de sofrimento a pessoas fragilizadas e indefesas. E que estão necessitando de ajuda e acolhimento humanitários. O flagelo imposto a um sem número de pessoas nos manicômios que são verdadeiras masmorras medievais é algo totalmente insólito. E praticamente difícil de ser conjuminado como sendo prática que possui médicos como responsáveis por tais contextos. Sim, não podemos jamais perder de parâmetro que toda a violência cometida pela psiquiatria pertence à esfera médica. Essa separação que se faz da violência manicomial e da figura do médico é indevida. E por mais atrozes e violentos que sejam esses manicômios sempre existe a figura do médico como responsável por essas instituições. A medicina tenta, muitas vezes, se desvincular da psiquiatria, seja por ela trilhar por caminhos distantes da racionalidade médica, seja ainda e principalmente pelos atos de atrocidades cometidos em seus escaninhos. E por mais que se argumente como sempre ouço quando falo dessa temática em público que outras especialidades da medicina também possuem pontos em que a própria categoria se vê conspurcada, ainda assim, o imbricamento da psiquiatria com as mais diversas atrocidades é soberano. É sabido que outras especialidades da medicina, por exemplo, elencam cirurgias sem a real necessidade, ou ainda, o tanto de profissionais que atendem em suas clínicas através da rede de convênios médicos, e direcionam diversos procedimentos para o âmbito particular sem cobertura do plano de saúde do paciente. Mas a participação da psiquiatria como coadjuvante nas mais diferentes atrocidades cometidas contra a dignidade humana faz com que a violência de sua intervenção mereça capítulo à parte nessa linha de reflexão.

Na realidade, quando tecemos críticas tão ácidas à psiquiatria, e a seus postulados teóricos e filosóficos estamos apenas tangenciando o conjunto de barbáries cometidas em seu arcabouço de intervenção. Seja em clínicas privadas em que a prescrição de drogas bombásticas simplesmente alija desnecessariamente milhares de pessoas de uma vida digna em razão do entorpecimento medicamentoso, seja ainda na realidade manicomial, a psiquiatria com honrosas exceções é uma das pechas mais travestidas de violência no âmbito dos profissionais da saúde. E lamentavelmente talvez até mesmo diante de outras atividades e profissionais sua violência dificilmente encontra similaridade por estar travestida em ações que, em princípio teriam como objetivo a cura e o restabelecimento da saúde do paciente. Como mera citação contrapontística temos o policial militar que, em sua atividade cotidiana traz presente de modo irreversível a presença da violência no enfrentamento às contravenções sociais. Mas o médico, em princípio estaria distante de quesitos de violência salvo em raríssimas exceções. Isso simplesmente desmorona quando analisamos a atividade do médico psiquiatra e seus enfeixamentos com o poder constituído e a violência de suas intervenções.

Outras espécies igualmente exibem facetas de violência muito forte. Mas o ser humano além da violência também exibe a crueldade, e isso o faz diferente de outros seres. A cena de um leão abatendo um antílope é verdadeiramente violenta. Também é violenta uma briga de dois cães de grande porte. O ser humano, contudo, além da violência, exibe requintes de crueldades únicos. Assim, desde atos de tortura, quando um ser humano submete o semelhante a situações de sofrimentos e humilhações sequer descritíveis, até atos em que por razões econômicas se submete a lutas denominadas de esportivas cuja finalidade maior é a destruição total do oponente. E os detalhamentos da crueldade se multiplicam de modo a tornar algo inerente à própria condição humana. Muitas vezes no afã de negação dessas aberrações humanas vamos denominá-las de animalescas, quando na realidade são apenas e tão somente humanas. A única espécie que estupra sua fêmea é a humana; da mesma maneira, a única que tem relações sexuais com outras espécies igualmente é a humana; também é a única que mata sem ser para defender a própria sobrevivência é a humana. Chamamos tais atos de animalescos quando na realidade são atos inerentemente humanos. E o que dizer da crueldade de se trancafiar doentes em manicômios em cubículos sem dependências sanitárias e sem qualquer condição mínima de higiene?! Crueldade essa desenvolvida e administrada por profissionais da medicina que, em princípio, deveriam estar cuidando das condições de saúde desses doentes em situação de sofrimento psíquico, mas que são amontoados como sacos de feno em situação asilar manicomial.

A crueldade das condições manicomiais em que a realidade asilar sequer pode ser comparada com o período das masmorras medievais, simplesmente nos mostra que estamos longe de atingirmos um patamar mínimo de dignidade da condição humana. E ao considerarmos que de modo geral, as pessoas que se encontram nesses manicômios medievais são as mesmas que moram em situações habitacionais sem qualquer preceito de dignidade, incluindo-se aí desde falta de saneamento básico, até preceitos mínimos de moradia, temos então, que a brutal desigualdade social é o preceito dessa subcondição imposta a tanta pessoas.

A psiquiatria é sinônimo de violência e crueldade contra os preceitos da dignidade humana. E sempre impulsionada por interesses econômicos que perpetuam a pior situação da degradação humana representada pelo abandono de qualquer preceito de dignidade humana na realidade manicomial. E verdadeiramente por mais que lutemos contra esse estado de coisa, o que temos de realidade é a prática manicomial se travestindo de outras denominações para fugir às novas normas de funcionamento. Quase não temos mais hospitais com a denominação de psiquiátricos, mas vamos encontrar muitas instituições denominadas de casas de repouso, que são as novas maneiras encontradas pelo poder para trancafiar pessoas em nome de uma possível cura. Violência institucionalizada que se mostra em várias facetas, e sempre à revelia de todos que de alguma maneira se indignam com atitudes que acintosamente agridem a dignidade da condição humana.

## Reflexos na contemporaneidade

A luta antimanicomial e sequencialmente a busca de uma prática psiquiátrica que envolva a dignidade humana como prioridades são tentáculos cada vez mais difíceis de serem atingidos. O poder econômico dos grandes laboratórios com suas pesquisas na produção de novos medicamentos, e seu trabalho incessante de divulgação e persuasão junto à classe médica, tornam praticamente impossível qualquer contraponto que se oponha a essa força descomunal. É sabido que nem mesmo o próprio Conselho Federal de Medicina obteve êxito em sua tentativa de coibir a ação dos laboratórios junto à categoria médica. Houve resistência muito grande e decisiva da categoria. Afinal, são os grandes laboratórios que custeiam suas viagens para congressos ao redor do mundo com direito a acompanhante e com todas as despesas pagas. E por mais paradoxal que possa parecer o contraponto exigido, a prescrição medicamentosa de seus produtos é respaldada em estudos realizados com todo rigor sobre a eficácia de sua ação. Esses estudos geralmente são realizados em hospitais escolas com os pacientes dessas instituições. E com a anuência e autorização dos médicos responsáveis por essas unidades. E que coincidentemente possuem suas viagens e publicações patrocinadas na maioria das vezes por esses laboratórios.

Sartre ao escrever seus tratados filosóficos fazendo total revisão aos conceitos de doença mental vigentes sinaliza para os aspectos sociais presentes nessas conceituações. Laing e Cooper, seus principais seguidores imbricaram o sofrimento psíquico em relação direta com as desigualdades sociais. E Basaglia, por sua vez, afirma que o sofrimento psíquico tem como causa principal a miséria sócio econômica. Ou seja, ao trazermos o foco do sofrimento psíquico para as questões sociais temos como real que o primeiro enfrentamento será ao poderio econômico dos grandes laboratórios, e da classe médica envolvida nessas práticas. Sonhadores lutando por uma sociedade mais justa e fraterna diante do poderio do capital que coopta sonhos, ilusões e consciências. Pois não é crível que pessoas que se formam em áreas da saúde preconizam a humilhação e exploração do semelhante apenas e tão somente pelo lucro mercantilizado de suas práticas profissionais. Também não é possível se conceber que profissionais que um dia tiveram como ideal cuidar do semelhante desprezem tais princípios em nome apenas e tão somente do lucro desvairado e inconsequente. Enfim, essa é a realidade com a qual nos deparamos, e enfrentamos no resgate à dignidade humana tão afrontada em nossa realidade contemporânea. Mas seguramente é ingenuidade acreditar que pessoas deixam de ser cruéis e violentos apenas e tão somente por terem feito um curso da área da saúde. Afinal, o noticiário policial sempre está a denunciar quadrilhas médicas, e de outros profissionais da saúde que desde o comercio de órgãos para transplantes, cirurgias desnecessárias a um sem número de atrocidades sequer imagináveis. Acreditar no ideário das profissões da saúde talvez não seja apenas ingenuidade, mas sandice sem escopo nem mesmo nas lides acadêmicas. Somos humanos com todas as suas virtudes e vicissitudes, algo que não depende de nossa formação acadêmica, e sim das tantas variáveis que incidem sobre nossas vidas ao longo do caminho...

## Considerações complementares

Ao se falar em considerações complementares a primeira coisa que surge é a ideia de que iremos efetivar uma reflexão para encerramento do capítulo. Enfim, fatos que possam ser acoplados à discussão para que o leitor finalize a leitura com o capítulo enfeixado em sua totalidade. Mas decididamente não é o caso dessa vez. A desilusão vivida com as atrocidades cometidas pela psiquiatria contra a dignidade humana é de tamanha magnitude que não é possível esperar mudança em nosso cenário social em médio prazo. O poderio econômico cria realidades tão perversas nesse cenário que fica difícil acreditar que nossas reflexões teóricas a partir dos ensinamentos de Sartre possam alterar ainda que minimamente esse cenário. E se algo que insistimos em afirmar em trabalhos anteriores – se nossos escritos resgatarem apenas uma única vida ao encontro da dignidade eles se justificam –, nessa temática da antipsiquiatria é uma verdade insofismável. E me remete invariavelmente a outros momentos de vida em que me debruçava sobre escritos em busca de conhecimento que pudesse me embasar teoricamente para alterar a dinâmica dos fatos e da própria vida. Imagino, então, a decepção provocada nos tantos que possam ler esse texto na incredulidade de alteração no panorama do sofrimento psíquico diante do enfrentamento real ao poder econômico. Poder que determina não apenas normas de conduta e ação, mas também esboços teóricos como justificativa de suas práticas. Mas não esmorecemos em nossa luta, e a busca de uma sociedade mais justa e fraterna não pode perecer a despeito dos obstáculos do caminho. Somos fragilidade, e o enfrentamento da adversidade é que nos fortalece para que os sonhos não morram. E nem tampouco para os tantos sonhadores que insistem em nos seguir não percam suas esperanças de justeza social. Na área da saúde e se expandindo para todos os escaninhos sociais. Nossos instrumentos de luta são a palavra e nossos escritos, e com eles continuaremos a desfraldar a bandeira de luta por uma sociedade em que a saúde seja um direito de todas as pessoas, e não apenas uma mercadoria a serviço do lucro dos grandes conglomerados financeiros.

## Referências

ANGERAMI, V. A. *Psicoterapia Existencial. Noções Básicas.* Belo Horizonte: Artesã, 2018.

_____. "Dor Manicomial". In: ANGERAMI, V. A. *Psicoterapia e Brasilidade.* (Org.) São Paulo: Cortez, 2012.

_____. *"Sobre Saúde Mental".* In: ANGERAMI, V. A. *Crise, Trabalho e Saúde Mental no Brasil* (Org.). São Paulo: Traço Editora, 1988.

ARBEX, D. *Holocausto Brasileiro.* São Paulo: Geração Editorial, 2013.

CARRANO, A. *Canto dos Malditos.* São Paulo: Edição do Autor, 1996.

*DOSTOIEVSKY,* F. *O sonho do Príncipe.* São Paulo: Editora Clube do Livro, 1963.

GOFFMAN, E. *Estigma. Manipulações Sobre a Identidade Deteriorada*. São Paulo: Editora Perspectiva, 1976.

JONES, M. *Comunidade Terapêutica*. Petrópolis: Vozes Editora, 1976.

LAING, R, D. e COOPER, D. *Razão e Violência*. Petrópolis: Vozes Editora, 1976.

SARTRE, J. P. *A Náusea*. São Paulo: Difusão Europeia do Livro, 1970.

_____. *Sursis*. São Paulo: Difusão Europeia do Livro, 1972.

_____. *A Idade da Razão*. São Paulo: Editora Nova Cultural, 1996.

_____. *O Ser e o Nada*. Petrópolis: Vozes Editora, 1986.

_____. *Crítica de La Razón Dialectica*. Buenos Aires: Editorial Losada, 1979.

SEGUIN, C. A. *Existencialismo & Psiquiatria*. Buenos Aires: Editorial Paidos, 1960.

CAPÍTULO 2

# Psicoterapia, detalhes e nuances

*Valdemar Augusto Angerami*

## Introdução

A intenção deste trabalho é refletir sobre determinados detalhes que ocorrem no campo de psicoterapia e que, de alguma forma, determinam o êxito e até mesmo o fracasso desse processo. Certamente não temos como sequer pensar no esgotamento da temática, apenas sistematizamos alguns pontos que seguramente estão presentes em grande parte dos métodos psicoterápicos, mas que, mesmo assim, não se apresentam de maneira clara e transparente.

É um trabalho ousado que busca determinar parâmetros de reflexão para a prática da psicoterapia e também expõe detalhamentos que poderão mostrar a necessidade do aprumo dessas ponderações. Merleau-Ponty[1] coloca que a patologia moderna revela que não existe distúrbio rigorosamente eletivo, mas aponta também que cada distúrbio é matizado de acordo com a região do comportamento que ele principalmente acomete. É dizer que cada vez mais é necessária uma reflexão pormenorizada dos sintomas para que a intervenção psicoterápica não se perca em mero reducionismo acadêmico.

Este trabalho se mostra reflexivo buscando convergência com a contemporaneidade e buscando sempre colocar-se frente aos desafios que a modernidade se nos apresenta.

Estamos iniciando um trabalho que será entrada para inúmeras reflexões sobre os caminhos da psicoterapia na atualidade e seus determinantes sobre o próprio desenvolvimento das pessoas submetidas ao procedimento.

Merleau-Ponty[2] ensina ainda que quando todos os casos se opõem em causa à função simbólica, caracteriza-se bem a estrutura comum aos diferentes

---

[1] MERLEAU-PONTY, Maurice. *Fenomenologia da Percepção*, São Paulo: 1999, Editora Martins Fontes.

[2] *Ibidem. Op. cit.*

distúrbios, mas esta organização não deve ser destacada dos materiais em que a cada vez ela se realiza, senão eletivamente, pelo menos principalmente. É nesse constructo que concebemos a psicoterapia.

Um dimensionamento que concebe o homem em toda a sua historicidade, inserindo-o em suas relações e compreendendo-o a partir desse enfeixamento. Abandonamos todas as tentativas de compreensão do homem que simplesmente o consideram apenas uma máquina desprovida de sentimentos e que possui mecanismos reguladores que de tempos em tempos precisam ser ajustados para um funcionamento adequado. E ademais essa concepção de funcionamento adequado implica principalmente em aspectos adaptativos do indivíduo a uma estrutura social na maioria das vezes perversa e que simplesmente pede enfrentamento e jamais quietismo. Negamos todas as formas de determinismo do pensamento e todas as tentativas de compreensão do homem que não consideram sua especificidade única em seus detalhamentos e nuances em sua inserção social. Inserção que muitas vezes determina a própria condição de sofrimento e amargor estampados em sua vida. Recusamos também a aceitação das explicações teóricas que dão ao homem uma mesma compreensão geral em total detrimento de sua unicidade social.

Não temos outra maneira de saber o que é o mundo senão retomando essa afirmação que a cada instante se faz em nós; qualquer definição do mundo seria apenas uma caracterização abstrata que nada nos diria se já não tivéssemos acesso ao definido, se não o conhecêssemos pelo único fato de que somos. A psicoterapia não pode caminhar distante da realidade social e tampouco virar-lhe as costas como se fosse algo sem importância.

É na experiência do mundo que todas as nossas operações lógicas de significação devem fundar-se; e o próprio mundo é, portanto, certa significação, comum a todas as experiências, que teríamos através delas, uma ideia que viria animar a matéria do conhecimento.

O objetivo da psicoterapia é, entretanto, ampliar a visão perceptiva do paciente para que ele possa ter uma concepção de mundo mais abrangente e repleta de possibilidades. Não temos uma série de perfis do mundo, dos quais uma consciência em nós operaria a ligação. Sem dúvidas, o mundo perfila-se especialmente em primeiro lugar: só vejo o lado sul da avenida, se eu atravessasse a rua veria o seu lado norte; o campo que acabo de deixar caiu em uma espécie de vida latente; mais profundamente, os perfis especiais são também temporais: um alhures é sempre algo que se viu ou que só poderia ver; mesmo se o percebo como simultâneo ao presente, é porque ele faz parte da mesma onda de duração.[3] A experiência vivida

---

[3] MERLEAU-PONTY, M. *O visível e o invisível*. São Paulo: Editora Perspectiva, 1971.

muda de aspecto diante de sua concepção idealizada, da mesma forma que muda quando reflito sobre experiências do paciente, onde a sua narrativa, por mais rica que possa ser, não tem como abarcar em sua totalidade os detalhes e as sensações por ele vividas quando de sua ocorrência.

É na riqueza dos questionamentos que conduziremos o trabalho, na certeza de que muito mais do que esclarecer dúvidas, seguramente iremos ao encontro de muitos pontos e inúmeras indagações que ficarão sem respostas imediatas ou que serão passíveis de ser enquadradas num espectro teórico, qualquer que seja ele.

O próprio jeito como refletimos a concepção fenomenológica no campo da psicoterapia já torna difícil um enquadre que possibilite respostas absolutas e definitivas aos questionamentos que estarão sendo propostos nesse trabalho. É importante salientar, ainda, que não existe a preocupação de que essa obra seja enquadrada nos parâmetros da ciência. Não há como se buscar o chamado enquadre científico e, ao mesmo tempo, procurar a especificidade e unicidade de cada pessoa. Propagamos a necessidade de uma compreensão humana inserindo a totalidade da existência do homem em toda a sua historicidade, então, não há a menor condição de se buscar o respaldo nos critérios científicos.

Fazer ciência em psicologia é tarefa para os cientistas em seus laboratórios que condicionam animais em fórmulas muito bem definidas de experimentação e que depois acreditam, irracionalmente, que os resultados possam ser reproduzidos para a condição humana.

Nosso trabalho não é científico e nem tem a pretensão de sê-lo. Somos apenas sonhadores que acreditam em uma psicologia, psicoterapia e psiquiatria mais humanas, por mais que isso pareça paradoxal diante dos avanços da própria ciência. Acreditamos, fizemos crer e ainda não esmorecemos dos desejos de uma compreensão humana da psicoterapia. E verdadeiramente sermos rechaçados por esse sonho, longo de depreciação é sustentáculo a fortalecer nossos sonhos e ideais.

## Em busca de conceitos

Este trecho do trabalho será dividido em três partes, as quais – embora na prática possam estar misturadas e imbricadas entre si – servirão para que a reflexão possa explaná-las de modo distinto. Assim, teremos a seguinte divisão temática: *Percepção dos fatos; Afinidades e concepção de valores; e Sentimentos do psicoterapeuta diante do paciente.*

## Percepção dos fatos

Este tópico é de fundamental importância no quesito que envolve os procedimentos da prática psicoterápica. É dizer num primeiro plano que o paciente necessita mudar os próprios fatos. No entanto, se não houver uma mudança significativa em seu campo perceptivo, dificilmente ocorrerá um estabelecimento de variáveis que permitam a mudança dos fatos em si. Assim, um paciente que atravessa uma séria crise conjugal, por exemplo, e que depois de muitas sessões psicoterápicas reflete sobre a impossibilidade de manter o casamento e ainda se mantém casado – pois não se acredita capaz de efetivar a separação –, só começará a pensar nesta hipótese quando ocorrer uma mudança em seu campo perceptivo e ele acreditar que é capaz, sim, de separar-se. A partir daí, poderá pensar nas possibilidades que se abrem à sua frente diante da separação. No entanto, enquanto não se sentir seguro, jamais terá condições de efetivar uma empreitada nessa direção.

A mudança no campo perceptivo é condição inicial para que a pessoa possa, a partir da mudança da percepção dos fatos, alterar inclusive os próprios fatos. É necessário, porém, que a mudança perceptiva ocorra de modo consistente para que o novo desdobramento seja algo que faça parte da vida da pessoa de modo abrangente.

Ao abrir-se para novas possibilidades existenciais, a consciência apreende novas idealizações para efetivar vivências inerentes a tais possibilidades. A mudança perceptiva é condição indispensável para que outras, significativas, possam ser efetivadas no real.

Não há realização humana que primeiramente não foi idealizada e concebida no imaginário. Desde um simples telefonema – quando antes de digitarmos o número desejado já imaginamos o possível diálogo com o interlocutor – até operações mais complexas, sempre idealizamos como será o resultado da ação. E de fato, ainda que imaginemos todos os atos, na sua quase totalidade a vivência dista de modo drástico da idealização.

E podemos afirmar, sem margem de erro ou dúvida, que, felizmente, as coisas ocorrem assim, pois a vida humana seria extremamente desagradável caso tudo saísse segundo a nossa própria idealização. Tudo seria previsível e perderíamos um dos sentimentos mais fortes da condição humana que é a emoção diante de atos surpreendentes, o pulsar da emoção diante de uma florada, de uma música, de um beijo e de um afagar de mãos.

Quando um paciente traz na psicoterapia sua situação de incredulidade diante de fatos que fazem parte de sua vida, é preciso que se busque detalhadamente suas razões para que sua consciência possa abrir-se para mudanças significativas em seu campo perceptivo.

É através do esboço de sua fala que os fatos mostrar-se-ão repletos de obstáculos considerados, muitas vezes, intransponíveis. A mudança em seu campo perceptivo determinará um novo parâmetro de dimensões da consciência.

É necessário, todavia, atentar que o verdadeiro ato de contar exige do sujeito que suas operações, à medida que desenrolam e deixam de ocupar o centro da consciência, não deixem de estar aí para ele e constituam, para as operações ulteriores, um solo sobre o qual elas se estabelecem. As possibilidades que se descortinam no campo perceptivo do sujeito poderão dimensionar-lhe, inclusive, uma nova percepção de si mesmo. Ele passa a se acreditar de modo absoluto, criando condições emocionais para efetivar mudanças em sua própria realidade. A base emocional onde se estruturam tais mudanças perceptivas é o esteio no qual se sustentam as condições necessárias para a alteração dos fatos na realidade.

Convém salientar que quando falamos em possibilidades que se desabrocham no campo perceptivo do paciente estamos fazendo referência ao aumento das variantes que surgem diante da realidade. Contudo, é sempre necessário ressaltar que há uma grande diferença entre as possibilidades que se abrem e a probabilidade de ocorrência delas.

É comum ouvir pessoas que diante de questões prováveis desatinam até mesmo suas possibilidades reais. A título ilustrativo, vamos dar um exemplo. Tomemos a mim como referência. Como brasileiro, homem divorciado, tenho como real a possibilidade de um dia casar com uma mulher da Finlândia, mas a probabilidade de que isso ocorra é praticamente nula, já que não tenho a menor afinidade nem qualquer conhecimento que envolva a cultura e até mesmo a realidade finlandesa. Nunca viajei para a Finlândia, tampouco tenho intenções de fazê-lo. Se a possibilidade de eu me casar com uma mulher de lá existe enquanto tal, a probabilidade dessa ocorrência praticamente inexiste.

Consequentemente, quando se abre o campo perceptivo para um rol de possibilidades, é fundamental que igualmente se abra a reflexão sobre as questões envolvendo dados probabilísticos. Somente assim será possível o paciente caminhar rumo a uma real transformação dos fatos, visto que, concomitantemente ao surgimento de novas possibilidades, haverá também uma consciência reflexiva que determinará o verdadeiro teor e alcance destas possibilidades. Enquanto se admite o sonho, a loucura ou a percepção, pelo menos como ausência de reflexão – e como não fazê-lo se quer conversar um valor ao testemunho da consciência, sem o qual nenhuma verdade é possível –, não tem direito de nivelar todas as experiências em um só mundo, todas as modalidades da consciência em uma só. A consciência perceptiva será, assim, um determinante de crescimento do paciente e poderá levá-lo ao desdobramento de suas possibilidades em tanto quanto expansão esse desenvolvimento permitir. Não se trata, por outro lado, do estabelecimento de uma reflexão meramente racional na qual o paciente terá a condição de entrar em contato com suas possibilidades em níveis emocionais. É fato que ao sedimentar sua nova realidade perceptiva de maneira lenta e gradual, todos os detalhamentos inerentes a esse processo são absorvidos de modo que o seu próprio ritmo de absorção será respeitado. Assim, a peculiaridade de cada paciente será respeitada de acordo com o tempo de absorção e mudança perceptiva que não serão os mesmos para diferentes pacientes.

Nesse ponto surge a necessidade de um exercício intermitente por parte do psicoterapeuta que é o respeito ao tempo de absorção do paciente. Por maior que seja a minha experiência profissional, a qual me dá a condição de antever os possíveis desdobramentos de um paciente, o respeito à sua característica exigirá que eu me atenha a esperar que o seu desabrochar ocorra no seu limiar e dentro de suas próprias possibilidades existenciais. Mesmo que a minha experiência permita que eu veja com bastante antecedência e propriedade o desenvolvimento de certos pacientes, nada garantirá que as coisas seguirão rumos diferentes às minhas previsões. Como foi dito anteriormente, embora imaginemos inúmeros fatos, nada nos assegurará que eles seguirão o curso da idealização.

A psicoterapia é um processo único e, como tal, deverá ser conduzido e norteado porque inclusive a própria peculiaridade dos sentimentos do psicoterapeuta será uma variável que igualmente influenciará no desenvolvimento do método.

E se consideramos então que a partir dos sentimentos do psicoterapeuta haverá também toda confluência de fatores que irão se enfeixar e incidir sobre a própria condição emocional do paciente, teremos uma variável significativa nessa interação. Assim sendo, a mudança no campo perceptivo será um processo que dependerá da própria interação dele com o psicoterapeuta, além da maneira como ele será conduzido.

Neste trecho, é interessante se fazer um contraponto com a ótica fenomenológico-existencial em psicoterapia e o modo como a psicanálise e outras psicoterapias igualmente chamadas de introspectivas conduzem o processo psicoterápico.

A psicologia de introspecção localiza, à margem do mundo físico, uma zona da consciência em que os conceitos físicos não valem mais, porém o psicólogo ainda acredita que a consciência é apenas um setor do ser e a explora. Assim, ele tenta descrever os dados da consciência, contudo, sem questionar a existência absoluta do mundo em torno dela.[4] É como se a consciência perceptiva não tivesse uma relação imbricada e indissolúvel com a realidade do mundo circundante. É dizer que não se pode instituir uma linha divisória que estabelece o ponto onde o meu campo perceptivo determina formas à própria consciência, tornando esses sentimentos em algo que faça parte única e exclusivamente de um possível *mundo interior* e onde se originam fatos, dados, sentimentos, etc. do chamado *mundo exterior*.

A psicoterapia de introspecção, assim como o cientista e o senso comum, subentende o mundo objetivo enquanto quadro lógico de todas as descrições e meio de seu pensamento. Não percebe que esse pressuposto comanda o sentido que ele atribui à palavra *ser*, levando-o a realizar a consciência sob o nome de *fato psíquico*, desviando, assim, de uma verdadeira tomada de consciência e tornando como que derrisórias as precauções que ele multiplica para não deformar o *interior*. A perspectiva fenomenológica abre-se para uma gama de possibilidades que não se esgotam e se recusa terminantemente a aceitar o enquadre de concepções deterministas que aprisionam a condição humana em conceitos restritos e fechados em si mesmo.

Merleau-Ponty ensina que a tradição cartesiana nos habituou a desprender do objeto. A atitude reflexiva purifica simultaneamente a noção comum do corpo e da alma, definindo o corpo como uma soma de partes sem interior e a alma como um ser inteiramente presente a si mesmo sem distância.[5] Essa dicotomia só é possível ser refletida em níveis teóricos, sem a possibilidade de ser enquadrada em termos reais.

O corpo não é um objeto. Pela mesma razão, a consciência que tenho dele não é um pensamento, quer dizer, não posso decompô-lo e recompô-lo para formar dela uma ideia clara. Sua unidade é sempre implícita e confusa.[6] Nesse sentido, quando se abordam questões que implicam na mudança perceptiva que visa, em última instância, a própria alteração dos fatos, essa unicidade da condição humana precisa ser considerada para que não percamos tais ponteamentos em vã digressão filosófica. A totalidade do ser presente na psicoterapia é algo muito mais abrangente que a concepção trazida à luz das reflexões contemporâneas pela psicoterapia introspectiva que praticamente reduz o paciente às imagens surgidas dessa cápsula imaginária denominada arbitrariamente de *psique*.[7]

---

[4]  *Fenomenologia da Percepção. Op. cit.*

[5]  *Ibidem. Op. cit.*

[6]  *Ibidem. Op. cit.*

[7]  ANGERAMI, V. A. *Psicoterapia existencial. Noções básicas.* Belo Horizonte: Artesã, 2018.

Na realidade, somos mais do que simples reducionismo teórico imposto pelas psicoterapias introspectivas e a consciência que temos da realidade é algo que se expande na abertura trazida pela nova percepção que se adquire não apenas da consciência como também da própria realidade inerente à existência humana. E a consciência perceptiva é algo que, ao ser apreendida em sua totalidade, nos remete a novos horizontes existenciais.

Merleau-Ponty[8] nos ensina que a união entre a alma e o corpo não é selada por um decreto arbitrário entre dois termos exteriores, um objeto, outro sujeito. Ela se realiza a cada instante no movimento da existência. Foi a existência encontrada no corpo, aproximando-nos dele através da fisiologia, que nos permitiu cotejar e precisar esse primeiro resultado interrogando a existência sobre ela mesma.[9] Assim, os caminhos que o paciente poderá enveredar através do conhecimento de si e de sua própria potencialidade no desvelamento de sua existência, serão determinantes de uma nova concepção existencial.

Como exemplo dessas afirmações podemos citar um grupo de psicólogos que era supervisionado por mim e que atuava junto à comunidade de um bairro muito pobre da periferia de São Paulo, cujas pessoas não possuíam sequer condições de saneamento básicas nem uma unidade de saúde que pudesse atendê-las em caso de emergência médica.

O trabalho desses psicólogos era tentar refletir com esse grupo sobre as necessidades e o direito que possuíam enquanto cidadãos.

Incrédulos, os psicólogos ouviram em muitas reuniões que eles não tinham direito a nada, uma vez que a própria precariedade de suas vidas estava a exibir essa condição. Os argumentos utilizados e embasados sobre tal precariedade conseguiam convencer os interlocutores que de fato não tinham direito de ter uma vida mais digna.

Após sucessivos encontros, os psicólogos começaram um trabalho que lenta e vigorosamente foi mudando o campo perceptivo dessas pessoas, a fim de que elas passassem a acreditar que possuíam direitos de cidadania.

Quando atingiram tal percepção, estruturaram-se e passaram a trabalhar com objetivo de transformação real dos fatos. Organizaram-se enquanto comunidade, buscaram apoio de órgãos envolvidos em seus anseios e começaram a reivindicar, até conseguirem, a rede estrutural de serviços e atendimentos que condizia com melhores condições de cidadania e dignidade.

Essas mudanças só foram possíveis porque primeiramente elas passaram a acreditar que eram capazes de transformar a realidade socioexistencial que

---

[8] *Fenomenologia da Percepção. Op. cit.*

[9] *Ibidem. Op. cit.*

viviam e, o que é mais importante, puderam buscar o instrumental necessário para a efetivação.

Ressalta-se, ainda, que no exemplo citei uma situação na qual a mudança no campo perceptivo propiciou às pessoas que alterassem as condições que depreciavam suas vidas.

Em termos subjetivos, por outro lado, é facilmente verificável o tanto de transformação que pode ocorrer em uma determinada pessoa quando ela passa a acreditar ser capaz de transformar a própria realidade existencial. Esse processo de autoconhecimento, que a psicoterapia promove, leva o paciente a superar os próprios limites, o que, sem dúvida, é a face mais bela e promissora da prática psicoterápica.

Situações libertárias, tanto existenciais como sociais, encontram na psicoterapia o campo ideal de reflexão para um despertar promissor. Toda vez que experimento uma sensação, sinto que ela diz respeito não ao meu próprio ser, mas a outro aspecto que já tomei partido pelo mundo e que já se abriu a alguns de seus aspectos e sincronizou-se a eles. As mudanças que experimento em mim, mesmo com a transformação ocorrida no meu campo perceptivo, fazem com que eu possa refletir de forma onde os meus limites transcenderão até mesmo diante de desatinos que anteriormente pudessem me atormentar.

Esquecemos que a relação fundamental com o ser – a qual faz com que não possamos fingir não ser – não poderia realizar-se no nível do ser-posto. É ela justamente que nos ensina que, verdadeiros ou falsos, os seres-postos não são nada, que esta ou aquela experiência é sempre contígua a outra, que percepções, juízos e todo o conhecimento do mundo podem ser mudados, cortados, mas não anulados e que, sobre a dúvida que os atinge, aparecem outras percepções, juízos mais verdadeiros porque estamos no próprio desenvolvimento do ser e invariavelmente há alguma transformação a se efetivar.

Sempre estamos em um contínuo *vir-a-ser* e em um *ainda-não*. Estes fatos dependem, muitas vezes, de um processo de reflexão pormenorizado que nos leve ao encontro de novas possibilidades existenciais que se tornarão realidade após a mudança do campo perceptivo. O desdobramento das possibilidades está em nós mesmos e a condição primeira para que isso ocorra é a superação de limites e de horizontes perceptivos.

Não se pode falar em desvelamento da consciência sem igualmente considerarmos que tal possibilidade é algo inerente à nossa condição humana e que já faz parte de nós mesmos enquanto realidade que ainda não foi percebida e apreendida na consciência em toda a sua totalidade de desdobramentos.

O campo da psicoterapia é o espaço onde a consciência adquire novos parâmetros de sua própria dimensão e, a partir disso, pode juntar valores para a superação dos desatinos e vicissitudes que possam estar reprimindo para uma determinada pessoa.

## Fenomenologia da Percepção

Até mesmo situações que podem ser consideradas como o extremo do desespero da condição humana, como o suicídio, são ocorrências e fenômenos que para serem superados dependem de um novo prisma existencial que implica, necessariamente, mudança do campo perceptivo que se alcança em seus detalhamentos e nuances. Assim sendo, uma pessoa que decide pelos caminhos do suicídio não consegue perceber outras possibilidades para o desespero de sua vida que não a própria morte. O que não significa que não existam outras possibilidades, mas apenas que ela nada mais consegue perceber para si que não a própria morte.

Isso justifica o fato de muitas pessoas, ao se verem diante da morte iminente depois de uma tentativa de suicídio, dizerem que, embora tenham recorrido ao suicídio, não queriam morrer e sim acabar com uma situação desesperadora. Embora possa parecer algo completamente paradoxal, a pessoa recorre à morte querendo terminar com uma situação desesperadora, mas não necessariamente querendo morrer. A tentativa de suicídio e a morte nela presente surgem como falta de perspectiva e de outras possibilidades libertárias, não obrigatoriamente a busca da morte.

O embotamento da consciência e da percepção determina uma escolha que se mostra em realidade excludente, com outras possibilidades que não implicam necessariamente na própria destruição.[10]

Trabalhar com pacientes vítimas de tentativa de suicídio nos dá o verdadeiro parâmetro de que a mudança perceptiva do enredo dos fatos que determinam o ato do suicídio, como algo que se coloca como necessário para uma determinada existência, por si só já representa um grande passo rumo a novas possibilidades existenciais que não a própria morte.

Este atributo me pertence, mesmo que tenha outros e que não alcance a totalidade de minhas possibilidades em meu campo perceptivo ou que o desvelamento de consciência que em mim se opera e que seu nível de desdobramentos implique numa amplitude por mim desconhecida.

O que sempre fará da psicoterapia um processo fascinante de reflexão, desdobramentos e desvelamentos existenciais – não somente uma tentação no

---

[10] ANGERAMI, V. A. *Suicídio. Uma Alternativa à Vida. Fragmentos de Psicoterapia Existencial*. Belo Horizonte: Artesã, 2017.

sentido de fascínio do próprio termo, mas um caminho que é preciso percorrer – é que ela se torna verdadeira até mesmo na negação de valores trazidos pelo paciente.

A relação exterior estabelecida pelo paciente entre o mundo em si e ele mesmo, concebida como um processo daqueles que se desenvolvem no interior do mundo, que se imagina como uma intrusão do mundo em si mesmo ou, ao contrário, como alguma viagem de seu olhar por entre as coisas, transforma-se em aspectos que se modificam em sustentáculos libertários em seus desatinos existenciais. É dizer que um processo de psicoterapia estará propiciando um novo olhar diante de novas perspectivas.

Alguém que vê uma rua parado em um dos lados da calçada certamente tem uma visão bem mais limitada do que outro que a vê do alto de um prédio. Essa pessoa que vê a rua do alto do prédio verá uma perspectiva e uma dimensão que não são possíveis para quem enxergar essa mesma rua da calçada. Assim também o campo perceptivo que se abre a partir da psicoterapia terá uma amplitude e um dimensionamento que são possíveis de ser alcançados apenas no esplendor da vivência psicoterápica.

Neste ponto, é importante salientar que, com essas colocações, não estamos afirmando que a psicoterapia realizada sob a ótica fenomenológico-existencial é mais eficaz do que aquela realizada sob outras abordagens. Apenas estamos enfatizando que a nossa tentativa de compreensão e análise dos fatos possui uma abertura que, além de não excluir nenhuma das possibilidades inerentes à própria condição humana, não aprisiona o paciente em conceitos aprioristicos que o reduzem tão somente a um detalhe de suas explanações teóricas.

Podemos dividir em dois tipos os pacientes que procuram pela psicoterapia para melhor entendimento das colocações anteriormente realizadas.

Aquele que a procura para ir ao encontro da prática de uma teoria certamente procurará por uma psicoterapia que se enquadre nos seus horizontes teóricos e de modo algum se satisfará com algo diferente. Por exemplo, quem estuda terapias de vidas passadas procurará por uma psicoterapia que seja embasada nesses princípios para vivenciar a prática de suas teorizações. Da mesma forma, será impossível para alguém que não acredita em princípios reencarnacionistas submeter-se a esse tipo de abordagem. O mesmo ocorrerá com a psicanálise, a abordagem jungiana, a existencial, etc.

Quando buscamos um estudo teórico, não nos satisfazemos com nada mais que não o enfeixamento de uma teoria com sua respectiva prática.

O paciente que procura pela psicoterapia sem ter conhecimento das diferentes abordagens teóricas, o faz por ter sido encaminhado por um profissional ou por não estar bem com suas próprias questões. O seu processo não fluirá se a atitude do psicoterapeuta for embasada em teorias que sejam distantes de sua realidade existencial e que conflitam o tempo todo com o seu universo simbólico quando das intervenções psicoterápicas.

Um paciente, por exemplo, que não acredita em princípios de reencarnação e se vê submetido a uma terapia de vidas passadas terá muita dificuldade em aceitar uma colocação do psicoterapeuta de que seus problemas conjugais são oriundos de uma possível relação de outras vidas que manteve com seu cônjuge. O mesmo vale para um psicoterapeuta que trabalhe com a abordagem jungiana e faça interpretações de símbolos e mitos a um paciente que se recuse a aceitar estas crenças.

Vejo, sinto e é certo que para me dar conta do que seja ver e sentir, devo parar de acompanhar o ver e o sentir, no sensível em que eles se lançam, circunscrevendo, aquém deles, um domínio que não ocupam e a partir do qual se tornam compreensíveis segundo seu sentido e sua essência. Compreendê-los é surpreendê-los, pois a visão ingênua me ocupa inteiramente e meu alcance perceptivo, que se transforma e se acrescenta a ela, retira alguma coisa desse dom total, sobretudo porque compreender é traduzir em significações disponíveis um sentido inicialmente cativo na coisa e no mundo.

Essa discrepância entre os níveis teóricos e a própria concepção do paciente do constructo teórico da psicoterapia a que se encontra submetido nos remete à compreensão da razão pela qual muitos processos psicoterápicos emperram de modo praticamente irreversível. E quando esse eventual paciente muda de orientação teórica as coisas fluem de outro modo, em outra perspectiva libertária. Então, não se trata de preconizar a eficácia de uma abordagem teórica, e sim de tentar compreender essa disposição.

Por outro lado, podemos alcançar não apenas um novo dimensionamento dos fatos, como também, e principalmente, um novo esteio, no qual a própria existência será libertária para o enfretamento dos nossos desatinos cotidianos.

A vida do outro, tal como ele a vive, não é para mim uma experiência que apreendo a partir do relato deste outro, pois o outro é outro, verdadeiro outro e nada mais que isso. Não se pode perder o parâmetro de que a minha simples presença contamina o outro igualmente como sou contaminado por ele. As alterações que ocorrem nesse encontro determinam mudanças substanciais que se formam como filetes d'água que numa grande conjunção formam o leito de um rio.

A psicoterapia trilha por caminhos onde o desenvolvimento pessoal do paciente soma-se ao do próprio psicoterapeuta. Existe uma contaminação nas duas partes do processo, pois se é fato que o paciente se desenvolve no processo psicoterápico abrindo seu campo perceptivo para inúmeras possibilidades que a vida se lhe apresente, é também verdadeiro que o psicoterapeuta se desvela nesse processo e, além de modificar seu campo perceptivo, cresce em níveis muito exacerbados no tocante à sua própria condição humana.

Ao assumirmos que o processo psicoterápico transforma a psicoterapia intensamente, nos colocamos em uma posição em que as possibilidades de desdobramento e desvelamento da consciência estarão incidindo sobre a conduta da própria psicoterapia.

É bastante ilustrativa uma das dedicatórias utilizadas por Winnicott em uma de suas obras, na qual ele dedica o livro aos seus pacientes que, embora pagando, lhe ensinaram sobre a condição humana.

Na verdade, ao assumir essa postura, estaremos percebendo que, na medida em que somos humanos e não simples máquinas desprovidas de sentimentos com alguns mecanismos a nos regular o comportamento, somos transcendência e liberdade.

A psicoterapia fenomenológico-existencial principia se recusando a qualquer outra aceitação do homem que não apenas a sua condição humana.

Seja qual for outro aparato com mecanismos reguladores como se fôssemos máquinas ou comparações com animais deve ser abolido das discussões contemporâneas sobre a abrangência da psicoterapia. Os detalhes de uma vida em toda sua magnitude são contemplados de modo a fazer com que a historicidade do paciente seja parte inerente e indissolúvel de sua condição. Não podemos, como mera ilustração, esperar que as questões de sexualidade envolvendo uma pessoa de uma grande cidade como São Paulo sejam semelhantes a alguém que vive em uma cidade do interior em que os hábitos e valores são muitas vezes provincianos. A historicidade ao ser considerada na compreensão de uma pessoa lança por terra todas as teorias que enquadram o ser humana de modo determinista como se fossemos iguais independentemente de nossa inserção social.

## *Afinidades e concepção de valores*

Este item de análise, na maioria das vezes, passa despercebido quando se discute questões inerentes à prática da psicoterapia, mas indubitavelmente é de importância fundamental. Chessick[11] ensina que quase sempre o processo de psicoterapia falha pelo simples fato de o psicoterapeuta não afinar com a realidade e com os valores do paciente. Quando nos deparamos com pacientes

---

[11] CHESSICK, R.D. *Why Psychoterapists Fail?*. New York: Science House, 1971.

que possuam valores e estilos de vida conflitantes com os nossos, a psicoterapia terá de ser um processo de constante superação para que essa variável não emperre o processo em si.

Colocamos num texto anterior,[12] quando fazíamos uma reflexão sobre os limites do psicoterapeuta, que embora tenhamos clara essa necessidade de constante superação, existirão casos em que as nossas peculiaridades e limites chegam até ao extremo da exaustão. Neste texto focamos a impossibilidade de se continuar um processo psicoterápico quando o paciente se revelou um torturador, alguém que participava de sessões de tortura para arrancar confissões dos suplicantes. Esse tipo de situação esbarrou de forma drástica com os meus valores tanto humanitários como de militância política não sendo possível nada mais que não o encerramento puro e simples do processo.

Evidentemente, cito esse exemplo como um caso extremado em que condições adversas contribuem de maneira significativa para que a psicoterapia não se desenvolva. Por outro lado, há situações comuns que se mostram em pequenas filigranas e quando não deixadas claras e até perceptíveis apresentam grande chance de igualmente emperrarem o processo psicoterápico. Perceber é envolver em um só golpe todo o futuro de experiências no presente que, a rigor, nunca o garante a crença em um mundo. É essa abertura que se torna possível a verdade perceptiva.[13]

É frequente em grupo de supervisão clínica de atendimento ouvir dos psicoterapeutas que há pacientes que fazem com que as sessões e a própria psicoterapia fluam de modo leve e tênue, ao contrário de outros, que fazem o processo se arrastar de modo infindável. O que fazer para que tenhamos depoimentos desse teor, quando se discute e se reflete sobre as veredas da psicoterapia? E onde se realiza a abertura sobre a qual a própria psicoterapia pode considerar tais valores e superá-los levando, então, o paciente a uma verdadeira condição libertária?

Dissemos que a minha simples presença afeta o outro como a sua também me afeta. Essa variável já pode ser o ponto primeiro de reflexão.

Ao se fazer um simples contraponto em nossas relações interpessoais, verificamos que quando conhecemos uma pessoa vamos aos poucos confidenciando questões, segredos e valores. Dificilmente nos abrimos de modo total para uma pessoa que acabamos de conhecer e de quem também pouco conhecemos.

O relacionamento vai sendo tecido paulatinamente e lentamente também se constrói o próprio esteio, no qual o relacionamento se estrutura. O mesmo ocorre no processo psicoterápico.

---

[12] *Psicoterapia e Desespero Humano.* Capítulo 14 deste livro.

[13] *Fenomenologia da Percepção. Op. cit.*

Por maiores que sejam as dificuldades e vicissitudes que o paciente possa estar enfrentando, é preciso um número de sessões preliminares para que a confiança possa ser conquistada e, então, se estabeleça um sustentáculo em que as questões que estão a interferir em sua existência possam ser colocadas de maneira absoluta.

Não há como se esperar que de início o paciente possa colocar todo o teor de seu desespero e sofrimento. Embora isso possa ocorrer em muitos casos. É fundamental, no entanto, uma postura de tolerância para se aguardar o momento propício no qual o paciente possa sentir-se seguro para demonstrar seus problemas e dissabores.

A expressão através da palavra falada é um verdadeiro gesto e contém seu sentido, assim como o gesto contém o seu. Então, para que eu compreenda a fala do outro, eu tenho de compreender seu vocabulário e sua sintaxe. Dessa maneira, a própria transformação que ocorre na fala quando ela expressa sentimentos e emoções mais fortes é detalhamento imprescindível para a condução com êxito da própria psicoterapia.

A palavra possui toda a força do expressionismo humano e através dela captamos a verdadeira dimensão do outro. Porém, é fato que quando temos o paciente à nossa frente, além da palavra, temos também todo o seu expressionismo gestual, que, embora possa ser um coadjuvante nesse processo que visa sua compreensão, pode ser uma variável que nos disperse em relação ao sentido da palavra. E nunca é demais frisar a nossa expressão gestual também está sendo observada e balizada pelo paciente que muitas vezes a interpreta como formas de orientação. Como ilustração, cito o caso de uma paciente que chega a sessão dizendo que havia feito o que eu havia recomendado e que havia obtido pleno êxito. Fiquei estupefato com essas colocações. Afinal, já não era principiante para cometer esse erro tão básico de orientar alguém de maneira precisa qual o caminho a ser seguido, e isso a partir dos meus valores. Tentando compreender melhor a situação sobre o que havia recomendado não existia da parte da paciente nada que mostrasse minimamente algo que tinha falado. Compreendi aos poucos que na verdade havia mostrado conivência às suas colocações através da minha expressão gestual, e que ela captou e codificou como sendo uma orientação precisa do que havia falado. Ou seja, além do cuidado com as nossas colocações verbais é necessário também cuidados com a expressão gestual, pois ela pode ser até mais eficaz do que as palavras. Basta de outra parte, pensar num diálogo telefônico quando temos somente a expressão da palavra. Se estivermos falando com um interlocutor habitual, seremos capazes de apreender seus sentimentos até mesmo através das modulações e variações percebidas em sua voz. Assim como possíveis contradições entre o que está sendo dito e a vibração e entoação da fala. Não estamos, com isso, desprezando o expressionismo gestual, apenas enfatizando a necessidade de um aprume bastante desenvolvido para que não se perca a força da palavra falada diante de outras formas de expressão que igualmente se manifestam.

É comum ouvir por parte de psicoterapeutas que muitas vezes a palavra falada do paciente não condiz com o seu expressionismo gestual e por isso podemos afirmar que diante de tamanha incongruência, ainda assim é através da palavra falada que poderemos pontuar essa discrepância. Do contrário, alguém que mostra, através da fala, sintonia com o que é mostrado pelo expressionismo gestual está dando veracidade até mesmo à própria fala. A psicoterapia é o processo da fala. Inclusive as chamadas psicoterapias corporais não prescindem de seu uso nem de seu expressionismo.

Ao se balizar a importância da fala e de sua dimensão no processo psicoterápico, teremos o primeiro ponto de análise em nossas reflexões de afinidades e concepções de valores. Aquele que apresentar uma fala de complexa compreensão terá muito mais dificuldade em mostrar e perceber os pontos de afinidades que existem entre nós. A dificuldade de relacionamento interpessoal, quando se tem barreiras colocadas pela fala, torna-se um obstáculo a ser transposto e, em alguns casos, até mesmo restringe outros níveis de comunicação.

Assim, quando surge um paciente com um repertório linguístico muito diferente do nosso, com certeza gastaremos muito tempo para tentar compreendê-lo minimamente – e estou me referindo apenas a um repertório linguístico diferente, como o do adolescente, por exemplo. Todavia, se encontrarmos pessoas que estejam em uma condição sociocultural diferenciada, além desta diferença de repertório, teremos um nível de empobrecimento que dificultará a compreensão de determinadas citações. Desse modo, estaremos diante de uma variável muito poderosa e que apresenta todas as condições indispensáveis para fazer com que o processo psicoterápico perca sua fluidez.

Essas citações servem também para pessoas que, embora possuam um bom nível sociocultural, apresentem dificuldades linguísticas por serem de outra nacionalidade, não conseguindo se expressar de modo absoluto.

Por outro lado, aquele que possuir um repertório linguístico semelhante ao nosso e condições de compreensão de nossas colocações terá um dos primeiros e principais fatores para que a psicoterapia se desenvolva de maneira ampla e consistente. A simples percepção da forma do que é dito já implica que haverá um entendimento semelhante do conteúdo e dos sentimentos expressos. Não há como apreender a essência de determinados sentimentos se não entender o modo como se estrutura a fala do outro.

Merleau-Ponty ensina que o gesto linguístico, como todos os outros, desenha ele próprio o seu sentido. Essa ideia, em princípio, surpreende, mas somos obrigados a chegar a ela se quisermos compreender a origem da linguagem, problema sempre presente e urgente, apesar de psicólogos e linguistas concordem em recusá-lo em nome do saber positivo[14]. Parece impossível dar às palavras e aos gestos uma significação constante pois o gesto se limita a indicar uma certa relação entre o homem e o mundo sensível, porque este mundo é dado ao espectador pela percepção natural e assim o objeto intencional é oferecido à testemunha ao mesmo tempo em que o próprio gesto.

O contraponto que se faz entre a articulação da fala e o expressionismo gestual é indício das diferentes manifestações da condição humana. A gesticulação verbal, portanto, visa uma paisagem mental em que, em primeiro lugar, não está dada a todos e que ela tem por função justamente comunicar. Mas aqui, o que a natureza não dá a cultura fornece.

O trabalho de intervenção psicoterápica carece de um aprumo quase artesanal para que as coisas possam fluir no próprio tempo do paciente. Quando nos deparamos com um paciente que, além de similaridade com o nosso universo cultural, também apresenta uma afinidade com a nossa concepção de valores – incluindo-se os conceitos de mundo, homem e de valores políticos e sociais – teremos todas as condições propícias para que a psicoterapia se desenvolva em toda a plenitude.

As questões de divergências levantadas anteriormente, quando não existem, permitem que ocorra esse enfeixamento de afinidades quanto à concepção de valores, e logo teremos uma situação cujo raio de ação psicoterápica será apenas a articulação dos fatos trazidos pelo paciente e sua reflexão contínua e intermitente.

Dessa forma, podemos direcionar toda a articulação psicoterápica para o desenvolvimento do paciente, certos de que a contaminação sofrida pelo psicoterapeuta ocorrerá dentro de um quadro esperado, não havendo a necessidade de superação de valores que eventualmente pudessem ter sido comparados em situações analogicamente inversas.

A concepção de valores é constantemente confrontada com as relações interpessoais, o que leva a agirmos de acordo com a própria circunstância dessas relações. Já em nossas relações mais íntimas, é imprescindível que exista uma afinidade com nossos valores.

Procuramos quase que de modo absoluto pessoas que estejam próximas de nossos valores e questionamentos. Entretanto, nas demais relações, e por

---

[14]  *Ibidem. Op. cit.*

vezes até naquelas consideradas mais íntimas, não existe uma afinidade no quesito de valores, ainda que o relacionamento se justifique por outras tantas razões e interesses. Por exemplo, não é possível escolher de modo deliberado as afinidades no relacionamento profissional.

Quando se fala no campo da psicoterapia, normalmente, esse nível de afinidades inexiste, uma vez que o relacionamento se fundamenta nas necessidades do paciente que busca um processo de libertação das amarras existenciais. O mais frequente é paciente e terapeuta possuírem similaridades em nível cultural e as diferenças quanto à concepção de valores muito significativas. Nesse caso, torna-se necessário fazer um trabalho de garimpo dos possíveis obstáculos que eventualmente possam emperrar o desenvolvimento do processo.

Saber desses detalhamentos a ponto de não permitir que eles interfiram no próprio desenvolvimento emocional do paciente é condição fundamental para que a psicoterapia possa ser conduzida com pleno êxito. Além do mais, é sempre viável ter-se como verdadeiro que todo o tipo de relacionamento interpessoal precisa ser gratificante e prazeroso ou energizante. Assim, o relacionamento pai-filho, namorado-namorada, psicoterapeuta-paciente, amigo-amigo, enfim todos os tipos possíveis de relacionamentos interpessoais necessitam ser gratificantes e prazerosos em algum nível para que se justifique. Caso contrário, estaremos diante de situações estressoras, em que praticamente é impossível entender-se os determinantes que justificam tais relações. A psicoterapia também se enquadra nesse rol de relações que tem de ser energizante e ter quesitos gratificantes e prazerosos para justificar-se.

Não há como se pensar num processo de desenvolvimento e crescimento pessoal que possa levar o paciente a situações reflexivas o qual culmina em momentos dolorosos e, ainda, possa ser definido por ele próprio como prazeroso.

Podemos afirmar que as situações dolorosas, num primeiro momento, podem provocar o sangramento da própria alma e, depois, significar a necessidade de mudanças estruturais na condição emocional do paciente.

Sabe-se, inclusive, do grande número de pacientes que encontram sua verdadeira condição libertária depois do enfretamento de situações dolorosas e que, muitas vezes, implicavam modos estruturais de sua maneira de se relacionar com o mundo e até consigo próprio.

Não podemos, no entanto, reduzir o processo psicoterápico a reflexões que são colocadas de formas distintas e isoladas para melhor compreensão de suas asserções, mas que, na realidade, se misturam e se transformam em algo muito além das nossas reflexões teóricas. Ou ainda, nas palavras de Merleau-Ponty[15],

---

[15] *Ibidem. Op. cit.*

reduzir a percepção ao pensamento de perceber, sob o pretexto de que só a imanência é segura, provoca assinar em seguro contra a dúvida, cujos prêmios são mais onerosos do que a perda que deve ser indenizada, implicando renúncia do mundo efetivo e passando a um tipo de certeza que nunca nos dará a noção de mundo.

A psicoterapia é um processo que tem seu detalhamento estribado nas configurações das dúvidas que lançam sobre as possíveis *certezas* do paciente. Ou a dúvida é um estado de dilaceramento e obscuridade e então nada me ensina ou se me ensina é porque delibera, milita e sistematiza, sendo então um ato que se impõe a mim como limite da dúvida, como algo que nada é. Algo este da ordem dos atos que de agora em diante estou encerrando. A ilusão das ilusões é acreditar que nunca estivemos certos, a não ser de nossos atos.

Somos a própria realidade, a realidade do fenômeno de ser em toda a sua abrangência e perspectiva de historicidade. E o desvendar da consciência, propiciado pelo processo psicoterápico é a construção de um novo prisma existencial que vai sendo elaborado no decorrer da própria existência, ainda que, muitas vezes, seja puído lentamente por situações de dor.

Vagarosamente, a psicoterapia reconstrói o determinante de que a percepção foi uma inspeção do espírito e que a reflexão é somente a percepção renascendo para si mesma, a conversão do saber da coisa num autoconhecimento. É na psicoterapia que o paciente pode, ao lidar com diferenças conceituais de valores, dimensionar a importância dos fatos na própria realidade existencial, já que se enveareda por caminhos distantes dos nossos e que, ainda assim, é possível uma compreensão diferente para a nova realidade conceitual.

O próprio desenvolvimento do paciente no processo psicoterápico é convergente com a mudança que une na sua própria conceituação de valores. Essas mudanças implicam na sua superação contínua e, por assim dizer, intermitente. O que a psicoterapia promove de mais eficaz e surpreendente é que, após o término do processo, as mudanças ocorridas no campo perceptivo do paciente farão com que a sua postura diante dos desatinos existenciais seja algo que não apenas transcende os limites do método, como também determina que isso traga um novo conceito de valores interpessoais e sociais.

Cabe aqui uma reflexão sobre o agrupamento que se faz na atualidade, misturando-se psicoterapia com práticas deterministas e que de maneira drástica conflitam com a psicoterapia em si. Tais afirmações, por mais bombásticas que possam ser, englobam um processo independente de sua orientação teórica. Assim, temos práticas psicoterápicas que são embasadas juntamente com *mapa astral*, *quiromancia*, *tarô* e tantas outras crendices que estão a povoar o imaginário popular.

Como é possível aceitar a transformação proposta pela psicoterapia – independentemente de sua orientação teórica – e concomitantemente o determinismo imposto à vida humana pelos conceitos da astrologia? Ou, ainda, como pensar em libertação dos desatinos existenciais e ao mesmo tempo estar-se preso ao destino traçado nas linhas da mão ou naquilo que se acredita estar escrito nas cartas do tarô?

A psicoterapia como processo libertário não pode, em hipótese alguma, estar vinculada a determinismos oriundos de crendices populares e que dependem de uma fé irracional para se tornarem realidade. Não cabe a nós questionar a validade dessas crenças e o tanto que beneficiam as pessoas. O que nos interessa ressaltar é que o princípio maior da psicoterapia é ser um processo libertário que conduza o paciente a novas perspectivas existenciais independentemente de sua orientação teórica. Entretanto, se nos ativermos ao determinismo dessas convicções, nada poderá ser alcançado, pois o paciente já terá seu destino traçado de modo irreversível.

Embora seja fato que muitas dessas práticas sejam embasadas em parâmetros considerados científicos, não há como perder seu ranço de crendice popular e nem serem consideradas como significativas pelo seu suposto rigor científico. Se não temos como enquadrar a psicoterapia nos ditames do cientificismo, tampouco nos importa se a astrologia pode ser considerada como ciência. O fato de sê-lo ou não, independe, e não tira de si a irracionalidade de seus postulados que já determina todas as características emocionais de uma pessoa a partir do horário de seu nascimento. Sua vida, conquistas e dificuldades não contam no detalhamento da construção de sua estrutura emocional, o que terá validade é somente o horário e data de seu nascimento. E o que é mais dantesco é que essa junção da psicoterapia com tais crenças ainda ganha o rótulo de modernidade. Modernidade?! Que modernidade é essa que nos atira às raias do que existe de mais traçado na tentativa de compreensão da condição humana? Que modernidade é essa que abandona a realidade existencial do paciente, com suas nuances e detalhamento e se atém unicamente às linhas de sua mão?

A impressão que se tem é que cada vez mais se buscam alicerces ao processo psicoterápico que desfiguram seus propósitos libertários – isso sem dizer das práticas que se aliam a princípios religiosos muitas vezes distantes de um grande número de pessoas, como a terapia de vidas passadas. Embasada em princípios reencarnacionistas e no Brasil sedimentada na doutrina espírita, esta prática ganha cada vez mais adeptos. É como se a razão perdesse os próprios parâmetros e fosse cada vez mais aos encontros das formas de atuação que podem ser definidas como um resquício maior da falta de conhecimento presente no campo das alianças teóricas da psicoterapia.

Este alerta é pouco diante dos fatos execráveis que essas práticas propiciam à reflexão contemporânea da própria psicoterapia.

Idiotia.

Idiotia a nos envolver e a determinar uma postura cada vez mais crítica aos nossos próprios postulados. E se não aceitamos o determinismo teórico das principais correntes da psicoterapia, essa junção com princípios religiosos é o que pode existir de mais pavoroso nas chamadas práticas contemporâneas. Nossas descendências originais provem dos antigos conselheiros religiosos como nos pontuou Chassick[16]. Não se trata, portanto, de negar a nossa linhagem nem essa influência, o que queremos evidenciar é que qualquer atividade envolvida com princípios religiosos e/ou crenças populares necessita de uma reflexão bastante severa para que não se tornem instrumentos de verdades messiânicas não questionáveis.

Ainda que muitas correntes teóricas apresentem princípios messiânicos em suas formulações, é necessário ficar atento para que não nos tornemos sumos sacerdotes de uma nova religião: a psicoterapia e seus derivativos. Na realidade, tudo é uma questão de opção. Se estivermos interessados em uma prática libertária preconizada pelos princípios da psicoterapia, deveremos, então, voltar as costas para esses pensamentos.

A escolha pela psicoterapia como um processo libertário implica no abandono de princípios arcaicos que aprisionam e estrangulam o desenvolvimento do paciente. As religiões possuem sua importância e, sem dúvida alguma, trazem alívio e conforto espiritual a inúmeras pessoas. O que queremos enfatizar é que a psicoterapia não é um campo de prática religiosa, assim como a religião não o é para a prática da psicoterapia. A religião deve ser refletida e conduzida por religiosos – padres, teólogos, rabinos, pastores, médiuns, etc. – e a psicoterapia por profissionais devidamente treinados cujos princípios de prática profissional sejam conduzir o paciente a parâmetros decididamente libertários e intervir na realidade da profissão, sem amarras deterministas nem cobertas de verdades e princípios religiosos.

Talvez muitos desses questionamentos derivem da necessidade premente, na atualidade, da humanização dos métodos utilizados por determinadas psicoterapias. Ainda assim, a junção da psicoterapia com a prática religiosa é, no mínimo, muito delicada, pois está no limiar de nossa condição de intervenção.

Colocamos num texto intitulado *O Lugar da Espiritualidade na Prática Clínica*[17] a fundamentação do tanto que a própria transcendência inerente à

---

[16] *Why Psichoterapists fail. Op. cit.*

[17] ANGERAMI, V.A., *O lugar da espiritualidade na prática clínica* in *Psicossomática e suas interfaces*, ANGERAMI, V.A. (org.), São Paulo: Cengage Learning, 2012.

condição humana – que permite a superação dos limites corpóreos e que, através do imaginário, me transporte para os mais distantes cantos do Universo – está ligada à própria busca da espiritualidade. Destaca-se, ainda, que estabelecemos a presença da espiritualidade em autores tidos e havidos como ateus – Freud e Sartre predominantemente – mesmo que num primeiro plano tal relação pareça desprovida de sentido.

É importante destacar que a busca da espiritualidade não implica necessariamente na busca de religiosidade. Ao contrário, os fatos revelam que diversas vezes não encontraremos os quesitos de espiritualidade em pessoas praticantes de determinadas religiões. A procura pela espiritualidade e transcendência é algo próprio da condição humana como já foi magistralmente mostrado por Victor E. Frankl.[18] Trata-se, então, de se estabelecer que a busca pela espiritualidade presente na prática psicoterápica não leva, em hipótese alguma, à transformação da psicoterapia em prática religiosa, qualquer que seja a religião que possa embasá-la.

Frankl coloca que o próprio restabelecimento emocional do paciente só se dá quando ele atinge, invariavelmente, níveis elevados de transcendência e espiritualidade. A psicoterapia enquanto processo que visa a elevação da condição humana traz em seu portfólio, ainda que sob a égide do ateísmo, a presença da espiritualidade de modo indissolúvel e como tal deve ser analisada e questionada.

Religião e prática religiosa devem estar em caminhos distantes da psicoterapia, para que não se perca com a fusão o próprio dimensionamento de nossas propostas libertárias.

As questões presentes no âmbito das discussões que envolvem afinidades e concepção de valores são muitas e se apresentam de diversas formas. Os temas aqui tratados são apenas uma pequena amostra do tanto que ainda se necessita enveredar por tais caminhos, a fim de que possamos ter a psicoterapia refletida por caminhos mais consistentes em seu princípio soberano de superação da própria condição humana.

Polêmicos, os temas que envolvem questões de religiosidade precisam ser entendidos à luz da razão e livre de preconceitos que fazem parte da condição humana, pelo simples fato de, na quase totalidade dos casos, professarmos a prática de alguma religião. É imprescindível separar a prática religiosa da profissional. O fato de alguém ser psicoterapeuta não implica que ele não seja praticante de alguma religião. O que importa é que seus valores religiosos fiquem

---

[18] Victor E. Frankl é um dos autores que mais refletiu sobre a espiritualidade na condição humana. É criador da logoterapia na qual a busca de sentido de vida é o determinante maior da própria psicoterapia.

distantes de sua prática. Na realidade, não apenas os valores religiosos devem ficar distantes, mas também o conjunto destes valores que se constituem no substrato pessoal e existencial e que podem influenciar de modo tendencioso a prática psicoterápica.

Não se trata de exigir que o psicoterapeuta tenha neutralidade absoluta, como se preconiza indevidamente nas lides acadêmicas. Não há como manter-se totalmente neutro, já que a simples escolha de um determinado referencial teórico já revela por si só a perda de neutralidade. Se eu sou, por exemplo, psicanalista, adoto a concepção de valores, mundo e homem trazidos pela psicanálise. Se existencialista, trago a concepção de valores, mundo e homem do existencialismo e assim por diante.

O meu referencial teórico já faz com que eu não tenha neutralidade absoluta, sendo então indispensável que eu assegure que o conjunto de valores da minha bagagem teórica seja devidamente balizado para que não traga contaminação ao processo.

A psicoterapia, todavia, poderá ir ao encontro dos anseios libertários do paciente, sendo ela mesma um processo teórico sem amarras e/ou revestida de preconceitos em que o fio condutor seja apenas a realidade existencial do paciente.

## Sentimentos do psicoterapeuta diante do paciente

Se no tópico anterior, a questão da concepção de valores foi passível do levantamento de inúmeras indagações e divagações teóricas que, mesmo que não tenham se excluído e se esgotado, foram instigantes e revestidas de muita polêmica. A questão dos sentimentos do psicoterapeuta diante do paciente é igualmente incômoda e cáustica, pois nos direciona para detalhamentos significativos quanto ao êxito ou fracasso de um processo psicoterápico. Surgem, então, as perguntas: quais sentimentos o psicoterapeuta experimenta diante do paciente? De onde eles se originam e como se manifestam ao longo da psicoterapia? Enumeraremos alguns deles para uma reflexão pormenorizada, deixando claro que sua separação é meramente didática, não significando que ocorram nessa sequência e tampouco vários deles simultaneamente. Essa divisão não implica que necessariamente ocorram no contexto que se estabeleceu para sua discussão e ainda que os pontos por nós levantados excluam outras possibilidades sobre os sentimentos que serão discutidos a seguir.

• **Admiração** – Sentimento que ocorre numa similaridade bastante frequente e nos dá uma visão da necessidade de rever inicialmente o próprio significado do termo. Significa olhar com espanto, surpresa ou deslumbramento; ter em grande apreço, considerar com respeito e simpatia.[19] O próprio significado etimológico do termo é o mesmo que se usa comumente em nosso cotidiano. Isso quer dizer que não teremos a necessidade frequente, em nossas reflexões sobre o desenvolvimento da psicoterapia, de rever o significado de alguns termos devido à diferença que muitas vezes existe entre o seu significado etimológico e o sentido usual que se faz dele. Implica dizer igualmente que quem admira, admira algo ou alguém. Na maioria das vezes, quando se fala de admiração pessoal estamos evidenciando um sentimento que ressalta virtudes da pessoa admirada.

Na psicoterapia, encontraremos situações em que o psicoterapeuta experenciar sentimentos de admiração diante de um conjunto de virtudes ou atitudes tomadas pelo paciente diante da vida significando também que estas atitudes possam estar relacionadas a um determinado conjunto de valores.

O deslumbramento sentido diante de uma narrativa do paciente será igualmente significativo para o psicoterapeuta se vier associado a mudanças também importantes em seu campo perceptivo e em seu processo de desenvolvimento.

Ele sentirá um grande deslumbramento ao perceber as barreiras que vão sendo superadas por seu paciente ao longo do caminho e seu desenvolvimento rumo a novos horizontes e perspectivas existenciais.

Esse nível de fascínio é perfeitamente esperável por mostrar as etapas que o paciente está superando em seu processo de desenvolvimento e crescimento pessoal. Se o psicoterapeuta não demonstrar admiração com as constantes superações de seu paciente, algo estará errado nesse dimensionamento. Uma das maiores gratificações que experimentamos na prática psicoterápica é justamente assistir e participar do processo de desenvolvimento de uma pessoa, principalmente naqueles casos considerados mais difíceis do percurso profissional. Assim, o desenvolvimento pessoal do paciente deverá ser, naturalmente, grande fonte de deslumbramento e prazer para o psicoterapeuta.

Merleau-Ponty[20] nos ensina que a experiência sensorial é instável e estranha à percepção do corpo e se abre a um mundo intersensorial. Muitas vezes estamos distantes de situações que podemos definir como sensitivas diante do deslumbramento que o desenvolvimento de um paciente pode provocar, mas isso poderá ser apreendido com todas vibrações corpóreas e não obrigatoriamente pela instância da razão. É nesse conjunto de detalhes

---

[19] *Dicionário Melhoramentos da Língua Português*. São Paulo: Editora Melhoramentos, 1977.

[20] *Fenomenologia da Percepção. Op. cit.*

que se encontra o eixo maior de nosso questionamento: como esse processo de deslumbramento se instala e o modo em que ele pode determinar, de maneira obscura, comportamentos e nuances que, embora tenham o poder de influir no próprio processo, não se mostram claramente perceptíveis à consciência. Na medida em que somos donos de nossas percepções, podemos senti-las e percebê-las das mais diferentes maneiras e somos igualmente cônscios de que a falta de parâmetros sobre elas poderá determinar desvios ao rumo da psicoterapia.

A psicoterapia é um processo em que se constrói um nível de intimidade interpessoal, fazendo com que o psicoterapeuta seja depositário de sentimentos, desejos e angústias.

Mestre Briganti[21] ensina que a intimidade que há entre o psicoterapeuta e o paciente é maior do que a existente entre o ginecologista e sua paciente. Apesar de não ocorrer o toque corporal entre o psicoterapeuta e o paciente, as coisas que são confiadas e tratadas nesse espaço são de uma profundidade e intimidade tal que nem mesmo a situação de toque genital presente na consulta ginecológica tem como superá-la em seu teor. O ginecologista, embora toque a genitália de uma determinada mulher para examiná-la, muitas vezes pouco sabe sobre os seus questionamentos, angústias existenciais, valores familiares ou projetos de vida, incluindo-se aí aqueles que impliquem no acompanhamento ginecológico, como ter filhos, por exemplo.

Enquanto psicoterapeutas, somos mais do que meros profissionais que se interessam pela complexidade da condição humana. Somos porta-voz das possibilidades de mudanças e transformação da condição. Podemos afirmar que a admiração é condição indispensável para que as relações humanas se aprofundem, incluindo-se aí o processo psicoterápico.

Não podemos atender uma pessoa por quem não tenhamos admiração ou que haja certa incompatibilidade, pois fica difícil imaginar a superação do psicoterapeuta para realizar bom trabalho. Basta compararmos uma relação amorosa para verificarmos que a admiração é o quesito básico para que outros níveis de envolvimento – sexual, afetivo, etc. – ocorram e se desenvolvam.

Em se tratando de relacionamentos interpessoais, o sentimento de admiração serve de alicerce para o teor do próprio relacionamento. Dele emergem outras sensações que se fundem e dão novos contornos à própria existência.

---

[21] Carlos Rosário Briganti é um dos maiores autores nacionais nas áreas da Psicossomática e Psicologia da Saúde. Seus trabalhos fazem parte das obras indispensáveis a todos que queiram enveredar por tais caminhos. Essa comparação por nós usada em nosso texto foi proferida numa aula pelo Mestre Briganti no Curso de Formação em Psicossomática e Psicologia da Saúde, no Centro de Psicoterapia Existencial.

• **Afeição e apego** – É fato que afeição é um dos pontos que determina a própria escolha que fazemos pela condição de psicoterapeutas. A afeição pela condição humana e o interesse que manifestamos a fim de entender as nuances e detalhes da alma humana já determinam que a tenhamos como condição primeira e indispensável para o exercício profissional. Não se pode pensar na prática psicoterápica se não houver um sentimento de afeição do psicoterapeuta pelo paciente e vice-versa.

Se falamos anteriormente que não é possível o estabelecimento de vínculo psicoterápico quando se possui sentimentos de incompatibilidade pelo paciente, assim também não há como se pensar num envolvimento psicoterápico em que no lugar de afeição exista ódio, rancor ou qualquer outro sentimento que rompa a relação de modo inexorável.

Por mais estranho que possa parecer, ainda vamos encontrar, quando nos propomos a refletir sobre os caminhos da psicoterapia, profissionais que possuam uma mistura de sentimentos negativos pelo paciente. Antes de qualquer outro questionamento, isso é uma variante que, ao nosso ver, torna impossível qualquer desenvolvimento por parte do paciente. A fluência do processo psicoterápico depende da harmonia entre a ocorrência dos detalhamentos e o modo como eles são conduzidos. Sem um sentimento de afeição e admiração, não há como se esperar solidificação na estrutura emocional do paciente nem a efetivação da vivência de suas possibilidades existenciais.

A apreensão de mim por mim é coextensiva à minha vida como princípio, ou, mais exatamente, essa possibilidade sou eu, eu sou esta possibilidade e por ela todas as outras. Entretanto, no agrupamento dos meus sentimentos é que as minhas possibilidades se transbordam em níveis diferentes àqueles alcançados pelo meu campo perceptivo antes dessa nova transformação.

Se os meus sentimentos não são inerentes à minha própria realidade nem ao tanto que possa alcançar nesse modo de apreensão – efetivado pelas mudanças que ocorrem em meu campo perceptivo a partir da psicoterapia – significa que está havendo uma confluência difusa de sentimentos que não me são claros e factíveis, impedindo que a minha consciência possa abrir-se nessa nova perspectiva existencial.

Por outro lado, a afeição traz outro sentimento que é próprio da condição humana, o apego. Em maiores ou menores doses todos temos apego pelos nossos vínculos, relacionamentos e por objetos que nos pertençam. É evidente que o apego em doses elevadas pode-se tornar algo patológico e, ao invés de ser saudável, passa a ser um transtorno que mereça tratamento específico.

A psicologia traz em sua literatura um vasto número de publicações que refletem sobre o apego das mais diferentes formas e sobre os mais diversos prismas. Na quase totalidade dos casos, esses textos o mostram como sendo necessário às diferentes fases do desenvolvimento, ao longo da vida. A maioria também enfatiza que somente se atinge a maturidade emocional, quando conseguimos deixar o apego de determinados vínculos para com isso nos lançarmos em novos caminhos e perspectivas existenciais. Assim, uma pessoa com cerca de 40 anos que tenha apego à sua mãe, considerado e definido como infantil, certamente terá nesse apego algo patológico e que seguramente estará impedindo novas possibilidades de desdobramentos para sua vida. Da mesma forma será considerado patológico alguém que vivencie os mais diferentes tipos de relacionamentos, ao longo da sua vida e que não tenha o menor apego nesses vínculos. Tanto o apego excessivo como a ausência dele serão considerados patológicos, pois mostram algum nível de dificuldade nos relacionamentos interpessoais. O teor dessas dificuldades e o nível que tais questões ocorrem, se transformam e se instalam na vida de cada pessoa deve ser analisado, levando-se em conta a unicidade de cada um, além de suas peculiaridades existenciais.

Em termos de processo psicoterápico, que é nosso maior interesse, podemos afirmar que o apego igualmente deve existir e estar presente, mas de modo que não prejudique o desenvolvimento do processo. O apego ao vínculo psicoterápico pode ser saudável e utilizado como coadjuvante ao desenvolvimento do paciente. Antes de qualquer coisa, ele será um instrumento a ser utilizado para levar o paciente a melhorar seu sentimento de autoestima, além de fazer com que ele possa potencializar seus valores e se desenvolver em plenitude existencial.

Se não houver paixão – uma das formas tipificadas da afeição – não poderá haver um processo psicoterápico que flua e leve seus participantes a novos desdobramentos existenciais. O apego surge, então, como aquele elemento necessário para que a afeição tenha contornos tangíveis até mesmo pela razão. A afeição e o apego são modos de expressão únicos e imutáveis e o maior benefício da expressão não é consignar um escrito ou pensamento que poderia se perder. A expressão em todo o seu dimensionamento factual, quando bem-sucedida, não deixa apenas um sumário para o leitor ou para o próprio escritor, e sim faz a significação como uma crise no próprio coração do texto e na psicoterapia um novo horizonte existencial.

A afeição e o apego fazem existir em um organismo de palavras um novo órgão dos sentidos, abrindo-se para um campo ou uma dimensão novos.

• **Empatia** – É definida por Stratton & Hayes[22] como sendo um sentimento de compreensão e unidade emocional com alguém, de modo que uma

---

[22] STRATTON & HAYES. *Dicionário de Psicologia*. São Paulo: Pioneira Thomson Learning, 1997.

emoção sentida por uma pessoa é vivenciada em alguma medida por outra que tenha empatia com ela. A empatia é em algumas vezes empregada na indicação do grau de capacidade de um indivíduo para ser empático com o outro.

Ser empático é uma condição importante para os psicoterapeutas. Existem teóricos que afirmam, inclusive, que os três atributos terapêuticos propostos como os fatores mais importantes na efetividade da psicoterapia são cordialidade, empatia e autenticidade. Alguns afirmam que essas qualidades são mais essenciais do qualquer técnica terapêutica específica.

E sem dúvida alguma, refletir sobre a questão da empatia abre à nossa consciência um leque muito grande de desdobramentos, pois compreender a unidade emocional de alguém é algo que terá de ser feito a partir dos meus parâmetros e por mais que eu me esforce para alcançar a dimensão da dor do outro, por exemplo, ela será algo peculiar à sua especificidade existencial. Não há como eu a sentir em toda sua plenitude; existe apenas o dimensionamento de alcançar o nível de sofrimento do outro conceituando sua dor a partir de parâmetros de momentos nos quais também senti dores muito intensas.

Através da empatia, no entanto, posso colocar-me dentro da perspectiva de seu sofrimento, tendo, assim, condições não apenas de ampará-lo, como também de avaliar o teor de seu sofrimento. Do contrário, não haverá no processo psicoterápico condições propícias para o desenvolvimento do paciente. Se a dor do outro não me provocar sentimentos que me mobilizem na dimensão de seu sofrimento, então, certamente, não terei condições, enquanto psicoterapeuta, de ajudar este outro. Não se trata de tentar sentir a dor do outro. Aliás, não possuímos a capacidade nem de experenciar, em níveis imaginários, a nossa própria dor vivida em outros momentos de nossa vida, quanto mais vivenciar a dor do outro.

O que sou capaz, na condição de psicoterapeuta, é me colocar junto a esse outro amparando em seu sofrimento e proporcionando condições emocionais de superação. Não vivo a dor do outro, mas sei onde ela me altera e me provoca sentimentos que podem ir desde complacência até compaixão. É dizer que o outro me modifica significativamente com sua dor e me provoca sentimentos que me mobilizam de maneira muito intensa, sendo necessário um ajuste para que a minha condição de psicoterapeuta– de ajudar o paciente – não se perca nesse atalho.

Quando refletimos sobre essas questões que envolvem o estabelecimento da empatia como necessária para a fluência do processo psicoterápico, temos outra questão igualmente relevante. Definir conceitualmente empatia é simples. O seu entendimento teórico é facilmente assimilável, porém, sua vivência e execução conceitual são muito difíceis.

Tantos detalhes ocorrem em qualquer relacionamento interpessoal que muitas vezes é necessária a superação de inúmeras barreiras, mostradas de modo imperceptível, que a vivência da empatia pode ser considerada como uma das mais importantes variáveis a ser conquistada e dominada pelo psicoterapeuta. É algo que vai além do simples constructo teórico, pois nos remete à própria incongruência da condição humana, em que por vezes simpatizamos ou não com alguém pela sua simples aparência física, por algum trejeito que possa apresentar e que nos remeta a outras pessoas, situações ou até mesmo contextos culturais.

Separar-se de todas essas variáveis para se estabelecer um nível de empatia satisfatório e necessário para o desenvolvimento do processo psicoterápico é tarefa das mais árduas.

É interessante notar que a empatia é valorizada indistintamente por todas as correntes teóricas de psicoterapia. Ao contrário de outros temas que apenas algumas correntes valorizam, a empatia é unanimidade absoluta quanto a sua importância. A dificuldade do seu estabelecimento pode nos direcionar para determinantes bastante peculiares que mostrarão as dificuldades de fluir o processo, em consequência, de o paciente se desenvolver. Tal dificuldade pode evidenciar questões como concepção de valores, admiração e rejeição por determinados procedimentos do paciente em relação à própria psicoterapia: falta às sessões, atraso no pagamento dos honorários estabelecidos e no horário, etc.

Um exemplo significativo dessas afirmações é um caso de atendimento clínico por mim supervisionado, no qual o psicoterapeuta sentia muita irritação diante do ato de tabagismo do paciente. Ele não suportava o cheiro nem a fumaça do cigarro e sequer tinha cinzeiro na sua sala de atendimentos. Mesmo assim, o paciente fumava de modo intermitente. Esse psicoterapeuta achava, inicialmente, que a simples ausência de cinzeiro já seria indicativa de que não se tolerava cigarros naquele ambiente. Ao contrário, diante da ausência de cinzeiros, o paciente simplesmente depositava suas cinzas na própria caixa de fósforos e apagava seus cigarros no mármore de uma mesinha de centro, limpando em seguida com um lenço de papel que existia na mesma.

O psicoterapeuta não se sentia confortável diante do tabagismo de seu paciente, tampouco era capaz de colocar sua aversão pelo ato. Resultado: o processo não tinha como se desenvolver, pois o psicoterapeuta já sentia um grande sentimento de irritação nos momentos que antecediam a sessão desse paciente. Somente quando foi capaz de colocar limites para o paciente que o processo pôde então deslanchar e trilhar por caminhos mais promissores.

São tantos os detalhamentos que ocorrem em qualquer relacionamento interpessoal e, também na psicoterapia, que não é possível enumerá-los nem prevê-los. A arte do relacionamento humano consiste justamente na capacidade de reverter e aparar arestas que estejam dificultando o desenvolvimento pessoal e profissional. Contudo, quando somos parte envolvida no processo não somos capazes de perceber coisas que parecem óbvias para quem presencia de modo isento e sem contaminação. Daí a razão pela qual uma supervisão de casos clínicos, por exemplo, esclarece fatos que por mais óbvios que possam parecer estavam distantes da percepção do psicoterapeuta pela simples razão de ele estar envolvido no processo.

A supervisão reveste-se de uma condição ímpar não apenas pelo fato do supervisor ter, ao menos teoricamente, mais experiência e conhecimento teórico do que os supervisionandos, mas principalmente pelo simples fato de seu olhar estar distante do processo, permitindo ver além dos limites perceptivos do supervisionando. Da mesma forma, o paciente na psicoterapia consegue perceber coisas que podem parecer óbvias, mas que estavam escondidas em seu campo perceptivo, mas que são claramente identificáveis pelo psicoterapeuta pelo seu olhar de distanciamento das coisas e fatos do paciente.

Essa dialética que se estabelece no processo psicoterápico e de supervisão vai ao encontro do que dissemos anteriormente quanto à mudança do campo perceptivo e do agrupamento dessa transformação com outros fatores próprios à condição humana. Somos a própria realidade perceptiva e, muitas vezes, necessitamos de um olhar distante do nosso para que possamos atingir a expansão dos limites.

## Considerações complementares

No início deste trabalho dissemos que não tínhamos a menor pretensão e nem intenção de esgotá-lo. Ao contrário, sabíamos que estaríamos apenas abrindo uma discussão conceitual que certamente desabrocharia outros tantos nichos de debate e clareamento. Mesmo diante das colocações de Machado de Assis que dizia que palavra pede palavra, formando novos constructos, sabíamos que não chegaríamos ao fim de uma temática tão ampla. Todavia, é importante termos a dimensão da polêmica e celeuma provocadas diante da discussão de temas tão envolventes e apaixonantes. Também não é possível exercer a psicoterapia sem paixão nem de escrever um texto acadêmico sem a emoção que tudo arrebata e transforma. Muda o leitor e a nós mesmos pela própria condição da exposição da reflexão.

# Referências

ANGERAMI, V. A. *Suicídio. Uma Alternativa à Vida. Fragmentos de Psicoterapia Existencial.* Belo Horizontes: Artesã, 2017.

_____. *Psicossomática e suas interfaces* São Paulo: Cengage Learnin, 2001.

_____. *Psicoterapia Existencial. Noções Básicas.* Belo Horizonte: Artesã, 2018.

CHESSICK, R. D. *Why Psychoterapists Fail.* Nova York: Science

House, 1971.

MERLEAU-PONTY, M. *Fenomenologia da Percepção.* São Paulo: Martins Fontes, 1999.

_____. *O Visível e o Invisível.* São Paulo: Perspectiva, 1971.

STRATTON & HAYES. *Dicionário de Psicologia.* São Paulo: Pioneira Thomson Learning, 1997.

CAPÍTULO 3

# O fenômeno da Alienação Parental no contexto judiciário. Possibilidade de intervenção sob o enfoque fenomenológico existencial

*Tiago Lupepsa*

## Introdução

O presente texto tem o objetivo de apresentar um esboço sobre intervenções psicológicas possíveis em relação ao fenômeno da Alienação Parental no contexto judiciário. Esta prática, inserida no âmbito da Psicologia Jurídica, se dá no espaço forense em estreita relação com a vida privada, o cotidiano familiar. Tratam-se dos litígios concernentes à Vara de Família, onde se evidencia os conflitos familiares trajados de conflitos jurídicos. O cenário apresentado se refere ao exercício profissional no Tribunal de Justiça do Estado do Paraná desde o ano de 2012 se constituindo, o fenômeno da Alienação Parental, uma das demandas que se colocam ao psicólogo jurídico, no sentido de subsidiar, por meio de avaliação psicológica, decisões judiciais diretamente relacionadas à garantia de direitos de crianças, adolescentes e seus genitores. A organização e sistematização do presente trabalho inevitavelmente exigiram uma revisão e análise crítica sobre o pensar e fazer psicológicos neste campo de especialidade relativamente novo que é a Psicologia Jurídica, que carece de metodologia e técnicas próprias elaboradas pela ciência e profissão psicológica. É neste intuito de oferecer, para apreciação, à classe profissional subsídios teóricos, técnicos e metodológicos que haverá uma incursão em conceitos de base fenomenológico existencial que se concebem pertinentes ao tema proposto, assim como uma demonstração da técnica e método empregados no processo de avaliação psicológica no âmbito jurídico. Por isso, poderá o leitor constatar, em alguns momentos, que não houve a devida atenção e desenvolvimento de certos conceitos de modo fiel aos referenciais existenciais, uma vez que se buscará estabelecer uma conexão entre *aqueles* conceitos que demonstram estreita ligação com a temática proposta.

## Considerações iniciais

A inserção do psicólogo no âmbito jurídico tem seu início (marco legal, o que não significa que a prática psicológica começou deste ponto) regulamentado a partir do reconhecimento da psicologia como profissão na década de 1960. Os profissionais encontravam-se atuando, pouco a pouco, em práticas desenvolvidas como trabalho voluntário ou em ambientes desinstitucionalizados (ROVINSKI *apud* LAGO *et al.*, 2009). Um grande avanço para consolidar a presença do psicólogo no Sistema de Justiça se refere à promulgação da Lei de Execução Penal (Lei nº 7.210/1984), sequenciando na intensidade de atividades voltadas a saúde mental do preso e sua avaliação psicológica para análise de progressão de regime e periculosidade, no ambiente penitenciário. Contudo, sabemos que o interesse da Justiça pelo caráter do indivíduo e sua personalidade datam muito antes disto na Europa, principalmente a partir do Século XVII, com a propagação de instituições que encarceravam o doente mental, isolando-o de uma sociedade com sede de normalidade e ordem. Tal situação sofreu significativa mudança no século seguinte quando Pinel, na França, promoveu uma revolução institucional, soltando os loucos do encarceramento e desenvolvendo um modo de assistência à saúde contraditório a prática de segregação (FERNANDES *apud* LAGO *et al*, 2009).

Os olhares sobre características psicológicas se expandiram do adulto criminoso para o jovem delinquente, muito em razão do sucesso da psicanálise no oferecimento de uma teoria psicodinâmica e a realização de psicodiagnósticos. Uso de técnicas e exames por parte dos psicólogos ganharam credibilidade pelos operadores do direito, que viam nas avaliações uma prova inequívoca e segura. Intensifica-se na Alemanha e França a avaliação psicológica de interrogatórios e depoimentos iniciando a denominada Psicologia do Testemunho (GARRIDO *apud* LAGO *et al.*, 2009).

No Brasil, o trabalho do psicólogo expandiu da atuação em Direito Penal para o Direito Civil principalmente na década de 1980, com o primeiro concurso público para o cargo de psicólogo em 1985 no Tribunal de Justiça do Estado de São Paulo (SHINE *apud* LAGO *et al.*, 2009), seguidos de outros estados como Minas Gerais, Rio Grande do Sul e Rio de Janeiro. Então denominado Juizado de Menores, a prática profissional era voltada aos casos de processos de Adoção e o comportamento delituoso do jovem. Hoje transformado em Juizado da Infância e Juventude consistem nas medidas de proteção e medidas socioeducativas provenientes de atos infracionais, preconizadas no Estatuto da Criança e do Adolescente – ECA. Os princípios do ECA e sua discrepância com a organização da maioria das entidades e instituições produziram uma série de mudanças na forma de tratar as diversas modalidades de atendimentos e tipificação dos casos (Rovinski *apud* Lago *et al.*, 2009).

No campo acadêmico, em 1980 a Universidade do Estado do Rio de Janeiro foi pioneira no que diz respeito à organização do currículo do Curso de Psicologia e para o avanço da Psicologia Jurídica como um todo (Altoé *apud* Lago *et al.*, 2009).

Hoje, as intervenções psicológicas se distribuem nas Varas Criminais, Varas Cíveis, Vara da Infância e Juventude, Vara de Família, Vara de Execuções Penais, numa evolução que parece acompanhar as inovações legislativas, como o Estatuto da Criança e do Adolescente – ECA, Lei Maria da Penha e, no presente caso, a Lei da Alienação Parental (Lei nº 12.318/2010).

Surge a necessidade também de legitimar o profissional psicólogo como perito dentro do Sistema de Justiça, outorgando ao Laudo/Relatório Psicológico o status de prova. Isto aconteceu com o Código de Processo Civil (Lei nº 5.869/73[1]), Código de Processo Penal, o ECA e a Lei de Execução Penal (Rovinski, 2007). O Conselho Federal de Psicologia também consolida e orienta a prática psicológica na atuação com o judiciário, na prestação de serviços por meio de documentos elaborados resultantes de avaliação psicológica (Código de Ética Profissional, Resolução CFP nº 007/2003, CPF nº 008/2010).

Assim, há muito a Psicologia se encontra imbricada com o Direito no âmbito judiciário e epistemológico, tamanha a coincidência de seu objeto de estudo:

> Para Urra (2002), ao se ultrapassar as diferenças metodológicas das duas disciplinas, ver-se-á que ambas são confluentes e mutuamente enriquecedoras de seu objeto de interesse. O autor afirma que Psicologia e Direito partem do indivíduo como sujeito único, responsável por seus atos e condutas e com capacidade para modificá-los. As propostas de intervenção frente a este objeto de estudo deveriam ser ecológicas, com o foco da atenção dirigida à relação e as trocas do homem com seu meio (Rovinski, 2007, p. 33).

Ainda sobre esta relação entre a Psicologia e Direito, Riveros (*apud* Rovinski, 2007) aponta para a diferença entre a forma de concepção referente ao mesmo objeto: "o Direito é voltado ao mundo do dever ser e a psicologia volta-se ao mundo do ser" (p. 13).

Cada qual com suas particularidades e interdependentes dentro do Sistema de Justiça, cumpre salientar que uma das demandas apresentadas nos processos judiciais de Varas de Família por todo o país (e por que não, no mundo) se

---

[1] Substituído pelo Código de Processo Civil de 2015 (Lei nº 13.105/2015).

refere ao que se denomina Alienação Parental ou Síndrome da Alienação Parental. Termo cunhado por Richard Gardner, em 1995 (e como mencionado, previsto em Lei), a Alienação Parental consiste na prática sistemática de um genitor ou familiar de uma criança em construir uma imagem negativa do outro genitor, mediante a campanha de difamação, aliado a outros comportamentos como o distanciamento, o impedimento da convivência, a privação de informações importantes sobre a criança, resultando numa repulsa e refração ao genitor alvo do ataque, evidenciando uma dinâmica familiar e personalidades específicas e enfermas. As consequências, no âmbito jurídico, podem chegar ao ponto de inversão de Guarda da criança, do genitor alienador para o alvo de alienação, como forma última para a garantia da convivência familiar, passando pelo encaminhamento para psicoterapia, advertência, aplicação de multa, aumento do tempo de convivência da criança com o genitor alvo da alienação, determinação de fixação cautelar do domicílio da criança, suspensão da autoridade parental. Há, na própria Lei da Alienação Parental, a previsão para a realização de avaliação psicológica determinada pelo Juiz competente. (CNJ, 2015; BRASIL, 2010)

Portanto, a Alienação Parental aparece como fenômeno neste contexto ao qual o perito psicólogo se encontra e é chamado para produzir elementos que subsidiarão decisões judiciais.

E como são possíveis o emprego de teorias, técnicas e métodos da psicologia fenomenológica existencial num contexto jurídico relacionado a Alienação Parental?


## Teoria

O leitor deve estar familiarizado com a utilização de conceitos existenciais que fundamentam a técnica psicológica no âmbito clínico. Tereza Erthal (2013) e Valdemar Angerami (1993) descrevem intensamente a relação da teoria existencial aliada ao *método fenomenológico* de Edmund Husserl e sua aplicação na psicoterapia fenomenológico existencial. Dá-se destaque a primeira fase de Jean Paul Sartre (*O Ser e o Nada*), onde reside a base de uma constituição do *ser* e sua abertura e significação ao mundo concreto, traduzidos pelos atos da *consciência,* munida da *intencionalidade,* característica fundamental de *transcendência* e *imanência* do *ser.* Lançado ao mundo, este ser que somos se reconhece e é reconhecido pelos outros (semelhantes que não somos nós, que não sou eu), numa incessante busca por *totalização* que não se totaliza, diante a presença do *nada* (nadificação). *Em si* e *Para si* são os conceitos que visam demonstrar a característica significante da *consciência pré-reflexiva* e *consciência reflexiva*, inscritas na realidade ilustrada de modo *Prático-Inerte*, que compõe o ambiente circundante. Na existência do *ser* sem sentido *a priori*, urge a *responsabilidade* inerente ao estar no mundo, a qual não se vislumbra outra possibilidade que não seja a de se posicionar diante a situação dada. Esta exigência/condição é extensa as relações do *ser* e se depara com a busca de *sobrevivência*, de satisfação de suas *necessidades,* sob o risco da própria inexistência. É deste lugar, da *relação dialética* do *ser* com o *mundo* (mundo que, dotado de *exterioridade*, não se aparta do *ser*) que se fazem presentes as *condições ontológicas* constituintes, como a *angústia,* a *responsabilidade*, a *liberdade*, a *má fé*, a *inautenticidade*.

Pois bem, é na segunda fase de Sartre (*Crítica da Razão Dialética*) que se mostra inteligível uma relação direta com o fenômeno da Alienação Parental.

Para compreender as ideias de Sartre no que tange a *Sociabilidade*, utilizaremos como importante mediador Paulo Perdigão (1995), por sua habilidade de organização dos conceitos de Sartre para o objetivo ora proposto.

Não poderíamos começar sem ter como ponto de partida o conceito de *dialética*. Utilizado desde Aristóteles e Heráclito (filosofia grega) a dialética se faz uma forma de busca pela verdade, através do diálogo e da justaposição de uma *tese* com uma *antítese* que resultará em uma *síntese* que, por sua vez, poderá se confrontar com outra antítese sequenciando outra síntese, em um movimento incessante. Assim, há uma interdependência das partes que compõem o todo. Perdigão (1995) dá o exemplo de "pai": uma categoria, uma denominação genérica, mas que deve guardar relação com o Outro (filho) para justificar ele mesmo (pai), pois se não inexiste razão de ser. A presença da contradição se faz necessária para o movimento dialético. Não cabe aqui uma discussão sobre como a dialética se desenvolveu através de Hegel, Marx e Engels como modo de explicação da evolução do pensamento, da História ou da natureza. Contudo, Sartre não admitia uma dialética sem a concepção de *temporalidade*, de *totalização-em-curso*, elementos presentes no *Para-si*. Assim, a dialética se dá em um processo incessante de totalização-em-curso, que busca no futuro seu fim. Enquanto que no mundo do *Em-si* há a ignorância mútua de seus elementos, que não se reconhecem, é a consciência do *Para-si* que deflagrará o movimento dialético. Ora, se percebo uma dialética na História (entendida aqui como sucessão de acontecimentos, de momentos) é por que meu ser concebe a dialética, capaz que é de totalização, de projeto. Este processo se dá imediatamente em nossas ações, em que superamos uma realidade dada para a busca de algo no futuro, o possível. Constantemente atendemos o chamado do futuro, negando o presente dado. É na subjetividade do ser que identificamos o fundamento do movimento dialético, que se mostrará, também na História.

A ação individual (*práxis*: agir, fazer) do homem é que denuncia o processo dialético intrínseco a sua existência e que compõem toda a História humana. É na execução de uma tarefa (*práxis*) que o homem se lança para o futuro (situação dada: máquina quebrada; práxis: concerto da máquina; futuro: máquina em funcionamento) para a consecução de seu projeto. O vislumbre de uma realidade possível futura induz a práxis para aquilo que ainda não existe.

A práxis é invocada pelo *Ser* (para si inacabado) para preencher-se do *em-si*, numa incessante dependência do ser no mundo que o circunscreve. Assim, a *necessidade* é a lei primeira que rege a relação do homem com o mundo: necessitamos da matéria (alimentos, no caso da fome) para sermos. A superação deste estado de necessidade (carência de alimentos) se dá pela práxis (entendida aqui também como trabalho, no sentido amplo de realização de ações que visam atingir um objetivo, neste caso, o sacio da fome, condição originária da ação), tendo o estado futuro como determinante da ação. O homem se delimita como corpo (matéria) para agir no campo material em busca de sobrevivência. Sartre indica este duplo movimento como *interiorização do exterior* e *exteriorização do interior*: ao mesmo tempo em que reconheço os objetos, as coisas (alimentos, por exemplo) como fora do meu ser e que reclamam sua apropriação, me movimento (práxis) no trabalho de interferência nesta matéria ao ponto de transformá-la do modo capaz de satisfazer minha necessidade.

É nessa relação do homem com a natureza que o primeiro imprime suas características no segundo, num fenômeno de humanização da natureza. Cada matéria trabalhada carrega em si o fim (o projeto) de seu contemplador atuante: o homem. Este processo de se fazer matéria pelo corpo e agir sobre a natureza reflete a capacidade de objetivação do homem. O projeto humano imanente da consciência, enquanto espontaneidade, se relaciona com a matéria dada (natureza) e a transforma, indicando uma finalidade (a cadeira para sentar; o carro para se locomover, a cama para deitar). Uma vez consolidada, a matéria inerte e opaca agora se transforma em futuro inerte, em práxis realizada, como que o homem se mostrasse fora de si, na matéria.

Sartre deixa clara a existência de um laço entre os homens que provem do reconhecimento mútuo da humanidade alheia. Há o entendimento do outro como semelhante, numa condição ontológica (*para si para outro*) ou prática (o *outro* enquanto práxis). Essa relação de *reciprocidade* possibilita a formação de qualquer agrupamento humano; traz a noção de que, de algum modo, somos como que filhos dos mesmos pais, neste espaço que é a matéria circundante. Ao mesmo tempo em que os homens atuam em uma relação de reciprocidade, na conjugação de esforços para um projeto comum, há o estabelecimento de relações de antagonismo, onde se cria o conflito entre estes mesmos homens. Desta forma, há a possibilidade de uma *relação de reciprocidade positiva* ou *relação de reciprocidade negativa*.

O que se mostra preponderante para a compreensão da união ou conflito entre os homens é a *escassez*. Este ambiente formado pela matéria circundante comum a todos, longe de apresentar abundância[2], mostra-se limitada no atendimento as necessidades humanas, a exemplo da fome no mundo e produção de alimentos. É isto que torna as relações de trabalho de certo modo desumanas. Aquilo de que necessito para a sobrevivência é ameaçado constantemente pela presença do Outro que pode, a qualquer momento, consumir meu alimento, tomar a minha casa, se fazer de meu trabalho, me privando de satisfação; reciprocamente, adquiro o mesmo sentido ameaçador para o Outro. Esta constatação conduz mais a desunião e rivalidade do que um movimento fraternal em que, reconhecendo o Outro como semelhante, já não somos "os mesmos", acarretando em contínuo conflito entre os homens, comprometendo uma coexistência pacífica.

O campo material circundante a qual existo, marcado pela matéria trabalhada pelos homens que me antecederam e que, por sua vez, também tiveram seus antecessores (nesta contínua luta diante a escassez) é o que Sartre denomina de *Prático-Inerte*. Prático porque há nele (ambiente) as ações (práxis) simultâneas executadas pelos homens em seus projetos; e Inerte porque a matéria trabalhada já se encontra pronta numa relação de exterioridade, de negação mútua. Assim, o campo Prático-Inerte pode ser entendido como a totalidade, o conjunto de todas as ações humanas.

Um efeito produzido possível no conjunto de práxis individuais desordenadas e simultâneas é a *contrafinalidade da matéria*. Trata-se de um resultado não previsto e não intencionado que acontece por meio da ação humana. Perdigão (1995) menciona o exemplo do desflorestamento (como resultado do desmatamento na produção agrícola) para esclarecer como há uma sujeição do homem por sua própria práxis (passada de geração em geração) e obediência a finalidade da matéria trabalhada (execução dos movimentos exigidos pela máquina, por exemplo) que acarreta em um resultado inesperado. Constata-se na contrafinalidade da matéria o distanciamento entre o objetivo proposto (o projeto) e a matéria dada, produzida.

---

[2] Aqui reside um impasse entre Sartre e Marx. Enquanto Marx entende a escassez como uma consequência do capitalismo, dos modos de produção e da luta de classes, Sartre concebe a escassez como a condição mesma para a constituição da luta de classes, atribuindo a escassez uma condição originária presente no mundo (PERDIGÃO, 1995).

É nesse sentido que está contextualizado o surgimento da *alienação*. Viver uma vida que não é a sua; não se reconhecer naquilo que se faz; o desvio da finalidade do projeto livre original é o que caracteriza a alienação. Marx se utiliza da alienação para explicitar o modo de produção, o operário e o capitalista, onde o operário se furta de seus próprios interesses para operacionalizar a produção de uma mercadoria que não é sua (e sim do capitalista, que o venderá e obterá lucro) em troca de um salário para sua sobrevivência. Na visão de Sartre, o operário empresta seu Ser a máquina, é regido por ela, de modo que se faz Ser alienado, uma vez que produz aquilo que não se constituiu seu projeto particular. Lançados no campo Prático-Inerte através da existência, a imposição das práxis e da matéria trabalhada resultante agem como determinantes do modo de vida (as condições de moradia, salário, atividade produtiva) do existente. O Ser do operário já o aguarda antes mesmo de seu nascimento, momento em que dará início a sua negação (não realização de seu projeto) para se fazer na afirmação (projeto do capitalista) do patrão.

Um efeito da alienação é esta categorização (operário, por exemplo) que subtrai a humanidade do homem e o coloca junto com outros homens igualmente alienados, levando a Sartre designar estes como moléculas, agentes anônimos no campo social, formando a *estrutura molecular* do campo Prático-Inerte. As relações entre estas moléculas são pautadas na *alteridade*, a capacidade de, mesmo reconhecendo o próximo como semelhante, radicalizá-lo na condição de Outro. Aqui a reciprocidade já se mostra negativa, onde cada qual viverá seu próprio destino em estado de *passividade*, diante a impotência no Prático-Inerte.

Este cenário coloca em dúvida a liberdade do homem diante a situação dada. Se me vejo submetido as regras impostas pela práxis e matéria trabalhada por outros, como posso me ver livre diante estes determinantes que apontam para um futuro fatal? A práxis não perde sua *liberdade*, ainda que se veja alienada. Há a compreensão da alienação apenas em uma consciência livre para denunciá-la. Não houvesse liberdade, ainda que com os determinantes do campo Prático-Inerte, todos agiriam da mesma forma passivamente, sem nenhum movimento de mudança, sem nenhuma revolta. Ainda que haja estas características alienantes, é a liberdade que possibilita a luta contra estas condições alienantes, justamente por se lançar no futuro e vislumbrar, em um ato livre, a superação do que está dado. As dificuldades impostas pelo campo Prático-Inerte não subtraem a liberdade de escolha (o que não quer dizer liberdade de obtenção). Há a possibilidade de adaptação da práxis de modo singular que se engendra movimentos de mudança num campo delimitado. Esta resistência e obstáculo inerente ao campo Prático-Inerte é necessária para a mudança através do exercício da liberdade, por meio da práxis individual ou coletiva em direção à um projeto comum, rompendo com o estado passivo e alienante dos homens. Em outras palavras, não há superação de determinada situação se ela não existe mesmo em oposição ao projeto livre. A este modo de existência social no campo Prático-Inerte é que Sartre denomina *Série* (ou *serialidade/coletividade*).

Pois bem. Estes conflitos ocorridos no campo Prático-Inerte possibilita o estabelecimento da reciprocidade positiva e, por sua vez, a criação de um elo entre os seres na *série*, surgindo a experiência psicológica do *"nós"*. Me faço como *nós-sujeito* à medida que me utilizo da matéria trabalhada por outros como um ser indiferenciado. Uso garfo e faca para me alimentar; executo os movimentos necessários para conduzir um veículo; assumo o projeto alheio e me comporto como esperado. Este *nós-sujeito* também pode ser atribuído quando me percebo junto com um semelhante em uma situação particular. De outro modo, possível adquirir a posição de *nós-objeto* no momento em que sou apreendido junto de um semelhante por um terceiro excluído. É o caso de ser visto como pertencente a um time de futebol, a um grupo profissional, à uma família, pelo Outro. Há uma unificação realizada pelo Outro em relação ao grupo (nós) a que pertenço naquele instante. É possível que este movimento seja efetuado por Outro (terceiro) mesmo quando eu não me vejo pertencido ao grupo, que é apreendido objetivamente pelo Outro.

Podemos identificar a semelhança do conceito do Ser-com de Heidegger. Supõe-se que há um ser do "nós" como que uma consciência coletiva compartilhada. Contudo, podemos ver que este "nós" é psicológico na medida em que não se concretiza ontologicamente, no sentido de que somos um e não "nós" de modo ontológico. Trata-se de uma trama psicológica que faz nos sentirmos pertencidos a uma rede, um grupo, quando que, inevitavelmente, continuamos um, mesmo em uma relação amorosa íntima.

A forma de superar a série é através do surgimento de um *grupo-em-fusão*, onde se aliam os interesses, se unem os projetos, se diferenciando da série e em busca da superação da alienação, da passividade, da impotência. As condições para que se dê o grupo-em-fusão, de acordo com Perdigão (1995), são as seguintes:

1. A união de exterioridade dada pela matéria circundante. Os seres devem estar necessariamente compartilhando o mesmo campo Prático-Inerte para que se possibilite uma práxis em grupo.

2. A união de exterioridade dada pelo terceiro excluído. A atribuição de um nós-objeto é dada por um terceiro excluído, que não é o nós-objeto, o grupo-em-fusão.

3. O perigo exterior comum. A aliança entre os seres encontra motivação na existência de algo que deve ser combatido, seja a escassez, seja um inimigo.

4. A urgência de um fim comum. Todos os potenciais membros do grupo-em-fusão se reconhecem na mesma condição a ser superada e vislumbram um resultado comum.

5. A certeza de que a solução está no grupo. Na convicção de que a práxis individual é insuficiente para a superação da situação, há o entendimento sobre a viabilidade de conjugação de esforços, em uma prática coletiva.

6. O ímpeto de todos. Não basta a mobilização de um ou outro ser individualmente, mas sim um movimento de todos integralmente.

Importante pontuar esta função do terceiro mediador/excluído. Dentro do próprio grupo, há constantemente a atribuição de nós-objeto pelos próprios integrantes do grupo, ou seja, sem membros que atuam como terceiros excluídos que reforçam a unificação atribuída ao grupo, num movimento de unificados-unificadores.

Outro aspecto importante é a *Tensão Imanência-Transcendência*, presente na manutenção do grupo. Se houvesse pura transcendência, a noção de práxis individual seria insuficiente para a consolidação do grupo; por sua vez, a conservação de um caráter imanente não garante o lançar-se da práxis individual em uma ação comum. Portanto, há uma tensão imanência-transcendência presente no processo de unificação do grupo.

Uma identidade de ação ocorre na práxis do grupo, na razão em que cada um vive o projeto mesmo dos outros, não se diferenciando da práxis comum. Há a fusão dos membros do grupo em uma união de interioridade.

Sartre atenta para a incapacidade de o grupo se constituir em um Ser existente em si mesmo de modo ontológico e definitivo, como substância. Ainda que muitos estudiosos isolem o grupo como objeto de estudo e se posicionem numa relação sujeito-objeto (nos moldes da razão analítica), o grupo só existe enquanto houver a livre práxis de seus membros. Assim, há uma ilusão de que o grupo se torne uma entidade independente da práxis individual, assim como uma totalidade, um superorganismo, ao invés de uma totalização-em-curso. Do mesmo modo que o indivíduo pode ser apreendido pelo Outro como totalidade, objetivamente, e não um devir, assim o grupo também o é.

A partir da consolidação do grupo, todos atuam a favor da práxis comum. A pressão exercida pela escassez ou o inimigo fortifica a unificação do grupo, ao ponto que seus membros agem irreflexivamente, sem uma imposição hierárquica constituída. Contudo, uma vez conquistado o objetivo (a superação da escassez; a derrota do inimigo), surge a ameaça de desintegração do grupo e o restabelecimento de seus membros na série, com as relações pautadas na alteridade e na passividade. A vitória promove uma comemoração e contemplação da conquista, ao passo que segue um retorno para a práxis individual. Há risco a manutenção do grupo. O inimigo antes derrotado, na possibilidade de ressurgimento, ameaça a continuidade do grupo e de seus membros. Agora, na ausência do risco eminente por parte do inimigo, o grupo age reflexivamente, colocando a si mesmo em questão. O grupo que antes era um meio para o fim, se torna o fim em si mesmo, em busca de sua sobrevivência, sem uma razão de ser neste momento. A tendência é que o grupo se disperse, enquanto seus membros se reaproximam com os não-agrupados, na serialidade. Estes, por sua vez, tendem a ver o membro do grupo como pertencente ao mesmo, de modo indiscriminado, ou seja, como práxis comum ao grupo e não práxis individual.

Sem batalhas a travar, o grupo necessita de um artifício para a continuidade de sua existência. Surge aí o *Juramento*. Os membros do grupo juram não se dissipar, não trair o grupo, não desertar. Há a entrega da palavra como garantia de continuidade do grupo, para se precaver contra as adversidades futuras que podem colocar em risco a existência do grupo. Trata-se de uma forma de previsão, em meio a liberdade que é imprevisível. Assim, mesmo diante a possibilidade de distanciamento, de separação momentânea, cria-se um *laço de ausência*. Este juramento não pode ser dado apenas por um do grupo, sob pena de se isolar-se; também não se mostra válido o juramento por todos do grupo menos um, incorrendo na mesma consequência. O juramento se faz uma ferramenta de proteção contra si mesmo, diante o medo de mudança de opinião futura. Ao mesmo tempo em que garanto minha permanência no grupo, esta garantia também me é dada pelos demais. Urge, neste momento, a presença de uma nova forma de alienação e alteridade, na medida em que delimito minha liberdade por um ato livre. Consigo me observar como sendo este que jurou na condição de um terceiro mediador, que vê a si mesmo desta outra posição, reafirmando o juramento de fidelidade realizado. Este ato de jurar chancela a possibilidade de punição diante a quebra do juramento: trata-se de uma permissão de castigo diante o rompimento do que fora jurado.

Constata-se uma troca da inércia da série para uma inércia do grupo. O juramento produz uma sensação de consciência coletiva e certa corporeidade ao grupo, sustentado pela promessa de não mudar. Agora, diante a ausência de um perigo exterior, cria-se um perigo interior (a possibilidade de quebra do juramento) que retroalimenta a coerção exercida por todos e por um do grupo, para lembrar do juramento antes proferido e as consequências de seu desvio. O ato juramentado ressoa na relação entre os membros do grupo, que se permitem ao uso do terror e da violência para impedir sua desunião e dissolução na série, já vista como subalterna ao grupo. É o que Sartre denomina de *fraternidade-terror*, uma união mantida pela ameaça constante de duras consequências de rompimento com o jurado. Assim, se consolida uma práxis comum, uma irmandade, um Ser comum.

Com a consolidação do grupo por meio do juramento, as operações de seus membros também sofrem alterações. Há que se aprimorar o grupo-em-fusão em um *grupo organizado*. A divisão de tarefas assume um caráter de intensificação das práxis para um melhor funcionamento de seus membros. O que antes se dava sem hierarquias, agora se traduz em *funções*. Age-se como o esperado pelo grupo, negando qualquer outra atitude livre referente ao Prático-Inerte para dar legitimidade a inércia produzida pelo juramento e consolidação do grupo. Ao mesmo tempo em que limita a liberdade, há a conquista de certa soberania no exercício da função, munido de poder pelo lugar que ocupa. Se após o juramento havia certa desigualdade entre funções dos membros do grupo, agora cada um assume o seu *direito* de exercer o *dever* a que se propôs. A razão de ser do grupo passa do medo de infringir o juramento para a execução de atividades práticas distribuídas, as tarefas concretas a serem realizadas. Há uma interdependência das ações, em que A executa sua tarefa com a garantia de que B estará realizando a sua, compreendendo a necessidade de cada um fazê-lo.

A permanência do indivíduo no grupo organizado não estanca a livre práxis individual, mesmo que a função esteja atrelada ao grupo. Ainda que com ações bem definidas pela divisão de tarefas, o indivíduo lança mão de sua práxis individual diante circunstâncias adversas na execução de suas funções. Assim, ele não necessariamente é *feito* pela função atribuída, mas o *faz* de seu modo. A coordenação de esforços em busca de um fim comum (a permanência do grupo) produz considerável coesão ao ponto de confundir-se o comando e comandado, o idealizador e executor, tamanha a reciprocidade constituída e a convicção de tratar-se de um bem comum.

A intensa confiança entre os membros do grupo intensifica os *laços de ausência* providos do distanciamento (espacial e temporal) durante a execução das funções. Ao mesmo tempo em que o indivíduo o faz, relaciona-se permanentemente com a Série, contagiado que se encontra no campo Prático Inerte. O aumento deste distanciamento, aliado a objetivação realizada pelo Outro de que pertenço ao grupo organizado, promove uma instabilidade na conservação do próprio grupo organizado, no sentido de já não mais atribuir a função como algo próprio, mas vindo de fora, de modo impessoal, como que por seres invisíveis, tamanha a distância estabelecida. Surge a ameaça de destotalização-em-curso do próprio grupo. Ocorre sucessivos movimentos de Ser-do-grupo sem estar no grupo; ser reconhecido no grupo sem se sentir pertencido ao mesmo, sequenciando um certo *exílio* da cada membro do grupo. A tensão imanência-transcendência oscila entre permanecer no grupo ou ausentar-se dele, sob o risco de uso da liberdade (que escolheu livremente restringir a liberdade e agora se apresenta livre para abdicar da liberdade tolhida) de modo perigoso, que comprometa o grupo. Esta liberdade proveniente da práxis individual possui um caráter duplo: o indivíduo é livre para superar os obstáculos presentes na serialidade e conservar o grupo organizado, assim como é livre para desfazer do juramento antes proferido. Constata-se a impossibilidade de o grupo se constituir em um *Ser maciço* inabalável, denunciando a fragilidade de suas estruturas (juramento, fraternidade-terror, função).

Sob a iminência de desintegração, o grupo enquanto práxis comum debilitada busca desesperadamente uma forma de se manter unido. Há intensificação de suas estruturas inertes como modo de constranger seus membros face a dissolução. Aqui acontece uma nova fase, onde a práxis se direciona mais para a passividade, enquanto as estruturas inertes assumem um maior poder, no que Sartre denomina como *processo*. Trata-se do reinvestimento maciço nas estruturas inertes como forma de não sucumbir a ameaça de retorno ao Prático-Inerte da serialidade. As práxis se assemelham as realizadas na serialidade, com a diferença de se sustentar em um Ser (grupo) estranho, que se utiliza do terror e violência para sua manutenção, transformando os que eram "os mesmos" nos Outros. A coesão é mantida na força, no que Sartre denomina, neste estágio, de *grupo institucional*. Nele, há a abdicação da liberdade individual direcionada para a passividade, em prol da manutenção da situação dada. Qualquer um irá resgatar as estruturas inertes para reafirmá-las, num clima de total desconfiança e sob pena de punição dos demais membros do grupo. Há a inócua concepção do grupo institucional como Ser-objetivo e superior, que rege as leis por si mesmo em detrimento das liberdades individuais de seus membros. O resultado é a primazia do processo em relação ao indivíduo, onde já se faz possível (diante sua deserção do grupo) uma substituição do membro do grupo, já que a práxis encontra-se estereotipada, pronta para ser adotada por qualquer indivíduo. Esta postura ganha efervescência muito em razão da noção de grupo institucional como imutável, inabalável. Assim, *burocratização* surge como uma forma de estratificação hierárquica dentro do grupo institucional, para demarcar o lugar de seus membros, dividindo-os entre os que comandam e seus executores. Toda a práxis comum abdicada na passividade é agora deslocada para a figura de um *Soberano* (um indivíduo ou subgrupo pertencente ao grupo institucional) que buscará manter a unidade de seus membros através da concentração de poder e delegação de funções. Longe de "salvar" o grupo por meio de uma unificação, o soberano acentua a impotência e passividade de seus membros (se não o fosse, seu papel de soberano seria injustificado), na medida em que toma para si o projeto e liberdade dos membros do grupo; ou seja, se antes o indivíduo realizava uma práxis comum a qual mais ou menos se identificava, agora sua práxis é concentrada no projeto do soberano, acentuando o caráter alienante de sua função.

Diante do exposto, podemos concluir que o *Estado* se constitui uma forma de grupo institucional dominante, dotado que é de soberania. Tem seu poder exercido diante a passividade das estruturas moleculares da serialidade, que se mantém na inércia. Utiliza da força necessária para a manutenção dos interesses do grupo institucional, que representa uma classe dominante da serialidade.

Vimos que o surgimento do grupo se dá na série assim como seu desfecho. Importante pontuar que toda esta origem, evolução e fim do grupo não se dá de modo linear e cronológico, como se houvesse a passagem de um estado para outro petrificado. O grupo-em-fusão surge e pode se dissolver na serialidade, não se tornando necessariamente grupo organizado e grupo institucional. Nem tinha Sartre a pretensão de estabelecer as leis que regem as formações de grupos humanos específicos, tratando o tema de modo teórico e abstrato.

## O grupo *família* e a dimensão social da existência

Uma vez que a situação diante o fenômeno da Alienação Parental se mostra no grupo que denominamos família, oportuno se faz uma explanação sobre a estrutura e dinâmica do grupo familiar realizada por Ronald Laing, embasado, também, em conceitos sartrianos. Admitindo a heterogeneidade destas formações de grupo, Laing (1983) procura denunciar processos comuns em seu interior. Aqui já lidamos com um primeiro aspecto de família: sua realidade e sua interiorização. A família existe diante um terceiro observador, ao mesmo tempo em que existe no interior (interiorização) de cada um de seus membros, trazendo o status para a relação constituída. As noções de perto-longe, dentro-fora, junto-separado fazem com que a família se estabeleça em um sistema espaço-temporal, pela presença e convivência de seus membros. Daí resulta uma síntese inerente a relação posta: o surgimento do *nós* (membros da família) em detrimento do *eles* (membros que estão fora da família). Esta categorização não para por aí: no *nós* (por exemplo, pai, mãe e filhos) há o convencimento sobre a reciprocidade na interiorização, no sentido de que *eles* (pais) nos concebem (irmãos) como filhos; ou seja, no interior do *nós* há subdivisões categóricas para o eu, tu, ele, ela e atribuição de junção (eles, os pais, por exemplo) de membros do próprio grupo. Laing conclui:

> Como diria Sartre, a família encontra-se unida pela recíproca interiorização feita por cada um dos membros (cujo distintivo de qualidade de membro é precisamente essa família interiorizada) em relação às interiorizações dos outros. A unidade da família reside no interior da síntese de cada um, e cada síntese encontra-se ligada por interioridade recíproca com a interiorização que cada um faz das sínteses dos outros membros (p. 15-16).

Dessa forma, a família pode tomar diversos sentidos, expressos em imagens (desenhos) para seus membros (principalmente as crianças) como denotação de proteção, ameaça, abandono, uma prisão, por meio da projeção da família fantasiada. Estas relações vividas no grupo familiar são capazes de suscitar autorrelações, denunciando o poder do grupo sobre o indivíduo. Dito de outra forma, há maneiras de se comportar dentro do grupo próprio que norteará o modo de reflexão do indivíduo com ele mesmo e influenciará o estabelecimento de outras relações com outros grupos (trabalho, amigos, relações amorosas, sociedade) sem deixar de haver correspondência com a interiorização das relações familiares. Quando há uma superimposição flagrante destes elementos interiorizados, em detrimento de outras formas de relação possíveis estabelecidas em outros contextos (como mencionado), tem-se a caracterização de um processo psicopatológico presente.

Emilio Romero propõe uma teoria que integra as várias correntes de enfoque predominantemente existencial (Gestalt-terapia, psicologia humanista, dasein-analítica), formulando "dimensões" concernentes ao existir humano, inspirando no psiquiatra Ludwig Binswanger, quais sejam, a dimensão social e interpessoal; o corpo vivido; a dimensão da práxis; a dimensão motivacional; a dimensão afetiva; a dimensão valorativa; a dimensão temporal; e a dimensão espacial. O autor escolhe o termo "dimensão" por entender correspondente e demarcador da realidade humana e seu existir, no mesmo modo de conceber as dimensões de altura, cumprimento e largura, voltada ao mundo físico, a natureza. Nesse sentido, Romero (1998) busca a compreensão dos fenômenos psicológicos partindo de um pressuposto fenomenológico-existencial, com utilização de um modelo compreensivo (pertinente as ciências do espírito – ciências humanas – no intuito de elucidar os sentidos da relação do homem com a natureza, a cultura e si mesmo) em detrimento de um modelo explicativo (que visa, basicamente, o estabelecimento de relações causais entre os eventos da natureza). Passamos a estudar as dimensões, com especial destaque a características que aqui nos interessam.

Somos seres indiscutivelmente sociais. Todas as dimensões se encontram imbricadas, de algum modo, nas relações interpessoais. O ser-com de Heidegger já assinalava esse caráter eminentemente social do ser. Até mesmo o processo de individuação (assim como a formação psicológica do eu, tu, eles e nós mencionada) necessita da presença do Outro para se efetivar. O atendimento as necessidades mais primárias (fome, sexo, sono) se realizam pautadas em normas reguladas socialmente. Não se come de qualquer modo; não se pratica sexo a qualquer tempo, diante a emergência do impulso sexual; e também não se dorme em qualquer lugar ou qualquer horário. A dimensão social e interpessoal também se evidencia na expressão das emoções (alegria, raiva, tristeza) no convívio social, onde haverá espaços e relações que balizarão a permissividade ou repressão destas emoções, seja no âmbito familiar, de amizade, de trabalho, enfim, público ou privado. Nossos atos individuais encontram vazão não sem os crivos constituídos pelas relações sociais, no existir da esfera afetiva ou motivacional; no modo de manutenção do lar (se organizo minha casa é para atender uma demanda individual e social de aceitação); no estabelecimento de uma relação conjugal (supro meus próprios desejos ao mesmo tempo em que atendo uma convenção social). Assim, toda a práxis (atividade) tem um componente individual e social. Concomitante, os vínculos sociais, abastecidos de sentimentos, também se evidenciarão na relação com o Outro, se fazendo o continente de amor-ódio, confiança-desconfiança, estima-desprezo, etc. Romero (1998) utiliza o exemplo da serpente como influenciadora de Eva a usufruir do fruto proibido para apontar um caráter rebelde diante o que seria uma lei majorada. Se de um lado há a conformidade com o que é posto, instituído, inexoravelmente uma força emerge para modificar aquilo que é visto como norma, subvertendo o que fora dado. Se em uma díade reina certa harmonia, com a chegada de um terceiro se estabelece o conflito, legitimando o que Sartre já insinuava em "o inferno são os Outros".

Podemos ver que a expressão das emoções perpassa o que é socialmente aceito em determinado contexto. O modo de agir e reagir diante dada situação é resultado do processo de internalização das normas socialmente vigentes, levando ao condicionamento do indivíduo passível de aceitação ou rejeição de seus atos nas relações que estabelece, em consonância às referidas internalizações do grupo à qual pertence, o fazendo por influências de ordem econômica ou pressão social. Se a violência é tida como necessária ou alternativa para resolução de um problema, há a assunção de tal conduta diante a situação dada. Todo este processo encontra motivos na relação com o Outro. De geração a geração, angariamos modos de satisfazer nossas necessidades, através da transmissão da linguagem, das crenças, dos valores da prática adquirida com nossos ascendentes. Isto nos leva a concluir que num primeiro momento de nossa existência, nos constituímos mais como grupos do que como indivíduos, ou seja, mais "*nós*" do que "*eu*". É na experiência da coletividade que iremos nos diferenciar enquanto um, na relação com a família, vizinhança, comunidade. Ao mesmo tempo em que o indivíduo se vê pertencido a determinado grupo é que irá se diferenciando do mesmo, em uma via de mão dupla. Diferenciar-se é se reconhecer como semelhante ao outro, concomitante ao reconhecimento de adoção de características individuais. Este processo encontra base/terreno na cultura que será a incitadora do conflito entre individualidade e coletividade. Haverá grupos e momentos que privilegiarão (valoração) a reprodução de costumes socialmente estabelecidos, em fases como a adolescência, em que o indivíduo toma para si a moda, a linguagem, a estética utilizada pelos seus pares/semelhantes e aduz o status de pertencente ao grupo (ROMERO, 1998).

O mesmo autor (1998) faz uma interessante diferenciação entre dois aspectos que entende presentes na realidade, do ponto de vista da sociabilidade: o Sistema Social e os relacionamentos interpessoais. Enquanto o Sistema Social se refere as estruturas que compõem, de certo modo, a sociedade, como as organizações, os grupos e instituições, os modos de produção e a economia, as características de uma sociedade em dada época e cultura (se fazendo, assim, objeto predominantemente da Sociologia); compreende os relacionamentos interpessoais como inseridos e influenciados pelo Sistema Social, ao mesmo tempo em que remete (estes relacionamentos) as diferentes formas de relacionamento dos indivíduos entre si, constituindo alvo de análise da Psicologia Social. No que tange ao Sistema Social, aponta para a presença de grandes componentes sistêmicos, a saber, as representações sociais e as normas; as instituições; as classes sociais e o status; e os costumes. Neste esquema, as instituições guardam interesse precípuo para tratarmos das relações inerentes à Alienação Parental.

Não é difícil perceber o descrédito nas instituições em diversos aspectos da sociedade. A privatização do Ensino Superior, buscando a maximização dos lucros por conglomerados empresariais, massificando uma classe de profissionais desprovidos da necessária preparação ao mercado de trabalho e a decorrente ociosidade (desemprego) dos mesmos neste campo de batalha por postos de trabalho; os escândalos dos casos de corrupção, retratados na mídia, daqueles que deveriam se mostrar como líderes idôneos na esfera legislativa; até mesmo o modo de tratar a loucura, com o necessário impacto da luta do movimento antimanicomial, que busca erradicar os hospitais psiquiátricos arcaicos e asilos que abrigam o louco e sua loucura; a relação intrínseca e duvidosa entre a medicina e indústria farmacêutica, se constituindo em um negócio consideravelmente lucrativo; a inoperância reiterada no exercício dos três poderes (executivo, legislativo e judiciário), traduzida na insatisfação de diversas classes (os trabalhadores insatisfeitos com a oferta de serviços por parte do governo; o empresariado descontente com as elevadas taxas tributárias; a classe média revoltada pela manutenção de uma má administração pública) são apenas alguns exemplos do fracasso das instituições no Sistema Social. Talvez a Religião, neste contexto, se constitua em uma instituição perene, ainda que haja o argumento de maior ocupação com aspectos materiais do que espirituais, se observa a tentativa de propagação de conceitos universais frente o apelo do efêmero, do consumismo, do reino material. O que dizer dos institutos de pesquisa? Mesmo que se mantenha considerável respeitabilidade no campo científico, já não há aquela ingenuidade em seu interesse puro no conhecimento e aplicabilidade ao bem-estar de uma população, convicção advinda da conhecida subordinação das ciências ao capital nela investida (ROMERO, 1998).

Nossa existência perpassa várias instituições no Sistema Social. Nos deparamos com o instituído (o socialmente vigente por determinado grupo) desde nosso nascimento, a partir da inserção no que denominamos família. É através da relação com este grupo primário que se dará o início do processo de humanização, com a apropriação do mundo simbólico pela linguagem (outra instituição, que designa os códigos estabelecidos de comunicação, seus sons e signos) (ROMERO, 1998).

A família se constitui a matriz do Sistema Social. Romero (1998) comenta que muito se tem pesquisado sobre o papel da família na constituição do indivíduo e seu papel na sociedade. Cita Ângelo Gaiarsa e seu trabalho de demonstração de como se originou o mito do amor parental em detrimento do real exercício de controle e domínio sobre os filhos através, principalmente, das atitudes maternas; menciona David Cooper que publicou uma obra (A morte da família) que expressa o projeto dos pais em perpetuar a satisfação de seu próprios desejos parentais, exercendo papéis bem definidos para a concretização do instituído, descartando o potencial criativo e capacidade libertadora dos filhos. Se utilizando de sua experiência clínica, Romero (1998) expõe sua técnica (propor que o cliente escreva uma carta para seus pais) para avaliar a existência de conflitos persistentes entre adultos e seus pais, no contexto psicoterápico. Conclui que 70% de seus clientes conservam resquícios de experiências más sucedidas com seus antecessores.

Numa abordagem compreensiva da instituição família, Romero (1998) aponta para algumas teses:

1) Há três fatores que refletem os diferentes tipos e as mudanças ocorridas na família: a cultura; o contexto histórico desta cultura; e a classe social a qual se insere a família.

2) A situação estamentária do grupo familiar e sua condição socioeconômica circunscrevem características específicas da família, como os papéis, os níveis de aspirações, seu padrão de vida e suas ideologias.

3) É através das crenças e valores dentro do grupo familiar que se evidencia suas ideologias que, comumente, terão correspondência com a ideologia majoritária do Sistema Social a qual se insere, ao mesmo tempo em que se faz presente ideologias próprias do grupo familiar.

4) A tese anterior nos permite afirmar que o processo de socialização primário de um indivíduo se dará de acordo com os valores e crenças de seus pais, assim como em consonância com as características de personalidade destes; há um movimento recíproco onde os pais formam seus filhos ao mesmo tempo em que os primeiros se modificam através dos segundos (uma ressocialização dos pais através da atividade de socializar seus filhos).

5) Podemos afirmar que os reguladores (no sentido de normas e regulamentos) do sistema familiar são os pais. Isso tanto em razão de sua condição temporal desigual em comparação aos filhos quanto de compromisso na assistência material, psicológica e caráter de exemplificação (de comportamento, de caráter, de atitudes). Há a grande possibilidade de herdarmos projetos semelhantes, modos de ser e até a visão de mundo de nossos pais, ainda que não se mostre claro em nossa consciência.

6) Há fatores estruturantes que influenciarão as características do relacionamento familiar e conjugal, frente as exigências a este grupo familiar:

a) A percepção do cônjuge e do relacionamento conjugal – inevitavelmente haverá o estabelecimento de uma progressiva relação de intimidade entre os cônjuges, diminuindo a distância entre o cônjuge ideal e o cônjuge real, incorrendo em decepção, na maioria dos casos, diante da constatação de características pessoais antes não percebidas. A estima/admiração de um cônjuge em relação ao outro se mostra preponderante para a qualidade da relação conjugal e familiar.

b) A satisfação das necessidades e das motivações psicossociais. No relacionamento conjugal há o estabelecimento de demandas/necessidades e a busca de satisfação das mesmas, em uma intensidade muito maior do que a relação entre patrão-empregado, amigo-amigo, por se constituir (a relação conjugal) em uma relação total, onde se espera muito do cônjuge, no que diz respeito a satisfação das necessidades, como de atenção, amor, carinho, proteção, interatividade, segurança, podendo haver oscilações no relacionamento de acordo com a percepção destas satisfações.

c) A distribuição dos afetos. Em nenhum outro grupo de socialização os afetos são tão exigidos como na família. Se positivos, os afetos têm a capacidade de promover coesão e integração dos componentes da família; se negativo, irão propagar do distanciamento e considerável desintegração de seus membros.

d) O exercício e controle dos poderes do grupo. Inerente a qualquer relação estabelecida, o poder se mostra presente no grupo familiar e é exercido através de atitudes de manipulação, controle, convencimento, resolução de problemas, imposição de normas, sendo possível sua distribuição ou concentração. Há o entendimento de que o exercício de poder de modo inteligente, ao ponto de um cônjuge não sentir o domínio do outro, podendo exercer o poder em aspectos diferentes da vida conjugal, favorece para a qualidade da relação conjugal.

7) Há predominância de um clima existencial dominante no grupo familiar. Este clima é essencialmente de cunho emocional, podendo oscilar no grupo assim como oscila no indivíduo, contudo reflete certa constância. Ainda que resida nas emoções, este clima existencial pode se expressar nos papéis, atividades e normas do grupo familiar.

8) O caráter afetivo-emocional presente nas relações familiares se apresenta como elemento fundamental para a existência do grupo familiar. Desde a díade estabelecida na relação conjugal, a afetividade e o estabelecimento de uma relação de intimidade se mostram como os principais motivadores (ainda que possa haver outros motivos não tão legítimos) para a efetivação da relação. Os sentimentos (vividos de modo peculiar no grupo familiar) ainda se mostram como preponderantes e encontram continência no seio da família, instituição que nos mostramos mais espontaneamente e estabelecemos relações de confiança, sem a necessidade de representação de papéis, como pode acontecer em outros contextos sociais. Contudo, o isolamento, a falta de contato físico, a desconfiança, o uso excessivo de autoridade, conflitos intensos denotam uma possível enfermidade no grupo familiar.

9) O sistema familiar com suas peculiaridades (intimidade, alianças, contra-alianças, hierarquias, normas) é o principal determinante da personalidade (isto que nós psicólogos entendemos como um conjunto de traços, de comportamentos e características que podem descrever alguém) de um indivíduo, principalmente em relação ao caráter e características afetivas (sentimentos). Se constituindo o microgrupo social a qual vivenciamos a maior parte de nossa existência, a família se mostra importante não só na infância (que já é decisivo para o desenvolvimento), mas também para a adolescência, onde haverá a individuação pela diferenciação de seus membros e sínteses para a formação do projeto de vida, de suas normas e valores. Romero (1998) ressalta a primazia da família como ambiente principal de desenvolvimento do indivíduo, reconhecendo a importância dos fatores biológicos (herança genética, o temperamento, por exemplo) na constituição da personalidade. O terceiro fator (depois da família e herança genética) seria a autonomia, liberdade e originalidade do indivíduo, que faz suas proposições próprias diante suas possibilidades, não se constituído, a personalidade, na mera soma entre meio ambiente e condição genética.

10) É na estrutura relacional do grupo familiar que se origina os aspectos sintomáticos de uma personalidade enferma. Alguns traços de personalidade como neurose e psicopatia e perversões tem sua gênese nas primeiras relações estabelecidas, que se dão no grupo familiar. Por exemplo, pode não haver a internalização de princípios éticos básicos pela criança; uma dinâmica familiar caracterizada por uma mãe extremamente permissiva e um pai consideravelmente desinteressado e contraditório no relacionamento com o filho, se estabelecendo um contexto propício para o desenvolvimento de um sociopata. De outro modo, a existência de significativa rigidez em um ideal normativo, do que é certo e errado, no desempenho das atitudes parentais aliada à expectativa constante de atingimento desta demanda por parte dos filhos, pode influenciar na presença de um transtorno obsessivo compulsivo no seio familiar.

A partir da aquisição de certa habilidade sensorial e motora, bem como controle dos esfíncteres, há o contato inicial com o segundo grupo de socialização: a escola. Muito mais do que aprender o conhecimento historicamente adquirido, o objetivo deste primeiro contato se refere a inserção no mundo dos Outros, com crianças desconhecidas e pessoas ("tias" – professoras), que não se mostram familiares, se constituindo uma experiência marcante para a criança. Inicia-se um período de expansão no desenvolvimento, a partir da possibilidade de aquisição de habilidade de codificação dos signos, a junção das palavras, tudo isso em meio à um ambiente provido de suas normas específicas. Importante pontuar que o processo educativo transcende o ambiente escolar. Neste movimento relacional entre o indivíduo, normas e valores há a presença da mídia com seus conteúdos de violência, sexo, consumismo que incidirão sobre a sensorialidade e desejos da criança, conduzindo-a para elementos deveras superficiais e nocivos (ROMERO, 1998).

Outro componente importante, indicado pelo autor (1998) na formação do indivíduo neste estágio (infância) se refere a religiosidade. É na participação, passiva ou ativa, dos cultos, missas, rituais e orações que se dará o primeiro contato com elementos para além da existência, no plano espiritual.

Em seguida a estas principais instituições formadoras há a preparação para o trabalho. Variável de acordo com o contexto de cada local, os adolescentes (e até crianças) iniciam cada vez mais cedo a utilização da mão de obra em troca de pouco dinheiro para sua sobrevivência. Cada atividade incidirá decisivamente para a formação do indivíduo: "quem lida com máquinas se mecaniza, quem o faz com papéis e regulamentos se burocratiza, quem convive com a matéria bruta (pedreiros, operários de construção) se endurece" (ROMERO, 1998, p. 109). Esta inserção no ambiente de trabalho se dará de acordo com a relação do grupo familiar com o sistema de produção a qual pertence. Há no seio de cada família certa valorização com o futuro do trabalho e condição material de seus integrantes, com recorrente presença no imaginário sobre a aquisição do dinheiro, a poupança de economias e estabilidade financeira mediante o sucesso na profissão.

Outros aspectos da existência se mostram adjacentes, como o lazer, os esportes, os prazeres. Se num momento inicial o brincar se constitui o universo da criança, as regras sofrem sofisticação com o passar da idade e da complexidade da atividade executada, exigindo um comportamento que leva em consideração o Outro e sua disposição na atividade, se constituindo em tarefa de grupo (ROMERO, 1998).

Até o momento, houve a explicitação de conceitos entendidos como pertinentes a compreensão da realidade que abriga o fenômeno da Alienação Parental. Agora, passa-se a descrição da técnica e método empregados em intervenções realizadas em uma situação específica: a avaliação psicológica no contexto judiciário, mais especificamente, na Vara de Família, nos casos que envolvem a Alienação Parental.

## Discorrendo Sobre a Intervenção junto a Alienação Parental

Do abstrato para o concreto, vejamos as características do cenário em que a experiência realmente acontece.

Cada Tribunal de Justiça possui sua plataforma eletrônica própria de gerenciamento de processos judiciais. Trata-se de um sítio virtual onde estão elencados os processos judiciais destinados ao cumprimento da avaliação psicológica. Em cada um deles, há a tipificação[3] dos Autos (processos judiciais), como Alienação Parental, Guarda, Regulamentação de Visitas, Medidas de Proteção, assim como contém as peças iniciais, originadas da Petição Inicial (realizada pelo procurador – advogado, defensor público ou promotor de justiça – da parte requerente do pedido). Este pedido pode ou não preceder uma decisão liminar (concessão do pedido por parte do Juiz), ficando, a cargo deste, esta sentença, que poderá ser dada, também, posteriormente, condicionada a apreciação do laudo/relatório psicológico e/ou outros documentos (contestação da parte requerida; outras provas). O recebimento do processo pelo setor responsável (equipe multidisciplinar) se dá mediante a sentença que determina a avaliação psicológica, demonstrando o que (os quesitos a serem respondidos pelo perito psicólogo) se quer saber para subsidiar a decisão judicial.

É neste contexto que se dará início a avaliação psicológica. Tenho seguido alguns passos iniciais, baseado em Rovinski (2007), independentemente do tipo de processo, que são os seguintes: **1° leitura integral dos Autos; 2° delimitação do problema; 3° estabelecimento de estratégias (procedimentos); 4° execução das estratégias escolhidas; 5° análise dos dados; 6° confecção de laudo/relatório psicológico; 7° devolutiva as partes do processo (feedback)**.

A leitura integral dos Autos se mostra precípua na medida em que já entro em contato com o contexto ensejador do processo, ao mesmo tempo em que colho possíveis contradições presentes na demanda, bem como o registro de dados objetivos (endereço, telefone, nomes) dos envolvidos.

A delimitação do problema é o ato de elucidação do que está sendo pedido (determinado, na verdade): enquanto em alguns casos este problema se mostra bem definido, em outros só se faz possível pela análise minuciosa das peças do processo, na busca da intenção quanto a avaliação psicológica.

O estabelecimento das estratégias se refere aos procedimentos que serão adotados para o alcance do objetivo proposto, qual seja, elucidação do problema

---

[3] Muitas vezes a Alienação Parental encontra-se velada em um processo judicial tipificado como Disputa de Guarda ou Regulamentação de Visitas (ora, se não há visita/convivência com um dos genitores da criança ou adolescente, alguma coisa está errada).

apresentado. Os principais procedimentos adotados, neste contexto, são as entrevistas individuais, entrevistas conjuntas (entre familiares, as partes), visita domiciliar, visita institucional (escola, por exemplo e, consequentemente, realização de entrevista com um educador de referência), entrevista com pessoas da comunidade (vizinhos, principalmente), escuta especializada com a criança (ou entrevista, no caso de adolescente).

O passo seguinte é a execução propriamente dita dos procedimentos elencados como pertinentes ao caso concreto. Esta execução pode se dar exatamente como proposto ou sofrer alterações (exclusão ou inclusão de procedimentos) numa reavaliação *peri passu* a sua execução.

De posse do material colhido (registros que são realizados durante ou após a realização de cada procedimento) se passa a análise do material colhido de modo interdependente com a demanda apresentada. Neste ponto já há uma apreensão e posicionamento sobre o fenômeno em conluio com a demanda estabelecida, a qual é exposta de maneira descritiva no laudo/relatório psicológico.

Este documento se faz a materialização da experiência intersubjetiva constituída entre o perito psicólogo e as partes (os genitores, a criança e/ou adolescente, a família extensa materna e/ou paterna, pessoas da comunidade a qual pertence o grupo familiar, professores) e se transforma em prova, como mencionado anteriormente.

Chega o momento de realização da devolutiva as partes envolvidas, em que o perito psicólogo expõe suas análises e conclusões, possibilitando um movimento reflexivo dos envolvidos. Este último procedimento (feedback) ainda pode se mostrar como mais uma forma de compreensão do fenômeno vivido, se fazendo possível uma revisão do contido no laudo/relatório psicológico e possíveis alterações para a juntada no processo judicial.

Como vimos, a(s) entrevista(s) torna(m)-se preponderante(s) na obtenção de informações sobre os indivíduos envolvidos no processo judicial (neste caso, em um processo de Alienação Parental). A atitude do perito psicólogo se faz de modo acolhedor diante a vivência da situação ensejadora do processo (conflitos familiares e seu decorrente sofrimento), ao passo que são adotadas técnicas da Psicoterapia Vivencial desenvolvida por Tereza Cristina Saldanha Erthal (2013) como forma de esclarecimento, autoconhecimento e revelação (insight), já que não basta a presença da Alienação Parental se os envolvidos nesta trama assim não o reconhecer. Por exemplo:

– Refletora de vivências emocionais:

P[4]. *"Você parece estar com medo. O que de pior pode acontecer se você falar para sua mãe a vontade de ver seu pai?"*

---

[4]  Perito psicólogo.

C[5]. *"Ah, não sei...minha mãe não gosta de ficar sozinha".*

- Resposta refletora de comportamento não-verbal:

P. *"Toda vez que você fala do "fulano" (outro genitor) sua cabeça balança demonstrando desdém por ele"* ou *"Você parece demonstrar satisfação, através de um sorriso, quando menciono as tentativas do "fulano" de visitar sua filha"*

G[6]. (silêncio).

- Refletora de conteúdo verbal:

G. *"Eu estava tendo muita dificuldade para ver meu filho. Ia até a casa da mãe, mas era impedido por ela de conversar com o garoto, após a separação. Ela me xingava, me ofendia e eu ficava muito nervoso e revidava. Resolvi então procurar meu ex-sogro, com que sempre me dei bem, para pedir ajuda. Agora, parece que ele deu uma chacoalhada nela e as coisas estão mudando"*

P. *Você demonstra que não se limitou a estabelecer um conflito com a "fulana" e buscou meios para resolver o seu problema e do seu filho".*

- Resposta de continuidade:

G. *Toda vez é esse inferno...acho que não adianta mais..."*

P. *"Não adianta mais?..."*

G. *Fazer ela entender que eu sou o pai dele".*

- Inquisitiva:

P. *"Você dá banho em seu bebê e o coloca para dormir; o alimenta e o vê sorrir para você...não é isso que "fulano" deseja fazer também?"*

G. *"Acho que não...o que ele quer é me atormentar".*

- Informativa:

G. *"Desde que tenho atrasado o pagamento da pensão alimentícia, ela não tem deixado eu ver meu filho. Pretendo conseguir o dinheiro, mesmo desempregado, para merecer ver meu filho"*

P. *"Você sabia que o não pagamento da pensão não tira, por si só, o direito à convivência familiar da criança com o pai?".*

- Usando analogias:

P. *"Vocês dois parecem estar num jogo de cabo de aço, em que cada um puxa um braço do filho para conseguir deixá-lo do seu lado, no seu time".*

- Confronto:

P. *"Você afirma que ele não se interessa na vida de seu filho, mas não oportuniza nenhuma situação em que ele possa ficar mais próximo do mesmo e participar da vida dele"* ou *"Você anula 'fulano' em cada tentativa de aproximação com seu filho...a ideia é descarta-lo de uma vez por todas da vida de vocês dois".*

---

[5] Criança.

[6] Genitor(a).

- Autoexpressão:

P. *"O modo de você se desviar das perguntas que lhe faço, preenchendo com afirmações sobre o 'fulano', me traz um sentimento de impotência na tentativa de fazer você refletir sobre seu comportamento".*

- Colocação de limites:

P. *"De acordo com a determinação judicial de avaliação psicológica do caso, entendo como pertinente nos encontrarmos individualmente para tratar do assunto".* G- *"Não, vamos tratar do assunto aqui mesmo...é bom para ele saber o que o pai dele está fazendo".* P. *"Não, prefiro tratar com você individualmente, num encontro entre adultos".*

Esta clarificação das vivências dos envolvidos nos processos de Alienação Parental mostra-se uma oportunidade de ressignificação das experiências vividas, ainda que não seja este o objetivo principal (já que se trata de um contexto avaliativo) da relação estabelecida, como o é no ambiente psicoterápico. Em relação aos atos propriamente ditos que configuram a Alienação Parental, utilizo como alternativa de intervenção a entrevista conjunta que precede o feedback. Em uma sala de entrevista, reúno os protagonistas (geralmente, o pai e a mãe) do fenômeno e procuro estabelecer uma relação de espontaneidade, estimulando o diálogo franco entre as duas partes quanto aos pontos controversos e as emoções deles decorrentes. Após o embate (que também tem o objetivo de clarificação de vivências), incito o reconhecimento de experiências (angústia; frustração diante o rompimento da relação; imaturidade emocional – as birras – e seu desdobramento em atos equivocados de manipulação; a inadmissibilidade de vivências de terror e perigo diante o estágio de desenvolvimento da criança) que, de uma forma ou de outra, ensejaram o clima alienador na dinâmica familiar. No desfecho, trata-se de uma forma de negociação com os genitores para a adoção de novas atitudes na relação com a criança, ao ponto que a prive do confronto estabelecido entre os adultos. Há o momento do "juramento" ou recusa para tal, em que se estabelece limites mínimos (garantir a realização das visitas conforme determinados ou acordados; não incluir a criança no desabafo verbal e emocional do genitor em relação ao outro genitor; o compromisso de separação entre os papéis – ex-esposa(o) e genitor(a) na convivência familiar. A reunião se encerra quando há o chamamento da criança para participação do setting estabelecido, com a comunicação de cada genitor *para* a criança sobre o reconhecimento das atitudes equivocadas tomadas até aquele momento. Há a reafirmação, por parte dos pais, dos compromissos assumidos *para* a criança, havendo a criação de um momento significativo como marco *para* a criança. É interessante observar a reação de descontentamento de cada genitor na tarefa (também proposta) de falar para a criança que esta deve obediência e respeito ao outro genitor; que a criança também se faz o ser mais importante para o outro genitor; que o outro genitor se constitui o braço direito na formação e educação da criança; que o papel de pai do genitor é inabalável e eterno; que o papel de mãe é inabalável e eterno. Gostaria de afirmar que todo este processo de entrevista e intervenção elimina integralmente os comportamentos característicos da Alienação Parental. Contudo, é evidente a limitação do *setting* estabelecido em um Tribunal de Justiça, em comparação com o *setting* terapêutico, por exemplo. Prefiro pensar que este momento de avaliação psicológica se faz como uma oportunidade. Refiro-me à cena de alguém que caminha longos quilômetros ao sol e se encontra cansado, até que encontra uma árvore com uma boa sombra para repouso, seguindo sua caminhada depois de sua trégua. Penso que este momento de avaliação psicológica no Tribunal de Justiça seja a árvore no caminho destas pessoas, que continuarão suas caminhadas (a existência) de certo modo transformadas.

Aproveito aqui para fazer um adendo sobre a escuta de crianças neste contexto estabelecido. Diferente da *setting* terapêutico em que há a possibilidade de maior contato com a criança e seu grupo familiar e, assim, o estabelecimento de uma relação de confiança a médio e longo prazo, o contexto judiciário exige a adoção de técnicas que permitam uma expressão autêntica em um curto espaço de tempo. Na escuta com crianças em uma situação possível de Alienação Parental, proponho a realização de uma "*brincadeira*" (técnica), após os esclarecimentos sobre o papel do psicólogo, em uma linguagem acessível à idade da criança. A "*brincadeira*" verbal consiste em completar as frases emitidas pelo perito psicólogo, o mais rápido possível. Podemos começar com: "*Minha comida preferida é...*"; "*Meu desenho preferido é...*" "*Meu sorvete preferido é de...*" "*Quando eu crescer eu vou ser...*" "*Minha música preferida é...*" até chegar ao "*O que me deixa mais triste é...*" "*O que me faz chorar é...*". Cada sentença desta é passível de ampliação e desenvolvimento da fala e expressão da criança. Um ponto que considero importante no desenvolvimento da fala da criança está no centro de referência utilizado pela criança na descrição de suas experiências. Comportamento verbal excessivo como "*minha mãe pensa....*", "*minha mãe acha que...*", "*meu pai diz que minha mãe...*" podem se constituir indicadores da manipulação do discurso e da imagem da criança de seus genitores.

Estas são algumas intervenções ocorridas na prática da avaliação psicológica nos conflitos envolvendo casos de Alienação Parental.

## O Método

A partir da execução de intervenções presentes na Terapia Vivencial com os envolvidos no processo, que se dá no aqui-e-agora do estabelecimento de uma relação imediata e consideravelmente irreflexiva, tamanho o envolvimento com os indivíduos e suas vivências, o processo de análise se dá pelo verdadeiro distanciamento reflexivo do vivido com as partes (FORGHIERI, 1993). O movimento é de se colocar a distância da "cena" outrora protagonizada pelas partes com a presença do perito psicólogo e estabelecer relações entre a redução fenomenológica realizada com o objetivo da avaliação psicológica (elucidar a ocorrência da Alienação Parental) e possíveis encaminhamentos (psicoterapia individual ou familiar; sugestão de advertência do juiz, mediante a afirmação da Alienação Parental; viabilidade de mudança de Guarda como forma de garantia de convivência da criança com ambas as linhagens a qual faz parte, principalmente). Trata-se do emprego do método fenomenológico, possível nesta situação específica do fazer psicológico no contexto jurídico.

## Considerações finais

Diante o exposto, algumas possíveis sínteses se apresentam na relação entre a teoria sartriana da Sociabilidade e o fenômeno da Alienação Parental:

1. A Alienação Parental consiste na busca de um aliado em um grupo em fusão, na luta contra um inimigo externo (o outro genitor).

2. A Alienação Parental se faz um desdobramento da quebra do juramento realizado no grupo organizado (família), agindo como terror (punição) por meio da (e pelo ataque a) liberdade e práxis individual.

3. A Alienação Parental denuncia o caráter alienante e de passividade do grupo organizado (família extensa) com o seu próprio grupo (aceitação da violência psicológica e/ou evidência da Alienação Parental como práxis comum).

4. A Alienação Parental se mostra como uma totalização-em-curso de exterioridade pela interiorização. A práxis individual ou comum atua para considerável fragilização da práxis individual do membro do grupo (o outro genitor) através de um tipo de exílio para o membro alienado (a criança ou adolescente), possibilitando o estabelecimento de uma reciprocidade negativa com "ele" (visto pelo membro alienado como o Outro inimigo).

5. O conflito estabelecido pela Alienação Parental só pode ser compreendido na relação de resistência e luta travada no campo Prático-Inerte, entre

membros que objetivam o membro alienante, subtraindo sua subjetividade e devolvendo-a após o uso como fim de um projeto na alteridade.

6. As técnicas de intervenção da Psicoterapia Vivencial agem como antítese frente a síntese (práxis individual ou comum, quando há outros membros do grupo envolvidos na práxis alienante) resultante da relação entre os membros do grupo, possibilitando a presença do antagonismo diante a situação.

7. A tensão imanência-transcendência atuará para reafirmar a inércia das estruturas do grupo, ao mesmo tempo em que a práxis individual do terceiro mediador e excluído (o perito psicólogo, que pode ou não já representar parte do inimigo externo ou tomar forma de reciprocidade positiva) provocará um movimento reflexivo transcendente, pela apreensão do nós-sujeito no conceito do nós-objeto.

8. O sucesso da Alienação Parental é o estabelecimento de um Soberano para o membro alienado, que se resignará na passividade e inércia do grupo, as custas dos conflitos entre o jurado traidor e jurado traído no projeto assumido livremente. Essa quebra de confiança terá desdobramentos (desconfiança, principalmente) nas relações estabelecidas com outros grupos.

9. O fracasso da Alienação Parental é resultado da consciência reflexiva sobre o Ser, que apreendo como Outro e devolvo a subjetividade, realizada pelos próprios membros do grupo ou terceiro(s) mediador(es).

10. A identidade de ação e a conjugação de práxis comum entre os membros do grupo (inclusive do membro visto como alienado – a criança ou adolescente), onde um vive o projeto do Outro é característico da Alienação Parental.

A intenção aqui é confirmar o uso da dialética e a pertinência do modo de Jean Paul Sartre conceber conceitualmente a realidade do Prático-Inerte e sua possibilidade de compreensão de ações humanas específicas, em determinado momento histórico, sem perder de vista o caráter ontológico do Ser. Se o primeiro momento de Sartre (*O Ser e o Nada*) possibilita uma fundamentação de técnicas psicoterápicas, como no caso da Psicoterapia Vivencial, o segundo momento (*Crítica da Razão Dialética*) permite abarcar os complexos arranjos que se formam na sociedade, de modo geral. Assim, há a convicção sobre a possibilidade de construção de uma psicologia social através de conceitos por Sartre elaborados que está sendo negligenciada na produção de textos que se referem à teoria e prática psicológica em novos contextos (judiciário, social, escolar, do trabalho) principalmente nestes espaços que se normatizam através de resoluções e orientações técnicas que, por sua vez, enrijecem o pensar e fazer psicológico (mais especificamente, nos Centros de Referências da Assistência Social – CRAS, nos Centros de Referência Especializados da Assistência Social

– CREAS, nos Centros de Referência de Atendimento à Mulher – CRAM, Delegacia da Mulher no Centros de Atenção Psicossocial – CAPS, nos Centros de Socieducação – CENSEs, nas Casas de Semiliberdade, nas Delegacias Especializadas em Crimes contra a Criança e do Adolescente, nas Penitenciárias, nas Defensorias Públicas).

## Referências

ANGERAMI, V. A. *Psicoterapia Existencial*. 2. Ed. São Paulo: Cengage Learning, 2009.

BRASIL. Lei nº. 12.318, de 26 de Agosto de 2010. Disponível em: http://www.planalto.gov.br/ccivil_03/_ato2007-2010/2010/lei/l12318.htm Acesso em: 27/09/2016.

CONSELHO NACIONAL DE JUSTIÇA. *Alienação Parental: o que a Justiça pode fazer?* Disponível em: http://www.cnj.jus.br/noticias/cnj/80167-alienacao-parental-o-que-a-justica-pode-fazer Acesso em: 27/09/2016

ERTHAL, T. C. S. *Trilogia da Existência: Teoria e Prática da Psicoterapia Vivencial*. 1. Ed. Curitiba: Appris, 2013.

FORGHIERI, Y. C. *Psicologia fenomenológica: fundamentos, métodos e pesquisa*. São Paulo: Pioneira, 1993.

LAGO, Vivian de Medeiros *et al. Um breve histórico da psicologia jurídica no Brasil e seus campos de atuação. Estudos de Psicologia*. Campinas. 26(4). 483-491. Out-Dez, 2009.

LAING. R. D. *A Política da Família*. Trad. João Grego Esteves. 2. Ed. São Paulo: Martins Fontes, 1983.

PERDIGÃO, P. *Existência e Liberdade: uma introdução a filosofia de Sartre*. Porto Alegre: L&PM, 1995.

ROMERO, E. *As dimensões da Vida Humana: Existência e Experiência*. São José dos Campos: Novos Horizontes, 1998.

ROVINSKI, S. L. R. *Fundamentos da perícia psicológica forense*. 2. ed. São Paulo: Vetor, 2007.

### Sinto tanta falta de você...

*Valdemar Augusto Angerami*

*Adriana*
*Meu Doce Adorado...*

Você me acarinhando... Dizendo tuas histórias...
Da tua feminilidade... Divindade.
De coisas tão triviais e tão fascinantes...
Do teu jeitinho e sotaque mineiros...
Da fala faceira e suavemente delicada...
Da noite em teu aconchego...
Da música de Mozart e Sarasate...
Do passeio pela mata... Do silêncio na madrugada...
Você me espreitando... Detalhando teu fascínio pela vida...
Dos mimos que me acariciam a alma...
Dos presentes que você me trouxe o maior é a tua presença...
Você tão preciosa... Dengosa buscando vida...
Esperança de que nesses caminhos a vida se faz renovação...
Então acordo, e o meu sonho vermelho de paixão não está ao meu lado...
Ainda bem que saudades não mata...

Serra da Cantareira, numa manhã azul de Primavera...

CAPÍTULO 4

# Encontros terapêuticos na Proposta do Plantão Psicológico: o olhar da supervisão clinica sob a perspectiva fenomenológico-existencial

*Sonia Maria Machado de Oliveira Nukui*

> *A vida é a arte do encontro, embora haja*
> *tanto desencontro pela vida.*
> (Vinicius de Moraes)

A vida é necessariamente feita de encontros e desencontros. Neste caminho trilhado na profissão de psicóloga tenho aprendido com os desencontros, mas indubitavelmente opto pelos encontros, pois os mesmos alimentam o meu vir-a-ser neste mundo. E, dessa forma, constato que nunca estarei pronta, tal constatação me fortalece no meu fazer psicológico fundamentado na perspectiva fenomenológico-existencial a qual está para além de conceitos teóricos e técnicos. A seguir apresento um jeito de conduzir uma prática psicológica, a saber: o Plantão Psicológico. Será preciso deixar os fenômenos virem à luz...

## 1. Apresentando uma prática psicológica

Merleau-Ponty (1999) sabiamente nos convida a ir ao encontro dos fenômenos e para isso afirma que será preciso que ao escutar as pessoas em suas dificuldades existenciais não tenha a 'percepção auditiva' dos sons articulados, mas que o mesmo ressoe "dentro de mim; ele me interpela e eu ressoo, ele me envolve e me habita a tal ponto que não sei mais o que é meu, o que é dele" (p. 51).

Discorrer a respeito da experiência clínica enquanto professora orientadora em uma clínica-escola a respeito dos encontros terapêuticos realizados na proposta do plantão psicológico é necessariamente percorrer um caminho pautado pela esperança. E, a esperança tal como a compreendo encontra respaldo nas palavras de Angerami (2015): *"Hoje iremos abordar a questão da esperança, muito se ouve, Ah! Eu tenho esperança que a vida vai melhorar; eu tenho esperança que o novo governo vai melhorar; que a minha vida vai se alternar e assim por diante. O que queremos dizer quando evocamos essa expressão "Esperança". Em primeiro lugar se a gente for na etimologia do tema a gente vê que a origem é coisa do esperar "eu espero algo" e novamente a gente entra numa questão da fé (...). A esperança em algo é uma força motriz e é capaz de fazer um contraponto a situações turbulentas (...). Esperança é fundamental na condição humana e é justamente ela que nos impulsiona que leva a outras situações de vida e faz que possa acreditar que esse meu marasmo que esse meu sofrimento tenha um novo alento, tenha outra perspectiva (...) ela precisa ser calcada em dados de realidade que possa efetivar, para me lançar e projetar para um novo rumo na vida.*

Lançar-se e projetar-se para um novo rumo no que diz respeito a proposta dos encontros terapêuticos na modalidade do plantão psicológico passa necessariamente por uma história de encontros humanos. E, nessa trama existencial de encontros a esperança se apresenta como forte aliada entre supervisora, estagiários-terapeutas e pacientes.

A atividade prática de estágio curricular obrigatório é supervisionada por um professor orientador que acolhe as questões trazidas pelos estagiários-terapeutas. Ocorre o atendimento da demanda psicológica imediata e emergente a partir de intervenções coerentes com o referencial teórico – Abordagem fenomenológico-existencial – e com a população atendida. Os estagiários-terapeutas desenvolvem competências que são desenvolvidas a partir das seguintes habilidades: intervenção de forma imediata na brevidade que caracteriza o encontro; interpretação compreensiva de manifestações verbais e não verbais como fonte primária de acesso à subjetividade; avaliação e decisão sobre a conduta e/ou encaminhamento mais adequado em cada instituição, em sua especificidade, e a cada cliente na singularidade de sua demanda e interlocução com outros profissionais sempre que necessário.

O plantão psicológico ocorre na clínica-escola de uma universidade particular e em outros contextos institucionais e está para além de uma queixa, alicerçado nas atitudes terapêuticas escuta e acolhimento busca proporcionar abertura ao desconhecido que se apresenta naquele momento. Portanto, renunciando as interpretações prévias o estagiário-terapeuta acolhe os afetos, significações que aquela existência apresenta em seu modo de ser e de estar no mundo. Dessa forma, a atitude clínica reside no encontro, e a relação terapêutica torna-se algo a ser construído, assim possibilitando que o indivíduo encontre em si os recursos necessários para lidar com as questões que o angustiam.

A experiência do Plantão Psicológico se constitui em uma experiência inovadora e ao romper com o modelo de clínica tradicional proporciona ao estagiário-terapeuta entrar no campo das afetações, tocar e ser tocado pelas vicissitudes humanas e descobrir a potência terapêutica da escuta. Os atendimentos não têm agendamento prévio e segue a norma de quatro encontros com cada pessoa, podendo ser realizado um encaminhamento no final, exigindo flexibilidade do terapeuta diante da realidade que se apresenta.

Os estagiários-terapeutas realizam os atendimentos terapêuticos, e, posteriormente compartilham dados dos casos clínicos em supervisão que se constitui enquanto um encontro entre aprendizes e um profissional com mais experiência na atuação clínica. Portanto, estagiários-terapeutas e professor orientador têm uma tarefa que é a construção de sentidos para as questões que são trazidas durante os encontros terapêuticos.

## 2. Plantão Psicológico em seu desvelar clínico

Desde as origens mais remotas, a inquietação humana é notória. Sabe-se que o homem independentemente do momento em que vive, busca obter compreensão sobre si próprio, assim como sobre a realidade que o cerca. Ou, em outras palavras, é inerente ao homem a busca pelo sentido e significado de sua existência. Logicamente, que esse sentido e significado não são fixos e imutáveis, podendo sofrer alterações no decorrer da história. Neste contexto de busca pela compreensão humana surge a ciência psicológica que passando por grandes modificações nos traz novas áreas de atuação.

O presente capítulo objetiva tecer considerações a respeito do Plantão Psicológico que se constitui como uma forma inovadora de atendimento breve e apresenta-se como um serviço que está à disposição das pessoas que necessitam de atendimento de emergência, buscando oferecer um espaço de escuta e acolhimento diante do sofrimento que se apresenta. Acentua-se a importância da supervisão sob a perspectiva fenomenológico-existencial que se constitui sobremaneira como condição *sine qua non* para a formação da atitude clínica dos estagiários-terapeutas.

Para Mahfoud (1987) o Plantão Psicológico apresenta-se como uma nova modalidade de atendimento clínico criado a partir da atenção à centralidade da pessoa. Esta prática clínica surgiu da importância de se ter um espaço para as pessoas, muito mais do que para os problemas promovendo, assim, a consciência de si e da realidade, levando a pessoa a discriminar os diferentes recursos disponíveis. Nas palavras de Morato *et al.* (2012) o Plantão Psicológico se constituiu como uma das modalidades do aconselhamento psicológico tendo por objetivo a atenção e o cuidado ao sofrimento existencial. Iniciou-se no Serviço de Aconselhamento Psicológico do Instituto de Psicologia da Universidade de São Paulo e foi idealizado por Rachel Rosenberg e Oswaldo de Barros Santos, em 1969, inicialmente, fundamentado na perspectiva de Rogers, ou seja, na abordagem centrada na pessoa. Devido ao aumento de demanda da clientela, por volta de 1990 foi imperativo abrir-se à diversidade, pluralidade e singularidade, contextualizando a compreensão de Plantão Psicológico como atento à realidade experiencial do demandante, para também contemplar as dimensões antropológica, sociológica e política da cultura atual. Portanto, passou a fundamentar-se na perspectiva fenomenológico-existencial. Morato *et al.* (2012) apontam que pensar numa ação psicológica pautada sob o viés da abordagem fenomenológico-existencial é necessariamente ir ao encontro do sofrimento existencial por meio de uma escuta clínica que implica em um ouvir radical. Portanto, na atenção psicológica via plantão psicológico o ouvir se constitui como abertura para assim acompanhar o outro na expressão do lhe causa sofrimento, possibilitando ressignificações sobre o sentido do existir e estará à disposição sempre que alguém precisar, pois há de se considerar que as pessoas não necessariamente precisam de uma psicoterapia para se sentir bem, muitas precisam apenas serem acolhidas e ouvidas para que possam se enxergar como seres únicos mesmo que seja por um breve momento.

Sabe-se que a Psicologia passa por grandes modificações Fiorini (1989) alerta que a realidade de um atendimento mais social levou a repensar a prática da psicoterapia clássica. Portanto, houve um movimento para criar terapêuticas breves já que as técnicas mais clássicas de longa duração não contemplam de forma abrangente as necessidades de algumas pessoas que buscam por atendimento psicológico, quer seja em relação ao tempo empreendido, quer em relação ao custo financeiro.

Corroborando tais ideias Figueiredo (1991) menciona que as psicologias contemporâneas se preocupam com os problemas da contemporaneidade, contudo, ocorre muita pouca reflexão, pois costuma-se reduzir as questões éticas a questões que parecem triviais e formais. Desse modo, as verdadeiras questões éticas dizem respeito às posições básicas que cada sistema ou teoria ocupa no contexto da cultura contemporânea, diante dos desafios que dela emanam.

## 3. Supervisão clínica sob o olhar da perspectiva fenomenológico-existencial

O plantão Psicológico vem sendo realizado em instituições, serviços – escola, escolas, hospitais etc. Trata-se de um apoio emergencial diante do sofrimento que se apresenta objetivando a promoção da saúde ao acolher e escutar as demandas, sobretudo respeitando a condição e escolhas subjetivas de cada pessoa que procura pelo atendimento. Furigo (2006) aponta que o serviço de Plantão Psicológico permite a procura espontânea em momentos de crise promovendo o bem-estar da pessoa como um todo.

Os encontros terapêuticos na proposta do plantão psicológico que servirão como parâmetros para a discussão neste capítulo ocorreram em uma clínica escola e, também em uma ONG que cuida de pessoas em situação de vulnerabilidade social, foram realizados sem agendamentos prévios e as pessoas tiveram os direitos de serem atendidos em quatro sessões nas quais puderam comparecer ou não, no dia e hora que achassem mais adequado,

Nesta proposta de atendimento fomos convidados (supervisora e estagiários-terapeutas) a mostrar o que poderíamos fazer e inevitavelmente tivemos que nos lançar ao encontro do outro. A experiência clínica enquanto supervisora, na área do estágio prático da modalidade do plantão psicológico sob a fundamentação fenomenológico-existencial me fez refletir a respeito da importância da qualidade do encontro entre supervisora e estagiários-terapeutas, por compreender que se constitui como condição *sine qua non* para a formação da atitude clínica. Há de se considerar que os desafios são imensos já que as solicitações provindas, em sua maioria, se fundamentam em condições existenciais inesperadas e inóspitas.

Acredito que o supervisor com base fenomenológico-existencial tem como propósito auxiliar e acompanhar o terapeuta iniciante na vivência das atitudes terapêuticas para a construção da relação terapêutica. Portanto, durante a supervisões clinicas foi preciso fundamentar e ressaltar que o mais importante durante os atendimentos era oferecer um espaço de escuta e acolhimento. Contudo, para tal postura acontecer antes de mais nada durante as supervisões foi oferecido aos alunos um espaço no qual eles também pudessem ser acolhidos e escutados em seus temores e receios mediante ao novo que se desvelava em suas vidas. E, na medida do possível a atitude fenomenológica serviu como parâmetro para que houvesse a suspensão de quaisquer explicações a priori para só depois construir algumas interlocuções com pressupostos teóricos/técnicos o que possibilitou um espaço de compreensão do conhecimento vivencial para a construção, desconstrução ou ainda reconstrução de significados.

Pode-se afirmar que tarefa foi no mínimo difícil e requereu articulação entre saberes teóricos e características especiais e habilidades que permitiram um bom desvelar do processo terapêutico. Dentro desta linha de pensamento compreendo que qualquer estagiário-terapeuta que se lança para este "inusitado" se depara com seus medos e inseguranças, o que parece ser absolutamente natural, pois é o momento referente ao viver da sua formação enquanto futuro psicólogo clínico.

Cabe apontar que a experiência vivida enquanto supervisora durante as discussões dos casos clínicos me permite descrever uma primeira sensação que diz respeito justamente à postura crítica/reflexiva diante de todo o aprendizado no decorrer da vida acadêmica. Tal aprendizado não significou um rompimento com as abordagens tradicionais, mas sim a abertura à possibilidade de flexibilizar o olhar para que assim houvesse uma desconstrução e reconstrução de ideias, possibilitando que juntamente com os alunos fossem construídos outros espaços do conhecimento, mas respeitando o campo das intensidades e das vivências trazidas para as discussões por compreender que o vir-a-ser de cada pessoa com a qual nos encontramos estará em constante e inacabado processo de transformação.

Por meio das orientações pode-se mencionar que os estagiários-terapeutas adotaram posturas terapêuticas que contribuíram para que houvesse uma contemplação vivencial a respeito das questões trazidas. Há de se considerar que os encontros terapêuticos foram pautados num campo de afetação no qual decorreram trocas afetivas dotadas de sentidos e significados. E, portanto, tal como aponta Morato (2009) foi preciso estar disponível para compreender o outro por meio da afetação de percepções, sentimentos, interpretações, mudanças, escolhas e decisões mostrados pelos pacientes. O plantonista se abre ao seu próprio experienciar como via de interpretação compreensiva transcendendo aos saberes teórico-práticos, pois antes de mais nada encontra-se com outro humano e descobre crenças e sabedoria de vida.

As vivências testemunhadas nos encontros entre estagiários-terapeutas-supervisora e pacientes no percurso do Plantão Psicológico seguem desveladas e reveladas nas apreensões descritas.

## 4. O desvelar dos encontros terapêuticos

No que diz respeito aos encontros terapêuticos realizados em uma ONG – Organização Não Governamental –, que tem por objetivo trabalhar com jovens e adultos os quais se encontram em situações de vulnerabilidade social tais como: exploração sexual e uso e abuso de álcool e drogas pode-se apontar que o Plantão Psicológico neste contexto foi bem-vindo e eficiente no que se refere ao acolhimento ao emergencial e ao sofrimento das pessoas. Os frequentadores, ao saber da presença de um plantonista no local a princípio tomavam como surpresa e curiosidade, posteriormente desvelavam as vontades de serem ouvidos a respeito de suas trajetórias existenciais. As falas se mostraram angustiantes e sofridas e havia pedidos desesperados de ajudas bem como a espera infantil de uma solução mágica para os problemas. Nesse tecer de experiências se quebravam as expectativas do plantonista, o que chegava era sempre algo que não se imaginava, por vezes um silêncio em lágrimas dolorosas e marcantes, por vezes uma fala interrupta e agonizante ou ainda, uma fala sem coesão ou um desarranjo de nexos, mas quase sempre, apenas ouvir era o que bastava.

Cada um com sua história de vida contendo elementos que se articulavam entre si, sem perder, no entanto, a singularidade inerente à cada história. Abandonos pela família, vivência nas ruas, vulnerabilidade, angústia pela própria situação, sofrimento pela abstinência, vergonha de si e o preconceito pela sociedade foram elementos presentes da maioria dos pacientes. Entretanto, compreendemos que mesmo semelhantes em mais de uma história, a percepção dos sentidos presentes nestes elementos, varia de modo considerável em cada narração. Enquanto um dos pacientes almejava manter distância da família que o abandonou, outro desejava uma aproximação, que às vezes não ocorria pela vergonha da vida que leva. Enquanto um paciente nem sequer cogitava o abandono do uso de drogas ou álcool, a outra lutava contra a difícil e dolorosa abstinência, nem sempre obtendo êxito. São percepções distintas a um mesmo suposto fenômeno, que atinge todos os pacientes deste rol de indivíduos marginalizados, discriminados e incompreendidos pela sociedade.

Percepções que se presentificaram na narrativa do estagiário-terapeuta a respeito de um dos atendimentos. *"R. contou que teve uma semana excelente. Disse que logo depois do nosso último encontro ficou pensando no que eu lhe havia dito e se sentiu motivado em colocar no papel os seus sentimentos. E, portanto, teve uma inspiração para escrever uma poesia. Ele me disse que gostaria de ler a poesia e me questionou se gostaria de ouvi-lo. Respondi prontamente que teria o maior prazer em ouvi-lo, ele sorriu e começou a ler:*

A poesia:

*"Em rumo da minha vitória, o primeiro passo está dado,*
*Lá na frente, um futuro para mim está guardado.*
*Não sei se sou capaz de esquecer,*
*Mas vou seguindo em frente, até um novo dia nascer.*

*Sonho que a minha vida está melhorando,*
*E, com isso, sozinho vou caminhando.*
*Consigo olhar para o céu, e feliz, venho acreditando,*
*Que já não sou mais um aprendiz."*

*Pergunto-lhe o que significa para ele o fato de acreditar. Ele responde que não acreditava em si próprio, mas agora acredita que, apesar do futuro lhe reservar coisas boas e coisas ruins, ele poderá aproveitar as coisas boas e, sorridente afirma que uma garota que conheceu vai lhe propiciar muitas coisas boas. Disse ainda que embora saiba que ela pode lhe causar algum sofrimento de algum modo, não quer pensar nisso agora. Questiono qual o tipo de sofrimento ela poderia lhe causar. Ele responde que ela poderia lhe abandonar ou trair, mas isso não lhe traz preocupação agora. R. sonha em publicar suas poesias e afirma que lutará com todas as suas forças para concretizar esse sonho. Segundo ele, seria uma forma de ser aceito pelos amigos, parentes e a sociedade. Além disso, R. narra que começou a trabalhar em uma unidade de reciclagem de materiais, atuando na separação de resíduos e afirma que se identificou com o trabalho, que apesar de árduo, está sendo executado com prazer. Ao ser questionado sobre a origem dessa sensação, Ele afirma que mudou a sua rotina. Agora acorda cedo, vai para o trabalho, "onde o tempo passa mais rápido" (sic), onde ele conversa com pessoas diferentes, "o almoço é bom" (sic) e o melhor: conheceu uma pessoa encantadora. "Apaixonei-me na hora que vi ela" (sic).*

Em outro atendimento foram utilizadas intervenções por meio da utilização de histórias que tiveram como base a literatura, de Aristóteles à Esopo, de Nietzche a Lima Barreto. De acordo com o estagiário-terapeuta as intervenções realizadas por meio das histórias contadas auxiliaram os frequentadores a expressarem seus conteúdos emocionais repercutindo em reflexões sobre outras formas de existirem. Há de considerar que a todo custo os frequentadores tentavam de suas formas, sair do mundo inóspito em que viviam, transformando esta angústia, por conta do contato com a própria finitude, em algo mais proveitoso. Portanto, o plantão psicológico nesta experiência serviu como agente de transformação, mais principalmente de escuta e acolhimento a todos que o procuraram.

Os fatos narrados acima são apenas pequenas mostras do que se constituem os encontros terapêuticos na proposta do Plantão Psicológico na realidade de uma ONG. Compreendo que é uma experiência que deixaram marcas nas pessoas que buscaram os atendimentos bem como nos estagiários-terapeutas que lá estiveram para cumprir o estágio obrigatório. E, obviamente posso afirmar que ao supervisionar alguns casos clínicos fui fortemente tocada, sim tocada pelos fatos narrados pelos estagiários-terapeutas a respeito daquelas vidas e, também pelas solicitações advindas dos estagiários-terapeutas para que os ensinassem a ter o melhor manejo terapêutico, a pronunciarem as melhores palavras para as situações que apareciam. Lembro-me que em uma das supervisões uma estagiária-terapeuta compartilhou que havia realizado um atendimento bastante difícil já que a todo o momento o paciente mencionava a intenção de suicidar-se afirmando que a vida não lhe conferia mais sentido. Após uma hora de atendimento o paciente a agradeceu mencionando que se sentiu aliviado pelo fato dela ter lhe escutado sem querer convencê-lo a não praticar tal ato. Durante a discussão do caso lembrei-me do poema de Cora Coralina e compartilhei-o: *Não sei se a vida é curta ou longa demais pra nós, Mas sei que nada do que vivemos tem sentido, se não tocamos o coração das pessoas. Muitas vezes basta ser: Colo que acolhe, Braço que envolve, Palavra que conforta, Silêncio que respeita, Alegria que contagia, Lágrima que corre, Olhar que acaricia, Desejo que sacia, Amor que promove. E isso não é coisa de outro mundo, é o que dá sentido à vida. É o que faz com que ela não seja nem curta, nem longa demais, Mas que seja intensa, verdadeira, pura... Enquanto durar".*

Devo afirmar que os estagiários-terapeutas ao apresentarem durante as supervisões aspectos clínicos dos encontros acontecidos os mesmos se presentificavam e éramos afetados e buscávamos compreender a afetação que tomava conta para que só assim pudéssemos fundamentar uma compreensão nos pressupostos teóricos e técnicos.

A experiência vivida nos convida a refletir que a psicologia, em especial a psicologia fenomenológico-existencial, tem por dever moral, social e ético, por seu caráter humanista, dirigir sua visada também a esta comunidade, sem objetivar excepcionalmente a compensação pecuniária. Não obstante esta minoria seja considerada à margem da sociedade, são seres humanos, que divergem da maioria, única e exclusivamente pela situação por que passam. O acolhimento e a escuta diferenciada que foram oferecidas puderam proporcionar o desvelamento de outros sentidos e outras possibilidades para àqueles que, imersos na angústia e no temor no profundo poço das dificuldades existenciais puderam vislumbrar, mesmo que ínfima e tênue, uma luz em meio ao negrume do abismo que se encontravam.

Igualmente os encontros terapêuticos realizados com os pacientes que buscaram ajudas psicológicas no serviço clínica-escola nos certificaram que muitas vezes as pessoas só precisam ser ouvidas em suas dificuldades existenciais. Em um dos atendimentos B. compartilhou com o estagiário-terapeuta um profundo sentimento de tristeza mencionando que vivenciava suas experiências de maneira bastante conformada com a ausência de alegrias ou outros sentimentos positivos. Sua história trazia experiências bastante dolorosas como abandono e a privação, e aparentemente o término recente de seu relacionamento parecia ter frustrado suas expectativas de que sua vida poderia ser diferente. Ela realizou quatro encontros e pode-se apontar que foi possível o desenvolvimento de uma abertura maior para discutir suas experiências a ponto de revelar planos em direção ao seu desenvolvimento profissional. Destacou-se também, pelo conteúdo narrado, que as experiências de B. contribuíram para um modo de relacionar-se marcado pela desconfiança, e que um padrão rígido de existência com os outros podia dificultar a continuidade de relacionamentos. O sofrimento de B. é muito intenso, mas suas experiências dolorosas vivenciadas "sem anestesia", acabaram fortalecendo sua grande capacidade de enfrentamento que está agora sendo amplamente requisitada para, além de mantê-la viva, construir uma nova forma de viver.

Em outra experiência clínica a estagiária-terapeuta mencionou que havia realizado um atendimento difícil, pois não havia encontrado abertura para ajudar a paciente a refletir sobre o quanto a mesma estava restrita em possibilidades ressaltando que a mesma parecia resumir-se a um corpo adoecido. Durante o atendimento se questionou se estava fazendo a diferença na vida daquela mulher, pois não conseguia ajudá-la a refletir sobre o seu modo de ser restrito no mundo-com-os-outros. A aluna lamentou-se por não haver abertura para a reflexão já que a paciente parecia que não a ouvia e mergulhava-se em seu discurso autodepreciativo. Contudo, de acordo com a aluna se sentiu confortável ao se lembrar das supervisões e compreendeu que de alguma forma havia sido testemunha do sofrimento daquela mulher. Portanto, havia indubitavelmente feito a diferença ao se encontrar com aquela existência.

Em outro encontro terapêutico uma mulher aparentando 55 anos cumprimentou o estagiário-terapeuta em prantos e se manteve assim durante o percurso até o consultório. O estagiário-terapeuta aguardou alguns minutos até que a mulher se acalmasse e realizou a seguinte intervenção: *"Vejo e sinto o quanto a senhora está sofrendo, e quero lhe dizer que estou aqui para escutá-la e acolhê-la em seu sofrimento. Ainda não sei o que aconteceu, mas posso imaginar e sentir o quanto a situação está difícil"*. Nesse momento, a paciente mencionou em prantos *"Estou desesperada faz quatro dias que perdi meu filho, ele tinha apenas trinta anos de idade, estava bem até que de repente começou a dizer que sentia dores em todo o corpo e teve febre, vômito eu o levei ao hospital várias vezes, os médicos diziam que era virose, deram remédios e ele foi piorando. Na última vez que o levei no hospital, um médico novinho resolveu fazer alguns exames para ver se tinha a ver com essa doença maldita a dengue que vem pegando todo mundo nessa cidade. E, infelizmente constatou em um dos exames "a prova do laço". O pior é que a situação se agravou e ele faleceu"*.

Os encontros terapêuticos acontecidos na clínica-escola apontam para a necessidade de as pessoas terem um espaço no qual possam ser ouvidas em suas aflições e nos inesperados da nossa existência. Portanto, a importância de se ter um espaço de apoio psicológico para lidar com as situações de crises torna-se imprescindível.

## Considerações finais

Cabe apontar que a intenção ao produzir este capítulo é oferecer um espaço de reflexão para as questões e os desafios que encontramos e iremos encontrar no decorrer de nossa prática profissional. Será preciso estarmos atentos ao nosso fazer psicológico que se configura em novas áreas de atuação, dentre estas, se encontra o Plantão Psicológico.

Por todo o exposto compreendo que a postura que devemos adotar diante do Plantão Psicológico é a de acolhimento e escuta como alicerces de atuação, dando espaço para que o outro se aproprie do encontro, pois sabemos que estas duas atitudes terapêuticas já configuram, por si só, enquanto condição de transformação e ressignificação. A intenção é a de estarmos abertos para que os fenômenos se mostrem, sem ansiedades ou precipitações, respeitando e acolhendo o outro que já traz suas próprias angústias, ansiedades e expectativas de que alguém lhe proporcione alguma resposta ou solução para suas dificuldades.

Pode-se apontar que estar de frente com a prática psicológica do Plantão Psicológico ancorado na perspectiva fenomenológico-existencial é ter consciência de que não temos o controle sobre o outro, pois é ele quem nos dará as coordenadas de como experiencia sua condição atual de existência. Estar de frente com o Plantão Psicológico é desenvolver habilidades de empatia e manejo terapêutico com situações diversas, engendrando em nós mesmos preocupação constante em estarmos inteiros e presentes no contato relacional, acolhendo o outro da forma como se mostra. Estar de frente com a prática do Plantão Psicológico é compreender que também somos seres indo ao encontro, é trabalhar nossas ansiedades e nossa condição de limitação.

E, finalmente, estar de frente com o Plantão Psicológico é fazer da prática da psicologia a arte do encontro. Para Andrade (2012) a importância de ir ao encontro do fenômeno que se apresenta, promovendo um encontro, através de um fazer artesanal atribuindo significado para tudo que é vivenciado no encontro, atribuindo um caráter artesanal, a narrativa é o modo de cada ser conectar-se a sua experiência tornando possível a ressignificação.

Diante da prática psicológica no plantão psicológico pude até o momento compreender que os estagiários-terapeutas podem aproximar-se das realidades, sociais dos mais carentes e daqueles que desejam ser ouvidos em suas dificuldades existenciais. E, também ampliar o olhar sobre as diferentes maneiras de compreender os fatos da vida e as vivências humanas, aprimorar atitudes que alguns chamam de postura terapêutica, sendo um momento que permite dar oportunidades para aplicação de técnicas e teorias, exercitando, sobretudo o acolhimento incondicional as demandas do outro. Diante desta experiência acredito que ocorrerá um criar e um recriar, a ressignificação tão necessária sempre com a possibilidade de uma transformação diante do encontro com o outro.

A experiência vivida me fez compreender que não há como não nos afetarmos com os encontros de todos os dias. Essa condição existencial, em especial, de ser supervisora tem me tocado profundamente. Espanto-me e encanto-me com cada encontro e sou tomada por várias questões e implicações. E, acredito que o ser humano se assim quiser pode transcender, ultrapassar para isso terá que fundamentalmente se deparar com as limitações e, principalmente, com as possibilidades da nossa condição existencial.

A experiência clínica enquanto supervisora na modalidade terapêutica Plantão Psicológico me ofereceu a oportunidade de deparar com reflexões profundas surgidas da atuação clínica dos estagiários-terapeutas, dentre estas, recorro as considerações de uma das estagiárias-terapeutas que realizou o estágio em uma ONG que cuida de pessoas em situação de vulnerabilidade social. De acordo com a estagiária-terapeuta: – *"O plantão psicológico foi uma experiência inovadora por não ter um setting definido, portanto possibilitou que o encontro terapêutico fosse realizado em lugares diversificados, no ambiente interno e externo, individual ou em grupo de forma com que o cliente se sentisse à vontade. Quando se rompe com o modelo de clínica tradicional, esta modalidade de atendimento proporciona entrar no campo das afetações, tocar e ser tocado pelas vicissitudes humanas e descobrir a potência terapêutica da escuta.*

Ao finalizar este capítulo cabe apontar que a nossa prática psicológica representada aqui pelo – Plantão Psicológico – sem deixar de lembrar-se das demais práticas que estão acontecendo ou as que podem vir a acontecer estarão inevitavelmente pautadas na esperança em uma clínica psicológica para além da prática tradicional. Acredito que é uma questão de querer, de acreditar, de buscar e de se enveredar. É só olhar, buscar com os olhos do coração, da alma e da intuição. É um arriscar-se para vir-a-ser, para se constituir. As coisas mudam para os que buscam e acreditam que efetivamente pode se alcançar. Não há nada pronto, é um construir eterno, é puramente questão de atitude amante pela vida e pelo que se deseja fazer.

Portanto, ousemos e busquemos.

# Referências

ANDRADE, R. C. S. *Um estudo fenomenológico sobre o sentido do Plantão Psicoeducativo.* Doutorado em Educação: Psicologia da Educação. Pontifícia Universidade Católica de São Paulo, 2012, pp 29 – 50 e 60-105.

FIGUEIREDO, L. C. *Matrizes do Pensamento Psicológico.* Editora Vozes,1991.

FIORINI H. *Teoria e Técnica de Psicoterapias.* Martins Fonte, 1989.

FURIGO, R. C. P. L. *Plantão Psicológico: Um Voo Panorâmico.* In *Plantão Psicológico: uma contribuição da clínica junguiana para a Atenção Psicológica na área da saúde.* Pontífícia Universidade Católica (PUC), Campinas, 2006.

MAHFOUD, M. (Org.) *Plantão Psicológico: novos horizontes.* São Paulo: Companhia Ilimitada, 1999.

MERLEAU-PONTY, Maurice. *Fenomenologia da percepção* [tradução Carlos Alberto Ribeiro de Moura]. – 2. ed. – São Paulo: Martins Fontes, 1999.

MORATO, H. T. *Plantão Psicológico: inventividade e plasticidade.* 2009. Anais do IX Simpósio Nacional de Práticas Psicológicas em Instituições.

MORATO, H. T. P.; BARRETO; C. L. B. T.; NUNES, A. P. (coord.) *Aconselhamento psicológico numa perspectiva fenomenológica existencial: uma introdução.* Rio de Janeiro: Guanabara Koogan, 2009, caps. III

CAPÍTULO 5

# Análise situacional ou psicodiagnóstico infantil: uma abordagem fenomenológico-existencial

*Débora Candido de Azevedo*

## Encontro com o tema – Introdução

A primeira edição deste capítulo em 2002, trazia em seu título, uma abordagem humanista-existencial. Nesta revisão, a primeira necessidade se apresenta na reformulação do título. Sendo que a partir dos estudos realizados, houve a passagem de uma abordagem mais humanista, mais centrada na pessoa, onde há a primazia do humano, como principal na existência, para uma abordagem bastante fenomenológica, onde não há primazia do Homem, mas sim do ser-no-mundo.

Assim, este capítulo versa sobre a psicologia infantil segundo um enfoque fenomenológico-existencial. Mais precisamente, trata das questões iniciais do atendimento infantil, fase comumente chamada de psicodiagnóstico.

A busca das definições dos termos que compõem a palavra psicodiagnóstico, revela que a tendência de juntar conceitos para alcançar uma especificidade maior dos fenômenos, pode, algumas vezes, conduzir a caminhos não tão desejáveis. Nessa tentativa, corre-se o risco de perder a característica essencial ou original do termo e consequentemente do fenômeno em questão.

No *Novo Dicionário Michaelis* encontram-se as definições: "Psico – elem. comp. (do grego *psyché*). Exprime a ideia de alma, espírito." "Diagnóstico – adj. (do grego *diagnostikós*). Qualificação dada por um médico a uma enfermidade ou estado fisiológico, com base nos sinais que observa. Relativo à diagnose." Algumas considerações serão feitas sobre o uso destes termos, para chegarmos a dois diferentes enfoques do procedimento de psicodiagnóstico. A primeira definição – psico – remete-nos à ciência mãe, à Filosofia, a Sócrates e Platão, como os primeiros pensadores da alma, depois a Descartes, como o separador dos conceitos de corpo e alma, e na sequência a Locke, com seu empirismo trazendo a noção de mente à alma. Ao despontar como a ciência da mente, a Psicologia define seu objeto de estudo como psique, o psíquico ou psico. A segunda definição – diagnóstico – palavra oriunda da medicina, é obviamente um procedimento calcado nos princípios organicistas e mecânicos, e utiliza o modelo de ciência natural. Contudo, partindo das definições citadas, o termo psicodiagnóstico em sua acepção literal, significa, qualificar tecnicamente uma enfermidade mental com base nos sintomas psicológicos observados. Sob tal conceituação, é possível entender o repúdio ao psicodiagnóstico, por parte da maioria das abordagens humanistas ou existenciais. No entanto, pela desconstrução das palavras ou das ideias, pode-se encontrar um significado mais apropriado.

Assim, com um novo entendimento temos: "Diagnose – sf. (do grego *diágnosis*). Termo de taxionomia, que significa a resenha breve dos caracteres que distinguem cada espécie." Sob esta conceituação, a psicologia fenomenológico-existencial pode aceitar a prática do psicodiagnóstico, desde que seja entendido como diagnose, ou seja, a descrição dos caracteres que distinguem cada fenômeno.

Poderia então ser psicodiagnose? Não, porque em uma abordagem fenomenológico-existencial, o fundamento é o ser-no-mundo (o *dasein*), a existência, não falamos apenas de psique ou mente. Em uma psicologia dita fenomenológico-existencial, o objeto de estudo é a existência. Neste sentido, poderíamos falar de 'existenciagnose'. Pensando no psicodiagnóstico desta forma, é possível fazer a descrição detalhada dos caracteres que distinguem o fenômeno de ser tal criança ou adolescente, tendo como foco a relação existencial, ou seja, a existência como aparece.

Feitas as considerações iniciais, retornemos ao objetivo principal deste capítulo que é descrever a prática do psicodiagnóstico infantil sob uma perspectiva fenomenológico-existencial. Desde a primeira publicação deste texto, em 2002, muito evoluiu a prática do psicodiagnóstico nesta abordagem, e cabe aqui registrar um excelente livro publicado em 2013, intitulado "Psicodiagnóstico interventivo: evolução de uma prática".

## Encontro com a justificativa psicodiagnóstico infantil: por quê?

No momento em que alguém solicita atendimento psicológico para uma criança, apresentam-se dois caminhos. Um é atender o pedido do solicitante e começar um tratamento psicológico com a criança. Este caminho parece simples, direto e rápido, pois responde de forma prática à solicitação feita. Outro caminho é desconfiar. Foquemo-nos neste.

Como psicólogos clínicos, atendemos pessoas de várias idades. Elas nos procuram porque identificam alguma ruptura na sua existência. Algo não vai bem em um ou mais aspectos de sua vida, seja no campo dos relacionamentos interpessoais, profissional, sentimental, corporal, etc. É um momento de crise e recorrem aos nossos serviços. Quando chegam a nossas clínicas já identificaram algo: a crise e a incapacidade de lidar com ela sozinhos, mesmo que não consigam nomeá-la ou discriminá-la, criando uma rede de significações que possibilite a transposição da situação difícil. A identificação da crise já significa que o sujeito que procura ajuda psicológica assumiu, de forma mais ou menos elaborada, a sua dor e o seu sofrimento. Segundo Romero (1999, p. 26),

> ...o que aparece como crise é o reflexo de uma *forma de ser-no-mundo* malograda, provocando no sujeito um desencontro e um desencaminhamento existencial.

No caso da criança, "alguém" acha que ela precisa de um tratamento. Pode ser a mãe, o pai, ambos, outro parente, a professora, o médico, outro profissional e até mesmo um vizinho. A primeira questão que se coloca é 'de quem é a crise'. Talvez a busca dessa resposta seja o primeiro passo para iniciar um dito atendimento infantil. Nesse estágio, quando ainda não temos a resposta para a pergunta acima, parece que o nome 'atendimento infantil' não é adequado, porque não é possível focalizar a atenção apenas na criança escolhida. Isto seria assumir de antemão que a criança precisa de ajuda psicoterapêutica, antes mesmo de fazer uma análise da situação. Tal atitude antecipatória pode bloquear uma análise mais global, o que não combina com uma atitude fenomenológica que, através da suspensão, nos possibilita chegar ao fenômeno.

Considerar, a priori, que a criança necessita de atendimento pode impregnar a situação de significados indesejáveis. A criança pode ficar rotulada como problemática, seja no âmbito familiar, escolar, ou de onde veio a ideia do encaminhamento. Tal atitude não ajuda à criança e nem os envolvidos com ela, além de lhe atribuir um rótulo, muitas vezes, imerecido.

Outra situação indesejada que pode decorrer da precipitação é tirarmos a responsabilidade de quem encaminhou. No momento em que dizemos atendimento infantil, o foco recai, automaticamente, sobre a criança. Com isso, muitas vezes, tiramos a responsabilidade, principalmente dos pais e da escola, sobre a existência, malograda ou não, daquela criança. A criança existe no seu meio, não é possível tratá-la como se fosse isolada do mundo. Para realizar um bom psicodiagnóstico, se faz necessária uma ampla análise do mundo que rodeia essa criança. Eximir as pessoas que a rodeiam de responsabilidades não nos levará a uma análise total, já que os envolvidos sentir-se-ão igualmente dispensados da responsabilidade da situação de diagnóstico. É comum ouvirmos os pais dizerem: "por que tenho que vir se é meu filho quem precisa?"

Podemos nos perguntar também o porquê dessa análise global. Por que conhecer o campo de relações dessa criança se no caso de pacientes adultos não fazemos isso? Não chamamos toda a família para a consulta e muito menos os colegas de trabalho. Tratamos o paciente adulto isoladamente. No entanto a criança não é responsável por si mesma, e de maneira legal, temos que envolver a família ou os tutores, mas o mais importante é que geralmente não foi a própria criança quem solicitou o atendimento. Nos meus 27 anos de trabalho, nenhuma criança ligou-me pedindo para marcar uma consulta.

Assim, retornamos à questão inicial: de quem é a crise? Talvez essa seja a grande pergunta que temos de responder no psicodiagnóstico infantil. Portanto, talvez um termo mais adequado para esta fase inicial de intervenção terapêutica seja 'análise situacional'.

Em outras palavras, concordo com Tsu (1984) quando se pergunta:

> ...quem é o cliente do psicólogo no processo de psicodiagnóstico infantil? A rigor, essa questão deve ser colocada sempre que a pessoa que contrata o serviço psicológico não é a mesma que recebe o atendimento. (p. 43)

No caso das crianças, isso sempre deveria ocorrer. Como considerar como cliente alguém que muitas vezes nem sabe sobre a consulta? Não podemos simplesmente imaginar que a situação (queixa) está incomodando esse alguém que não pediu ajuda. Isso seria inferência, do ponto de vista fenomenológico, seria uma atitude pouco científica. No entanto, se chegaram a um psicólogo é porque a situação incomoda alguém, que é provavelmente quem está com dificuldades para lidar com a referida criança.

Em nenhum momento afirmamos que crianças que sofrem não devam ser tratadas, pois sabemos que muitas crianças têm dificuldades para lidar com coisas da vida, assim não culpamos os pais por todos os dramas infantis. Simplesmente, estamos a dizer que tal postura inicial de suspensão, se faz extremamente necessária para se chegar ao fenômeno que se apresenta, ou seja, a queixa, de modo mais abrangente. Como então fazer essa análise situacional?

## Encontros iniciais com os pais

Muitos autores tratam do tema das entrevistas iniciais. Bleger (1964) contribui grandemente com o desenvolvimento da técnica de entrevista ao explanar, com um método científico rigoroso, sobre as variáveis intervenientes em tal procedimento.

Aberastury (1982) fala especificamente da entrevista inicial com os pais. A autora fundamenta-se na abordagem psicanalítica e assim também o faz O'Campo (1979). Tavares (in CUNHA, 2003) trata da entrevista clínica em seus aspectos teóricos, trazendo a definição, os objetivos e os tipos possíveis desse recurso.

No entanto, quando pensamos neste procedimento, através da abordagem fenomenológico-existencial, o entendemos mais como 'encontro', do que somente como uma técnica. Para tanto, passamos a descrever esses encontros como possibilidades de alcançar a outrem.

A primeira fase de uma análise situacional, focaliza o atendimento com os pais ou responsáveis, lembrando que

> As relações das crianças com os pais constituem a matriz das relações com os adultos. Os pais são os eixos, os pontos cardinais da vida infantil. Os outros adultos são também considerados personagens parentais. A criança recomeça com o adulto sua experiência da vida familiar. As relações com os pais são mais que relações com duas pessoas: *são relações com o mundo*. Os pais são os *mediadores* das relações com o mundo. (MERLEAU-PONTY, 2006, p. 374)

Quando alguém busca atendimento psicológico para uma criança ou adolescente, esse 'alguém' precisa ser ouvido. No caso dos adolescentes, uma das primeiras perguntas, ainda por telefone, é se ele está sabendo do 'eventual' tratamento, o que pensa sobre isso e se aceita tal indicação. Estas conversas iniciais com os pais, mesmo que por telefone, são importantes porque já mostram, desde o início, a postura do psicólogo que olha para o adolescente como uma pessoa capaz de escolhas, portanto passível de ser responsabilizada por sua própria existência.

Com crianças acima de 12 anos, proponho para o primeiro encontro, uma entrevista conjunta pais-adolescente-psicólogo. Sabemos sobre as dificuldades relacionais entre pais e filhos nesse período tão conturbado da existência. Uma delas é a rebeldia, odiada pelos pais e tão enfatizada pelos adolescentes. É o momento da desvinculação, de começar a caminhar com os próprios pés e de ganhar autonomia e independência. Sabemos com clareza que isso não é alcançado sem luta, de ambas as partes, principalmente no mundo atual tão violento e repleto de riscos. Na opinião de May (1971), para tornar-se pessoa, o indivíduo passa por vários estágios de consciência de si mesmo.

> O segundo é o estágio da rebeldia, quando a pessoa luta para libertar-se, a fim de estabelecer uma força interior independente (...) talvez inclua

desafio e hostilidade. Em maior ou menor grau, a rebeldia é uma necessária transição no romper das velhas cadeias e na busca de novas. (p. 113)

Como psicólogos existenciais, buscamos sempre a liberdade, como objetivo de qualquer intervenção psicológica. Segundo Romero (1999, p. 38),

> O objetivo do trabalho terapêutico é que a pessoa conquiste o senso de liberdade, se torne mais autêntica e aflore sua criatividade.

A ajuda terapêutica deve caminhar sempre no sentido de propiciar ao cliente, a libertação como uma possibilidade para atingir uma existência mais autêntica. Dar ao adolescente a oportunidade de falar por si mesmo, inaugura o movimento de lhe devolver a tutela de seu próprio cuidado (Feijó, 2015).

A adolescência é um momento da existência caracterizado por uma revisão de valores e crenças introjetados ao longo da infância, quando acreditamos em quase tudo que nos dizem. É comum ouvirmos crianças dizerem 'minha mãe é a mais bonita do mundo'. Existem contos que expressam muito bem as fantasias da infância. Susan Isaacs, citada por Merleau-Ponty (p. 374)

> Declara que outrem é um momento nas fantasias infantis, e admite que esse momento é superado pela transformação das relações com as outras pessoas, transformação que se realiza *progressivamente* (...). As primeiras relações da criança com seus pais traduzem-se por sentimentos ambivalentes (amor e ódio); a criança não tem meios de ação sobre o mundo, donde o caráter desesperado, excessivo das relações e o nascimento de uma tensão: a criança sente que os adultos lhe são superiores.

Nessa fase, há uma crença (cega) que parece necessária, precisamos de ídolos e modelos para crescermos. E assim, na fase da infância há a primazia da família. No entanto, os hormônios começam a se mexer e trazem a prioridade dos pares. Os amigos paulatinamente vão tomando o lugar central deste palco. É um momento de entrada em um mundo desconhecido, da diversidade e o adolescente passa a conhecer outros modos de ser, de se relacionar, de entender a vida. As diferenças começam a se chocar. Percebem que existem outros tipos de famílias e há uma tendência de abandonar as velhas crenças: os valores antigos entram em choque com os novos. Com pouca maturidade para uma análise mais crítica, essa temporada é marcada pela polarização (8 ou 80). O garotinho que antes achava a mãe a mais linda do mundo, agora diz: 'como você é jurássica!' A menininha que antes fazia questão de ter o cabelo como o da mãe, hoje diz: 'você vai me buscar na escola desse jeito?' Não há mais entendimento. Não é preciso se desesperar, a maturidade chegará e com ela a possibilidade de analisar mais criticamente as situações.

Nesse momento de revisão de valores, há muitos questionamentos e disso decorrem as desconfianças. Como o psicólogo deve inserir-se nesse contexto respeitando um dos fundamentos básicos do vínculo terapêutico: a confiança? É necessário extremo cuidado para não se formar uma aliança com os pais, derrubando a total confiança do adolescente no psicólogo e frustrando a possibilidade de uma boa psicoterapia, caso seja necessário. Para solucionar esse problema, é possível convidar o adolescente a participar de todas as entrevistas com os pais. Claro que essa postura pode colocar o psicólogo no lugar de mediador, mas esta é uma questão a ser discutida em outro trabalho.

Convém lembrar que a relação terapêutica é um vínculo humano como qualquer outro, inicialmente. A empatia e o acolhimento expressos nas apresentações iniciais são indispensáveis para a formação do bom vínculo. Os pais que procuram ajuda psicológica estão sofrendo porque, nesse momento, assumem que não deram conta da função paterna, de cuidar bem do filho para que ele crescesse de modo saudável. Algo aconteceu e agora não sabem mais lidar com a situação. Estão pedindo socorro. Seja em uma entrevista conjunta, ou somente com os pais como é o caso com as crianças pequenas, talvez a melhor pergunta inicial seja: 'O que está acontecendo?' Com ela saberemos como está a vida, seu desenrolar ou estagnação, pensando nos dramas humanos e nas crises sempre como acontecimento. A partir dessa pergunta norteadora, a entrevista é livre ou aberta, para que o sujeito expresse suas angústias e delimite o espaço ao seu modo.

Na psicologia fenomenológico-existencial, a primeira entrevista não é apenas uma investigação da queixa para identificação dos sintomas manifestos e latentes. Numa perspectiva existencial, não seria pertinente um enfoque deste gênero.

> Isso pela simples razão de que consideramos os sintomas e dificuldades como o reflexo de uma problemática muito mais ampla, que deriva de **temáticas vivenciais** articuladas numa rede complexa de relações. (ROMERO, 1999, p. 24)

Buscamos compreender o fenômeno vivido de modo abrangente, em outras palavras, como a crise (ou ruptura) motivadora da busca de assistência psicológica trunca as dimensões da existência[1] daquela criança ou família. É

---

[1] Segundo a teoria de Emilio Romero (1999, p. 15) "...podemos caracterizar a vida humana segundo algumas dimensões. O conceito de dimensões nos permite avaliar o tamanho ou abrangência que caracteriza o fenômeno". Para ele, há oito dimensões que dão conta da realidade humana em toda a sua

sempre um olhar para o todo e não apenas para o sintoma. Algo acontece com esta criança (ou alguém acha isso) que a impede de continuar crescendo livremente, algo talvez esteja bloqueando seu desenvolvimento, seja emocional, físico, intelectual, motor, afetivo, familiar ou social. É preciso compreender isto como um movimento existencial. Lembremos que o método fenomenológico segundo Husserl nos manda, compreender, descrever, e buscar a essência do vivido (Triviños, 1987).

Assim, em uma primeira entrevista com os pais, oferecemos um espaço aberto e livre para que eles apresentem o foco de sua angústia, e através da suspensão fenomenológica, podemos caminhar junto com o cliente para compreender o sentido da sua vivência, aprofundar na experiência do outro. As perguntas ou intervenções devem seguir 'o fio das palavras' (Cancello, 1991) do cliente, levando em conta que o objetivo deste primeiro encontro é compreender a trama existencial ou 'como a crise mencionada insere-se na vida de todos os envolvidos com a criança'.

Caminhar junto com o cliente nem sempre significa ouvir calado, e as considerações que tecemos enquanto ouvimos as histórias narradas pelos clientes, não devem ser postergadas. Como não se trata de interpretações, mas de clarificações do fenômeno em questão, as intervenções se feitas com base no rigor científico do método fenomenológico, ajudam os pais a compreender melhor a própria experiência, prosseguir num caminho reflexivo e expor seus pensamentos e sentimentos. Além disso, confirmam ao psicólogo se está seguindo o rumo certo através da empatia.

Como em todas as abordagens, ao final da entrevista, procede-se ao contrato. Para um bom trabalho terapêutico fluir, é necessário um contrato bem feito, com clareza, objetividade e assertividade[2]. É necessário delimitar dos papéis: do psicólogo, dos pais e da criança nessa nova relação que começa a se diferenciar das outras relações humanas. É fundamental que os objetivos sejam bem explicados.

> O terapeuta define seu papel: é um agente facilitador – catalisa, acompanha, mostra possibilidades e entraves, saídas e bloqueios. Mas quem faz o percurso, reformulando o sentido e o valor de sua experiência é unicamente o cliente. (Romero, 1999, p. 35)

---

complexidade. São elas: afetiva, valorativa, motivacional, da práxis, espaço-temporal, corporal, social, e a dimensão do homem como ser-no-mundo, que engloba as anteriores. "Todas se entrecruzam, se influenciam, de modo que nem sempre é fácil discriminar num determinado fenômeno qual delas é predominante, pois num fenômeno qualquer todas estão presentes, embora de modo desigual".

[2] "Saber ser objetivo não significa descompromissar-se com a subjetividade" (ROMERO, 1999, p. 68).

O contrato para a realização da análise da situação existencial de uma criança e sua família tem duração bem definida e tem como objetivo conhecê-los profundamente a ponto de se fazer uma análise global da criança trazida à consulta, como dito anteriormente, uma 'existenciagnose', ou seja, realizar a descrição detalhada dos caracteres que distinguem o fenômeno de ser tal criança ou adolescente, tendo como foco a relação existencial, ou seja, a existência como aparece. Para isso, é imprescindível que o espaço terapêutico seja de engajamento e verdade. O profissional não realiza o trabalho sozinho. Faz-se necessário compreender a existência dessas pessoas, para junto com elas, identificar suas necessidades. Esse primeiro momento da intervenção psicológica com crianças, comumente chamado psicodiagnóstico, é para uma análise da situação global, e dura em torno de dez encontros com os pais e com a criança. Entendendo a análise situacional de modo integral, se faz necessário conhecer todas as dimensões do existir. Para isso, pode-se incluir visitas à escola e à casa, seguindo os caminhos do psicodiagnóstico interventivo, tão bem desenvolvido e apontado por alguns célebres autores[3]. E, ao final do período de análise, o contrato será refeito a partir das clarificações ocorridas.

Além disso, pontos de um contrato profissional precisam ser bem esclarecidos, para que as relações sejam diretas e abertas, como local dos encontros, horários, participantes e honorários.

Então os objetivos da entrevista inicial são:

– Espaço de liberdade para exposição das angústias sobre o acontecimento existencial que traz dúvidas ou sofrimento (antes entendido como queixa);

– Certa investigação do plano sincrônico da existência, ou seja, como a 'queixa' insere-se na vida de todos os envolvidos;

– Contrato de trabalho;

Talvez não seja possível realizar tal entrevista em cinquenta minutos como é de praxe no entendimento da psicologia clínica tradicional, para tanto, usamos o tempo de modo mais livre, podemos realizar um ou mais encontros, tantos quantos se fizerem necessários, principalmente para os pais.

## Encontro com a história pessoal

Após os encontros iniciais, quando já conhecemos o plano sincrônico da existência (o momento atual de vida), passamos à investigação do plano

---

[3] ANCONA-LOPEZ, S. (org.) *Psicodiagnóstico interventivo: evolução de uma prática*. São Paulo: Cortez, 2013.

diacrônico, a biografia. Romero (1999) coloca que na investigação do plano sincrônico atentamo-nos para a queixa, para os relacionamentos interpessoais, para a situação e o contexto de vida, para os planos e projetos e para a percepção pessoal. Na investigação do plano diacrônico atentamo-nos para a história pessoal, seus períodos e estágios, as temáticas vivenciais, os eventos e fatos significativos com seus cenários e personagens e para os momentos cruciais.

Porque é importante conhecer a história da criança ou do adolescente?

Lembrando que o psicólogo também é um estudioso do desenvolvimento humano, é preciso atentar-se para esse acontecimento ou movimento existencial. O gerúndio já mostra a não-estagnação, corroborando com uma estrutura fundamental do *dasein* (ser-aí): a temporalidade. O ser-no-mundo é temporal e transcendental. A temporalidade é o desenrolar da história, do acontecimento humano, do sempre vir-a-ser. Sob esta perspectiva, não é possível separar passado-presente-futuro. Só nos é possível entender o homem, no existencialismo, se o olharmos engajado no tempo. Sou hoje a minha história passada e farei meu futuro com meu hoje, não no sentido de causa e efeito nem de determinismo, mas como experiência viva.

Vale ressaltar ainda outro postulado existencialista: "a existência precede à essência". Assim o *dasein* é lançado no mundo e a partir do encontro com esse mundo específico, com outros *daseins* exclusivos, começa a formar sua essência. Ora, para entender, pelo menos um pouco, a essência dessa criança ou adolescente que chega, é preciso olhar para estes encontros iniciais, conhecer o mundo em que a criança caiu e quem fez parte dele. Sabemos que as pessoas nunca recontam um evento exatamente como ele foi vivido, o que não importa para nossa análise situacional, pois elas contam sempre sobre seu significado particular, ou seja, a vivência[4].

É importante entender como a família que procurou ajuda, vivenciou a relação com o filho em questão, desde o momento que eles se lembrarem. Para facilitar a evocação da memória, é possível usar um questionário de anamnese que abranja as diversas áreas da vida, englobando todas as dimensões da existência. Para que não pareça um interrogatório na sessão, costumo entregar esse questionário aos pais para preencherem em casa, sugerindo ainda que, caso a criança queira, os ajude na tarefa. Neste momento, alguns pais confessam que não contaram à criança sobre o atendimento, sobre a ida a um psicólogo, porque não sabem se devem contar ou então não sabem como fazê-lo. Isso

---

[4] Chamamos de vivência às formas peculiares de organizar a experiência. Nem toda experiência torna-se significativa, no entanto, algumas adquirem maior significação, modelam a sensibilidade e o entendimento, predispõem-nos a certas direções e nos afastam de outras, como a chave da abertura.

lhes é difícil porque são 'queixas', geralmente coisas negativas sobre o filho. É importante que os pais elucidem primeiro para si mesmos suas preocupações e motivos, ajudo-os nesta tarefa através da explicitação do porquê procuraram um psicólogo. É importante que abram à criança a verdade, e que digam, além das queixas ou aspectos negativos dela, que eles mesmos como pais não sabem o que fazer.

Um encontro com os pais é destinado para a retomada do questionário de anamnese que levaram para preencher em casa. Uma forma boa de iniciar este encontro é perguntando como foi relembrar todas aquelas coisas, nossas perguntas e intervenções servem apenas para detonar uma reflexão e, às vezes, nem é preciso perguntar mais nada, pois aparecem os sentimentos em relação àquele filho e àquela história.

Outra boa pergunta é quem respondeu ao questionário e de que modo. Certa vez, uma mãe falou que respondeu o questionário sozinha, no ônibus, vindo para a consulta porque não teve tempo nem se lembrou de comentar com o marido e não fez referência alguma sobre a criança. Em outra ocasião, uma mãe contou, com lágrimas nos olhos, que todos fizeram juntos depois do jantar, enquanto a mãe lavava a louça, o menino escrevia as respostas e quando cansou, a irmã escreveu um pouco, mais tarde o pai ajudou, mesmo assistindo TV concomitantemente.

Estes exemplos mostram-nos que o sentido da experiência (responder ao questionário de anamnese) é particular e, portanto, revelador do modo de estar no mundo. A primeira mãe revela uma maneira distanciada, talvez, acelerada ou displicente de ser. Por outro lado, a segunda mãe mostra que, pela aproximação, realiza seus encontros com o mundo. Distanciamento, evitação e aproximação são características da dimensão afetiva e espacial, mescladas a diversas feições pelo modo como sou afetado pelas circunstâncias vividas e vice-versa. O modo de estar no mundo também será o modo de estar em família. Foram nessas famílias que nossos clientes (as crianças) cresceram e encontraram o mundo. Um dos principais objetivos aqui, ao rever a história, é entender os modos de relação, vislumbrar os encontros, já que nessas experiências fundamos nossa essência.

Romero (1999) diz que temos, pelo menos, três objetivos ao reconstruir, junto ao cliente, sua história pessoal:

– Levar o sujeito a se familiarizar com seu próprio passado, reapropriando-o e integrando-o como sua realidade mais própria;

– Ressignificar os personagens e reavaliar os eventos vividos;

– Compreender como se originaram os traços distintivos do caráter e outros fatores da personalidade, constantes afetivas, valores e representações dominantes.

Além disso, há os aspectos estruturais e orgânicos do desenvolvimento. O psicólogo também é um agente da saúde, um profissional habilitado para perceber possíveis desvios e patologias mentais, sem perder de vista o principal foco, o sentido de tais patologias, caso existam, na existência da criança e da família.

No caso dos adolescentes, é possível fazer diferente, o questionário de anamnese pode ser preenchido junto com o psicólogo. O adolescente precisa assumir sua própria história, perceber-se enquanto singularidade, separado, em alguma medida, de seus pais. Às vezes, essa postura tem um forte impacto. Certa vez, um menino de catorze anos, ao responder que tomou mamadeira até os oito anos, percebeu instantaneamente sua dificuldade em deixar as coisas de bebê, o quanto reclamava de seus pais não lhe deixarem sair sozinho, mas também o quanto, em muitos momentos, agia como uma criança menor. Foi além, projetou-se para o futuro, ao se perguntar quando iria enfrentar as coisas da própria idade.

Parece que declarações proferidas em entrevistas livres têm, para o cliente, menor impacto do que aquelas que registram em um questionário de papel. Talvez sintam menos responsabilidade ao dizê-las porque sempre há a possibilidade de serem desmentidas ou facilmente esquecidas. Ter que registrar à caneta suas memórias, após um contrato que o encontro terapêutico deve ser um espaço de verdade, oficializa a situação de modo mais intenso.

Uma garota de dezesseis anos, que enfrentava uma época difícil de sua vida, além da adolescência, chegou às consultas com uma crise bastante séria. Segundo seus professores e orientadores, ela apresentava comportamentos estranhos, atípicos, agressivos e descontrolados que foram entendidos por eles como pequenos surtos. Em sessões livres, revelava ideias deliróides, tinha um namorado (imaginário), com o qual se escondia pelas escadarias da escola para beijá-lo e abraçá-lo, dizia que fez sexo com ele e que havia engravidado. A garota fantasiava de modo tão intenso e vivo, a ponto de algumas vezes perder o limite da realidade e concretamente agarrar um menino e passar-lhe as mãos nas nádegas, atitude que causou muitos problemas entre ela e os colegas da escola, sendo suspensa em algumas ocasiões.

No entanto, enquanto ela respondia ao questionário de anamnese, em minha presença, sumiram as ideias deliróides. Ao responder à pergunta se tem ou já teve namorado, ela disse não sem titubear. Parece que, no fundo, ela sabia que tudo era fantasia, apesar de deixar a todos extremamente preocupados.

É difícil responder meias-verdades. Se tivesse ficado apenas com as entrevistas livres, onde as ideias deliróides eram figura central no palco, a compreensão do fenômeno poderia ser equivocada e, quem sabe, classificado, a paciente em uma categoria patológica muito mais grave.

O registro escrito dos sentimentos, ideias e fatos vividos tem um peso diferente de sua correlata narrativa oral, um peso que responsabiliza o informante. Com isso, a utilização de um recurso escrito oferece ao terapeuta e ao paciente, a oportunidade de olharem o fenômeno por um outro prisma.

As perguntas que os adolescentes não sabem as respostas, principalmente referentes ao período de concepção, gestação e parto, os deixam curiosos e intrigados, eles querem saber a própria história. Como sugestão do terapeuta, podem levar o questionário incompleto para casa e submeterem os pais a um interrogatório. Essa atitude tem como meta o estabelecimento do diálogo e da verdade, algo que se perde nessa etapa da vida. Para alguns, é o início de uma relação autêntica com os pais e vice-versa. Tal situação às vezes causa conflitos. Existem segredos e mitos familiares e os pais se constrangem. O terapeuta lida com esta questão relembrando um princípio fundamental do existencialismo: a autenticidade.

Essa fase de conhecer a história, seja contada através dos pais ou junto com o adolescente, é extremamente importante para o psicólogo entender as queixas ou crises a partir do universo daquele que se apresenta, a partir de seu horizonte histórico. Além disso, os encontros permeados pela historização também são interventivos, uma vez que, segundo Bilbao (2013, p. 68),

> A história contada é uma narrativa, ela é aberta aos novos significados que surgem no próprio processo de narrar.

Seguindo as fases do processo de análise situacional, é comum, neste ponto, ainda não ter conhecido a criança, mas já temos uma bela imagem formada dela, pois já se foram três encontros com os pais aproximadamente.

## Encontro com a criança

Ao receber a criança, todas as apresentações se fazem necessárias. Uma boa forma é dizendo que sou psicóloga e pergunto a ela se já ouviu falar em psicólogo ou se conhece algum. Aproveito todas as ideias que a criança traz, e caso não tenha nenhuma, explico-lhe a verdade. "Psicólogo é alguém que tenta entender as pessoas para ajudá-las, caso necessitem, a crescerem mais livres, tranquilas e quem sabe ficarem mais felizes". Digo que nos encontraremos algumas vezes para nos conhecermos, e que vamos conversar, brincar, desenhar, jogar e assim quem sabe eu possa entender algumas coisas que ela pensa, sente, gosta ou não.

Pergunto se a criança sabe por que está ali ou se precisa de ajuda para resolver alguma coisa na vida. Caso não saiba, dou exemplos e incluo no meio algo referente à queixa trazida: "algumas crianças vêm aqui porque estão muito tristes, outras porque estão alegres demais, ficam eufóricas e mal conseguem dormir. Algumas vêm porque estão terríveis na escola e batem nos colegas, outras porque não conseguem ter amigos. Algumas têm dificuldade para aprender, outras têm tanta facilidade que não conseguem se concentrar, nem ficar quietas, etc."

Pergunto se a criança se identifica com algo ou se pensou em outra coisa que eu pudesse ajudá-la. O reconhecimento do "problema" é importante, diz do exame de si mesmo ou de algum equívoco entre a autoimagem e as queixas dos pais.

Após as apresentações e a explicitação dos papéis (contrato), proponho uma hora lúdica livre. Atualmente, trabalho com um armário de brinquedos com várias caixas de conteúdo específico, como lego, bonecas, boliche, bolas, carrinhos, fantasias, sucatas, animais de plástico, etc. Além de jogos e materiais gráficos, papel, lápis, canetas, tintas, massas, tesoura, cola, etc. A criança pode escolher o que fazer. Com crianças muito pequenas, eu seleciono alguns brinquedos e materiais específicos, também para não ter riscos.

Porque usamos jogos e brinquedos? Porque esta é a forma de expressão da criança, enquanto a dos adultos é predominantemente a linguagem falada, o discurso. Um bom terapeuta infantil precisa aprender a linguagem lúdica, pois há um grande risco de ver a ludoterapia como um momento de brincadeiras apenas. Vários adultos que passaram na sua infância, por um processo psicoterápico, ao se lembrarem disso, a única coisa que lhes vêm à memória é que iam lá para brincar, mas não o sentido. O brinquedo deve ser um meio de acesso à criança, não o fim em si mesmo. O brinquedo não contém em si mesmo uma simbologia, assim como os sonhos na abordagem existencial não contêm em si mesmos uma simbologia, são sempre referentes a aspectos da existência, das dimensões do existir, do significado do vivido. No caso do brinquedo e da criança, a dimensão lúdica, própria de uma fase do existir. Essa referência diz sobre a nossa ligação com o mundo e a nossa disposição afetiva. Assim, é possível entender o lúdico como forma de ligação com o mundo ou como forma de estar no mundo. Durante a hora lúdica, a criança revela seu modo de ser através da brincadeira. É na análise do modo de ser que focamos o trabalho, e a criança precisa saber de nossa análise. A brincadeira só não basta. Enquanto elaboramos tal análise, é preciso ir falando para a criança sobre o que estamos pensando. Só assim poderá haver uma ampliação da liberdade.

Vamos a um exemplo: uma criança brinca com a massa de modelar, faz cobrinhas e, com a régua, corta-as em pedacinhos. Sem proceder uma análise clássica da psicologia tradicional, que toma os fenômenos de modo determinado a partir de uma simbologia teoricamente definida, olhemos para os modos de ser em seu caráter de possibilidades. Olhemos para o movimento da criança em suas múltiplas expressões. Como essa brincadeira revela o modo de ser? Inúmeras perguntas podem ser feitas para desvelar esse fenômeno:

– Como a criança escolhe a massa?

– Como a manuseia?

– Como se movimenta ao brincar?

– Como é sua expressão ao brincar?

Além disso, há a questão do sentido, como a criança significa seu ato. Em um pequeno exercício de imaginação, é possível atribuir diversos significados para o exemplo acima:

– É como minha avó faz nhoque,

– Eu brinquei com massinha hoje na escola e meu amigo fez isso,

– São as cobras que aparecem todos os dias no meu sonho,

– Fui ao zoológico com meu pai, nunca tinha saído sozinho com ele antes,

– São alienígenas que vão proteger às olimpíadas,

– Estou com raiva da minha irmã,

– Meu pai é muito bravo, tenho medo que ele faça alguma coisa...

Com tantos significados possíveis, é preciso muito cuidado para interpretar, para não ficar próximo do inventar. Não há necessidade disso, é muito mais fácil perguntar à criança. Aliás, este parece ser outro tabu, talvez originário das psicologias mais clássicas, a dificuldade dos terapeutas iniciantes para conversar com o cliente, principalmente com as crianças. Ou então, talvez decorra do senso comum de que "criança não entende". Quem comunga deste pensamento em hipótese alguma pode ser um terapeuta infantil.

Os objetivos da hora lúdica giram em torno de conhecer a criança na sua relação com mundo, sua relação com o outro e na relação consigo mesma; realizar o contrato e verificar como está o seu desenvolvimento emocional, físico e social. Estes aspectos foram bem desenvolvidos por Munhoz (1995) em seu texto sobre a participação das crianças no grupo diagnóstico.

E assim transcorre a hora lúdica. Ao final, costumo questionar-me se a criança que veio ao atendimento é a mesma apresentada pelos pais.

## Encontro com os elos de significado (devolutivas)

Quando é a mesma criança, parabenizo os pais pela boa percepção que têm do filho. Quando há um desencontro, começo por aí.

As devolutivas inserem-se nesse momento por se tratar de um "psicodiagnóstico interventivo" (ANCONA-LOPEZ, 1995). Diferentemente do diagnóstico tradicional, a devolutiva não é dada só ao final da testagem com a criança.

> A intervenção ocorre à medida que não se posterguem os apontamentos que naturalmente ocorrem ao psicólogo durante os encontros, ou seja, quando se compartilha com o cliente, durante as sessões de psicodiagnóstico, a maneira como ele se apresenta: a impressão que causa ao psicólogo e as reflexões que possibilita. (1995, p. 34)

Numa abordagem fenomenológico-existencial, entendemos todo encontro como significativo, assim também o encontro entre terapeuta e cliente. Neste enfoque, o psicodiagnóstico não serve apenas ao psicólogo, a fim de entender a queixa e o sintoma, por vezes representá-lo em alguma categoria nosográfica, para fins de encaminhamento ao melhor tratamento. Ao entendermos o encontro como significativo, a relação psicólogo-cliente já é, por si só, interventiva. A presença de um outro que não está emocionalmente envolvido no conflito, uma presença carregada de empatia, como um bom ouvinte[5], traz para a relação psicólogo-cliente uma possibilidade de ressignificação das vivências.

Há vários modos de intervenção que, de acordo com Romero (1999), podem dar-se através de indagações ou questionamentos, buscando alguns objetivos como acompanhar melhor o fluxo ideo-afetivo do cliente, suscitar uma dúvida pertinente (questionando uma convicção negativa, um preconceito, uma conclusão precipitada ou uma visão ingênua), levantar uma possibilidade permitindo uma perspectiva diferente ou levar a uma tomada de consciência propiciando a apreensão mais clara do fenômeno. Além disso, pode-se fazer questionamentos reflexivos, incisivos ou de confrontação. Não há necessidade de adiar as intervenções para o momento da psicoterapia. O psicodiagnóstico já pode ser um momento interventivo e, portanto, rico em possibilidades de mudanças ou de autoconhecimento.

Barbieri (2010) ao se referir ao psicodiagnóstico interventivo como ciência, mais especificamente sobre as devoluções interventivas do psicólogo, diz que

> O risco de cair em um solipsismo ingênuo é contrabalançado pela participação do paciente no processo, que funciona como um controle da confiabilidade das intervenções; também é essa participação que facilita

---

[5] Em Romero (1999, p.55) "...escutar a outro significa estar disponível, sem ânimo preconcebido, sem necessidades urgentes (...) é captar uma mensagem atendendo a seu sentido menos explícito, abrindo-se ao seu convite."

selecionar o material clinicamente significativo, retirando-o da esfera da consideração solitária do psicólogo. (p. 512)

É muito boa a metáfora colocada por Yehia em supervisão: fazer um psicodiagnóstico infantil é como montar um quebra-cabeças. Os pais trazem um saquinho, contendo todas as peças e, nesse sentido, é de extrema importância valorizar o conhecimento que os pais têm do próprio filho. Não temos a pretensão de, em algumas consultas, conhecer mais da criança que os próprios pais, por isso há necessidade de um trabalho exaustivo com eles para se fazer uma boa 'análise situacional'. Por algum motivo, no decorrer da vida dessas pessoas, esse quebra-cabeças embaralhou-se, e agora estão com dificuldades para remontá-lo. O psicólogo se propõe então a ajudá-los nesse processo. Nos encontros iniciais, os pais junto com o psicólogo, montam algumas peças, encontram **elos de significado**. Depois com a criança, encontram-se novos elos. Com as devolutivas parciais, novas peças são encontradas e montadas, e assim por diante. É uma construção conjunta de significados.

Tudo isso deve fazer sentido para a família atendida e não para o psicólogo, que nunca deverá impor sua análise, mas sim compartilhá-la. Para tanto, as devolutivas, entremeadas aos atendimentos com a criança, tornam-se imprescindíveis.

> O sentido existencial do **indagar** e **questionar** é que o próprio sujeito se indague e questione não apenas os aspectos que o estão perturbando, mas especialmente o sentido de sua vida e os objetivos que a orientam. (ROMERO, 1999, p. 60)

## Encontro com os testes psicológicos

Encontramos divergências entre os terapeutas existenciais quanto ao uso de testes psicológicos. Em relação aos testes projetivos, como o HTP e o CAT ou TAT[6], a utilização e análise destes desenvolveu-se em torno conceito psicanalítico de projeção, entendendo que os desenhos e histórias produzidas são demonstrações dos aspectos do inconsciente. Deste modo, não haveria uma convergência com a abordagem existencial que entende o homem como ser-no-mundo. Também os testes de nível intelectual, como o WISC ou Raven, também não combinariam com esta abordagem porque fazem análises quantitativas do sujeito enquadrando-os em padrões pré-definidos.

---

[6] TAT ou CAT, são testes de apercepção temática, para adultos e crianças respectivamente.

Tentemos, porém, ver por outro prisma. Os testes são materiais ricos, elaborados após muitos estudos, e podem servir como um material auxiliar, ou seja, como meio de acesso ao outro. Eles podem ser, tal qual o brinquedo, mais um instrumento que temos a mão para conhecer a criança, afinal os desenhos e histórias, assim como algumas provas do WISC são lúdicos, e por isso são bons recursos para o universo infantil. Dificilmente se alcança, apenas com o diálogo, muito sucesso no tratamento com crianças. É preciso falar a mesma língua que elas, por isso a aproximação através de recursos próprios da infância, como o brinquedo, o jogo, os desenhos, as histórias, etc.

As pranchas do CAT, por exemplo, contêm figuras que servem como excelentes estímulos que nos remetem a situações familiares e vividas por todos. Como na prancha 1 (a dos pintinhos), sentar ao redor de uma mesa para comer, com ou sem irmãos, é algo conhecido[7]. Tais estímulos permitem o acesso à existência da criança ou a como ela tem vivenciado os eventos de sua vida. Isso também com o HTP. Todos nós habitamos algum lugar, pedir o desenho da casa, remete o sujeito à sua morada. Árvores são conhecidas de todos, etc.

O importante a ressaltar é que há uma mudança de foco ao se olhar o teste sob uma perspectiva existencial, já que o teste não prepondera e não determinará o diagnóstico, assim como nada determina o ser. O existencialismo postula que o ser é indeterminado, vem do nada, é lançado no mundo, e sendo sempre abertura, é um constante vir-a-ser. O homem é existência, é acontecimento em constante rotação. Como ser-no-mundo, entendemos o homem como temporalidade, recriando-se a cada momento e, portanto, indeterminado. Não partilhamos de uma filosofia determinista que define o homem como um conjunto de impulsos e desejos, que nasce com um aparelho mental organizado em instâncias. Tampouco o definimos como um conjunto de comportamentos moldado pelo ambiente. O homem é liberdade e por isso ao analisar os desenhos e histórias se faz necessário dar liberdade aos dados para que se mostrem tal como são.

Por isso, não é possível usar uma simbologia fechada ou determinada *a priori*. Assim como apontamos que o brinquedo não carrega uma simbologia em si mesmo, e a análise da hora lúdica ou da brincadeira não é feita de modo interpretativo, os desenhos e as histórias devem ser entendidos à luz do significado próprio da vivência de seu criador, numa atitude fenomenológica.

No artigo "A perspectiva fenomenológico-existencial na compreensão das técnicas projetivas no psicodiagnóstico infantil", Azevedo & Cipullo (no prelo), tecem questionamentos a respeito das padronizações dos inquéritos e das avaliações, e apontam possibilidades de vislumbrar os desenhos e histórias

---

[7] Refiro-me à realidade das crianças de São Paulo, mesmo as mais carentes.

de um modo diferenciado, seguindo a singularidade de cada ser. Os inquéritos devem buscar o sentido da experiência infantil, cada detalhe do desenho deve ser investigado com a criança, para se entender o significado que ela dá à sua árvore ou casa, utilizando a suspensão fenomenológica para voltarmos às coisas mesmas. Também é possível usar o diálogo maiêutico como forma de aprofundamento na experiência do outro. Rudio (1998) desenvolve muito bem este modelo e diz sobre a psicoterapia que ele pratica

> ...procura desenvolver no cliente a consciência de si, como pessoa humana, dona e responsável pela sua vida e pelo seu destino; tem por base a análise existencial, cujo objetivo é ajudar o cliente a fazer um exame da própria vida, dando-lhe oportunidade para uma revisão e uma elaboração de projetos vitais; utiliza-se do método fenomenológico, resultando daí que a atenção do terapeuta não está voltada para fatos objetivos, mas para a percepção que o cliente tem destes fatos; realiza-se por meio do diálogo maiêutico, no qual a função do terapeuta é criar condições favoráveis e facilitadoras para que o cliente elabore e alcance por si mesmo os conhecimentos, as compreensões, os esclarecimentos e os propósitos. (p. 73)

Sobre a maiêutica socrática, do grego *maieutiké*: arte do parto, dar à luz. Nessa forma de diálogo, o mestre pergunta mais do que responde, excita a reflexão ativa, ou seja, é um despertador de consciência e inteligência.

É possível perguntar à criança diretamente aquilo que se quer conhecer, assim como em relação aos seus desenhos e histórias, por exemplo, ao final de uma história suscitada por uma prancha qualquer, podemos perguntar quem a criança seria naquela trama, de quem ela lembrou ao inventar aquela história, com quem se parece ou mesmo se é a história dela. Assim voltamos às coisas mesmas, pensando nos testes projetivos como projeção da própria vida. Sartre fala em projeto fundamental de ser e também que o homem se faz e se mostra por seus atos, revela e desvela seu projeto de ser. Todas as situações-estímulo podem nos ajudar a compreender o projeto fundamental de ser, desde que olhadas da maneira adequada à sua subjetividade, ou seja, pelo método fenomenológico.

Como apontado no artigo supracitado, o conceito de projeção retirado do existencialismo sartriano diz que

> O método procura extrair o ser de suas expressões simbólicas e deverá reinventar a cada vez uma simbólica destinada a decifrá-las. (SARTRE, 1997, p. 551)

E o conceito de percepção será retirado da fenomenologia merleau-pontiana. Assim, num sentido existencial podemos pensar que o homem é construtor de mundo, ou seja constrói a realidade a partir de suas vivências, a percepção que tem do mundo é sempre singular, carregada de um significado historicizado na presença, e naturalmente ele imprime no seu entorno suas marcas, também singulares. Dessa forma podemos entender que suas obras (desenhos ou histórias) contém o significado de suas experiências.

E sobre os testes psicométricos ou de inteligência? É importante ressaltar que só é possível utilizá-los em uma perspectiva fenomenológico-existencial se não considerarmos o resultado quantitativo como determinante do ser, ou seja, priorizando os meios e não o fim. Neste sentido, tais testes (motores e de inteligência) podem ser metáforas de situações escolares ou de ensino-aprendizagem, suas provas são também situações-estímulos ricas para entender o modo de estar no mundo, como as crianças se relacionam com a aprendizagem, como se colocam diante das informações, das facilidades, das dificuldades, dos desafios, etc. Podemos perceber se há abertura ou não por parte da criança para o mundo do conhecimento, como é seu modo de planejamento, o que nos remete ao futuro, como é seu processo associativo ou sua memória, o que nos remete ao passado, como lida com o tempo, o que nos diz de sua temporalidade e outros aspectos, como espacialidade, ansiedade, etc.

Voltemos àquele menino de catorze anos. Trata-se de um exemplo rico por ser um caso em que o período de intervenção diagnóstica foi suficiente para diluir muitas de suas angústias, dando-lhe a possibilidade de retomar seu desenvolvimento de modo mais livre, não precisou de psicoterapia. Durante a aplicação do 'subteste de semelhanças' do WISC[8], foi possível perceber muito além da capacidade de raciocínio abstrato do garoto. Ele iniciou a prova dando respostas simples que, se aceitas pelo aplicador, teriam todas recebido um ponto apenas. Sem invalidar o teste, pois esta prova permite um inquérito, tentou-se extrair tudo o que ele sabia sobre aqueles conceitos ou ideia. Ao final da prova, o menino conseguiu a pontuação máxima em todas as respostas. A aplicação foi interrompida para que aquele fenômeno se desvelasse. O que acontecia com esse menino que parecia manter todo conhecimento dentro de si, sem devolvê-lo ao mundo quando lhe era solicitado? Ele percebia-se 'fraco' na escola, dizia que não sabia muitas coisas, estava com a autoestima baixa. Ao mostrar-lhe que as respostas estavam todas na sua cabeça, que o aplicador não deu nenhuma dica, portanto ele sabia muito mais do que imaginava, o menino entendeu que, por algum motivo, escondia se atrás de uma fachada de aluno fraco, sem ser. Ressignificou algo: a ideia de 'aluno fraco' passou para a de 'alguém que esconde o conhecimento'.

Nesse caso, muito ajudou a certeza de que o psicodiagnóstico deve ser interventivo. Sem postergar a devolutiva, a interrupção da aplicação do teste

---

[8]   Escala Wechsler de Inteligência para Crianças.

para se "voltar às coisas mesmas" foi de extrema importância. A devolutiva feita no momento do acontecimento (do encontro) é carregada de significado, de sentido e de afeto, portanto é cheia de possibilidades terapêuticas.

## Encontro com a escola

Quanto mais recursos tivermos para fazer uma boa "análise situacional", melhor. As crianças e adolescentes passam a maior parte de seu tempo, sua vida, na escola. Assim como em relação à família, não há pretensão de, em uma visita ou duas, conhecer mais essa criança do que a própria escola, onde ela passa no mínimo, quatro horas do dia, cinco vezes por semana.

Claro que todos os recursos utilizados e apontados neste capítulo, não devem ser impostos ao cliente. As necessidades e os objetivos de cada procedimento devem ser discutidos com os pais e com a criança ou adolescente, que podem aceitar ou não. A ida do psicólogo à escola também deve ter a anuência de todos.

Entramos na escola na medida em que nos deixam entrar. Entrevistamos quem estiver disponível. Pode ser apenas o coordenador, ou também os professores. Algumas escolas mostram-se abertas, deixam conhecer todas as instalações e permitem observar a criança em sala de aula ou no intervalo. Outras escolas são fechadas e recebem o psicólogo na diretoria apenas.

Tudo isso se faz importante para entender os espaços que a criança habita. Pela empatia, podemos entender os modos de relação ali estabelecidos. E, como profissionais podemos verificar a adequação daquele lugar para o desenvolvimento saudável das crianças.

O objetivo da visita é saber como a criança está na escola, em todos os sentidos, desempenho na aprendizagem, sociabilidade, se ela está feliz ali, etc. Tal objetivo se alcança com as entrevistas ou com observação. É importante conhecer outras opiniões sobre a criança, além dos pais.

> A escola é um desses lugares onde a criança começa a confrontar aquilo que lhe foi ensinado pelos pais e responsáveis com aquilo que lhe é transmitido pelos professores e colegas. É neste espaço que suas referências são questionadas, divididas, multiplicadas, somadas ou até mesmo subtraídas. É neste novo grupo social, composto por diversas relações humanas, que uma nova rede de significados se constitui na vida da criança. Os professores, os alunos e demais profissionais que trabalham na escola aparecem na vida dela como novas referências em seu mundo existencial. Compreender a criança pelo prisma da escola é

entender como ela entra em contato com estas referências. (Maichin, 2011, p. 210)

Caso a escola não saiba da intervenção psicológica, ou mesmo se não foi a escola quem encaminhou ao psicólogo, cabe uma pergunta: Será que eles encaminhariam esta criança ao setor de Psicologia? Às vezes as respostas surpreendem.

Certa vez, ao visitar a escola de Paulo[9], houve uma confusão. A escola falava de outra criança e só depois de alguns minutos, foi possível perceber que se tratava de outro Paulo. Isso aconteceu porque nunca imaginaram que o Paulo ao qual me referia, estivesse consultando um psicólogo, pois era um menino super bonzinho. Do ponto de vista deles, ele não precisava de nada, tinham outras crianças muito piores.

Em outra ocasião, resolvi visitar a escola de Fernando (na época com sete anos), logo no começo da avaliação, uma vez que foram eles que encaminharam o menino ao psicólogo. Ao conversar com a pedagoga da escola, fiquei surpresa, era uma pessoa extremamente prolixa, utilizava um linguajar técnico e rebuscado, pretendendo um ar de autoridade no assunto, o que automaticamente causava uma sensação de inferioridade em seu interlocutor. Ao acompanhar o menino em seu desenvolvimento escolar, essa pedagoga levantou várias suspeitas e hipóteses – problemas neurológicos acarretando dificuldades motoras, deficiência mental e até uma psicose infantil. A mãe estava desesperada, pois apesar de intuitivamente não perceber o filho com desvios tão graves, acreditou na escola (quem não acreditaria em alguém que fala de um patamar acima?). E o menino então? Estava com a autoestima tão baixa que mal conseguia frequentar as aulas, desenvolveu até sintomas físicos como vômitos, às vezes ficava tão confuso que respondia às expectativas desse rótulo (criança perturbada) com comportamentos tolos ou infantis para sua idade. Durante o período de análise, nenhum distúrbio neurológico foi percebido. Algum atraso no desenvolvimento motor sim, algo como falta de treino ou falta de autonomia para a ação, talvez por ser o primeiro filho e ter uma mãe um pouco ansiosa, ou por estar acima do peso seguindo uma propensão familiar à obesidade. Nenhuma deficiência intelectual foi detectada. Pelo contrário, era um menino inteligente, mas com interesses diferentes, preferia as histórias à Língua Portuguesa, preferia as artes à Matemática. Psicose? Menos ainda, enfrentava apenas algumas dificuldades emocionais relativas ao crescimento e as questões familiares. Conclusão: foi indicada uma mudança de escola, para um lugar onde os educadores fossem mais compreensivos.

[9] Nomes fictícios

## Encontro com a casa

Outro recurso possível é a visita domiciliar, ou uma sessão com a família em sua morada. É importante para conhecer as pessoas que não vieram às sessões: irmãos, avós, tios, babás e, principalmente, o pai. Grande parte dos acompanhamentos é realizada apenas pela mãe, quem usualmente é a responsável pelos cuidados com a criança, nos aspectos escolares ou de saúde, normalmente a mãe é quem vai às reuniões escolares e também quem leva a criança ao médico.

Essa visita é bastante elucidadora de aspectos que não vieram à tona durante os encontros na clínica. Geralmente a família costuma mostrar o espaço da criança, o quarto, seu material escolar, brinquedos preferidos e álbuns de fotografias.

Vale ressaltar que essa visita só acontece quando todos aceitam a proposta, porque de modo algum, pode ser um movimento invasivo. Algumas vezes a mãe aceita que seja realizada uma visita, durante as sessões, no entanto não viabiliza a situação, não encontra datas possíveis, ou marca e desmarca, etc. Outras vezes, a visita é marcada, e aquele membro da família que não está muito à vontade, dá um jeito de não participar daquele momento. Já fui recebida na casa pela criança sozinha, o pai não estava, a mãe dizia que estava atrasada, mas não chegou em tempo.

Essas experiências são riquíssimas. Esse recurso permite uma análise além da criança. É possível entender o modo dessa família estar no mundo. Aspectos essenciais de uma abordagem existencial podem ser analisados, como abertura, liberdade, responsabilidade e espacialidade.

Um trabalho belíssimo publicado em 2013 por Lopes, intitulado "Visita domiciliar: a dimensão psicológica do espaço habitado", revela o sentido dessa visita para muito além da observação da dinâmica dos familiares, e diz que

> Na organização racional do espaço da casa, se escondem as histórias singulares de seus moradores, que se entrelaçam em uma composição que se abre para os olhos do psicólogo. (p. 162)

## Encontro com a imagem do quebra-cabeças: devolutivas finais

Sobre a devolutiva com crianças, há um trabalho desenvolvido por Becker e Santiago que organiza a devolução do conteúdo obtido no período diagnóstico através de livros infantis. O próprio psicólogo que realiza a análise pode confeccionar esses livros. É um livro com a história da criança. Escolhe-se um personagem principal para representá-la, que pode ser humano, animal ou inanimado, um personagem já conhecido ou até inventado. A história da criança é reescrita e ilustrada desde seu nascimento. Dá-se um enfoque ao modo de ser dela e dos que a rodeiam. A trama gira em torno dos acontecimentos presentes, desvelando as dificuldades que a trouxeram ao psicólogo e propondo alternativas. Pode-se deixar algumas folhas em branco ao final do livro, para que a criança continue escrevendo ou desenhando, caso queira, a sua história.

Para os pais é elaborado um relatório de avaliação psicológica. Sendo necessário seguir as regras do Conselho Federal de Psicologia que traz um Manual de Elaboração de Documentos Decorrentes de Avaliações Psicológicas (Resolução CFP N.° 007/2003).

Aqui se faz importante frisar que um psicodiagnóstico, nesta abordagem, é entendido como um recorte de um momento de vida. Ele não é definitivo, então esse relatório final não pode ser colocado em termos definitivos ou deterministas. Ele deve ser **descritivo** e narrar a situação vivida, estabelecendo as relações entre os personagens e a trama temporal, nunca em termos de causa e efeito.

O relatório final e o livro de histórias ilustram o quebra-cabeças de nossa metáfora. Agora montado em conjunto, apresentam um panorama mais claro para os clientes prosseguirem na vida. Esse quebra-cabeças não foi colado, mas montado, a qualquer momento pode desarranjar-se ou transformar-se numa outra figura. A existência não é estática. Assim, neste relatório não se pode afirmar que o sujeito é isto ou aquilo, mas outrossim deve-se descrever como o sujeito **está**. O "é" é determinista e está fadado a ser. "Está" diz do hoje e nos remete a um homem de possibilidades no devir.

Apesar do relatório ser elaborado em uma linguagem própria para ser apresentado aos pais, assim como o livro é elaborado numa linguagem infantil, ao longo de minha experiência, parece que o livro infantil faz mais sentido como devolutiva, inclusive aos pais. O aspecto vivencial afetivo está presente como linguagem falante (MERLEAU-PONTY, 2006), o que não acontece com a linguagem falada, própria dos textos técnicos.


## Encontro com o fim – Conclusão

Um processo interventivo só se alcança com a construção de significados comuns, na coparticipação entre cliente e terapeuta, em um encontro de mundos.

Ressalta-se também que esse modelo de psicodiagnóstico interventivo foi inicialmente desenvolvido na década de 90 por Ancona-Lopez e seus colaboradores, entre eles Yehia e muitos outros professores de clínicas-escola de São Paulo, tendo sua primeira publicação organizada em 1995. Após esse período muitos vêm trabalhando com esse modelo e desenvolvendo pesquisas com ótimos resultados. Uma nova publicação em 2013 indica o avanço de tal proposta, com aprofundamento técnico e teórico. Sugiro a leitura de Donatelli (2013) para complementar este capítulo, uma vez que seu pensamento é bastante convergente com tudo que foi exposto aqui.

Apesar da primeira edição deste capítulo ter se realizado em 2002, a revisão para essa nova edição tenta contemplar o avanço de um modelo de trabalho que se consolidou com o tempo.

## Referências

ABERASTURY, A. *A psicanálise da criança: teoria e técnica*. Porto Alegre: Artes Médicas, 1982.

ANCONA-LOPEZ, M. (org.) *Psicodiagnóstico: processo de intervenção*. São Paulo: Cortez, 1995.

ANCONA-LOPEZ, S. (org.) *Psicodiagnóstico interventivo: evolução de uma prática*. São Paulo: Cortez, 2013.

AUGRAS, M. *O ser da compreensão: Fenomenologia da situação de psicodiagnóstico*. Petrópolis: Vozes, 1978.

AZEVEDO, D. C. & CIPULLO, M. A. T. (no prelo) *A perspectiva fenomenológico -existencial na compreensão das técnicas projetivas no psicodiagnóstico infantil*.

BARBIERI, V. (2010) Psicodiagnóstico tradicional e interventivo: confronto de paradigmas? *Psicologia: teoria e pesquisa*. Ribeirão Preto, Vol. 26, n.3, pp. 503-513, jul-set.

BECKER, E., DONATELLI, M. F. & SANTIAGO, M. D. E. Metáfora e devolução: O livro de história no processo de psicodiagnóstico interventivo. *In*: ANCONA-LOPEZ, S. (org.) *Psicodiagnóstico interventivo: evolução de uma prática*. São Paulo: Cortez, 2013, p. 179-198.

BLEGER, J. *Temas de Psicologia*. Buenos Aires: Paidós, 1972.

CANCELLO, L. A. G. *O fio das palavras*. São Paulo: Summus Editorial, 1991.

DONATELLI, M. F. Psicodiagnóstico interventivo fenomenológico-existencial. *In*: ANCONA-LOPEZ, S. (org.) *Psicodiagnóstico interventivo: evolução de uma prática*. São Paulo: Cortez, 2013, p. 45-64.

FEIJOÓ, A. M. L. C. (jun de 1997) *Aspectos teórico-práticos na ludoterapia. Fenômeno Psi – IFEN*, pp. 04-11.

FEIJOÓ, A. M. L. C e FEIJOÓ, E. L. (Orgs.) *Ser criança: uma compreensão existencial da experiência infantil*. Rio de Janeiro: Edições IFEN, 2015.

LOPES, L. C. P. *Visita domiciliar: a dimensão psicológica do espaço habitado. In*: ANCONA-LOPEZ, S. (org.) *Psicodiagnóstico interventivo: evolução de uma prática*. São Paulo: Cortez, 2013, p. 143-165.

MAICHIN, V. Os diversos caminhos em psicoterapia infantil". *In*: ANGERAMI, V. A. (org.) *O atendimento infantil na ótica fenomenológico-existencial*. 2ª. ed. São Paulo: Cengage Learning, 2011, p. 195-250.

MAY, R. *O Homem à Procura de Si Mesmo*. Petrópolis: Vozes, 1996.

MERLEAU-PONTY, M. *Fenomenologia da Percepção*. 2a. ed. Trad. C. A. R. Moura. São Paulo: Martins Fontes, 1999.

_____. *Psicologia e pedagogia da criança*. São Paulo: Martins Fontes, 2006.

MUNHOZ, M. L. P. A criança participante do psicodiagnóstico infantil grupal. *In*: ANCONA-LOPEZ, M. (org.) *Psicodiagnóstico: processo de intervenção*. São Paulo: Cortez, 1995, p. 179-195.

OAKLANDER, V. *Descobrindo crianças: a abordagem gestáltica com crianças e adolescentes*. São Paulo: Summus, 1980.

O'CAMPO, M. L. S.; ARZENO, M. E. G.; PICCOLO, E. G. e cols. *O Processo Psicodiagnóstico e as Técnicas Projetivas*. São Paulo: Martins Fontes, 1979.

ROMERO, E. *As Dimensões da Vida Humana: Existência e Experiência*. São José dos Campos: Novos Horizontes, 1998.

_____. *Neogênese: O Desenvolvimento Pessoal mediante a Psicoterapia*. São José dos Campos: Novos Horizontes, 1999.

RUDIO, F. V. *Diálogo Maiêutico e Psicoterapia Existencial*. São José dos Campos: Novos Horizontes, 1998.

SARTRE, J. P. *O ser e o nada – ensaio de ontologia fenomenológica*. Tradução de Perdigão, P. – Petrópolis, RJ: Vozes, (10º. edição), 1997.

TAVARES, M. Entrevistas clínicas. *In*: CUNHA, J. A. *Psicodiagnóstico V*. Porto Alegre: Artes Médicas, 2000, p. 45-56.

TRINCA, W. *Diagnóstico Psicológico – a prática clínica*. São Paulo: EPU, 1984.

_____. *Formas de Investigação Clínica em Psicologia: Procedimento de Desenhos-Histórias e Procedimento de Desenhos de Família*. São Paulo: EPU, 1997.

TRIVIÑOS, A. N. S. *Introdução à pesquisa em ciências sociais: a pesquisa qualitativa em educação*. São Paulo: Atlas, 1987.

TSU, T. M. J. A. A relação psicólogo-cliente no psicodiagnóstico infantil. *In*: TRINCA, W. *Diagnóstico Psicológico – a prática clínica*. São Paulo: EPU, 1984.

YEHIA, G. Y. *Psicodiagnóstico Fenomenológico-Existencial: Espaço de Participação e Mudança*. Tese de doutorado, PUCSP, São Paulo, 1994.

CAPÍTULO 6

# Sentimento de Inadequação
# e Comunicação Não-Violenta

*André Roberto Ribeiro Torres*

*A Sandra Caselato e Yuri Haasz pela aprendizagem de tentar transformar conflitos em paz.*

## Palavras Iniciais

Vivo crises pessoais com certa frequência. Não falo de crises no sentido destrutivo. Falo da crise saborosa que nos faz rever caminhos diante dos diversos pontos de interrogação que se multiplicam.

A última vez em que isso aconteceu foi numa situação de quase guerra civil. Situação que ainda se desdobra no país. Naquele momento, a agressividade aflorava as telas dos aparelhos eletrônicos, tomando as mãos dos leitores para somar esse exército reativo. Violência e contraviolência.

Eu, do meu lado, comecei a pensar que somos capazes de ir além. Mas como? Não me parecia possível que a Psicologia, ciência especializada nas relações humanas, não tivesse nada a apresentar como ferramenta de desmontar os ataques dirigidos ao aquém-tela.

Procurei. Algumas pistas foram surgindo. Palavras se aglutinavam até que mostrou-se a Comunicação Não-Violenta (CNV). Foi paixão à primeira vista. Passei a namorá-la: textos, vídeos, contatos, diálogos e até compromissos mais sérios como cursos e palestras.

Até que alguns convites começaram a me mostrar que as pessoas já me viam ligado à CNV. Passei então a me apoderar desse conhecimento. Não no sentido de controlar mas de ver esse saber como parte constituinte de mim mesmo. Isso aconteceu de forma muito natural. Quanto mais me envolvia com a nova temática, mais revolvia antigos assuntos próprios e conhecidos da minha trajetória.

As principais conexões foram feitas pelo tema desenvolvido no meu mestrado: o Sentimento de Inadequação (SI). Quando resolvi unir, na prática, esses dois temas, a resposta das pessoas foi de muita identificação. Os relatos pessoais mostravam-se mais claros sob a perspectiva do SI e da CNV integrados.

Desde então, pensamentos sobre os dois temas e sua relação vêm me acompanhando. E é isso o que pretendo desenvolver aqui. Na primeira parte do capítulo, demonstrar o SI e seus conceitos, apresentar a CNV na segunda parte, desenvolver a terceira parte como um diálogo entre eles tanto na teoria como na prática e expor, no encerramento, considerações a serem feitas no sentido de fomentar ideias e pesquisas a partir da problemática que se mostra entre os dois temas.

Espero que apreciem a proposta.

## 1. O Sentimento de Inadequação

Sobre o Sentimento de Inadequação (SI), já tive a oportunidade de me expressar em publicações anteriores (TORRES, 2008; 2011). Como já disse, esse foi o tema da minha pesquisa de mestrado e, apesar de ter sido considerado de baixa relevância pelas revistas da época, o dia-a-dia dos atendimentos em consultório, supervisões e análises de casos têm mostrado o contrário. Os relatos pessoais têm demonstrado uma grande sensibilidade ao tema.

Claro que fica sugestivo aqui apontar um possível enviesamento da minha parte. Vejo porque quero ver, poderiam me dizer. No entanto, não se trata apenas de uma interpretação intelectiva. Diante da exposição das histórias pessoais, apresento os questionamentos pertinentes ao SI.

Vou aproveitar a colocação do parágrafo anterior para abrir parênteses. A prática de apresentar questionamentos é característica de uma abordagem de inspiração filosófica (TRIPICHIO; TRIPICHIO, 2000). Essa foi uma metodologia desenhada no decorrer da dissertação sobre o SI. Uma metodologia que talvez não estivesse clara naquele momento. Aparece, porém, como forte intuição. Também ocorre no texto, com formato bastante argumentativo e não preso ao factual típico do método científico.

Uma devolutiva afirmou que o artigo que apresentei deveria ser encaminhado como proposta de publicação filosófica e não psicológica. Diferente de me constranger, no entanto, acabei, de certa forma, aceitando o conselho e me aprofundei ainda mais na Filosofia. Penso que textos de desenvolvimento argumentativo sobre informações são justamente uma maneira de se evitar uma escrita análoga à busca de objetivação; uma fenomenologia que se mostre mais próxima de uma tabela de verdade da Lógica do que da reflexão e da exploração existencial. Fecho os parênteses e retomo a linha dos questionamentos.

O questionamento socrático, mais especificamente a maiêutica, já foi proposta justamente como forma de psicoterapia existencial (Rudio, 2001). Dessa forma, a pratica de uma psicoterapia fenomenológico-existencial difere de técnicas consideradas excessivamente interventivas mas também das julgadas excessivamente passivas. A intervenção no sujeito ocorre, como afirma a intencionalidade da consciência pela simples presença do profissional diante da pessoa que busca atendimento. Não há neutralidade na pesquisa científica e nem no atendimento psicológico.

No entanto, reconhecer a não neutralidade não significa intervir a ponto de direcionar o sujeito. O pensamento existencial preza pela liberdade. A partir do momento em que nego a oportunidade de liberdade alheia, deixo de considerar o outro como pessoa – e cometo, portanto, uma violência, como veremos na próxima etapa deste trabalho. É preciso reconhecer a liberdade e ajudá-lo a conquistá-la.

O questionamento é uma ferramenta que oportuniza essa dupla função. Ao utilizá-lo, é possível simultaneamente despertar reflexões próprias do sujeito e mensurar seu nível de abertura e profundidade com relação ao tema em questão no trabalho terapêutico.

Dessa maneira, para que se possa respeitar a dupla função do questionamento, é preciso libertá-lo, é claro, do direcionamento dado por Sócrates em suas origens. A verdade cujo parto será feito é a verdade do outro, havendo a necessidade de considerar um certo relativismo subjetivo, salvo quando há o envolvimento de problemas éticos, o que configura casos a serem pensados de maneira especial.

Um questionamento relacionado ao SI já apresentado em publicação anterior resumia-se em perguntar "você se sente diferente?" (Torres, 2011). A experiência demonstrou que essa pergunta tem sua eficácia em determinados momentos, mas em vários outros provoca uma negação, pois envolve não apenas o desejo do autor, mas a noção da pessoa sobre o que é ser diferente e o que é diferença.

O que veio sendo percebido no decorrer da prática, no entanto, é a capacidade de se explorar a história relatada pela pessoa contextualizando as situações em que se mostra o SI. Ao trabalhar sobre a queixa um resgate do SI, a pessoa tende a resgatar a sua historicidade a partir da referência da inadequação, fornecendo-lhe a possibilidade simultânea de ressignificar suas lembranças sem a culpa ou a agressividade excessivas típicas dos conflitos apresentados nos consultórios.

Para situar essa conexão apresentada, é preciso apresentar brevemente os conceitos pertinentes ao SI. Nos textos anteriores, houve uma ênfase nas posturas básicas tomadas pelas pessoas diante do SI. De certa forma, essa tendência demonstra um caminho reativo, ressaltando certas características e estereótipos sem que fique clara a interligação do SI com a historicidade de cada um.

No presente trabalho, pretendo explorar mais as características do SI e da experiência de inadequação para além das suas reações básicas. Também será possível desdobrar um pouco mais cada uma dessas posturas, descobrindo novas atitudes possíveis derivadas do SI.

A definição final de SI na pesquisa inicial ficou como "a percepção de uma diferença de natureza visível ou invisível em relação ao contexto em que vivo ou [em relação] ao outro e que seja relevante ao ser-em-situação a ponto de mobilizá-lo" (TORRES, 2008, p. 118). A definição mais popular que surge para definir essas situações, desde a primeira entrevista de pesquisa é a de "se sentir um peixe fora d'água". Conforme dito, isso pode acontecer numa situação específica, estranha ou na interação com outras pessoas na qual o sujeito se sente deslocado.

Diante desta sensação de não-pertencimento ou de estranhamento, três posturas básicas foram nominadas para demonstrar as reações mais comuns. As posturas são as seguintes: 1) Aplainamento da Subjetividade (AS) ou Nivelamento da Subjetividade; 2) Aplainamento da Objetividade (AO) ou Nivelamento da Objetividade; 3) Senso de Inadequação (SsI).

A primeira reação, denominada de AS, geralmente é a mais comum, é aquele que envolve a culpabilização que o sujeito toma para si. Seus pensamentos giram em torno de "se estou diferente é porque estou errado". Ela se aproxima, nesse sentido, do famoso Sentimento de Inferioridade proposto por Alfred Adler. O sujeito supõe ter algum problema, defeito ou inaptidão que o impede de estar igualado aos outros ou atendendo às demandas do contexto em que se encontra. Sua tensão física e psicológica costuma ser frequente e voltada para si como uma espécie de autoviolência. É comum que este sujeito desconsidere os aspectos sociais e as pressões contextuais que sofre. Seu foco é tentar cumprir as exigências que ele imagina serem cobradas dele.

A segunda postura, o AO, também não é rara. O seu funcionamento é semelhante ao do AS mas com o direcionamento da responsabilização invertido. Ao se ver diferente, o sujeito considera que as outras pessoas é que se equivocam em suas posições e deveriam igualar-se a ele. Se o AS se aproxima do sentimento de inferioridade, o AO parece tender a uma espécie de sentimento de superioridade. Popularmente, uma figura que se aproxima é a de um rolo compressor, que passa por cima de tudo e de todos, impondo suas opiniões. Quando nessa postura, o sujeito responsabiliza todas as influências externas pelas suas dificuldades, deixando pouquíssima abertura para o autoquestionamento. Conseguir momentos de autopercepção e questionamento com as pessoas que demonstram o AO é um grande desafio para o momento terapêutico.

Antes de expor a terceira postura, é importante apontar a frequente tendência que chamei de *trânsito entre os aplainamentos*. Esse é um movimento com o qual as pessoas se identificam bastante. Imagine alguém que se culpa por uma situação e, dessa maneira, alimenta uma tensão pessoal muito grande e constante. Em determinado momento, torna-se muito difícil conter essa tensão. É nesse momento em que popularmente se diz que o sujeito "explode". Na Psicologia da Inadequação, isso significa que ele deixar de assumir a responsabilidade excessiva (culpa) pela situação e direciona essa responsabilização como agressividade voltada ao mundo e ao outro. É quando surgir frases do tipo: "na verdade a culpa é deles e não minha". No entanto, também é comum ocorrer o retorno do AS. Depois de um espetáculo de agressividade e responsabilização alheia, o sujeito volta a se culpar justamente por ter provocado isso.

Acompanhando essa dinâmica, é possível perceber que o funcionamento dos aplainamentos e o fluxo entre eles se dá no contexto de um mundo virtual, ou seja, há muito mais ideias insubstanciais que concretudes. A pessoa age muito mais a partir do que ela imagina sobre si ou sobre o outro do que diante de uma percepção mais realística (e existencial) da situação na qual está envolvida. Além disso, é comum que a pessoa esteja se julgando inferior ou superior diante de um padrão imaginário de si mesmo e de como deveria ser idealmente, jamais conseguindo superar, obviamente, as exigências que se coloca a partir de um modelo ideal.

Enquanto age em trânsito, ou seja, enquanto responde como um aplainamento, o sujeito se mantém no âmbito da inautenticidade. As experiências continuam a ser compreendidas como fonte de reatividade violenta ou autoviolenta. A terceira possibilidade surgida na pesquisa demonstra justamente um salto qualitativo a partir do SI para uma autoexploração existencial. O sujeito deixa de ver a diferença como inadequação e a considera simplesmente diferença. Nesse sentido, é possível fazer uma dialética, ou seja, é possível ir além da reatividade e buscar uma síntese que supere o trânsito entre aplainamentos.

Um novo desdobramento que percebi no decorrer da experiência foi o que posso chamar de Comportamento de Espelhamento. O sujeito, numa postura também de isenção de responsabilidade típica dos aplainamentos decide que tratará os outros da forma como se sente tratado. Sendo assim, se for desprezado, desprezará; se for agredido, agredirá; se for acolhido, acolherá... Tudo numa grande loteria dirigida pelo outro. Se, por um lado, é grande a chance de que a violência se mantenha, por outro lado, abre-se uma possibilidade de percepção do outro e até de exercitar a empatia. O simples espelhar requer uma mínima percepção do outro, o que pode, com o tempo, ser aprimorado e desenvolvido. Dessa forma, o espelhamento pode proporcionar uma exploração de possibilidades de reação ou ação diante do outro, favorecendo o surgimento da criatividade e da empatia.

A terceira postura originariamente descrita é o SsI. Senso é uma palavra que indica uma busca de direção. A partir do SI, o que é possível abordar e aprender? Entre as características do SsI está a reflexão, o questionamento, a criatividade, a ludicidade e o humor (no sentido de brincadeira, de piada). Analisar o que pode ser feito a partir da inadequação nesse sentido é um campo bastante rico e proveitoso na literatura e na criação artística em geral. Personagens e artistas inadequados de livros e filmes surgem aos montes: Dom Quixote, Chaplin, Woody Allen e tantos outros, incluindo diversos desenhos animados infantis nos quais os personagens são deslocados ou diferentes dos outros por motivos visíveis ou invisíveis. O SI é relatado por diversos escritores e intelectuais como parte constante de sua vida (Torres, 2008; 2011).

O SsI seria, portanto, uma forma de superação de uma visão de mundo que conduz o sujeito à violência e à autoviolência. Uma postura que pode promover um alívio de tensão, a sensação de liberdade e o desenvolvimento da criatividade. Tudo isso, visando atingir uma maior qualidade de relacionamento entre as pessoas.

Os questionamentos que foram sendo aplicados no decorrer dos atendimentos permeiam as ideias e conceitos que as pessoas fazem de si mesmas e dos outros, identificando possíveis tendências de inferioridade, buscas de adequação, responsabilização excessiva de si ou do outro, a compreensão de que há um contexto em torno de si, a compreensão empática do outro, como entende as diferenças pessoais e outras das inúmeras possibilidades que permeiam o tema da inadequação e da diferença.

Levando em consideração essa última postura, é possível afirmar que o SI possibilita um momento de "parada", de interrupção do modo "automático" de viver para aderir a uma atitude reflexiva e inovadora. Um momento de possibilidade de "estranhamento" típico da atitude filosófica, que pode levar a pessoa da inautenticidade para a autenticidade. Na Filosofia, entende-se que esse impacto é proporcionado pela Estética, pela surpresa diante do "belo", ou seja, aquilo que mobiliza e incomoda o sujeito diante da obra de arte. A inadequação se transcreve em diferença, que se traduz em estranhamento e a consequente possibilidade de se criar uma nova percepção diante do mundo.

Tudo isso se mostrava de forma clara ou intuitiva quando no trabalho diante do SI. Porém, o que fazia muita falta era um método, uma forma pragmática de agir para que o processo da inadequação pudesse ser facilitado. Por esse motivo, talvez, o conhecimento sobre o SI tenha ficado estagnado na época e nos anos seguintes. Era um convite à prática mas sem qualquer modelo ou ideia para que a prática se efetuasse de fato. Faltava um método. Encontrar esse método foi a sensação que tive ao conhecer a CNV.

## 2. A Comunicação Não Violenta

Também já mencionei anteriormente a CNV (Torres, 2015). Naquela época, porém, meu conhecimento sobre o assunto era puramente intelectual, sem o contato direto com a prática da CNV. O exercício da prática se deu através de alguns cursos, exercícios e a integração dessa abordagem na rotina do trabalho psicológico. Cabe, no entanto, aqui, um breve resumo do que é a CNV, para que sejam compreendidas as conexões temáticas.

A CNV é uma derivação da Abordagem Centrada na Pessoa (ACP) de Carl Rogers. Essa derivação foi feita pelo psicólogo estadunidense Marshall Rosenberg. Agregando outros elementos que dizem respeito à comunicação e a uma profunda filosofia das relações humanas, Rosenberg propõe uma técnica que surpreende pela sua consistência e aplicação. É uma influência vasta e diversificada que engloba, entre outros, Rogers, Gendlin, Buber, Gandhi e Paulo Freire. Diante disso, é importante ressaltar que, embora traga uma técnica, a CNV não se resume a uma técnica, mas propõe toda uma revisão da conexão com o mundo e com o outro (Rosenberg, 2006).

A palavra conexão, inclusive, é um princípio básico da CNV. Sem conexão, nada acontece. Sem uma relação direta e livre de preconceitos e julgamentos, a comunicação será comprometida. Para isso, é preciso de despir radicalmente de qualquer tipo de julgamento, distração, explicação, tergiversação ou quaisquer outros elementos que criem empecilhos para o contato inter-humano direto.

A partir de uma influência fenomenológica, a CNV demonstra posições claras na relação Sujeito-Objeto típica dos estudos de teoria do conhecimento. No caso, a ideia de que o conhecimento não é objetivo, mas depende de um sujeito que participe ativamente dessa relação. Mesmo que se limite à presença e à percepção, isso já pode ser definido como ação do ponto-de-vista de fenomenologia (Merleau-Ponty, 1999).

Sendo assim, considerando a necessidade de um sujeito que percebe o mundo e o outro, o primeiro passo da CNV é que haja um autorreconhecimento ou, mais especificamente, uma autoempatia. A forma de empatia proposta pela CNV consiste em percorrer um trajeto específico, que, através da criatividade de instrutores, foi figurativamente exposto a partir de partes do corpo: 1) a cabeça – na qual procuram-se perceber os pensamentos e julgamentos; 2) o coração – no qual a atenção se volta às emoções e sentimentos; 3) a barriga – momento em que se identificam os sentimentos envolvidos na situação. Essa situação deve ser identifica da maneira mais essencial possível, o que é característico das descrições fenomenológicas.

É importante que o sujeito esteja ciente de seus sentimentos e necessidades, pois tal fator é central para a efetivação da CNV. Isso porque a visão de Homem que embasa a CNV é a Teoria das Necessidades Humanas Universais, típica das psicologias humanistas. Sob esse ponto-de-vista, as necessidades não atendidas é que despertam sentimentos e ações relacionados à violência e à autoviolência. A necessidade (satisfeita ou não satisfeita) promove um sentimento que influencia na ação do sujeito.

Conseguir realizar a autoempatia já traz uma grande colaboração na autocompreensão e na relação com o outro. A partir de então, é possível fazer um pedido na tentativa de intervir numa situação conflituosa, ainda que minimamente. Quando apresento meus sentimentos e necessidade, a tendência é que as outras pessoas envolvidas empatizem comigo e atendam ou, ao menos, ouçam meu pedido.

Terminada essa etapa, no entanto, é possível buscar a promoção da empatia: tentar compreender os pensamentos, julgamentos, sentimentos e necessidades do outro, levando-me a uma maior compreensão de suas atitudes. Essa é uma maneira de humanizar as relações, levando cada lado a compreender o outro como alguém autônomo, livre e criativo, ainda que se trate de alguém pode ter cometido ações julgadas terríveis pela sociedade.

Apesar de parecer uma constatação óbvia, essa é uma maneira de romper com uma visão violenta sobre a outra pessoa envolvida na relação. Quando desconsidero as capacidades humanas de alguém, passo a vê-lo como um objeto fechado, ensimesmado, e isso, fenomenologicamente, configura a violência: enxergar alguém como uma coisa e não como alguém. Portanto, tentar sugerir, intervir, controlar, aconselhar, elogiar e tantas outras boas intenções também podem se configurar como formas sutis de violência.

## 3. O diálogo entre Sentimento de Inadequação e Comunicação Não-Violenta

É possível notar, portanto, que, assim como o SI, a CNV busca uma forma mais autêntica de relacionamento entre as pessoas. Ambas as propostas consideram a necessidade de uma interrupção no modo "automático" de viver.

Entre essas e outros semelhanças, quanto mais eu me aprofundava na CNV, mais eu encontrava possibilidades de diálogo com o SI.

Dessa forma, SI e CNV prezam pelo rompimento com a cristalização e a comodidade nas relações. Resgatando o fluir da vida e explorando os sentidos atingidos para que não se acomodem em conceitos fechados, tornando-se, assim, novos preconceitos travestidos de verdade. Assim, SsI e empatia/autoempatia se unem como referências para a direção tomada por cada um de nós em nossas vidas.

Uma possibilidade dessa relação é ambos os fenômenos se complementem ao proporcionar o impacto necessário para uma abertura e possível ressignificação de pontos até então pacíficos em uma crise em busca de novos precedentes.

Enquanto presos nos aplainamentos reativos, automáticos e impulsivos, os sujeitos mantêm uma relação de violência consigo ou com o outro. Essa é uma forma de evitar a angústia da liberdade, a angústia de arriscar uma atitude inovadora que pode ou não se mostrar bem-sucedida no futuro. A não-conscientização dos próprios atos tem sua vantagem de ausência de dúvida mas se mostra, ao mesmo tempo, um aprisionamento à reatividade sintomática, autômata e violenta.

É nesse contexto que ocorre frequentemente uma defesa da violência como opção vantajosa de relacionamento. Essa postura costuma ser bastante divulgada em momentos de proliferação do fascismo como o que vivemos agora (Tiburi, 2016). A preocupação do defensor da violência é "resolver" a situação. Na maioria das vezes, isso significa justamente submeter o outro, independentemente de suas razões ou necessidades. Isso parece uma situação estereotipada mas é mais usual do que parece. Por exemplo, é comum acreditar e até referendarmos uma fala ou uma atitude agressiva para tomar uma decisão, apoiando-se na violência (tentativa de intimidação e submissão do outro) para evitar uma angústia que envolve o falar seriamente com alguém de maneira aberta e sincera. Envolve também a angústia da liberdade num momento de tomada de decisão.

Segundo Rosenberg, a única paz verdadeira é a paz atende às necessidades de todos e não a submissão de alguém perante o outro. O que ocorre com frequência é que há uma grande incompreensão sobre quais são as reais necessidades de ambos os lados da relação. Nessa confusão, busca-se uma estratégia para atender a uma necessidade desconhecida. E é aí que ocorre o conflito: na falta de clareza sobre as próprias necessidades e na estratégia escolhida que, muitas vezes, acaba por suprimir as necessidades alheias. A CNV, desse modo, influencia também os estudos sociológicos de transformação de conflitos (Rosenberg, 2006).

Analisando as posturas reativas ao SI junto ao parágrafo anterior, é possível imaginar alguns desdobramentos. Por exemplo, se a pessoa reage através do AS, tende a culpar-se e submeter-se e, ainda que tenha suas necessidades violadas, permite que o outro se mantenha numa situação privilegiada.

Por outro lado, alguém que reage a partir das características do AO, vê na violência uma ferramenta necessária para continuar a submeter os outros aos seus parâmetros da forma "correta" de ser. E será muito difícil tocá-lo para que tenha um movimento empático.

Como se pode ver é uma ação constante que exige a presenteidade como condição da consciência e do corpo, enquanto percepção, pensamento, sentimentos, emoções e necessidades. Reconhecer nossas próprias necessidades é uma forma de considerar físico e psicológico como unidade que se complementa e se retroalimenta.

A busca dessa ação, além da presenteidade, é o alcance de mais momentos de autenticidade. Do ponto-de-vista existencial, não é possível uma autenticidade plena, pois ela é um momento que se alterna com a inautenticidade (OLSON, 1970). Porém, a condição ocidental tem se caracterizado pelo excesso de momentos inautênticos sobre a possibilidade de autenticidade. O surgimento da autenticidade como gerador de desconforto – visto que retira as pessoas da acomodação habitual – chega a ser considerado um sintoma a ser eliminado à base de terapias, psicocirurgias ou medicação.

O trabalho de Mauro Amatuzzi já aponta há alguns anos a necessidade de resgate da fala autêntica e já demonstrava uma relação teórica entre Rogers, Buber, Merleau-Ponty e Paulo Freire (AMATUZZI, 2016). A consistência do seu trabalho desperta em mim o mesmo conflito que vejo quando justaponho SI e CNV: a necessidade de compreender melhor a relação entre a Psicologia Existencial e a Psicologia Humanista. Entender os seus limites e suas ligações com a Fenomenologia em suas diferentes compreensões.

Entre suas concordâncias, está a percepção de que a comparação (no SI) e o julgamento (na CNV e na fenomenologia) são nocivos às relações humanas e à experiência subjetiva do próprio indivíduo.

Porém, há um conflito fundamental cuja resolução se daria pela proposta já levantada nos parágrafos anteriores de se estudar melhor as relações e as discordâncias entre as visões de Homem do existencialismo e do humanismo. Se no pensamento existencial o Homem não tem natureza definida e constrói sua essência de acordo com suas escolhas na vida, na CNV, a premissa básica é a de que há uma universalidade nas necessidades humanas.

Pode-se ver que, muito embora, as propostas teóricas aqui expostas dialogam maravilhosamente bem na prática, em seu fundamento demonstram pressupostos quase inconciliáveis. Este talvez seja um desafio para o caminhar da Psicologia na atualidade. Seria possível uma conciliação?

A primeira coisa que penso para iniciar esse diálogo é a constatação de que sentimentos e necessidade (base da CNV) são elementos existenciais. O desafio compreensivo maior talvez seja a proposta de universalidade. Por outro lado, Merleau-Ponty aponta uma obviedade que também incrementa esse diálogo proposto: o corpo tem necessidades e sentimentos. Ele é uma estrutura comum a todos os seres humanos, ainda que não idêntica e toda influenciada pelo contexto geográfico e cultural que o compõe no ambiente em que habita. Sendo assim, surge também a necessidade gritante de se abordar as questões sociais que compõem esse contexto. O diálogo do pensamento existencial com a área social é uma constante e deve ser também constantemente reafirmado para que não se divague a um suposto espiritualismo existencial.

Enfim, são questões relevantes que não são de simples resolução. Há de se investir alguns anos de pesquisa nessa temática para que não haja também uma violência teórica, ou seja, um domínio sutil de uma teoria sobre a outra. A Psicologia é uma ciência nova com diversas possibilidades teóricas e deve se alimentar com esses conflitos que se lhe apresentam.

## Considerações finais

Penso que este será um caminho bastante criticado por aqueles que buscam a inspiração psicológica em fundamentos filosóficos. Principalmente sob o escopo da fenomenologia existencial.

Há uma importante diferenciação a ser feita que influencia na minha linha de pensamento conforme esta reflexão atual. Por mais que a inspiração filosófica seja presente, é preciso que tenhamos a consciência de que a atuação se dá na Psicologia, uma ciência que traz em si preocupações específicas.

A mudança de área do conhecimento traz uma grande diferença na atuação. Enquanto filósofo existencialista, posso pensar que a vida é um absurdo e compreender que o suicídio é uma escolha possível. Porém, enquanto psicólogo, eu não posso e não quero simplesmente constatar uma possibilidade de suicídio sem tentar intervir de alguma forma para que ele não ocorra.

É comum a orientação de que o psicoterapeuta existencial deve criar sua própria forma de atuar, unindo artisticamente teoria e prática. Isso se torna uma missão muito difícil para o jovem terapeuta que conhece poucas referências para o exercício da profissão. Sua tendência, portanto, é unir-se a outra abordagem que forneça métodos mais práticos de atuação ou até se utilizar de ferramentas questionáveis para a prática profissional, ainda que essas ferramentas não sejam testes, mas os próprios questionamentos em si.

Há poucas propostas diretas de atuação. Entendo o medo da técnica, mas talvez seja interessante oferecer mais referências, exemplos, formas de diálogo. A CNV é uma proposta bastante dirigida à prática, embora não seja tão simples quanto parece num primeiro momento. Ela traz, inclusive, uma proposta de construção de frases para estimular maior empatia, demonstrando ao interlocutor os sentimentos e necessidades. Não se resume a uma técnica, conforme já exposto, é uma busca de conexão e relação qualitativamente diferenciadas.

Essa seria, porém, uma forma de aproximação de outra abordagem. As aproximações entre esses dois tipos de pensamento são bastante convergentes, mas, conforme demonstrado anteriormente, há uma divergência fundamental que precisa ser pesquisada.

Esse trabalho faz parte de uma jornada de maior busca de sínteses na Psicologia, trabalho que penso ser necessário e profícuo. Um trabalho que deve ser feito, porém, de maneira cuidadosa e profunda para que não gere ecletismos descompromissados. Encerro essa reflexão, pensando na necessidade de análises mais profundas sobre a relação entre fenomenologia, existencialismo e humanismo.

## Referências

AMATUZZI, M. M. *O resgate da fala autêntica*. Campinas, SP: Alínea, 2016.

MERLEAU-PONTY, M. *Fenomenologia da percepção*. São Paulo: Martins Fontes, 1999.

OLSON, R. G. *Introdução ao existencialismo*. São Paulo: Brasiliense, 1970.

ROSENBERG, M. B. *Comunicação não violenta*. São Paulo: Ágora, 2006.

RUDIO, F. V. *Diálogo maiêutico e psicoterapia existencial*. São José dos Campos, SP: Novos Horizontes, 2001.

TIBURI, M. *Como conversar com um fascista*. Rio de Janeiro: Record, 2016.

TORRES, A. R. R. *Sentimento de inadequação*: estudo fenomenológico-existencial. Dissertação (Mestrado em Psicologia) – PUC-Campinas, Campinas, 2008. Disponível em: <http://www.torres.psc.br/dissertacao-pdf/>. Acesso em 30 Ago 2016.

_____. *Sentimento de inadequação, prática psicológica e contemporaneidade*. Em: ANGERAMI, V. A. – Camon (Org.). Psicoterapia e brasilidade. São Paulo: Cortez, 2011. pp. 179-228.

_____. *Posicionamentos, opiniões e ideologia*: tabus da clínica psicológica. Em: SALLES, G. T. (Org.). Clínica de psicologia para recém-formados: a experiência inicial sob os cuidados de abordagens maduras. Campinas, SP: Editora do Autor, 2015. Kindle Edition. Posições 480-885.

TRIPICHIO, A.; TRIPICHIO, A. C. *A filosófica clínica e as psicoterapias fenomenológicas*. São Paulo: APAFIC, 2000.

**Douze baiser...**

*Valdemar Augusto Angerami*

*Adriana*
*Meu Doce Adorado...*

Beijos, beijo, beijos...
Tantos beijos e tão saborosos...
Melados de amor... Adocicados de paixão...
Estreitada em meus braços e cobertas de beijos...
Beijos em cada detalhe do teu corpo...

Beijos, beijos, beijos...
De tudo que se sonha na vida...
Do gosto de melado de cana...
Do doce de manga... Do lambuzado dos teus lábios...

Do bolo de pamonha que te contempla...
Do requinte da vida que te espreita...
E da madrugada na Serra com você em meus braços...
Simples assim... Doces beijos...
Ensandecidos beijos de paixão...

Serra da Cantareira, numa manhã azul de Primavera...

CAPÍTULO 7

# Temporalização e liberdade.
# É o ser humano livre para mudar?

*Tereza Cristina Saldanha Erthal*

*Ser vulnerável é viver; retrair-se é morrer*
(KRISHNAMURTI)

Todo o psicoterapeuta tem como preocupação básica a mudança. Visitam a sua cabeça perguntas como: É o ser humano livre para mudar? É o passado capaz de impedir mudanças da rota futura? A liberdade é possível apenas no futuro?

A liberdade é uma condição humana absoluta, ou seja, é *ontológica*, é nada menos que o próprio ser do ser humano. No entanto, a maioria das pessoas não parece desejar ser livre. O que geralmente observamos é a exigência de uma liberdade *condicional*, do tipo: "serei livre no dia que me livrar do meu marido", "serei livre quando arrumar um emprego e sair de casa", "serei livre quando resolver esse problema". No fundo, o que se deseja é se livrar de uma dor, de um conflito, de um incômodo, de uma sensação de restrição (aguda ou crônica), como se diz no existencialismo, se livrar da angústia. Contudo, tais demandas não são o mesmo que liberdade.

Sabemos que o tempo é elástico: podemos estar longe do que nos aconteceu, mas as pressões, que também são elásticas, nos fazem voltar a este acontecimento. Apegamo-nos ao passado, na verdade à dor, como se somente aí houvesse sentido e fôssemos mudar a história, somente por revisitar frequentemente a nossa história. Não temos consciência destes condicionamentos, mas apenas prestamos atenção à dor que queremos nos livrar. Contudo, paradoxalmente, essa mesma dor nos faz pensar que temos alguma identidade (a vítima é a mais frequente e reforçada socialmente). Mas o conflito não surge apenas do passado. Existe uma relação com o presente, na construção de ideais, por exemplo. Uma ideia projetada da mente que se acha em conflito, torna-se o ideal. Mais uma coisa para se agarrar como forma de evitar viver o hoje!

Quando se experimenta a liberdade, a consciência responde de maneira natural aos acontecimentos, sem amarras e sem desculpas. Ser livre implica numa liberdade *assumida* como tal. Apenas nessa liberdade existe a possibilidade de nos descobrirmos. A nossa forma de vivenciar a liberdade, de assumi-la ou negá-la, de insistir para conquistá-la ou de resistir a ela, revelará, naturalmente, os muitos condicionamentos e defesas que o homem construiu através dos tempos.

O presente é o passado, modificado, mas, pode revelar que ainda é um passado, que vai criando o futuro. Dividimos o passado em presente e futuro e, portanto, o passado é um movimento perpétuo, que se modifica. Não há presente? Sabemos e dizemos que temos que viver o presente. Significa rejeitar o passado e o futuro? É necessário compreender o processo do tempo, que constitui todo o nosso condicionamento, e aí sim, viver no agora.

Podemos dizer que a finalidade última da psicoterapia seria a conscientização dessa liberdade, enfatizando a responsabilidade, assim como a superação das situações que a limitam.

Decidimos focar a nossa atenção na questão do tempo e da liberdade, acreditando que eles possam elucidar a relação permanência-mudança através do olhar terapêutico. Esperamos, com este intento, levar ao leitor conteúdo necessário para fazer uma avaliação por si mesmo e que o ajude a compreender os fatores impeditivos, assim como os facilitadores deste processo.

## Temporalização

Segundo Sartre (1997, p. 110), " a realidade humana é um nada tendo como fundo o próprio ser."

Aparentemente, esta frase nos fala de que a realidade só tem existência de acordo com a interpretação de um determinado ser. Que fatores são estes capazes de intervir nesta avaliação? Como podemos mudar isso? Para isso, precisamos entender o que significa a noção de tempo.

Há diferentes qualidades de tempo: o tempo como crescimento ou evolução, o tempo como distância, o tempo como movimento. Vamos examinar algumas considerações.

Sartre (1997) defende a ideia do tempo como uma dimensão da consciência, não o enquadrando na esfera metafísica, isto é, como uma essência fechada em si e totalizada. Nesta perspectiva, é na subjetividade que se fundamenta a temporalidade, isto porque toda a compreensão exterior ao ser humano sobre a temporalidade acaba por falsificar o seu objetivo. Vendo-o como elemento objetivo no qual o indivíduo está inserido, fornecemos ao tempo a qualidade condicionante da realidade humana, transformando a consciência em uma mera adequação ao objeto e à sua percepção. A consequência disso é a substituição da liberdade pelo determinismo.

"Um passado que adere ao presente e o penetra, não passa de uma figura de retórica" (SARTRE, 1997, p. 181).

Nada ganhamos ao outorgar o ser ao passado, uma vez que ele deveria ser para nós como não sendo. A temporalidade geralmente é concebida como sucessão; o princípio da ordem é o antes e o depois. Trata-se de uma estática temporal, utilizando as palavras de Sartre. Contudo, examinando melhor, o depois se torna o antes, o que nos faz sair desta estática e entrar na dinâmica temporal. Usamos, frequentemente, o tempo como medida da distância que iremos percorrer ("estou a trinta minutos do meu consultório"), demostrando como funciona esta estática.

Segundo Descartes, o tempo é visto como a soma de instantes sucessivos, permanentes e isolados uns dos outros, isto é, ele aposta na separação entre as instâncias temporais. A análise freudiana nega a temporalidade plena da pessoa enquanto uma existência na qual ser e tempo são experimentados como uma identidade; concebe o tempo da mesma forma que a física newtoniana o faz. Leibniz já entende o tempo como um fluir contínuo, absoluta mudança. Contudo, a soma de instantes é incapaz de resultar em uma duração temporal, já que o instante não tem extensão e a soma de zeros tem por resultado zero. Da mesma forma, uma mudança que fosse absoluta mudança, já não seria mudança alguma.

"Uma mudança absoluta já não é mudança propriamente dita, porque não resta nada que mude – ou com relação ao qual haja mudança" (SARTRE, 1997, p. 200).

A verdade é que tudo o que muda, muda em relação a algo que permanece. Um bom exemplo disso é a mudança de atitude de uma pessoa ao longo do tempo. Suas atitudes, hoje, não serão exatamente iguais àquelas alimentadas há vinte anos atrás. Muitos fatores contribuíram para que esta pessoa reformulasse um conjunto de atitudes neste intervalo de tempo. Contudo, o ponto de referência é o conjunto anterior no qual ela se fez conhecida. Assim, o passado é necessário para que haja uma permanência. O passado traz um conjunto de atributos que nos confere certa identidade, e, entretanto, estamos vivendo um turbilhão de emoções e pensamentos que nos conduz à mudanças. Vemos aí que a temporalidade precisa tanto da permanência dos instantes, quanto da mudança mesma. Somente a consciência pode sustentar tal dualidade.

O passado e o futuro não são abstrações matemáticas ou meros constructos da física. Eles se presentificam na realidade existente. A forma assumida no conceito de tempo do presente é o resultado das características desenvolvidas e guardadas latentes em si as sementes da qualidade futura. O passado e o presente exibem uma relação de forma tal que um acontecimento anterior a outro mantém sua permanência, da mesma forma que com o instante posterior. Também a relação do passado e o futuro garantem um elo com relação a algo presente. Isto significa que também os instantes não se apresentam de forma isolada, mas interligados por falta.

"O passado contém o futuro já advindo (o tempo que lhe sucedeu e dele me distancia), da mesma forma que o futuro contém um passado a advir (o tempo que o antecede e dele me afasta)" (SARTRE, in PERDIGÃO, 1995, p. 69).

Santo Agostinho (1987) expressa semelhante pensamento. Estuda o problema do tempo apenas sob o aspecto psicológico, ou seja, como nós o compreendemos. Questiona ele de que modo existem aqueles dois tempos – passado e futuro – se o passado já não existe e o futuro ainda não veio. Quanto ao presente, se fosse para o pretérito, já não seria tempo, mas eternidade.

Nem mesmo o ano que está decorrendo pode ser todo presente; e se não é todo presente, não é um ano presente. Assim também o mês decorrente não é presente, mas apenas o dia. Ainda assim, se for o último dia do mês, os demais são passado; se é algum dia do meio do mês, ele é o intermediário entre dias considerados passados e aqueles que estão alocados no futuro. E onde estão as instâncias temporais? Em qualquer parte, que estiverem, são apenas presentes, pois só podem existir no presente. Quando narramos acontecimentos verídicos já passados, a memória relata não os acontecimentos que já decorreram, mas as palavras concebidas pelas imagens daqueles fatos. Desta forma, minha infância reside no passado que já não é. Porém, sua imagem, quando evocada, torna-se objeto de alguma descrição, vista no tempo presente, presente na memória evocada.

O tempo é pura negatividade: o passado já foi, o futuro será ainda e o presente não é mais do que um inexistente limite entre os dois. Os instantes temporais não podem ter uma existência objetiva, já que não estão em parte alguma. Presente, passado e futuro somente podem ser entendidos como modos de existir da consciência porque devem possuir um duplo caráter de permanência e mudança. As três instâncias temporais devem ser entendidas a partir de uma síntese original, evitando assim caírem na categoria de objeto. O passado existe no presente, mas não pode sê-lo (o homem não pode ser o seu passado). O presente se define pelo seu caráter de presença; opõe-se ao ausente, tanto quanto ao passado.

"Há uma distância que o corta de mim e o faz recair fora de meu alcance, sem contato, sem aderências" (SARTRE, 1997, p. 162).

Chegamos ao ponto de poder dizer que o homem pode assumir o seu passado apenas se colocá-lo à distância. Por mais que ele tente recordar o seu passado como uma espécie de essência que o determina, permanece apenas "vendo" o passado sem poder, efetivamente, compreendê-lo, ou seja, permanece apenas a idealizar como teriam ocorrido os fatos de sua vida, sem se dar conta de tal idealização.

O passado, sendo algo que já foi, mistura-se ao presente. Nele, parecem existir dois elementos básicos: um mutável e outro imutável ou cristalizado. O primeiro é ambíguo e ainda se mantem de acordo com a forma com que se produz uma representação mental acerca dele.

A representação frequente que fazemos do tempo, que alguns consideram uma representação típica do senso comum, manifesta-se como uma imagem do tempo como algo que permanece, mas, ao mesmo tempo, conservando os instantes temporais isolados e diferentes. Passado, presente e futuro são sustentados por uma temporalidade dissociada, levando-nos a pensar que a identidade é um resultado dos instantes, passado e futuro, atuando no presente no sentido de justificarem a situação presente (em geral, inclusive costuma-se dar maior ênfase ao passado na tentativa de se explicar perante a própria vida). Mas a consciência é aquela que muda; é capaz de negar no presente o que aconteceu no passado e negará no futuro o que é presente. Uma mudança deve ocorrer: a rigidez do passado deve dar lugar à maleabilidade, assim como o futuro não deve ser antecipado.

**Conclusão:** *a consciência não existe no tempo, mas, ao contrário, o tempo existe na consciência.*

Ao invés de vermos o tempo como uma mera sequência temporal de instantes isolados, apenas interligados quando estabelecidas racionalmente relações de causa e efeito, o que vemos, agora, é o tempo como um processo incessante de modificações da consciência. O tempo é, assim, uma sucessão de estados de consciência, em que o presente se perde instantaneamente no passado e que se mistura com o futuro à medida que é experimentado. É, nesse preciso sentido, que podemos dizer: *tudo o que existe é presente.*

É somente na consciência humana que o tempo encontra a possibilidade de não ser. Na verdade, nasce da nossa relação com as coisas e as pessoas, ou seja, a passagem de um presente a outro é efetuada por nós, em ato. *Somos o tempo.*

Pelo seu caráter de permanência, o passado assemelha-se a um objeto acabado e, por isso, representa uma ameaça, pois nos coagula em objetos. Parece que todo o passado que fomos não se desprende de nós.

O futuro é um possível, definido pela consciência, anunciando a completude daquilo que é sentido como falta. Acreditamos que podemos atingir o futuro preenchendo o que nos falta. Contudo, uma vez encontrado um possível, surge uma decepção, pois uma nova falta se abre diante de nós. Desse modo, o que define a realidade humana é o movimento em direção ao futuro, desatando-se de um congelamento no passado, através da temporalização. E é a consciência que se temporaliza nesta fuga. Fuga é um termo típico de Sartre para pensar fenomenologicamente a consciência. A consciência é fuga para – para os objetos que ela intenciona, para o outro, para o mundo, para o futuro, ou seja, é fuga para aquilo que ela não é. A morte vem a pôr fim a este movimento temporal, pois quando mortos, somos transformados em objetos para os outros.

Assim, do que foi dito até agora, o tempo está na consciência e todo o aprisionamento ao passado é mantido por uma consciência determinada a visar o passado como "naquele tempo".

Krishnamurti (1975), também apresenta seus argumentos. Ele nos diz que o ontem serve-se do hoje como passagem para o amanhã, e o passado flui através do presente para o futuro. É um movimento do tempo e não três momentos distintos. Conhecemos o tempo cronológico e o tempo psicológico; o vir-a-ser, para ele, é desenvolvimento. Há o desenvolvimento da semente à árvore e há o processo de vir-a-ser psicológico. Este implica o tempo. Sou isto e me tornei aquilo; servindo-se do tempo como passagem, como meio, o que foi se movimenta para tornar-se o que será. Isto nos é bem familiar. O pensamento, então, é tempo, tanto o pensamento que foi, como o que será, assim como o que é e o ideal. O pensamento é produto do tempo e não existe sem ele. É a mente a criadora do tempo; ela é o tempo.

Krishnamurti ainda nos diz que toda continuidade é a morte da criação. Mas o que seria a continuidade? Embora o momento seja novo, o novo se absorve no velho e forma-se, assim, a cadeia da continuidade. Se o velho reconhece o novo, isso seria novo, de fato? O velho só pode reconhecer sua própria projeção. O novo não pode ser reconhecível; é um estado de não-reconhecimento. O novo pode ser traduzido no velho, mas não pode coexistir com o velho. O velho é que dá a continuidade porque o velho é pura memória.

## Mudança

Uma vez levantado o problema do tempo, podemos nos deter na mudança que acontece no tempo. Quando falamos de mudança, logo surgem dois conceitos em nossas mentes: ato e atitude. Mudamos uma atitude no mundo, assim como em relação a nós próprios, podendo, ou não, deflagrar uma ação em relação a eles. Podemos descrever diversas conotações dadas a eles, de acordo com o foco teórico, mas, em linha geral, parece haver uma concordância com respeito aos componentes de uma atitude: cognitivo, afetivo e comportamental.

Qualquer coisa existente no mundo físico pode ser objeto de atitude de uma pessoa. Quanto mais vasto o seu universo, maior o repertório de respostas que possuirá. Mas não basta o objeto estar no mundo para que a pessoa exprima uma atitude em relação a ele; precisa estar representado no mundo psicológico dela. Trata-se de uma representação cognitiva, que não precisa ser correta, já que o conhecimento sobre o objeto pode ser distorcido. As cognições se reúnem na mente do indivíduo dando a ideia do objeto e das possíveis relações com os demais objetos.

As crenças também configuram o componente cognitivo de uma atitude. As crenças parecem derivar de uma crença básica, adquirida através da experiência ou via autoridades externas consideradas confiáveis para a pessoa.

Os componentes cognitivos de uma atitude adquirem um aspecto avaliativo, isto é, se facilitam a obtenção de objetivos, adquirem um caráter positivo ou agradável, e, do contrário, uma avaliação negativa. O componente afetivo parece mais caracterizar uma atitude, uma vez que crenças e cognições preexistem a ele. Há considerável evidência que o afeto está fortemente relacionado às crenças do indivíduo sobre algo. Mas apesar de afirmar que as crenças preexistem ao afeto, não se quer dizer com isso que uma única crença determine uma atitude. Pode-se ter crenças inconsistentes com as atitudes. Não seria estranho encontrar alguém que tenha uma atitude favorável ao aborto, por exemplo, e ao mesmo tempo apresentar a crença de que é um pecado.

O terceiro componente, o comportamental, consiste na inclinação para agir, diante do objeto. A atitude agora é representada por uma atividade motora. Contudo, uma emoção positiva não é garantia para uma possível aproximação do objeto; normas pessoais e sociais podem interferir na ação. Para Sartre (SARTRE, 1997, p. 536),

> Agir é modificar a figura do mundo, é dispor de meios com vistas a um fim, é produzir um complexo instrumental e organizado de tal ordem que, por uma série de encadeamentos e conexões, a modificação efetuada em um dos elos acarrete modificação em cada série e, para finalizar, produza o resultado previsto.

Uma ação é, por princípio, intencional. Não quero com isso dizer que haja uma previsão de todas as consequências. Para que um ato aconteça, é preciso sentir uma falta, um possível desejável. Um ato é uma projeção da consciência em direção a algo que ela não é. A consciência se lança à possibilidade de romper com o passado para efetuar um ato e conferir-lhe um significado a partir do projeto. Podemos dizer que o passado em si não é capaz de produzir o ato. Mas se toda ação é intencional, existe um fim que se refere ao motivo. Na verdade, o fim remete ao passado e no presente, o ato se manifesta. Assim, o ato decide seus fins e, por isso, é a expressão de liberdade. A existência individual e única se temporaliza como liberdade.

Apesar de relativamente estáveis, as atitudes mudam. É impossível se pensar num sistema de atitudes inabaláveis, num mundo em constante mudança. Mas a facilidade com que são aprendidas não é a mesma com que são mudadas. Os filósofos gregos, ao pensarem a ideia de invariância ou persistência, chamaram a atenção, igualmente para a mudança como problema filosófico. A persistência tem sido encarada como um estado natural e espontâneo. Contudo, persistência e mudança tem que ser analisadas em conjunto, já que toda a percepção é relativa e opera através de comparação e contraste. Apesar de parecerem opostas, fazem parte de um mesmo contínuo. Incessantes influências estão atuando a todo instante, mas o fato de nenhuma mudança estar ocorrendo não é o mesmo que dizer que não está havendo alguma influência. Nos casos de não mudança, parece existir um estado de equilíbrio entre as forças de influência e as que se contrapõem a elas.

Uma mudança apenas pode ocorrer se a pessoa se responsabiliza por sua parte na situação. Para isso, precisa compreender o que a está impedindo de ser livre para fazer as suas escolhas.

## Liberdade

A liberdade é a razão mesma da consciência. Somente ao homem cabe o reino da liberdade. Ser é escolher-se. Uma pessoa não poderia ser ora livre, ora escravo, por exemplo. Ou é inteiramente livre ou não faz sentido falar-se em liberdade. É importante, desde logo, notar que ser livre não é arbitrariamente ser tudo o que se quiser, sinônimo de ausência de limites ou coisa parecida. Somos livres para escolher, apesar de, como bem diz Sartre, nem tudo podermos escolher (1987); mas não somos livres para deixar de ser livres. Não podemos encontrar outros limites à liberdade além da própria liberdade.

Ser livre é fazer escolhas concretas. Nesta perspectiva, ser é, de fato, agir, pois a liberdade deve se manifestar concretamente. A abstenção é uma modalidade de escolha. A finitude de nosso ser se deve ao fato de que precisamos realizar alguns possíveis em detrimento de outros. Imortais, poderíamos realizar todos os possíveis, mas não seriamos livres, pois não haveria a escolha necessária entre eles; desapareceríamos como individualidade, estando diante de nós uma serie infinita de todas as probabilidades realizáveis. Não haveria pressa ou barreira, mas a certeza da realização de tudo.

A liberdade é, então, a escolha irremediável de certos possíveis. O homem é um ser inacabado e esta insuficiência de ser o remete às escolhas, e, portanto, à liberdade.

E como a mudança temporal não pode ser absoluta, mas exige uma relação com algo que permanece, a liberdade exige algo que a contrarie. Sem qualquer obstáculo, não há liberdade. Somos livres porque o fim se acha separado de nós pela existência real do mundo.

Embora a liberdade existencial implique, necessariamente, o ato, a não realização de um fim não significa que a pessoa não seja livre. O homem, inventor de si mesmo, conserva-se sempre aberto à possibilidade de perseguir um fim.

Na opinião popular, ser livre não significa escolher, mas simplesmente não ter obstáculos, impedimentos. Ora, a angústia reside justamente no fato de que a escolha somente pode ser considerada livre se houver a possibilidade de se fazer uma outra escolha. É preciso ser consciente para escolher, da mesma forma que é preciso escolher para ser consciente. Por ser livre, sempre se tem a possibilidade de posicionar o passado como objeto, avaliando-o e tomando decisões. As escolhas que fizemos no passado são fatos irrefutáveis, mas nem por isso capazes de motivar os nossos atos. É a consciência que atribui sentido às coisas e dá um motivo para seu ato.

Muitas situações impedem a arbitrariedade de um ato (o que é facilmente confundido com impedimento da liberdade): as chamadas pseudolimitações agarradas como justificativas. Uns se referem ao lugar que ocupam no mundo, mas espaço não tem sentido sem a sua percepção. Outros elegem as coisas que o cercam, ou seja, o mundo sendo avaliado na dependência de seus fins. Também aí, vale entender que cabe ao nosso projeto fazer as coisas parecerem impossíveis ou não. A morte é outro fator apelativo. A morte não constitui um limite à liberdade porque não é mero finalizar, mas sim, é experimentada pela consciência de uma forma adjetivada: como temível, insuperável, desejada, rejeitada, idealizada, romantizada, sacralizada, etc. Nossa única informação concreta sobre a morte não é a nossa morte, mas a dos outros. Ainda que fossemos imortais, seríamos finitos pelos projetos que delineamos. Isto é o que informa a temporalidade.

Assim, a liberdade só encontra os limites que ela mesma colocou diante de si. Apenas a liberdade pode limitar a liberdade. A angustia da liberdade significa que nos vemos separados do que fomos no passado, do que seremos no futuro e obrigados a criar eternamente o que somos. A livre escolha de nós mesmos sempre está ameaçada de metamorfose. Não temos domínio do nosso futuro. Não podemos contar com isso para uma nova decisão. Recorremos a outros na vã tentativa de obter segurança, mas ainda assim, a mudança depende de nós. Depende de como compreendemos a nossa liberdade e de como tratamos os ditos empecilhos. A dor maior da mudança é ter que olhar para isso. Significa tomar a rédea da vida, assegurar o seu próprio destino e se responsabilizar pelas consequências das escolhas. Apenas desta forma o homem realiza sua individuação, seu tornar-se pessoa.

## Depoimentos de clientes:

Antes de concluirmos, gostaria de apresentar certas descrições de alguns pacientes, relacionadas ao tempo e à mudança na terapia. Selecionei alguns dos meus clientes e lhes pedi para que escrevessem algo sobre isso. Perguntas como " como você vê o seu processo de mudança? Sente que conseguiu se desprender do passado? Como se sente hoje, com as mudanças atingidas? O que lhe impede de mudar, na sua opinião? Vejamos:

> *"Tenho medo, Tereza, de mudar e acabar ficando até sem amigos. É muito difícil a gente se encarar, perceber o quanto temos que desconstruir, encontrarmo-nos com a dor deste processo e ainda não ter ninguém que pense ou sinta como a gente."*

Este primeiro relato demonstra o quanto esta cliente foge por medo da solidão. Sua mudança constitui uma ameaça. Não quer encarar as decisões, assim como suas consequências, e se junta a isso o medo de ficar sozinha.

Nunca estamos sós, de fato. Estamos rodeados de pessoas e de nossos próprios pensamentos. Ainda que sem as pessoas, vemos as coisas através do crivo dos nossos pensamentos. Não há momento (ou o há muito raramente) de ausência de pensamento. Não sabemos o que é "estar só", livre de toda a continuidade. A dor da solidão enche-nos o coração, e a mente a abafa com o medo. A solidão, este profundo e amargo isolamento, é, na verdade, a sombra que nos entenebrece a vida.

Muitas vezes o medo à liberdade é expresso como medo à solidão. Imaginamos que não existirá ninguém no topo da pirâmide, sem perceber que no topo, outra pirâmide se forma com outros, como nós. À medida que vamos subindo na escala, o medo vai nos freando, pois pensamos que apenas nós estamos neste processo. Como as pessoas à nossa volta estão ficando para trás, acreditamos que isso ocorrerá com todos os demais. O que fugimos é de nós mesmos, como se fosse a solidão de nós. O isolamento é a norma de nossa vida; raramente nos unimos intimamente uns com os outros, porque estamos dilacerados e feridos, interiormente. Contudo, isso é uma fantasia usada para nos impedir de alçar voo. Se interiormente não somos inteiros, completos, não haverá fusão com o outro, que só é possível se houver integração interior. Fusão com o outro aqui significa, como sugere Perls da Gestalt-Terapia, confundir-se com ele. Para alguns, isso significa: querer ser como o outro. Para outros, significa o contrário, ou seja, querer que o outro seja não mais do que uma cópia narcísica de si mesmo.

O medo à solidão nos mostra a nossa insuficiência, a pobreza do nosso ser. Contrariamente, somente quando estamos completamente conosco mesmos que podemos curar a ferida voraz da solidão. É necessária a conscientização da liberdade, isto é, só quando o pensamento se imobiliza de todo, se realiza o voo de "só" para o "Só" (estar consigo): ou seremos inteiramente livres, ou não haverá liberdade alguma. Convém lembrar que estar consigo não quer dizer afastar do outro ou de todo mundo, ao contrário, cria condições para relações mais maduras, sem que exijamos tanto do outro.

> *"Desde que aqui cheguei, visitei um monte de eus meus. Quantas crenças acumulei ao longo do tempo! Muitas consegui desconstruir, mas sempre acho uma safadinha embutida (risos). A terapia me ajudou muito a entender que precisamos nos auto-observar sempre, sem descanso, pra que fiquemos focados em nós, e não no que as pessoas pensam e querem que sejamos. Vivia presa aos ditames sociais, a um passado que costumava arrastar pelos pés. Mas hoje sei que é do presente que fugia por não contar com uma resposta pronta, como era o meu repertório passado. Viver o presente é formidável, mas tenho que admitir que foi dureza conseguir isso."*

Neste relato, já houve enfrentamento, a superação do medo e o encontro consigo mesmo. Sabemos que não é fácil. O cliente se deu conta de que era no Agora a sua maior dificuldade de se experimentar. Isto porque não existem "scripts" para serem usados. Quando se confia em si mesmo, sabe-se que as respostas virão no momento da vivência. A vida flui quando nos permitimos segui-la. E este relato mostra que, apesar de difícil, o processo foi experienciado com sucesso.

> *"Estou ainda presa ao meu passado assustador. Não consigo libertar-me! Toda vez que penso que preciso abandoná-lo, acabo vivendo cenas que me deixaram muitas marcas. É como se não pudesse abrir mão destas tristes experiências para que nunca me esqueça do que me fizeram. Preciso me vingar e ai acho que me liberto."*

Uma cliente que resiste à mudança, alegando que precisa se vingar, ou seja, enquanto não resolver esta situação do passado, não descansará. Existe o apego ao passado, como se só nele existisse sentido. Entretanto, as traumáticas situações já aconteceram. Nada pode ser mudado, apenas a edição desta história. Mas a cliente se recusa a isto. Acostumou-se a pensar em uma saída vingativa. É como se tivesse construído a sua identidade a partir desta atitude. Abandoná-la seria deixar este eu de fora, ainda que coberto de sofrimento.

Muitos vivem criando problemas, ou aumentando os já existentes, como se isso os fizessem se enxergar como pessoas. A dor ficou associada à identidade criada. Na verdade, eles apenas confirmam os mesmos comportamentos ou respostas que dão a todas as situações difíceis ou dolorosas. Sabe aquele ditado: "ruim com ele, pior sem ele"? pois é, é como se precisassem preservar este eu "vitimóide" que tanto se acostumaram. Esta é a zona de conforto preferida de muitos. A constante visita ao passado, como se estivesse acontecendo hoje, pertence à fantasia de que ainda ocorrerá algo que fará com que a história mude. Não é a pessoa que fará os esforços para isso, mas a situação. Esta mudada, levará a pessoa a mudanças. O pensamento mágico é bem reforçado na nossa sociedade. Mas o passado tem que ser visto à distância, como foi mencionado no início do capítulo. Sem este distanciamento, não se percebe que é a consciência quem muda. Assim, se tudo o que muda, muda em relação a algo que permanece, é desta consciência que falamos. E não existirá liberdade sem esta conscientização.

> *"Passei toda a minha vida vivendo para os outros. Era elogiada pela minha eficiência. Vivo uma vida abnegada, sem filhos, sem lar. Meus irmãos se casaram e, quando os visito, parece que tenho vivido em vão. Tornei-me amarga. Meu trabalho ficou difícil de engolir. Tornei-me obstinada em minha autodefesa, como tenho visto em minha terapia. Tenho tentado me dar segurança interior, mas tem sido uma enorme luta. Fiz minhas auto-observações e nem imaginava que me atormentava vendo os meus irmãos com uma posição social sólida, prestígio, dinheiro, família. Desliguei-me de todos eles. Fechei a porta das relações, como você me fez ver. Mas muita coisa mudou e as feridas retornaram Sinto-me profundamente angustiada. Sei que faz parte do processo, mas preciso saber o que fazer."*

Esta cliente preferiu o isolamento à vivência. Quanto mais se defende, mais se sente atacada; quanto mais busca segurança, maior o seu conflito. Esforçou-se para ser invulnerável, mas, embora inacessível, fechada as portas da vida, não podia evitar os acontecimentos. Sua vulnerabilidade reapareceu. Procurou a terapia para fechar todas as aberturas e não para descobrir como é estar aberta à vida. Percebeu que é impossível viver vedada. O problema a leva a se tornar acessível, livre, mas sem o medo da incerteza interior.

Somente pela compreensão do falso como falso, poderá libertar-se dele. É preciso ficar cônscia das reações habituais, sem resistência, observando passivamente como se observa uma criança, sem o prazer ou o desprazer da identificação. A vigilância passiva já é a saída para que não continue a sua autodefesa. Ser vulnerável é, com certeza, a indicação de que se está vivo. E apenas no momento presente, sem os acordos com o torto passado e a projeção de um futuro perfeito, poderá fazer o seu próprio mergulho. A liberdade é um salto rumo ao desconhecido.

> *"Desordem espaço-temporal, desinteresse externo, muito silêncio. Quando me permito ficar neste estado, sinto muita paz. É como se não houvesse mais nenhum tipo de briga comigo mesma. Aceito o que observo, sem acrescentar-lhe qualquer julgamento. Aprendi que tudo sou eu! Nem a questão do tempo é mais relevante para mim. Vejo que o momento é o Agora. Mesmo que algo do passado ainda me visite, sei que é no agora que o sinto e que posso compreender. Não há pressa em mudar nada e, paradoxalmente, há muita mudança. Todas as coisas que me acontecem hoje em dia, vivo como oportunidades, isto é, como parte de uma aprendizagem que ainda preciso ter. Mudei o meu olhar sobre tudo. Sinto-me livre! Sou livre do passado, do futuro (porque não projeto nada) e de mim mesma! (risos). Livrei-me de ser aquela pessoa pesada, procurando problemas, arrastando os pés, sentindo angústia simplesmente por existir. Acho que é isso que deve ser a liberdade, pois a sinto fortemente e meu voo se tornou fácil e constante. Nada mais me prende e isso mudou a minha vida. Sou uma pessoa feliz."*

Este lindo relato nos traz algo diferente: a coragem de se ver e de ir até o fim nisso. Esta pessoa o fez. Mudou radicalmente o olhar sobre o mundo. Percebeu o tempo como dimensão da consciência e tomou a rédea de si. Não há mais preocupação com o que tem que permanecer ou o que tem que ser mudado. Isso ocorre naturalmente quando o olhar mudou e já não há mais barreiras criadas. Na verdade, as barreiras serão transpostas por não se temer o resultado. A liberdade justamente consiste nisso: ao ultrapassar as barreiras, a liberdade é sentida. Nada está pronto e, então, a vivência é o ponto de referência.

A desordem espaço-temporal mencionada, se refere à total entrega às sensações, sem a moldura do tempo. Não há tempo algum para ser vivido. Tudo consiste em sensações que ocorrem no momento da vivência. Todas as experiências negadas ou distorcidas, serão concluídas, naturalmente. Pertencerão ao passado imutável. A atenção se volta para o que se vive e nem o passado, nem mesmo o futuro serão capazes de alterar esta rota, pois eles somente "gritam" quando projetamos algo neles. Mas viver sem expectativas é diametralmente oposto àquilo que nos ensinaram nas escolas. Precisamos ter planos, projetar algo, foi o que nos passaram. E para isso, o passado fica vivo, como se nele tivéssemos a chave. Quando isto desmorona, um alívio ocupa todo o nosso ser. Tangenciamos a liberdade! Tocamos as nuvens! Porque aprendemos o que é ser livre.

E para terminar, exponho uma definição poética da psicoterapia, que uma cliente me deixou no fim do seu processo, quando se percebeu criadora:

> *"A terapia é um processo inteligente de se harmonizar a própria natureza. Aos poucos adormeço os medos e destramo o invólucro do meu universo. Posso então entender a afinidade estranha que existe entre a ventania e as flores. A Terapia Vivencial mostra a vida como um movimento musicado pelas nossas próprias mãos. E não há mais tempo para desperdiçar o potencial-luxo de todos nós."* (E.W., em ERTHAL, 1994, p. 105)

## Conclusões

A intenção, estrutura fundamental da realidade humana, não pode ser explicada por algo dado, mas pelo seu fim. O mundo se revela de acordo com o fim escolhido. Nisso constitui a liberdade: só se pode ser, escolhendo-se.

O projeto original que sou é minha escolha original de ser no mundo em sua totalidade. Este projeto não é localizável, ou seja, não se encontra enquadrado em um determinado "tempo"; ele é minha própria existência em sua temporalidade. Forma-se desde criança e segue em direção ao futuro. Não é uma escolha arbitrária, e sim, uma escolha livre, ou seja, realizada sempre a partir das condições concretas da existência. Dessa forma, escolhemos um modo de nos lançar nela e de nos compreender nela. Também não é imutável, pois a escolha original pode ser reforçada ou mudada; ela se temporaliza a cada escolha particular. A cada instante de nossa vida estamos escolhendo-nos na existência, fazendo com que o futuro ilumine o presente.

A sensação, muitas vezes, é a de que temos um passado. Mas ele não determina um ato; carece de força para constituir o presente, pois não é uma força mecânica, e sim um sentido que damos a ele. Contudo, as decisões são a partir do sentido que damos a nossa temporalidade. O passado é presente e funde-se com ele.

Mas, a liberdade, por ser escolha, é mudança, definindo-se pelo seu fim. O passado é aquilo que se acha fora da perspectiva de mudança, pois ele não pode ser alterado. Retornar, donde se costuma observar, nas pessoas presas às chamadas situações inacabadas, acaba por incrementar uma grande dose de remorso, arrependimento, ressentimento e culpa. Elas sentem como se a situação passada retornasse, ou como se o tempo não passasse. O que, na verdade, não percebem é a sua relação com o tempo. Para que o futuro seja um possível realizável, o passado precisa ser apenas passado, com uma existência honorária somente. Embora o passado tenha algum componente em vigência, como um acontecimento traumático, por exemplo, o componente mutável é a significação dada a ele, que é presente. Quem escolherá que uma crise afetiva levará a uma reformulação da forma como as próximas relações se estabelecerão, ou se haverá negação de qualquer forma de relação, é a pessoa que lhe confere um dos significados, de acordo com os fins pelos quais ilumina esses eventos passados.

Existem indivíduos que escolhem fidelidade ao passado, fugindo, disfarçadamente, do devir. Neste caso, o passado é vivo e precisa ser alimentado sempre, para não morrer. O futuro assusta pelo caráter de possibilidade e, assim, nada mais fácil do que se manter na zona de conforto, já conhecida.

Muitos pensam estar buscando ajuda para mudar um modo de ser que os angustia. Contudo, estão se transformando naquilo que os outros veem dele. Trata-se de uma fuga da solidão. É como se negasse a sua própria significação para dar lugar àquelas que adquiriu de outros, encarcerando-se num quadro de ação e reação.

Assim é o processo de mudança: uma descoberta de quem somos, do que escolhemos por nós, assim como daquilo que acreditamos ser nosso, embora tenhamos feito uma escolha pautada nas escolhas dos outros; as desconstruções e redefinições do meu ser, etc. Alguns comportamentos precisam ser desconstruídos para que haja movimento; é preciso que o velho morra para que o novo assuma o seu lugar. A resistência existente nesse processo está relacionada à visão que se tem de si e da coragem de enfrentá-la. É imprescindível o compromisso consigo mesmo, um engajamento com a liberdade de criação da sua vida. E a criação de si apoia-se na confiança intuitiva da liberdade de ser.

A nossa história se desenvolve no tempo e não pode ser mudada enquanto fatos ocorridos, mas podemos ter uma nova visão destes fatos, de acordo com uma nova postura, um novo olhar. Uma reedição faria parte de uma nova construção.

Somente a verdade liberta, e não o desejo de ser livre. O desejo e o esforço para o ser já constituem um grande obstáculo à libertação. A compreensão advém quando cessa qualquer ação de esforço. A mente obrigada a estar quieta, não é uma mente tranquila, da mesma forma que uma pessoa que se força a ser livre, jamais o será. A repressão não constitui os passos que levam à liberdade. O primeiro passo para a libertação é, sem sombra de dúvida, a compreensão do cativeiro.

# Referências

AGOSTINHO, Santo. (1987). *Confissões*. Tradução de J. Oliveira Santos e A. Ambrósio de Pina. São Paulo: Nova Cultura.

ERTHAL, Tereza.(1994). Contas e contos na Terapia Vivencial. Petrópolis: Vozes.

KRISHNAMURTI, J. (1975). *Reflexões sobre a vida*. São Paulo: Editora Cultrix.

PERDIGÃO, Paulo. (1995). *Existência e Liberdade: uma introdução à filosofia de Sartre*. Porto Alegre: L e PM

SARTRE, Jean-Paul. (1997). *O ser e o nada. Ensaio de ontologia fenomenológica*. Tradução de Paulo Perdigão. Petrópolis: Vozes.

SARTRE, Jean-Paul. (1997). *O Existencialismo é um Humanismo*. Trad. Rita C. Guedes. São Paulo: Nova Cultural.

CAPÍTULO 8

# Adolescentes em conflito com a lei: em busca de uma perspectiva fenomenológica

*Rafael Renato dos Santos*

## Desmistificando a questão

*Falar para poucos –*
*tarefa de todo aquele*
*que quer ser bem ouvido!*
*Nas multidões perduram as distorções*
*e também o mal-entendido.*
(RAFAEL RENATO DOS SANTOS)

Nos últimos anos tem sido cada vez mais comum e recorrente a turba que se organiza em torno do tema adolescência em conflito com a lei. Não mobilizada pelas reflexões críticas sobre a questão, mas diuturnamente resgatada pela mídia nacional (televisão, rádio, jornais, imprensa eletrônica, redes sociais, etc) sob o manto do pânico moral e do espanto.

A questão é de tal relevância que em 2012 a Agência de Notícias dos Direitos da Infância (ANDI) em parceria com a Secretaria de Direitos Humanos (SDH) da Presidência da República, lançaram um guia[1] para balizar a cobertura jornalística envolvendo a prática de atos infracionais por adolescentes. O objetivo principal do documento era qualificar as produções da mídia sobre o tema, garantindo a superação da perspectiva excessivamente factual, descontextualizada, plena de lacunas, mitos e estereótipos (ANDI, 2012, p. 4).

---

[1] ANDI – Comunicação e Direitos. Adolescentes em conflito com a lei – guia de referência para cobertura jornalística. Brasília, 2012. Disponível em: http://www.andi.org.br/infancia-e-juventude/publicacao/adolescentes-em-conflito-com-a-lei-guia-de-referencia-para-a-cobertu

No entanto, é ainda frequente a ocorrência de abusos, distorções, manipulações do discurso, construções de narrativas tendenciosas e sensacionalismos quando a problemática é levantada. Em nome da "segurança pública" criam-se mitos, inimigos comuns, despertam sentimentos de ódio e de vingança. É a construção social de um imaginário comum, rasteiro, de fácil aderência e que dispensa juízo crítico.

Vale ressaltar, que não estamos fazendo referência a qualquer necessidade de cercear o direito à liberdade de imprensa. Ao nosso ver, é apenas redundante reiterar que o jornalismo sério parte de princípios éticos inerentes a própria profissão e que, portanto, não se inclui na vala comum do lixo midiático.

Fato é que a veiculação distorcida de notícias relativas a adolescentes autores de atos infracionais constitui uma espécie de essencialismo pernicioso, pois, a construção de um ser social abjeto pela mídia é intencional, ou seja, tem claras e nada nobres finalidades. Além disso, esta imagem erigida produz um raso raciocínio massificado que convencionamos chamar de senso comum. Trata-se, portanto, de um modo cultural de regular as disposições afetivas e éticas por meio de um enquadramento seletivo e diferenciado da violência (BUTLER, 2015, p. 13).

Estas informações rearranjadas de maneira intencional pelos operadores de boa parte da mídia, instrumentaliza as concepções que desembocarão nas narrativas de redução da maioridade penal[2] e outras excrescências da mesma natureza. Tudo isto construído a despeito de toda realidade que passaremos a elencar e que, por estas e outras razões, são escamoteadas.

Antes disso, não podemos deixar de abrir um parêntese para uma analogia que a feliz coincidência nos permite.

Na verdade, a Proposta de Emenda à Constituição (PEC 171/1993) que prevê a redução da idade penal para 16 anos é bem sugestiva pela numeração que leva: 171. No Código Penal brasileiro, o artigo 171 refere-se ao crime de estelionato, que é, via de regra, o que estão propondo com esta PEC da redução da maioridade penal: um estelionato da racionalidade, a obtenção de vantagens ilícitas com prejuízo alheio, induzindo a população ao erro, mediante artifício ardiloso e fraudulento.

Passemos então à realidade que jaz oculta para boa parte de nós.

De acordo com o Mapa da Violência (2015) o Brasil ocupa a 4ª posição no ranking dos países em que mais se mata por armas de fogo. Só no ano de

---

[2]  Tramita na Câmara dos Deputados a Proposta de Emenda à Constituição – PEC 171/1993 de redução da maioridade de 18 para 16 anos. Esta proposta é de autoria do Deputado Benedito Domingos do Partido Progressista do Distrito Federal.

2012, foram 42.416 mortes, sendo que 24.882 ocorreram entre adolescentes e jovens de 15 aos 29 anos, o que caracteriza 58% das mortes.

Em 2011, segundo dados do DATASUS do Ministério da Saúde[3], este número era ainda maior, 27.471 jovens (entre 15 e 24 anos), o equivalente a 52,63%, dos quais 71,44% negros (pretos e pardos) e 93,03% do sexo masculino, foram de igual modo mortos.

Em contrapartida, no ano de 2012[4], os adolescentes envolvidos em homicídio perfizeram um total de 13% de um universo de aproximadamente 20 mil, referentes aqueles que foram internados em instituições socioeducativas de todo o território nacional.

Neste sentido, somos levados a rearticular o pensamento e considerar o que esta realidade está gritando aos ouvidos prejudicados da sociedade brasileira: estes adolescentes são muito mais vítimas do que autores de crimes violentos (ADIMARI, PAES E COSTA, 2015, p. 9).

Então, por que a mídia em geral insiste em afirmar que os adolescentes são os grandes responsáveis pela violência no país?

Não podemos olvidar que esses veículos, que chamamos de mídia, são empresas muito mais interessadas no lucro do que na difusão da informação em sua totalidade e realidade. Negam o acesso aos fatos e aos profissionais que se dedicam a compreensão do tema, para reproduzir inverdades que mais agradam aos setores conservadores interessados na vingança, mais do que na justiça (ADIMARI, PAES E COSTA, 2015, p. 9-10).

Além disso, a estratégia de elencar este grupo de adolescentes (em sua esmagadora maioria, pretos e pardos, residentes nas periferias de pequenas e grandes cidades) como produtores da violência, suplanta qualquer tentativa de questionamento sobre os reais problemas sociais e as dificuldades em solucioná-los, por parte do Estado. É como se na ausência de políticas públicas, fosse feita a escolha pela eliminação da população ao invés de eliminar os problemas. Opta-se pela amputação da mão quando o dedo está quebrado. Pode parecer bizarro, mas é o que temos vivenciado cotidianamente em nosso país.

O que nos faz aceitar esta realidade, é justamente o processo de banalização do mal e precarização da vida desta parcela da população, levada a cabo

---

[3] Matéria da Secretaria Nacional de Juventude, fundamentada nas pesquisas desenvolvidas pelo pesquisador Julio Jacobo Waiselfsz. Disponível em: http://juventude.gov.br/juventude/noticias/mapa-da-violencia-homicidios-e-juventude-no-brasil-publicacao-apresenta-diagnostico-da-violencia#. V82QY5grLIU

[4] Dados do Plano Nacional de Atendimento Socioeducativo e reiterados por ADAMARI, PAES e COSTA, 2014, p. 9.

diariamente pelos representantes da complexa trama de forças que compõem o cenário de poder brasileiro e que possuem interesses escusos com a criminalização da pobreza e com a manutenção da paulatina política de extermínio e controle das classes sociais mais baixas.

Mas se vidas estão sendo tornadas dispensáveis, precarizadas no sentido mesmo do que sabiamente nos apontou Judith Butler[5], o que a mídia tem feito é nos impedir de qualquer identificação ou aproximação que permita ver o outro como um semelhante e perceber as mazelas que o atingem.

Diante deste dilema, Butler (2015) nos apresenta uma perspectiva fundamental, a de que "devemos nos perguntar em que condições torna-se possível apreender uma vida, ou um conjunto de vidas, como precária, e em que condições isso se torna menos possível ou mesmo impossível."

Dito de outra forma:

> [...] uma vida não pode ser considerada lesada ou perdida se não for primeiro considerada viva. Se certas vidas não são qualificadas como vivas [...] não são concebíveis como vidas de acordo com certos enquadramentos epistemológicos, então essas vidas nunca serão vividas nem perdidas no sentido pleno dessas palavras. (BUTLER, 2015, p. 13)

Se não nos interrogarmos a este respeito, as mortes de que falávamos anteriormente serão apenas computadas como dados estatísticos de pouca ou nenhuma relevância, corroborando a tese de que estas vidas perdidas, para o imaginário e realidade coletiva, não se constituem como vidas nem no plano do discurso. E isto é de extrema gravidade!

O que intentamos aqui é deixar tão claro quanto possível que está em curso um processo de desconstrução da existência de um determinado grupo, o de adolescentes em conflito com a lei, sobrepondo a sua imagem a imagem de tudo aquilo que é abjeto, temido e ameaçador à vida social.

Fazer pesar sobre o outro a suspeição do mal maior, desfigurando-se por completo sua condição de humanidade (ANGERAMI, 2012, p. 11), é o requisito prévio para que sua existência possa ser concebida como totalmente passível de aniquilação.

Não seria a proposta fundamental da perspectiva fenomenológica superar os estigmas e os rótulos, ou seja, a atitude natural e ingênua? Ademais, conceber

---

[5] Filósofa, teórica feminista e estudiosa das questões do campo da ética no mundo contemporâneo. Faço referência ao artigo "Vida Precária" escrito a partir do livro homônimo da autora, ainda sem tradução para o português. O artigo encontra-se disponível em: http://www.contemporanea.ufscar.br/index.php/contemporanea/article/viewFile/18/3.

o mundo a partir de suposições ideológicas, sem antes depreender da realidade seus agenciamentos, as relações estabelecidas com aquele que percebe e com os contextos singulares que a produziu, não seria uma conduta de má-fé?

Ao falarmos das distorções midiáticas, em todas as suas formas, estamos falando, em última instância da construção de um olhar coletivo sobre o outro, estamos falando da construção de um imaginário, da catalisação dos sentimentos das coletividades e da produção de uma determinada ética, portanto, estamos fazendo referência ao processo de subjetivação.

Mas, de fato, de quem estamos falando?

## Adolescência em conflito com a lei

> *O eterno paradoxo da alma humana, de que nos aperce-*
> *bemos a cada momento, é que ela possa ser a um só tempo*
> *inteiramente livre e inteiramente dominada pelas leis.*
>
> (OSCAR WILDE)

Antes de qualquer desdobramento, se faz necessário esclarecer de quem estamos falando, de que adolescência fazemos referência, a partir de quais contextos, com qual leitura, etc. E ainda, quando falamos em conflito com a lei é importante delimitarmos o universo conceitual de onde estamos partindo.

Pois bem, para falarmos de adolescência é necessário explicitar que, ao contrário do que se convenciona constatar quase que imediatamente, a adolescência a que nos referimos não é aquela compreendida nos meios acadêmicos, impregnadas de uma visão linear de desenvolvimento, desprovida das contradições materiais de vida e tributária de um fazer taxonômico (classificatório e hierarquizante), bastante ligado ao saber médico. Não estamos nos referindo a uma dada categoria abstrata, alheia ao caldo cultural e aos enredos sociais do qual emerge, fazendo parte e os compondo.

A prática tem mostrado que diferenças abismais se estabelecem entre a adolescência definida pelos círculos psicológicos e acadêmicos e as adolescências que se manifestam na vida social. Além disso, não temos encontrado representações de todas as classes sociais, quando abordamos o tema do conflito com a lei em nosso trabalho cotidiano na execução de Medidas Socioeducativas. Seria quase como dizer que, a grande maioria – quase totalidade – dos adolescentes autores de ato infracional, que recebem a aplicação de Medidas Socioeducativas pelo Poder Judiciário, pertencem às classes baixa e, com menor incidência, média.

No que tange a delimitação feita pela legislação, no caso o Estatuto da Criança e do Adolescente (ECA), a definição se dá pelo fator idade, ou seja, classifica-se como adolescentes as pessoas entre doze e dezoito anos (ECA, Art, 2°). Desta forma, fica claro que os meios jurídicos também não têm alcance suficiente para fundamentar as nuances do fenômeno, pois restringe-se à definição cronológica.

Se, por um lado não é possível contar com o amparo teórico que nos possibilite uma visão mais concreta da adolescência vivida pelos indivíduos de nossa sociedade, por outro, temos uma formulação que os universaliza e que é capaz apenas de apresentar a figura jurídica do adolescente.

Eis o dilema conceitual que evoca a necessidade de superação de paradigmas psicológicos ou restritivos legais que, ao invés de nos aproximar da realidade mesma do que convencionamos chamar adolescência e de nos posicionar criticamente aos fatores que a cercam, nos distancia da concretude e daquilo que buscamos abarcar. Agora, ainda mais do que antes, urge a necessidade de compreendermos a adolescência como um momento gerado a partir das condições materiais de produção, atrelada à história do desenvolvimento social dos homens e não decorrente de um intenso processo de mudanças biológicas, que, por si só, acarretariam mudanças emocionais (TOMIO E FACCI, 2009, p. 90).

Nossa perspectiva sobre adolescência, mais especificamente aquela em conflito com a lei, que encontra-se em cumprimento de Medidas Socioeducativas, retrata um determinado grupo de pessoas que, entre outras circunstâncias, estão em uma fase peculiar do desenvolvimento, em condições completamente diversas de vida, muitas vezes, privadas de alimentação adequada, de respaldo educativo, afetivo-emocional e de acesso aos recursos comuns a boa parte da população (saúde, saneamento básico, segurança pública, educação de qualidade, esporte, cultura e lazer, etc).

Além disso, esta alta exposição a condições precárias de sobrevivência associa-se a fatores de risco e vulnerabilidades das mais diversas. Risco de morte prematura, de abuso sexual, de acesso as drogas, de violência física e psicológica, violência policial, etc. Estamos falando de adolescentes que convivem diariamente com o tráfico intenso em seus territórios; com as regras e normas do crime organizado, que existem em paralelo à legislação vigente e que produzem valores morais e éticos diferentes, e até mesmo divergentes, daqueles que encontramos em outros contextos de vida.

Não podemos falar de todas as adolescências sem atentarmos para os contextos em que elas se dão. De igual modo, quando falamos de adolescentes em conflito com a lei, estamos apontando para o emaranhado onde todas estas circunstâncias se articulam. Assim, enquanto categoria abstrata, pré-reflexiva, da qual se diga é isto, é aquilo, a adolescência não é, ela está sendo historicamente.

Mas o que configura a condição de estar em conflito com a lei?

Da mesma forma que a definição de adolescência está longe de ser homogênea, a definição de delito praticado por crianças e adolescentes passou por uma evolução ao longo de sua história. No período que antecedeu a promulgação do Estatuto da Criança e do Adolescente (ECA) a tipificação da conduta delitiva seguia o Código de Menores e passava pelo crivo da autoridade policial e dos operadores do direto (juízes e promotores), o que incluía antigas categorias como vadiagem e perambulação (VOLPI, 2011, p. 8). Isto quer dizer que quaisquer condutas que destoassem do consentimento destes agentes poderiam ser enquadradas como prática de delito, deixando espaço ainda maior para abusos e desrespeito aos direitos.

Foi apenas a partir do ECA que se definiu como ato infracional aquela conduta descrita como crime ou contravenção penal (Art. 103) e que portanto, passa a seguir as mesmas definições estabelecidas pelo Código Penal e outros dispositivos legais, diminuindo a possibilidade de interpretações equivocadas e assegurando às crianças e adolescentes as mesmas garantias legais oferecidas a todos os cidadãos (direito à defesa, apuração do ato infracional, devido processo legal, etc). Esta legislação também significou avanços, até hoje parcamente compreendidos pelo senso comum, a saber, a concepção de que segurança e cidadania podem caminhar juntas e de que é possível reconhecer no agressor um cidadão (VOLPI, 2011, p. 9).

Não obstantes estes avanços, faz-se necessária uma ampliação até mesmo do conceito de ato infracional, para além das prerrogativas legais e da transgressão frente a norma.

Considerando todas as circunstâncias contextuais já elencadas, somos impulsionados a entender de maneira mais abrangente o que compreendemos como as raízes do que chamamos de conflito com a lei. De maneira mais específica, o que estamos propondo com isto é que a condição de estar em conflito com a lei possui uma natureza que perpassa pelas questões sociais, políticas, culturais, econômicas e não é decorrente apenas da ação infracional individual.

Novamente estamos diante de um fenômeno rizomático, de múltiplas vertentes, complexo, fugindo do raciocínio fragmentado e neoliberal que centra tudo apenas no campo individual e extirpa da compreensão a dimensão plural dos acontecimentos.

Não estamos com isso relativizando a concepção legal de ato infracional, estamos apenas considerando que o que caracteriza o conflito com a lei é a resultante de um emaranhado de circunstâncias que extrapolam o próprio adolescente envolvido na prática infracional.

Também não podemos alienar deste raciocínio que vivemos em uma sociedade fundada sobre os valores judaico-cristãos de castigo, punição e expiação mediante o sofrimento como fatores culturais. Uma sociedade violenta que confere à "justiça divina" a "correção" por meio da dor ou da tortura pelo inferno. Uma sociedade altamente punitiva, desde que sua punição seja executada *neles* (quem quer que sejam: adolescentes, negros, pobres, etc) desde que não sejamos *nós* (Davis, 2009, p. 16).

O que estamos propondo aqui é mais uma abertura para compreensão de que não há uma linearidade entre crime e punição em nossa sociedade. Que por isso não podemos concordar com os produtos que uma parcela expressiva da mídia e até mesmo os meios acadêmicos nos vendem, pois nem sempre há a correspondência entre crime e castigo, como bem asseverou Angela Davis[6]:

> A relação que normalmente se assume no discurso popular e acadêmico é que o crime gera castigo. O que tenho tentado fazer [...] é encorajar as pessoas a aventar a possibilidade de que o castigo pode ser consequência de outras forças, e não uma consequência inevitável da execução do crime. [...] As comunidades que são objeto de vigilância policial têm muito mais chances de fornecer indivíduos para a indústria da punição. (Davis, 2009, p. 47)

Antes que sejamos capturados pelo discurso fácil, aderente e rasteiro que é veiculado por boa parte da mídia desinformada e intencionalmente manipuladora da opinião pública, bem como dos setores conservadores que infestam a política nacional visando acirrar ainda mais as desigualdades de oportunidades e de condições de vida, devemos suspender nossa atitude natural e naturalizante dos problemas sociais para poder encontrar na realidade mesma dos fenômenos e de sua aparição a razão de suas ocorrências.

## Uma Fenomenologia possível...

> *"Se as portas da percepção estivessem limpas,*
> *tudo apareceria ao homem tal como é: infinito."*
> (William Blake)

Diante de tudo o que temos exposto até aqui, permanece um questionamento, ao nosso ver, seminal: Seria possível estabelecer uma perspectiva fenome-

---

[6] Acadêmica, escritora, teórica feminista e ativista política, conhecida internacionalmente por sua luta de combate a todas as formas de opressão, incluindo as dirigidas à população carcerária, aos negros, além de defensora da abolição das prisões.

nológica diante do universo que envolve adolescentes em conflito com a lei? Indo um pouco mais adiante: Seria possível provocar a Fenomenologia para estender seus pressupostos e domínio a outros ramos do saber e outras dimensões da vida?

Vemos a Fenomenologia aplicada a muitos campos, Psicopatologia (HOLANDA, 2011); à Psicologia (FORGHIERI, 2014); à Sociologia (SCHUTZ, 1967); na Pesquisa (MOREIRA, 2004); etc. Isto significa que ela, enquanto arcabouço teórico e epistemológico reúne condições de se pluralizar.

No entanto, a temática que levantamos aqui é ainda muito recente e, em geral, apresenta escassas produções que se propõem analisá-la sobre outros prismas que não os eixos hegemônicos do pensamento psicológico.

Neste sentido, a proposta que fazemos aqui é ousada, sujeita a equívocos, mas, ainda assim, extremamente necessária.

Para Angerami (2007, p. 73), "o domínio da Fenomenologia é praticamente ilimitado." Ainda segundo o autor, "qualquer que trate da maneira de aparecer do que quer que seja, qualquer um por conseguinte que descreva aparências ou aparições faz Fenomenologia." (ANGERAMI, 2007, p. 73).

Ora, se é possível alargar os domínios da abordagem fenomenológica, do que deve se ocupar aqueles que se preocupam com este fazer? Ao nosso ver, devemos recorrer aos princípios que originaram a própria Fenomenologia para que possamos responder a esta questão.

Segundo Holanda (2011, p. 115), a Fenomenologia surge num momento de "crise", da subjetividade, do irracionalismo, da representação do mundo e de objetivação, perda da dimensão ética. Neste contexto, este ramo do conhecimento vem propor um outro "olhar" para a relação entre ciência e humanidade (HOLANDA, 2011, p. 115-116).

Assim como a abordagem fenomenológica da psicopatologia propôs um enfoque crítico ao exacerbado controle psiquiátrico (HOLANDA, 2011, p.116) quando de seu surgimento, consideramos que é possível este mesmo enfoque crítico, quando apontamos para a realidade que envolve os adolescentes em conflito com a lei, até então, sob o lastro da visão grotesca e estereotipada da mídia; sob o recrudescimento das forças conservadoras (ANGERAMI, 2011, p. 318) que faz da punição sua vingança e sob a mira das intenções financeiras da indústria carcerária (DAVIS, 2009) que ronda nosso sistema prisional.

Como já mencionado anteriormente, seria a Fenomenologia nosso instrumento para extrair dos próprios fenômenos a razão de seus acontecimentos, suspendendo as atitudes ingênua e naturalizante que nos distanciam da realidade e denunciando os agentes reforçadores destas atitudes.

Quando usamos do arcabouço teórico, seja ele qual for, para garantir que as desigualdades, as distorções e as opressões permaneçam ocorrendo sem denúncia, estamos colaborando para que as ideologias de exploração persistam. Nossa tarefa neste sentido seria a de observar no aparecimento dos fenômenos com os quais lidamos, os escamoteamentos teóricos, filosóficos e até mesmo psicologismos que tencionam na direção dos conformismos, da apatia e do niilismo diante das questões que demandam sobretudo a prática libertária do profissional.

O que queremos propor é uma expansão das fronteiras da fenomenologia e aplicá-la à dimensão concreta da vida em sociedade, ainda que orientada a um tema específico. Almejamos, em última instância, sugerir a possibilidade de uma posição fenomenológica diante de questões que envolvem os seres humanos em todas as suas condições de ser-no-mundo.

Cremos que com isto, seguimos nos passos daquilo que foi a pretensão inicial do próprio Husserl na elaboração da Fenomenologia, ou seja, voltar-se para as coisas em si mesmas, para a realidade que se mostra, ao invés de buscar teorias que afastam das questões originárias (RODRIGUES, 2009, p. 39).

## Dados da experiência

*Portanto, nada é mais útil ao homem do que o próprio homem. Quero com isso dizer que os homens não podem aspirar nada que seja mais vantajoso para conservar seu ser do que estarem, todos, em concordância em tudo, de maneira que as mentes e os corpos de todos componham como que uma só mente e um só corpo, e que todos, em conjunto, se esforcem, tanto quanto possam, por conservar o seu ser, e que busquem, juntos, o que é de utilidade comum para todos. Disso se segue que os homens que se regem pela razão, isto é, os homens que buscam, sob a condução da razão, o que lhes é útil, nada apetecem para si que não desejem também aos outros e são, por isso, justos, confiáveis e leais.*
(BENEDICTUS DE SPINOZA – *Ética*. Proposição 18 da Parte 4)

Antes de encaminharmos para as considerações finais, faremos uma descrição das experiências que decorrem de nosso trabalho, na execução das Medidas Socioeducativas em Meio Aberto (MSE-MA), as quais envolvem as Medidas de Liberdade Assistida (LA) e de Prestação de Serviços à Comunidade (PSC), desenvolvidas no Centro de Referência Especializado de Assistência Social (CREAS) de Itapetininga/SP.

Trata-se de duas MSE diferentes em sua natureza, mas que visam os mesmos objetivos tal qual proposto pela Lei nº 12.594/2012 em seu artigo 2º, a saber: a responsabilização do adolescente quanto as consequências lesivas do ato infracional; a ressocialização do adolescente, com garantia dos direitos individuais e sociais; além da desaprovação da conduta infracional. Estes objetivos, para que se tornem viáveis, exigem a articulação entre todos os atores do Sistema de Garantias de Direitos (SGD), quais sejam: Educação, Saúde, Assistência Social, Justiça e Segurança Pública.

Embora a proposta seja bastante relevante e profícua, é necessário marcar que ainda constitui-se um vislumbre idealístico, pois, é notória a influência que cada um destes agentes do SGD obtém do imaginário constituído acerca da adolescência em conflito com a lei. O adolescente descrito pelo Sistema de Segurança Pública, não é o mesmo que aquele contemplado de maneira genérica e abstrata pelo Sistema de Justiça e que, por sua vez, difere de modo e grau do Sistema de Saúde.

Em última instância, estas premissas afetam de maneira considerável a participação destes atores no ato mesmo de implementação de qualquer política, pois esbarram nos preconceitos morais, nos estigmas culturais e na manutenção da dinâmica de exclusão social, a despeito de quaisquer tentativas de sensibilização.

Estas considerações, longe de ser uma mera digressão filosófica, emerge das vivências recentes que tivemos na construção do Plano Municipal Decenal de Atendimento Socioeducativo do município de Itapetininga/SP. Para elaboração de um documento que estabelecesse diagnóstico da realidade desta cidade, com vistas a intervenção planejada de ações conjuntas, enfrentamos grandes dificuldades de diálogo, de perspectivas e de participação dos membros da comissão estabelecida para este fim. Os embates de ideias, as ausências dos participantes e a clara evitação diante da proposta, tornou evidente aquilo que temos experimentado na prática do Serviço de Medidas Socioeducativas, ou seja, o descaso das políticas públicas frente aos adolescentes autores de atos infracionais.

Após oito meses de constante encontros de trabalho, a Comissão de Gestão conseguiu, juntamente com o apoio de uma consultoria, elaborar o documento final de trabalho que corresponsabiliza todo o SGD, mas que, por outro lado, depende da vontade pessoal daqueles que representam este Sistema para que seja efetivado.

Citamos alguns dos principais problemas (muitos deles, claras violações de direitos) enfrentados no Serviço de Medidas que foram alvo de intervenção por parte da Comissão: negativa de vagas em escolas públicas; agressões e desrespeito nas abordagens policiais, incluindo maus-tratos nas dependências da polícia, quando da apreensão e custódia; desrespeito também no contato com o Sistema de Justiça (queixa de familiares e de adolescentes); falta de compreensão quanto a natureza das Medidas Socioeducativas por parte da família; escassa atenção em saúde, principalmente no âmbito da saúde mental; ausência de programas de incentivo e inserção no mundo do trabalho; total ausência de programas e projetos esportivos e culturais nas periferias (disponíveis em pequena quantidade nos bairros de residência da elite), etc.

Estes fatores, aliados a excessiva exposição ao crime organizado (presente massivamente nos territórios periféricos), às drogas (às vezes, mais presentes que o saneamento básico e outros tentáculos do Estado), ao constante apelo da sociedade de consumo, que prima pela visibilidade mediante a posse de bens, constituem a tessitura propícia para o envolvimento dos adolescentes com atos infracionais, muitas vezes como alternativa de ascensão social e cultural.

Este cenário, longe de ser privilégio do município em questão, chama a atenção justamente pelo fato de ser uma reprodução holográfica de um mal que atinge todas as médias e grandes cidades do país. É esta mistura de circunstâncias que, recortadas por determinadas perspectivas, irão sustentar a ideia de que é o adolescente o produtor do mal social que nos assolam, antes de ser ele mesmo o alvo de todas as ações que impediriam seu envolvimento com a criminalidade. É uma perversa inversão da perspectiva que, antes de prevenir o problema, se alimenta ainda mais dele para manter o ciclo de violência e extermínio da juventude brasileira.

Desde a elaboração do Plano Municipal, a equipe de MSE-MA tem sido insistente na produção de respostas e ações concretas para a resolução dos problemas apresentados. Até o momento, foi possível assegurar que o direito fundamental de acesso à educação seja garantido, com um acompanhamento sistemático do desempenho dos adolescentes inseridos nas escolas estaduais do município. Esta ação contou com a articulação e participação efetiva do órgão responsável pela educação, juntamente com o CREAS. Atualmente, quando há a solicitação de vaga, o adolescente ou qualquer de seus familiares que estejam fora da escola, tem a matrícula efetivada, desta vez sem a humilhação de ser impedido de voltar às aulas e de depender da vontade (ou falta de) dos diretores de escola.

Outro avanço que tem sido a garantia de vagas para a inserção de adolescentes em cumprimento da Medida de PSC em Entidades Sociais, repartições públicas e afins. Trata-se de uma Medida em que os(as) adolescentes são inseridos(as) nestas instituições para prestar serviços de interesse público, de forma gratuita, conforme estabelecido pelo ECA, em seu Artigo 112 inciso III e especificado no Artigo 117. Esta MSE, se aplicada e desenvolvida corretamente, irá levar em consideração as habilidades apresentadas pelo adolescente, visando amplifica-las e incluir ao longo do processo a assimilação de valores positivos e maior compreensão quanto a vida comunitária.

Ao longo dos anos de execução da PSC no município de Itapetininga, diversos entraves obstaculizaram sua plena efetivação, principalmente, no que diz respeito à grande recusa em aceitar os adolescentes no cumprimento desta Medida, por parte das chamadas "Entidades Acolhedoras". Embora a aplicação sempre tenha sido feita pelo Poder Judiciário, com toda a obrigatoriedade que envolve, os constantes conflitos advindos de uma aceitação compulsória, tornava a Medida algo inviável e muitas vezes reprodutora de violações e de exclusões.

Dada esta complexidade, tivemos que lançar mão de ações de cunho político, para assegurar primeiramente a possibilidade de inserção dos adolescentes nas Entidades para, posteriormente, procedermos com a necessária sensibilização das pessoas executoras do processo socioeducativo. Sabendo que as Entidades dependem, em grande medida dos incentivos financeiros geridos pelo Poder Público, conseguimos estabelecer a obrigatoriedade de que todos os editais de chamamento para estes incentivos incluam como condição *sine qua non* a acolhida de adolescentes em cumprimento de PSC. Um pequeno passo, que agora está sendo fortalecido pelos constantes diálogos, capacitações e outros esforços da equipe do CREAS, os quais visam o melhor preparo dos profissionais das Entidades para a adequada execução da MSE.

Convém ressaltar que estas atitudes não encontram tipificações ou quaisquer outras prerrogativas legais ou institucionais, mas antes, nasceram do compromisso ético com que a equipe de Medidas tem desenvolvido seu trabalho, reconhecendo sua dimensão política, social e cultural que esta prática exige, indo na contramão do senso comum, da ignorância e do preconceito que balizam a nossa sociedade.

Também gostaríamos de apresentar um panorama das situações que enfrentamos no dia a dia da execução de Medidas Socioeducativas para que aquele(a) que nos lê, possa ter uma dimensão, ainda que particular, do fenômeno adolescente em conflito com a lei.

Conforme já tentado até aqui, partimos da compreensão de que paira sobre o imaginário e as atitudes coletivas uma névoa de entorpecimento sobre a realidade humana presente na vivência do adolescente autor de ato infracional. Uma tal névoa que os aliena de sua própria condição de humanos, que os demoniza e impinge sobre eles a paradoxal posição de invisibilidade e visibilidade, isto é, se por um lado a natureza das omissões sociais frente as mazelas da realidade em que vivem constituem uma invisibilidade de seus corpos, por outro, a produção de qualquer tipo de atitude antissocial faz chover sobre eles os holofotes de uma sociedade que os reconhece apenas na desgraça. Dito de outra maneira, o adolescente invisível (alienado das garantias sociais que lhe asseguram a condição de existente), torna-se visível através de sua conduta transgressora, quando, no fim de toda uma cadeia de circunstâncias, se arma e ataca esta mesma sociedade que lhe rejeitou desde o princípio. A resposta para esta conduta, tem sido desde sempre a tentativa de novamente invisibilizá-los, nem que para isto tenha que os exterminar, fazendo pesar sobre estes corpos o silêncio final da morte.

Fato é que estes adolescentes que chegam ao Serviço de Medidas, chegam na condição última dos dilemas que vivenciam e os levam impreterivelmente ao estado de transgressores. Chegam até o Serviço quando todas as demais políticas públicas e ações da família se esgotaram ou tornaram-se insuficientes. São adolescentes que desde tenra idade (e pelas mais diversas circunstâncias) envolveram-se com o uso de drogas, com práticas ilícitas e com possibilidades do universo delitivo, tendo praticado qualquer um dos crimes previstos em lei: injúria, desacato, lesão corporal, dano, tráfico, homicídio, estupro, roubo, furto, etc.

Em uma destas ocasiões, em contato com um adolescente questionamos as razões que o levaram a traficar e fomos surpreendidos pela resposta: "Sr., eu tinha 12 anos, minha mãe, meu padrasto e meu irmão foram presos e eu fiquei sozinho em casa, sem saber o que fazer e sem o apoio de qualquer parente. A única solução que encontrei foi pegar o restante de drogas que meu irmão tinha escondido em casa e sair vendendo". Para agravar ainda mais sua condição, os parentes (que se negaram a acolhê-lo) apossaram-se da casa assim que ele também foi apreendido e internado na Fundação CASA.

Em outra ocasião, conversávamos com um adolescente que também teve a família apreendida devido ao fato de que toda droga que vendia encontrava-se em sua residência. Este adolescente que chamaremos de K. comentou que, ficou 40 dias em internação provisória, sendo liberado posteriormente e que, quando retornou, seus familiares (mãe e pai) continuaram presos. Os três irmãos, ainda crianças, ficaram sob os cuidados de uma tia e ele permanecia na casa de sua família, sem trabalho e sem condição de sustentar-se. Seu desespero oscilava entre a necessidade de voltar ao tráfico (agora ainda mais para obter dinheiro e sobreviver) e o desejo de realmente mudar sua trajetória de vida, sobre outros valores. Quando chegou para atendimento no CREAS estava em vias de completar 18 anos, fator este que contribuiu em muito para que prevalecesse a possibilidade de mudança. Elaboramos seu currículo, providenciamos alguns documentos pessoais que ainda faltavam e encaminhamos para um posto de captação de trabalhadores. K. conseguiu oportunidade de trabalho registrado em uma empresa e já se passaram 2 anos desde que abandonou o tráfico. Seus pais saíram da prisão, mas o Ministério Público recorreu da sentença e, após seis meses em liberdade, foram novamente apreendidos. K. verbalizava com frequência que se não tivesse contado com a oportunidade de trabalho naquele momento, retornaria ao tráfico, pois, infelizmente era a solução mais acessível para ele, diante das dificuldades da vida. Tendo encerrada a MSE de Liberdade Assistida, K. ainda comparece eventualmente ao CREAS sempre que precisa de alguma orientação, suporte para alguma necessidade ou encaminhamento. Recentemente ouvimos de outro adolescente amigo de K. que ele está "firmão" (*sic*), que agora tornou-se pai e que permanece no trabalho.

Infelizmente, histórias como a de K. são a exceção do trabalho, pois, nem sempre é possível reverter o quadro a tempo de manter a vida social destes adolescentes. Muitas vezes esta espécie de morte (a social), aquela capaz de matar perversamente, isto é, enquanto a pessoa ainda vive, consegue fazer suas vítimas, contando com a contribuição que cada um de nós (representantes da sociedade) damos, quando fechamos os olhos, os ouvidos e as portas de acesso à vida na comunidade de existentes.

Pior ainda é saber que, para cada porta fechada, para cada não de nossa parte, coexiste paralelamente uma possibilidade de transgredir, um sim de algum representante do crime organizado. Em nosso trabalho cotidiano temos observado prevalência dos ideais, valores e do discurso do Primeiro Comando da Capital (PCC) na vida prática dos adolescentes autores de atos infracionais, um fenômeno que carece de aprofundamentos e maiores estudos. O uso de símbolos, lemas e referências do PCC em camisetas, tatuagens e nas falas dos adolescentes tem sido uma constante que emerge durante os atendimentos psicossociais que realizamos. Seus princípios norteadores da conduta criminosa e que balizam os comportamentos daqueles que estão na criminalidade tem sido inculcados na vida social destes adolescentes como verdadeiras profissões de fé. Não ousaremos reproduzir aqui alguns dos lemas da facção criminosa citada, por motivos de não fazer propaganda de sua ideologia.

Um certo apreço pela chamada "vida loka" (expressão comum, que retrata o envolvimento com o crime), inclui necessariamente uma adesão aos valores compartilhados no mundo delitivo e veiculados pela facção. Além disso, é recorrente e amplamente conhecida a posição que ocupa o traficante líder de um determinado território, o qual tem o poder (de diversas naturezas) de determinar atitudes aceitas, rejeitar comportamentos desviantes e sentenciar (geralmente à morte) aqueles que incorrem em faltas graves aos seus rígidos códigos de conduta. Ora, também, há a figura do traficante paternal, aquele que, não obstante sua rapidez em punir os erros, é de igual modo rápido em atender as demandas da população de seu território. Muitas vezes, este traficante, supre os vazios deixados pela completa ausência de políticas públicas. Lá onde o Estado falha, o poder paralelo do crime organizado se articula para estender seus tentáculos e garantir a perpetuação de uma espécie de resistência, de maneira ambivalente, como o próprio termo resistência é capaz de revelar. Resistimos para nos manter vivos, da mesma forma que a permanência resistente de um estado de doença leva o organismo à morte.

É neste cenário que gostaríamos de chamar atenção para amplitude do trabalho socioeducativo que não se esgota em seus fazeres técnicos (atendimentos psicossociais, familiares, grupais, elaboração de Planos Individuais de Atendimento, estudo de caso, etc), mas que apontam para a necessidade de uma prática que é, antes de tudo, de cunho político, que exige uma postura avessa a qualquer espécie de fragmentação, alienação e conivência com o sistema de exclusão e opressão no qual estamos mergulhados enquanto profissionais, sociedade e individualmente.

Carecemos de um fazer que se reconhece enquanto articulador de uma proposta que extrapola as prerrogativas de ressocialização, de responsabilização quanto às consequências lesivas do ato infracional e de reprovação da conduta infracional. Que reconhece seu papel de resgate da condição de existente destes adolescentes, mediante a ressignificação do olhar daqueles que lhes afetam (Estado, família e sociedade), para que eles não precisem atingir a condição de existentes através da prática de atos infracionais, para que não precisem emergir no cenário social através de sua transgressão e para que não precisem fazer parte da regra alçando a condição de exceção.

## Considerações complementares

> *A ameaça à segurança parece sempre*
> *vir de fora, do inimigo imaginário externo.*
> (ANGELA Y. DAVIS)

Em nossa rotina de trabalho acompanhamos adolescentes em cumprimento de Medidas Socioeducativas em Meio Aberto (Liberdade Assistida – LA e Prestação de Serviços à Comunidade – PSC) na cidade de Itapetininga/SP. No dia-a-dia de nossa prática, esbarramos em diversos obstáculos que impedem a visibilidade destes adolescentes e que, carregadas por um imaginário de terror e pânico moral, deturpam e saturam as percepções do senso comum sobre eles. Este processo de saturação, é executado e operacionalizado por grande parcela da mídia nacional que, sustentada em estereótipos e intencionando manipular a opinião pública segundo seus interesses escusos, refere-se a esta população como "infratores", "delinquentes", "pivetes", "bandidos", "trombadinhas" (VOLPI, 2011, p. 7), dentre outras pechas.

O fato é que, a realidade brasileira revela uma política de extermínio da juventude, ceifando a vida de milhares de adolescentes e jovens adultos todos os anos (WAISELFSZ, 2012; 2015). Estas pessoas não pertencem a todas as camadas sociais, elas têm recortes muito claros de classe, etnia, gênero, faixa etária, territórios, etc.

Estas pessoas são as mesmas que, se tiverem a sorte de não serem mortas precocemente, terão que enfrentar as enormes probabilidades de serem atingidas pelas leis (para cumprirem Medias Socioeducativas ou para compor excessivos quadros do inchado sistema prisional).

Além disso, os estudos envolvendo os atos infracionais praticados por adolescentes explicitam que em sua esmagadora maioria não são os crimes contra a vida que prevalecem nesta população e sim aqueles de natureza leve cometidos contra o patrimônio (VOLPI, 2011, p. 62).

De igual modo, é completamente falso o argumento de que os adolescentes não são responsabilizados pelos seus atos. A legislação brasileira específica (ECA) prevê seis Medidas Socioeducativas[7] para este fim, com a prerrogativa de que o caráter delas não é punitivo e sim pedagógico, pois compreende que é possível conciliar a responsabilização, a sanção, sem romper com o princípio educativo e ressocializante da intervenção estatal no tratamento aos cidadãos.

Ainda é equivocada a perspectiva de que é preciso exterminar ou excluir uma população ao invés de resolver as mazelas sociais que a assolam, pois, como bem lembrou Davis (2011, p. 46) as prisões são a solução punitiva para uma gama completa de problemas sociais que não estão sendo tratados.

Com os recentes debates em torno da redução da maioridade penal, vemos o recrudescimento das forças conservadoras apropriando-se das produções midiáticas e seus enquadramentos seletivos (BUTLER, 2015) para levar adiante seus interesses de vingança mais do que de justiça (ADIMARI, PAES E COSTA, 2014).

Somos diuturnamente alvejados por diversos questionamentos que nos atingem o corpo e a consciência, clamando por respostas:

---

[7] Advertência (Art. 115); Obrigação de reparar dano (Art. 116); Prestação de Serviços à Comunidade (Art. 117); Liberdade Assistida (Art. 118); Semiliberdade e Internação (Art. 119).

Por que os adolescentes das camadas mais desfavorecidas da sociedade estão cumprindo Medidas Socioeducativas? Somente os pobres transgridem? Se não, onde estão os demais? Por que a morte que atinge a juventude brasileira restringe-se aos pretos, pobres e da periferia?

Lidar com a realidade tal qual ela se apresenta é a tarefa daquele que pretende utilizar-se da perspectiva fenomenológica, qualquer que seja seu domínio. Portanto, que possamos ir ao encontro destes fenômenos que se nos apresentam. Suspendendo os vícios da atitude natural, do raciocínio impregnado de convulsões teóricas vazias de vida, de sentido, de cotidianidade e de dinâmica... de mundo.

Se não é possível recorrer a esta argumentação, para dissipar a bruma de engano que envolve o senso comum, relembramos que, para o profissional da psicologia que se insere no campo de trabalho com adolescentes em conflito com a lei, os princípios fundamentais e éticos que embasam nosso fazer exigem nosso posicionamento contrário a quaisquer formas de negligência, discriminação, exploração, violência, crueldade e opressão, além de atuação com responsabilidade social, análise crítica e histórica da realidade política, econômica, social e cultural[8].

Se isto não for suficiente para nos convencer do papel iminentemente humano que temos em nosso fazer diário – qualquer que seja seu campo – então, nada há a fazer. Mas a vida continua acontecendo... temo que não seja compreendida!

## Referências

ADIMARI, M. F., PAES, P. C. D. e COSTA, R.P. (Org.). *Aspectos do direito, da educação e da gestão no SINASE: formação continuada de socioeducadores.* Caderno 5. Campo Grande: UFMS, 2014.

ANDI – *Comunicação e Direitos. Adolescentes em Conflito com a Lei –* Guia de referência para a cobertura jornalística. Brasília: ANDI, 2012.

ANGERAMI, V. A. (Org.). *Psicossomática e a Psicologia da dor.* 2ª ed. São Paulo: Pioneira, Thomson Learning, 2012.

ANGERAMI, V. A. (Org.). *Psicoterapia e brasilidade.* São Paulo: Cortez, 2011.

ANGERAMI, V. A. *Psicoterapia Existencial.* 4ª ed. São Paulo: Thomson Learning Brasil, 2007.

---

[8] Código de Ética Profissional do Psicólogo.

BRASIL. *Estatuto da Criança e do Adolescente*. Brasília-DF: CONANDA, 1990.

BUTLER, J. *Quadros de guerra: quando a vida é passível de luto?* Trad. Sérgio Tadeu de Niemeyer Lamarão e Arnaldo Marques da Cunha. 1ª ed. Rio de Janeiro: Civilização Brasileira, 2015.

DAVIS, A. Y. *A democracia da abolição: para além do império das prisões e da tortura.* trad.: Artur Neves Teixeira. Rio de Janeiro: DIFEL, 2009.

FORGHIERI, Y. C. *Psicologia fenomenológica: fundamentos, método e pesquisa.* São Paulo: Cengage Learning, 2014.

HOLANDA, A. F. *Gênese e histórico da psicopatologia fenomenológica.* In: ANGERAMI, V. A. (Org.). *Psicoterapia e brasilidade.* São Paulo: Cortez, 2011.

MOREIRA, D. A. *O método fenomenológico na pesquisa.* São Paulo: Pioneira, Thomson Learning, 2004.

RODRIGUES, H. E. *Introdução à Gestalt-terapia: conversando sobre os fundamentos da abordagem Gestáltica.* 7ª ed. Petrópolis: Vozes, 2009.

SCHUTZ, A. *Phenomenology of the social world.* Evanston, Northwestern, 1967, 255 p.

TOMIO, N. A. O., FACCI, M. G. D. *Adolescência: uma análise a partir da Psicologia Sócio-Histórica.* *In*: Revista teoria e prática da Educação v.12, n.1, p. 89-99, jan./abr. 2009.

VOLPI, M. (Org.). *O adolescente e o ato infracional.* 9ª ed. São Paulo: Cortez, 2011.

WAISELFZ, J.J. *Mapa da Violência – Mortes matadas por armas de fogo.* Brasília, 2015.

CAPÍTULO 9

# Análise de um caso clínico
# sob a ótica de Sartre

*Mayara Cristina Fonseca Oldoni*

> *Para que o acontecimento mais banal se torne uma*
> *aventura, é necessário e suficiente que o narremos.*
> (Jean-Paul Sartre)

## Introdução

Em psicoterapia sabe-se que a fala é o veículo potente para descrição e reflexão dos acontecimentos, sejam eles passados ou presente e suas possíveis repercussões em perspectivas futuras. E essa temporalidade no momento da exposição pela fala torna-se entrelaçada. Porém, além da fala, outras linguagens manifestam-se espontaneamente e fornecem importante suporte na observação do movimento perceptivo.

Pensando nas possibilidades da narrativa, o espaço psicoterápico pode proporcionar reflexões a partir de movimentos que ultrapassam a fala. Dessa maneira, o incentivo ao paciente de escrever à sua história pessoal, por exemplo, pode ser campo frutífero no processo de novas reflexões.

Assim, o psicoterapeuta com olhar cuidadoso e explorador, recebe a dinâmica exposta pelo paciente, tendo a fala como guia, porém sempre atento as outras formas de expressão, carregadas de emoções de toda natureza.

O psicoterapeuta com olhar cuidadoso e explorador, recebe a dinâmica exposta pelo paciente, tendo a fala como guia e atento às outras formas de expressão, amplia o campo perceptivo terapêutico.

Portanto, neste capítulo, será apresentado um relato escrito pela paciente Janaína (nome fictício), sobre o seu processo psicoterápico. Anterior ao relato, um breve resgate de algumas ideias da teoria sartriana propiciarão enredo à leitura, já que essa teoria é a condutora da atuação da prática clínica em questão.

Nesta interação incrível dos tempos – passado, presente, futuro –, o falar destes tempos no espaço terapêutico, com o acolhimento e mediação necessária pela pessoa do psicoterapeuta, pode trazer ao paciente uma abertura de consciência reflexiva. E um visualizar mais autêntico das escolhas feitas e preteridas, a liberdade constante do sempre *vir a ser*, num enredo que se configura na observação das ações ou omissões, dos projetos verbalizados ou omitidos pelo paciente.

## A teoria em cena

Como a consciência pode ser descrita pelo paciente?! Como ele observa a própria construção pessoal?! Quais são as ideias que possui a respeito de si mesmo?!

A breve autobiografia, o ato de descrever-se, é um bom caminho de diálogo com as imagens que se tem de si, numa ação que vai ao encontro do *para si* sartriano. A partir da experiência, por exemplo, da consciência de si; na escrita ou fala; o refletir à facticidade, cotidianidade e historicidade, facilitam desdobramentos na construção da consciência reflexiva.

Nesta perspectiva, o falar de consciência, remete a lembrança que é possível estar em estados de consciências diversos, por exemplo, quer seja provocado pelo deliberado uso de drogas ou pelo não desejado luto, é possível viver estados de consciência em que a capacidade de perceber e refletir sobre alguns aspectos do mundo e da vida sejam favorecidos ou dificultados. E a percepção de tal manifestação, contribui na manutenção ou enfrentamento desta dinâmica.

Sartre foi um filósofo que se interessou cuidadosamente com o tema da consciência. Fez uma diferenciação/distanciamento dos conceitos vigentes da época que vivia, que era basicamente o modelo racionalista e idealista. Esta diferenciação acontece principalmente devido ao seu entendimento e descrição sobre a liberdade enquanto condição humana e como condição de possibilidades da consciência.

Na linguagem sartriana, sabe-se que toda consciência é consciência de alguma coisa, e este algo que a consciência se dirige é sempre visando, desejando, colocando intenções sobre isso. Logo, tornar-se consciente de algo é almejar este algo que não está ali, e se a escolha de olhar para a esquerda e não para a direita é porque se escolhe por algum(s) motivo(s) assim proceder; a consciência sempre "olha" para algo do mundo, pois ela está no mundo e é o lugar de onde *retiramos* aquilo que se torna consciente em nós. Muito embora o entendimento do mundo participa de maneira importante – mas não definitiva – no que e como é percebido o mundo vivido.

Nesta perspectiva teórica, a estrutura cartesiana é rompida, já que para Sartre, a consciência não é o conhecimento do modelo cartesiano, mas trata-se de um modo de estar no mundo, portanto, indissociável do corpo. É simples, espontânea, remete sempre a ela mesma, sendo produto e produtor numa relação individual.

A consciência é sempre consciência de alguma coisa, existindo a partir do ser, é propriedade deste, surge e se apresenta no movimento relacional com o mundo.

Rubem Alves, educador brasileiro, ilustra de forma poética, esse caminho da consciência em nós:

"O saber que mora no corpo, entretanto, vive na deliciosa ignorância de si mesmo... ele sabe sem ter necessidade de saber dizer-se". (p.140) e é na dança das ideias que o espetáculo torna-se fascinante, assim as ideias são mutáveis, flexíveis.

Diante disso, indissociável a ideia de consciência, estão os conceitos de *ser-em-si e ser para si*, o que auxilia na compreensão da relação estabelecida do indivíduo com o mundo e com ele próprio. Para Sartre, a realidade humana é o diálogo *ser-para-si* em contraposição ao *ser-em-si*.

O *ser para si* é a consciência, é abertura, é possibilidade, livre movimento. É propriedade que individualiza e que se relaciona com os possíveis dela, numa rede de relações com o *ser em si*. Consciência não é dependente, lugar. É vazio que se lança num campo que está fora dela – *ser em si* – é transcendente, não qualificável em superior ou inferior, não mensurável. O *ser-em-si* não tem segredo, Sartre diz que ele é maciço, está isolado em seu ser e não mantém relação alguma com o que não é; já o *ser para si* é segredo o tempo todo, se não voltado ao Outro, um segredo guardado de si mesmo ao modo da má-fé.

Portanto, para Sartre a consciência é ato, um vento que se lança livre – translucidez. Não é interioridade, essência, ela é movimento, pede liberdade e se faz através dela. Assim, o *vir a ser*, remete sempre a um projeto existencial. Consciência não se reduz a vontade, ou seja, somos consciência o tempo todo.

O projeto histórico, a liberdade e a responsabilidade, são aspectos inerentes à consciência, podendo ultrapassar o existente, não em direção a seu ser, mas ao sentido desse ser, o *ser para si* é inesgotável.

A consciência é a possibilidade da construção dos sentidos que circunda o estar aqui, a construção da rede de significados que se lança ao mundo e à história pessoal. É ato próprio de constatação da própria história de vida, construção biográfica, e por vezes segue interesses que nem sempre são postos à reflexão, fortuito, como uma repetição.

Sartre escreve que a consciência é revelação revelada dos existentes, e estes comparecem a ela fundamentados pelo ser que lhes é próprio.

Dessa maneira, a consciência é sempre relacional, e não um recipiente. É falta perpétua, pois no *ser em si* não existe esta falta, como já foi mencionado. Portanto, revela-se individual e constituinte numa teia de relações, como a linguagem – *ser com o outro*. Lançar-se nas relações (teia), é estar lançado a fazer escolhas o tempo todo e sendo a efetivação de uma escolha em um ato.

Considerando então que as ações são as expressões do indivíduo, ou até mesmo a falta de ação, observa-se que a obra de alguns pensadores reproduz suas respectivas vidas, com suas angústias, potencialidades, inquietações e estreitezas de pensamento, explícitas ou implícitas em cada linha, em cada argumento, a existência sendo corajosamente dialogada.

Sartre provoca a forte reflexão, saudável e angustiante, encorajadora e autônoma, pois reconhece o homem pela ação que empreende.

Oportunamente a lembrança de Voltaire se faz presente, onde dizia que a escrita é a pintura da voz, e para que a pintura tenha o traço original e marcante, é preciso ter sido expresso pelo próprio autor, com suas escolhas e ênfases.

Assim, por colocar o homem no centro do mundo, com a força afetiva que é característica de inúmeros textos existencialistas, ultrapassando o acúmulo de conhecimentos, os leitores participarão da reflexão acerca de uma vida, e como responsável pelo processo psicoterápico, chamarei de um breve relato de vida, que foi escrito pelas mãos e consciência de quem viveu os acontecimentos, ou seja, a protagonista da psicoterapia.

Portanto, segue a história de Janaína, nome fictício, como já mencionado no início desse capítulo. O relato foi realizado a partir de um pedido da psicoterapeuta e sem qualquer interferência sobre os temas e da maneira de expressá-los. São relatos de vivências, momentos significativos trabalhados em psicoterapia, que Janaína escolheu para escrever e compartilhar, de forma bastante interessante.

## Janaína – pelas próprias mãos

*A Psicoterapia em minha vida! Ou em sua vida?*

*Julho de 1982 – aos trinta e sete anos de idade, já órfã de pai desde os 12 anos e meio, era uma moça magra e tímida, filha do meio, com uma irmã mais velha e um irmão mais novo.*

*Família de terras muito longínquas do Rio Grande do Sul (bem próximo ao Uruguai), a mãe de Janaína fica viúva com os três filhos pequenos para criar na mais absoluta pobreza, pois o pai sempre fora um homem doente. A mãe, uma mulher que mal sabia escrever o próprio nome, de repente viu-se obrigada a lutar pela criação e sustento dos filhos, não abrindo mão que continuassem estudando.*

*Janaína nunca fez planos de casar como as demais mocinhas do colégio, pois se via muito magra e feia, com todas as inseguranças que uma menina podia ter.*

*Para que não faltasse comida na mesa, pagar despesas com estudo e tudo que uma família de quatro pessoas necessitava, mesmo sendo a mais modesta e simples, aos 14 anos ela e os irmãos já estavam na luta pela sobrevivência, com trabalho de dia e estudo a noite. A mãe aprendeu sozinha a costurar, numa máquina da vizinha. Quanta alegria os filhos puderam ver no rosto da mãe quando, mesmo ganhando pouco, pois eram menores de idade, juntaram dinheiro e compraram uma máquina de costura de segunda mão para facilitar um pouco suas vidas.*

*A mãe fazia todas as roupas para os filhos, "brigava" muito para acertar nos colarinhos, era difícil...*

*A vida transcorreu nessa luta, sem notar que os anos foram passando.*

*Janaína foi acumulando medos, tristezas, frustrações, passou por verdadeiros traumas, enquanto menina, pois era obrigada a suportar patrões grosseiros, e por vezes livrou-se até de tentativa de violência sexual por parte daqueles homens abomináveis!*

*A moça que trocava de rua para não passar perto de grupos de homens, nunca teve coragem de namorar. Algumas tentativas ocorreram quando tinha 20 anos, num trabalho um pouco melhor, mas os complexos transformaram-se numa verdadeira barreira. Então, achou mais fácil sonhar e "apaixonar-se sozinha...".*

*Seu primeiro contato com os "tratamentos de cabeça" (termo usado pela maioria das pessoas, diziam que era coisa de louco), foi aos 37 anos.*

*Sem saber como veio, tomou posse dela uma grande angústia, como se uma mão de ferro estivesse pronta a estrangulá-la, dormia mal e pouco se alimentava. A sua mãe já apresentava sérios problemas de saúde.*

*Tomou coragem e marcou consulta com psiquiatra de boas referências. Naquela época ainda não havia psicólogos atuando na cidade. Encontrou grandes dificuldades para abrir seu coração e mal conseguia falar diante daquele homem estranho que a olhava com tanta seriedade e indiferença. E ela nem sabia como falar, só precisava de ajuda para ter alivio daquela "dor agoniada no peito" e daquela sensação de quase pânico.*

*O médico, parece que foi lá pela terceira consulta, receitou uma medicação "tarja preta", informando que ela se sentiria melhor em algum tempo, mas que ela precisava reagir, lutar contra aquele monstro invisível, que não havia nenhum motivo maior para estar naquele estado.*

*Janaína precisava trabalhar e o remédio provocava-lhe muito sono e ela resolveu ler a bula, mil efeitos colateral, chegando a mencionar que poderia causar a morte.*

*Então, resolveu por conta própria que não tomaria tal remédio; iria enfrentar aquele terrível desconforto com suas forças e ajuda divina.*

*Nesses dias, sua mãe teve complicações médicas sendo encaminhada para uma delicada cirurgia, que por erro médico ou porque teria que acontecer, acabou por leva-la a óbito.*

*Janaína sentiu e percebeu então que sensações eram aquelas que vinham lhe perturbando tanto...era o pressentimento daquela tragédia, era o fantasma da morte que já estava "avisando". Após a perda prematura do pai, agora era a mãe querida e protetora que partia.*

*Seu irmão havia se casado há alguns anos; a irmã apaixonou-se por um rapaz desquitado, isso aconteceu no último ano de vida da mãe, que, claramente manifestou-se contra a união da filha, criada com rigor e dentro da moral e dos bons costumes, o que não impediu a jovem de realizar o que ela sonhava ser seu primeiro e grande amor, mesmo sendo o oposto da educação que os três irmãos haviam recebido.*

*Para Janaína, envolvida naquela névoa de dor e sofrimento pela perda da mãe, a vinda daquele estranho para conviver entre eles, tornou a situação mais tensa e delicada, pois o moço tinha vícios, e viria residir na casa onde as moças residiam. Janaina mais uma vez foi testada em seu nível de suportar situações que lhe causavam desgosto, magoa e tristeza por constatar que a irmã tolerava tudo em nome do amor.*

*A vida do irmão também se tornava complicada, a família havia aumentado ao contrário do sentimento que unia o casal, que parecia acabar dia-a-dia, levando a inevitável separação. Janaina via o sofrimento calado do irmão, assistia com o coração arrasado, quase nada podendo fazer para ajuda-lo. Mas, o destino já estava preparando mais uma de suas armadilhas.*

*Este irmão, talvez agravado pelos dias tristes que vinha carregando, teve um mal súbito e foi levado para capital do Estado onde enfrentou complicada cirurgia cardíaca. Janaina e a irmã deixaram tudo de lado para acompanhá-lo e assisti-lo em suas necessidades. Novamente o medo e a insegurança se apresentavam.*

*Logo que houve a chance de recorrer a uma terapia, Janaína buscou-a encontrando um pouco de conforto, alívio para continuar vivendo aquela vida que mais parecia uma saga, sempre enfrentando uma luta, uma batalha a ser vencida, mesmo quando a vontade era desistir de tudo. Conseguiu um pouco de autocontrole, mais coragem, um pouco de serenidade para encarar os vendavais da vida, que a vergavam, mas não conseguiam quebra-la.*

*Poucos amigos, dificuldades de relacionamentos, foi com a terapia que se descobriu, como uma pessoa de valor, aqueles complexos abafados por uma vontade de viver, apesar de tudo e de todos; negava-se a acreditar que a vida era feita só de sofrimentos e tristezas.*

*Dons artísticos vieram à tona, enquanto as mãos criavam belos trabalhos, a mente aprendia a descontrair-se, funcionando quase como uma meditação.*

*Nos encontros com a Psicóloga, foi aprendendo a conhecer um pouco mais do emaranhado que eram suas ideias, lembranças, à infância sofrida, o pai doente, a pobreza, as lágrimas da mãe. Janaína lembra-se que em certa ocasião, pediu à Deus que transferisse à ela o sofrimento de seu pai...parece mentira, mas a menina com então oito anos começou a sentir "dores no coração", benzeduras e até médico foi necessário. Mas tudo isso foi inútil.*

*Assim, constata agora na vida adulta a força das ideias, como podem desencadear doenças, bem como o poder de uma vontade, de um desejo, na construção da vida.*

*Próxima aos quarenta anos, com mente e coração de uma menina de catorze, Janaína descobriu o amor, claro que foi por um homem o oposto de sua maneira de ser, talvez tenha sido isso que a atraiu tanto, ele muito alegre, praticava vários esportes e ela não conseguiu nem aprender a andar de bicicleta, ele era até um pouco irresponsável, como isso poderia dar certo?? Era um romance que não tinha futuro, pois ele já era comprometido, mas serviu para demonstrar que ela não era tão feia e desinteressante quanto pensava, a autoestima adormecida acordou, apareceu até um brilho em seus olhos.*

*Mesmo com o coração partido, talvez até para fugir daquele amor bandido, fez as malas e, numa atitude meio insana de coragem e desejo de escapar do ambiente das brigas que presenciava entre a irmã e o cunhado, fatos que lhe ocasionaram vários problemas de saúde, foi morar em outro Estado na companhia de uma colega de trabalho. Quanta mudança, quanto crescimento! Quantos desafios encontrados e vencidos.*

*Janaina era outra pessoa, desabrochou. Dedicada totalmente ao seu trabalho, sentiu que precisava dar continuidade as sessões de Psicoterapia que sempre lhe trouxe reflexão e novos horizontes, sendo capaz de faze-la se perceber. Ela não pedia muito, só queria trabalhar, viver em paz, desfrutar um pouco daquela cidade tão linda que escolherá para morar.*

*Porém, em pouco tempo, veio à notícia da morte do seu único amor. Mesmo estando afastada dele, o coração dela ainda pertencia a ele, foi um sofrimento mudo, surdo, raivoso, mas que ela mais uma vez, tinha que superar. Ainda havia muito pela frente...*

*Após algum tempo, sua irmã foi diagnosticada com câncer de mama em estado avançado. Lá se foram as duas, juntando as forças, enfrentar a tão temida doença. Janaína acompanhou-a em tudo, cirurgia, quimioterapia, radioterapia, várias internações, sendo que em uma delas, uma enfermeira ao entrar no quarto pediu qual era a paciente, tamanho seu abatimento e tristeza.*

*A doença venceu, pouco menos de cinco anos, de muitos cuidados, acabou a vida da irmã tão querida.*

*Agora Janaína tinha uma sensação de não suportar mais, chegando a uma depressão severa. Quando teve forças para andar e falar, mais uma vez recorreu a Psicoterapia. Vários altos e baixos ocorreram nas sessões, muitas vezes ela não conseguia ver "luz no fim do túnel".*

*Foi preciso tempo e muito vai e vem na sua história de vida. Aprendeu que não adiantava perguntar: Por que? Por que? E sim buscar forças para continuar sua vida, ocupar-se com seu trabalho, seus dons artísticos, fazer caridade, sorrir.*

*Então, veio mais uma situação, que ela espera ser a última antes da "grande viagem". Como cuida periodicamente de sua saúde, exames necessários e rotineiros mostrou um câncer de mama em estágio inicial. Fez todos os exames e procedimentos, não precisou da mastectomia, somente um quadrante da mama foi retirada.*

*Neste momento teve amigos queridos que a auxiliaram, precisou somente de radioterapia e por cinco anos tomou a medicação indicada, encontrando-se curada conforme exames e opinião médica.*

*Janaína aprendeu a rezar de forma diferente, ao invés de pedir à Deus que lhe poupasse de sofrimentos, pede que lhe dê força e coragem para suportar o que aparecer em sua jornada.*

*Como a vida segue, em uma noite que ela assistia a um belo show musical, alegre voltou para casa, foi acordada com o telefone, era uma amiga dizendo sem "rodeios" que seu irmão havia falecido de problemas cardíacos. Não havia tempo para se despedir, juntou algumas roupas, remédio e sua dor, viajou nas primeiras horas do dia. Foi ela, a que "sobrou", a que sempre fora a mais doentinha, era a única agora que continuava viva.*

*Como diz sua Psicoterapeuta, deve ter motivos, bons motivos para sua vida, motivos a se viver. Como Janaína vive agora? Sozinha em seu apartamento, com suas flores, suas esperanças, alegrias e tristezas, como todo mundo.*

*Após tantos sofrimentos, aos 69 anos, vários tratamentos que não a impedem de viver, passear, encontrar todas as quartas-feiras sua Psicoterapeuta para continuar neste "trabalho em equipe" e que felizmente está dando muito certo!*

*Janaína*
*Novembro/2014*

## Análise e considerações complementares

A partir dessa rápida e emocionante descrição de Janaína, observa-se a liberdade ontológica desse interminável *vir a ser*, com tamanha importância do indivíduo frente a sua historicidade.

Toda escolha tem implicações com um projeto existencial, e ao escrever sobre a sua vida, Janaína lança-se de dentro para fora –*para si* –, num projetar-se ao diálogo, o tempo todo, com suas escolhas existenciais.

Dessa liberdade ontológica não se pode escapar, e a busca da consciência reflexiva de quem somos e *para que* somos certamente trará maiores chances de engajamento em possíveis decisões.

Pode-se perpetuar uma repetição de um *status* familiar, ou lançar-se através desse engajamento ao desconhecido, porém com interessante risco de mudanças. Aspecto presente no relato de Janaína.

"Para Sartre a situação em que nos encontramos não limita nossa liberdade, mas, de acordo com sua definição de liberdade – que tem antecedentes claros em Descartes e Kant –, simplesmente fornece o contexto para exercitarmos essa liberdade. A liberdade não é algo absoluto, que não pode ser comprometido ou limitado. Mesmo quando estamos aprisionados somos ainda livres, uma vez que podemos figurar diferentes intenções para agir, assim como os valores que motivam essas ações. Consequentemente, não podemos ganhar nem perder nossa liberdade, que é constitutiva da existência humana" (REYNOLDS, JACK, 2013, p. 87).

É possível notar a necessidade que temos em explicar ao invés de apenas vivenciar. Os conceitos são imóveis e geralmente retiram a imaginação, e quando se busca apenas a *razão* distancia-se das percepções e das escolhas feitas ou vislumbradas. Com isso, aparece uma consciência posicional do mundo, uma consciência que se estabelece com o mundo, resultando na realidade humana de não ter o Ser consolidado em uma essência.

Primeiro existimos, depois pelo modo que vivemos, podemos observar uma essência que é construída, vivenciada. Existir é um processo, um *vir-a-ser*, condição humana de um projeto existencial, onde liberdade e responsabilidade não constituintes, ou seja, inseparáveis.

O processo psicoterápico é campo provocador desta consciência posicional. Cabe ao psicoterapeuta, propiciar um ambiente acolhedor, íntimo na abertura da palavra, disponível aos variáveis do humano, respeitando sua historicidade e disposto aos detalhes dos conteúdos apresentados. Sejam eles escolhidos ou de certa forma escondidos, omitidos ou sinceros, emocionados ou negados, sejam expressos ou apenas percebidos pelo psicoterapeuta, no meio invisível que acontece entre psicoterapeuta e paciente. Pois esse espaço propicia a autorização do ser. O relato de Janaína é a possibilidade da expressão em outra dimensão.

Assim, através da linguagem narrada, escrita, não dita, emotiva, corporal, que os espectros do ser revelam-se a todo instante. Ou seja, posso ter um plano/sentido e estar caminhando em direção contraria pelos meus atos.

Psicoterapia é um espaço para o projeto existencial aparecer. E a partir do momento que estou como psicoterapeuta, acolho, observo e descrevo o que estou ouvindo. E abro lugar para um discurso que trará à realidade os temas existenciais, as referências da pessoa que detêm a história, pois nessa junção dos atos falados e percebidos que leva ao envolvimento do projeto vivenciado, que a psicoterapia acontece.

Assim, no projeto existencial tem-se o esboço de uma ideia de sair, permanecer ou mudar uma situação para chegar à outra. E este caminho é percorrido pela fala e pelos atos. E a partir dessa reflexão, fala e ato, surge a consciência reflexiva. Em várias sessões com Janaina, percebeu-se que a fala seguia uma direção enquanto os atos outras. Com isso os conteúdos ganhavam imagem, e essas percepções tornavam-se presentes em Janaína.

Neste processo, não há como descartar uma intuição que apreende um sentido, fruto da teoria e da escuta, pois não se consegue definir racionalmente tudo o que se percebe. Faltam palavras, existe uma leitura perceptiva que acontece espontaneamente.

Camus ilustra esta ideia dizendo que o absurdo é a brecha entre o que os entes humanos esperam da vida e o que de fato encontram. O que eu espero e o que de fato faço? Que significados eu atribuo as minhas vivências? Para que visam minhas ações?

> ...Devemos dotar o mundo de significado e somente nós podemos fazer isso. Devemos realizar este ato de fé: criar o significado em que buscamos viver. Cada ato, então, que não esteja comprometido por uma forma do que Sartre chama 'má-fé', pode ser visto como um tipo de fé: como um compromisso de agir diante do 'nada' e de não fingir que as coisas são impostas ou exigidas, seja socioculturalmente, seja biologicamente. (REYNOLDS, JACK, 2013, p. 17)

E neste trabalho em que a linguagem é veículo potente, caminhamos por asfaltos esburacados, curvas sinuosas, retas intermináveis, lindas paisagens, tudo isso tendo como condutor a confiança, que é o indispensável no existente processo.

A confiança é ato de fé, ela apenas acontece. E pensando nesta perspectiva, enquanto psicoterapeuta ouso afirmar que uma das facetas do processo psicoterápico é ato de fé! Tanto para aquele que busca o atendimento, quanto para o psicoterapeuta que munido na crença de uma teoria e debruçando-se sobre ela, tem a linguagem, a teoria, a técnica e seu interesse como instrumento catalisador.

A fé existente no processo psicoterápico remete-se a fé perceptiva, independente de qualquer motivação externa, existe a crença na situação, que é bastante diferente da fé dogmática onde a crença ampara-se de forma metafísica, não tendo a racionalidade poder de inserção.

Pensando que este processo acontece entre diálogos, num movimento invisível e impalpável, mas que é capaz de abrir possibilidades reais de mudança e reflexão estamos diante de uma fé, que pode ser boa produtiva, saudável onde o diálogo encontra-se a serviço de um projeto existencial.

## Conclusão

Compartilhar reflexões a respeito da consciência, ilustrado com um relato de uma cliente que revela engajamento e lucidez a respeito da psicoterapia, fazendo com que a protagonista apareça com suas escolhas e interações, é tatear com mais amplitude a prática profissional.

Estava formada há menos de um ano, com pouca prática clínica, quando comecei a atender Janaína, uma senhora com 59 anos na época. A primeira imagem foi de uma mulher muito abatida, rosto sofrido, mãos trêmulas, olhar distante, corpo cansado. Apresentei-me e ela imediatamente acomoda-se na poltrona e o choro acompanha sua fala *engasgada* durante toda a sessão.

Desde o primeiro encontro psicoterápico até o momento, somam-se aproximadamente 13 anos. Sim, 13 anos de muita reflexão, angústia, comprometimento e vida!

Hoje ela está com 71 anos, e no transcorrer desses anos, de encontros ininterruptos, salvo o mês de férias, percebi o quanto as escolhas e o olhar cuidadoso, interessado, podem promover a significação e direção para uma vida com sentido ou um viver desesperançado, arrisco-me a dizer de maneira simples, que a engrenagem do sentido das escolhas, está nesta reflexão interessada, portanto afetiva.

Janaína proporcionou muitos momentos de angústia em mim, já que a solidão era um tema frequente e forte em nosso diálogo. A solidão e seus desdobramentos. E quanta consciência sendo refletida/construída neste tempo todo...

Viver sozinha, sem ter casado, sem ter filhos, poucos amigos, numa rotina bastante solitária, faz com que muitas questões sejam encaradas diariamente, como por exemplo, se eu passar mal, quem chamarei? Como fazer amigos nesta idade, quando a maioria das pessoas já constituiu família e, portanto, vivem com seus familiares? Quais as perspectivas e projetos que ainda permito? Com quem os divido? Não posso me permitir tais comportamentos, pois não sou nenhuma garotinha! Perguntas e interrogações fortes e frequentes.

Estes são exemplos de algumas frases expostas por Janaína, que esteve durante todos esses anos, vivendo entre as escolhas de construir uma percepção mais ousada de si, pois esta era a sua proposta, abandonando a manutenção de um viver que reproduzisse o então aprendido, normatizado.

Sartre ressalta que "Portanto, significa para a consciência a possibilidade permanente de efetuar uma ruptura com seu próprio passado, de desprender-se dele para poder considerá-lo à luz de um não-ser e conferir-lhe a significação que tem a partir do projeto de um sentido que não tem". (p. 539)

Janaína escolheu e descreveu fatos importantes de sua vida, mas posso dizer que, muitos outros fatos significativos foram verbalizados no processo de psicoterapia, o que apenas a coragem e o enfrentamento propiciam sustentação.

Todo processo quando acolhido de maneira responsável, sem expectativas de sucesso, sem pretensões de que apenas a técnica irá dar conta de esclarecer o

que é o melhor ou pior para uma vida, me faz perceber, enquanto psicoterapeuta, que independente da vida que está sendo visualizada, das dificuldades
enfrentadas, das alegrias, das referências familiares, dos impedimentos físicos,
e tantas outras situações, sempre estamos diante de alguém que nos trará
algo próprio, singular. Além de qualquer descrição científica e filosófica.
O sustentar as próprias escolhas, decidir e viver com as significações que
sua liberdade almeja, consciente das escolhas e renuncias que fazem parte
do estar vivo.

Nietzsche escreve que argumentos e razões não convencem, então, a razão precisa de evidências e provas, e assim formam-se os métodos – caminhos.
Mas o corpo não entende a linguagem do método. Método são procedimentos
racionais, portanto incompletos.

Estamos munidos de técnicas e métodos que são base para qualquer
trabalho, mas não podemos sufocar o que não se sustenta pela razão, que é
a percepção, o imaginário, a fantasia, e toda espontaneidade que traduzem a
autenticidade e inautenticidade. Inclusive no ambiente terapêutico.

Sartre ressalta "...é preciso inverter aqui a opinião geral e convir que
não é a rigidez de uma situação ou os sofrimentos que ela impõe que constituem motivos para que se conceba outro estado de coisas, no qual tudo sairá
melhor para todos; pelo contrário, é a partir do dia em que se pode conceber
outro estado de coisas que uma luz nova ilumina nossas penúrias e sofrimentos
e decidimos que são insuportáveis". (p. 538 – Ser e o Nada). Assim, quando
a consciência está investida pelo ser, poderá haver uma ação revolucionária.

Dostoievski, romancista Russo, escreveu que o homem é, acima de tudo,
um animal que constrói condenado a buscar conscientemente um objetivo e
exercer a arte da engenharia, ou seja, a abrir caminho para si mesmo incessante
e eternamente, não importando aonde esse caminho o leve. (p. 10)

Portanto, se os fenômenos do mundo são inteligíveis, somos consciência
destes fenômenos, pois ultrapassamos o *saber* da cabeça – cartesiano. "Tudo aquilo para que temos palavras é porque já ultrapassamos. Parece que a linguagem
foi inventada para aquilo que é média, medíocre" (O crepúsculo dos ídolos, p.
1005, citado por Rubem Alves, p. 32). As nossas experiências verdadeiras não
são tagarelas. Elas não poderiam se comunicar mesmo que quisessem. Isto é,
falta-lhes a palavra. Tudo aquilo para que temos palavras é porque já fomos além.

Assim, não nos "encerramos" com as palavras. Pensemos na *sabedoria não
dita*, e como bem colocou Rubem Alves, quando diz que a verdade do pianista
não é apenas o piano: são as músicas que ele pode tocar. Merleau-Ponty colabora
afirmando que o corpo é um ser musical, o organismo é uma melodia que se
canta. (citado por Rubem Alves, p. 17)

Como psicoterapeutas temos o caminho das palavras, das linguagens. Caminhos provocadores, interessantes, mas que sempre requerem um olhar e escuta interessado. E de certa forma, vários significados e conceitos trazidos pelo paciente, seja uma crença, uma teoria, uma ideia, uma explicação, são elementos constituintes do ser.

Sejamos cuidadosos para que não vivamos *intoxicados de verdades, nossas verdades*, e que possamos sempre, e cada vez mais, surpreendermos com *saberes* que simplesmente acontecem/aparecem.

Uma consciência, muitas consciências, seres conscientes, independente de como pensemos tal questão, que ela seja instrumento de perguntas, estudo, enfrentamentos, diálogo, relação, possibilidade de atuação profissional responsável, que foge ao mecanicismo diário. E que a amplitude que o tema consciência nos traz, seja amplitude de possibilidades e busca de um viver mais saudável e encorajador, assim como Janaína se propôs e nos propõe.

Que a prática ultrapasse a pretensão da teoria, e que o psicoterapeuta esteja disposto a surpreender-se nos encantos do psiquismo.

## Referências

ALVES, Rubem. Pimentas: para provocar um incêndio, não é preciso fogo. 1 ed. São Paulo: Planeta, 2012.

ANGERAMI. V. A.(ORG). Angústia e psicoterapia. 2 ed. São Paulo: Casa do Psicólogo, 2014.

DOSTOIÉVSKI. Fiódor. Notas do Subsolo. Porto Alegre: L&M, 2012.

GRANIER, Jean. Nietzsche. Porto Alegre: L&M, 2009.

SARTRE, Jean-Paul, O ser e o nada – Ensaio de ontologia fenomenológica. Petrópolis, RJ: Vozes, 1997.

REYNOLDS, Jack. Existencialismo. Petrópolis, RJ: Vozes, 2013.

CAPÍTULO 10

# A psicologia no sistema prisional

*Érica Eneas Rodrigues*

*O óbvio é a verdade mais difícil de se enxergar.*
(CLARICE LISPECTOR)

## Introdução

Este texto tem como finalidade apresentar o desenvolvimento de um projeto interventivo no campo psicológico, em uma unidade prisional de regime fechado masculina no Estado de São Paulo.

O desenvolvimento deste trabalho iniciou-se, através da observação de premente necessidade de projetos que visem à reintegração social dos presos do sistema prisional.

Interessei-me em trabalhar com um grupo de reflexão nesta instituição devido a mesma estar a longo tempo sem psicólogo, e para buscar diversificar assim atuação psicológica neste campo, pois em sua grande maioria, o psicólogo no sistema prisional é visto apenas como produtor de exames criminológicos.

## Breve apresentação do Sistema Penitenciário Brasileiro

Segundo reportagem de Luiz Flávio Gomes[1] no site do Instituto Avante Brasil, enquanto países como Holanda e Suécia fecham presídios, o Brasil constrói

---

[1] http://institutoavantebrasil.com.br/suecia-e-holanda-fecham-prisoes-brasil-fecha-escolas-e-abre-presidios/ Acesso em: 08/09/2016.

mais presídios e fecha escolas. Dados do Infopen[2] (Levantamento Nacional de Informações Penitenciárias) revelam que no ranking mundial, a população carcerária do Brasil ocupa a quarta colocação com 607.737, perdendo apenas para Estados Unidos (com 2.228.424), China (com 1.657.812) e Rússia (com 673.818).

Desde 2000, observa-se que essa população cresceu em média, 7% ao ano, totalizando um crescimento de 161% (valor dez vezes maior que o crescimento do total da população brasileira, que apresentou aumento de apenas 16% no período, média de 1,1% ao ano). Se o ritmo se mantiver, em 2022, ultrapassaremos a marca de um milhão de indivíduos encarcerados.

Projeta-se que com este ritmo de crescimento do sistema, no ano de 2075 uma em cada dez pessoas estarão em situação de privação de liberdade. Enquanto que nos Estados Unidos, China e Rússia se reduzem as penas privativas de liberdade, no Brasil estamos em franca expansão da aplicação destas penas.

A população carcerária brasileira é composta por 61,6% de negros, sendo que 75% têm até o ensino fundamental completo e 55% têm entre 18 e 29 anos, o tráfico de drogas se encontra com o maior índice de motivo das prisões, em seguida vem o roubo 25%, 13% furto, 10% homicídio. (Infopen)

O estado de São Paulo possui a maior população carcerária do Brasil com 220 mil presos (Infopen 2014), o sistema penitenciário no Estado cresce a cada ano; dados colhidos da SAP[3] (Secretaria de Administração Penitenciária, 2016), informam que no Estado existe 165 unidades prisionais, com previsão de mais 18 novas unidades em diversas cidades do interior. São Paulo tem aproximadamente 123.448 vagas no sistema, mas existe praticamente o dobro de reclusos nestas unidades, gerando assim superlotação.

Podemos observar grandes investimentos na construção de novos prédios de unidades prisionais, em contrapartida baixos investimentos na qualidade dos serviços prestados, em os profissionais não possuem recursos para trabalhar. A equipe técnica (psicólogos, assistentes sociais, enfermeiros, auxiliares de enfermagem) ao ingressarem no sistema não recebem qualquer tipo de formação, e devemos lembrar que o psicólogo não possui plano de carreira ou qualquer outro tipo de incentivo para que atenda da melhor forma possível está população. Este quadro deixa bem claro que os poderes públicos apesar de discursarem sobre a importância da segurança pública, não estão medindo o impacto que o encarceramento em massa terá para todos os cidadãos paulistas, e não devemos nos esquecer que o Estado de São Paulo é o mais rico da federação.

---

[2] http://dados.gov.br/dataset/infopen-levantamento-nacional-de-informacoes-penitenciarias. Acesso em: 07/07/2016.

[3] http://www.sap.sp.gov.br/uni-prisionais/pen.html. Acesso em: 08/09/2016.

A inserção do psicólogo no sistema prisional segundo a cartilha do Conselho Federal de Psicologia[4] (Referências Técnicas para atuação das (os) psicólogas (os) no Sistema Prisional, 2012) inicia-se já na década de trinta, quando psiquiatras se utilizavam do conhecimento psicológico para analisar os internos dos hospitais de custódia e tratamento psiquiátrico. O psicólogo passa a cada vez mais, ser chamado pela área jurídica, para emissão de relatórios, pareceres sobre a personalidade dos chamados "desviantes sociais".

Foi em 1984 com a aprovação da lei º 7.210, de 11 de junho, que oficialmente a atuação dos psicólogos se estendeu ao sistema prisional, a Lei institui o exame criminológico e cria as Comissões Técnicas de Classificação (CTC). Tecnicamente, deveria existir um exame global do sentenciado assim que ele ingressa no sistema, para a sua melhor adequação de acordo com seu tipo de crime, mas na prática essa classificação não existe.

Com a grande demanda de pedidos destas avaliações pelos juízes, algumas vezes sem critérios lógicos para solicita-las, obriga que o psicólogo, só faça essas avaliações, devido em sua maioria, nas unidades prisionais que possuem um psicólogo, sendo que em alguns casos não existe esse profissional.

Buscando sair desta prática meramente avaliativa, começou-se a pensar em outras modalidades de trabalhos psicológicos no cárcere.

## Objetivo, justificativa e relevância deste projeto na instituição

Para a criação deste grupo na unidade, foi necessária a elaboração de um projeto que deveria enfocar o porquê de sua importância para os reclusos.

O projeto da criação deste grupo, não teve a pretensão de criar um espaço para psicoterapia de grupo tradicional, em não existe nenhum tipo de direcionamento, por exemplo, visto que as próprias características da instituição não apresentam um ambiente propício para isso. Pretendeu-se apenas a criação de um espaço de reflexão para um grupo de reclusos.

Este espaço foi pensado com o referencial fenomenológico existencial, por não buscar previamente determinações ou metodologias que engessariam o grupo. Também os princípios da psicologia social oram balizadores deste trabalho, pois a mesma propõe uma atuação ativa do psicólogo no trabalho com grupo, e na busca por processos de mudanças.

---

[4] site.cfp.org.br/wpcontent/.../09/Atuacao_dos_Psicologos_no_Sistema_Prisional.pdf. Acesso em 07/07/2016.

Pensamos em utilizar como ferramentas para este grupo a leitura de livros, textos, músicas e artes cinematográficas como instrumentos de expressão, sendo os próprios participantes convidados a trazem suas ideias para compartilharem.

O objetivo principal foi a criação de um espaço para reflexão e discussão, que se utilizaria da leitura (livros, textos), música e das artes cinematográficas como instrumentos da expressão no grupo.

Ao enfocarmos a leitura, a música, as artes cinematográficas, como ferramentas terapêuticas, têm a ideia de terapia por meio das artes. Muito embora a palavra terapia, em termos restritivos, possua um sentido curativo, na realidade envolve muito mais que cura, implica também uma atitude preventiva. É certo que as palavras, as artes são o instrumento essencial do tratamento psíquico. Palavras convencem, emocionam, influenciam, portanto, são catárticas.

Partimos do pressuposto que toda experiência poética é catártica, que a liberação da emoção produz uma reação de alivio da tensão. Esta liberação ocorre pela leitura de diversas histórias contadas nos livros ou cantadas nas canções.

Vários autores defendem a arte como sendo o bem mais precioso da humanidade, ou até mesmo como algo de fruição: "As artes são um narcótico cultural, mas sem o excessivo ônus exigido por outras drogas. Grande parte dos teóricos literários tende a ver a obra literária como uma expressão ou reflexão da realidade" (GAY, 1989).

A troca de conhecimentos, a educação, é um direito inalienável, devendo ser um instrumento de emancipação que permite ultrapassar as desigualdades sociais e as relações de poder, algo fundamental para qualquer projeto de reintegração social. Deste modo, e perante os reduzidos índices de escolaridade da população prisional brasileira, se compreende a importância de se usar os conhecimentos psicológicos como promotores deste direito.

Devemos nos lembrar que a história do povo brasileiro é marcada por grandes disparidades. Este grupo de reflexão, buscou favorecer também, o acesso à informação, acesso a histórias cotidianas, aos dramas humanos; o antropólogo brasileiro Darcy Ribeiro descreve um quadro atual de nossa sociedade:

> A escola não ensina, a igreja não catequiza, os partidos não politizam. O que opera é um monstruoso sistema de comunicação de massa fazendo a cabeça das pessoas. Impondo-lhes padrões de consumo inatingíveis, desejabilidades inalcançáveis, aprofundando mais a marginalidade dessas populações e seu pendor à violência. (RIBEIRO, 1996, p. 207)

Propomos através do grupo, empoderar os participantes, pois sem dúvida: "... a obtenção de informações adequadas, um processo de reflexão e tomada de consciência quanto a sua condição atual, uma clara formulação das mudanças desejadas... e, somando-se (a isso), com uma mudança de atitude que impulsione a pessoa, grupo ou instituição para a ação prática, metódica e sistemática" (SCHIAVO E MOREIRA, 2005); faz com que os indivíduos, não sejam apenas passivos ou reativos aos acontecimentos ocorridos em suas vidas, mas agentes ativos de suas tomadas de decisões.

Para Carvalho Filho (2002, p. 10), "... as prisões brasileiras são insalubres, corrompidas, superlotadas, esquecidas. A maioria de seus habitantes não exerce o direito de defesa. Milhares de condenados cumprem penas em locais impróprios". O fato é que no contexto do sistema penitenciário brasileiro prevalece a ideia de que o abuso dos direitos humanos das vítimas, faz com os presos não mereçam atenção do poder público e da sociedade.

Podemos observar que parte da sociedade tem um movimento contra os investimentos feitos no sentido da reabilitação destas populações. Este tipo de reação pública cria cada vez mais um ciclo de exclusão e invisibilidade da população carcerária, o que potencializa ainda mais a criminalidade na sociedade, ao invés de diminuí-la.

O Estado prega em sua lei de execução Penal, art. 1 que a mesma: "... tem por objetivo efetivar as disposições de sentença ou decisão criminal e propor condições para a harmônica integração social". Mas observamos que a realidade do sistema é outra, as penitenciárias estão superlotadas, e o sistema é segregador e meramente punitivo.

Devemos ter claro que o aumento da criminalidade é produzido por nosso sistema social capitalista, que visa o lucro, e gera cada vez mais um processo de individualização fazendo com que as pessoas tenham cada vez menos clara, a importância de uma vida comunitária igualitária.

> A nossa sociedade está se transformando numa sociedade dupla, duas humanidades na mesma sociedade. De um lado, uma humanidade constituída de integrados (ricos e pobres). (...) está brutalmente no Brasil outra sociedade que é subumanidade: uma humanidade incorporada através do trabalho precário, no trambique, no pequeno comércio, no setor de serviços mal pagos ou, até mesmo, escusos. (MARTINS, 1997 p. 35)

A grande desigualdade social e a divisão de classes, são fatores que geram a exclusão e que possibilita o aumento da degradação humana.

> Esta divisão em classes sociais é de tal profundidade que influi em todas as relações humanas que se produzem no interior da sociedade. Neste sentido se afirma que as relações determinadas pela diferenciação em classes sociais são relações estruturais, já que têm a força de estruturar os esquemas fundamentais da convivência humana. (BARÓ, MARTIM, p. 76)

Por isso não devemos reduzir o preso ao seu delito, pois com isso não levamos em conta toda a complexidade de suas ações, que a sua história individual está ligada a uma história social, sendo está marcada por exclusão e desigualdades.

Com este cenário degradante e adoecedor, nos diz Bock (1999b), ser necessário que a psicologia busque caminhos para promover a saúde mental, saúde social. Segundo a resolução CFP nº008/2010 em sua prática profissional o psicólogo deve atuar com: "responsabilidade social, analisando crítica e historicamente a realidade política, econômica, social e cultural" da população que atende; assim devemos assumir esse compromisso devido às péssimas condições de vida da população carcerária que geram sofrimento psíquico de toda natureza.

## Processo da consolidação do projeto "Psicologia e a Arte das Palavras"

O primeiro grupo do projeto iniciou-se com os reclusos que estudavam na escola da unidade, solicitou-se aos presos monitores da escola que divulgassem que começaria um grupo de reflexão, tendo como prática a discussão de textos, livros, letras de músicas e filmes, sendo que traríamos alguns textos e músicas, e eles também poderiam trazer para compartilhar suas ideias.

Até o momento do início deste projeto, esta unidade estava há alguns anos sem psicólogo que promovesse qualquer outro tipo de trabalho, além de fazer exames criminológicos. Por esta razão o primeiro grupo, por critérios do setor de segurança da instituição, contou com seis participantes.

Com o passar do tempo, o vínculo de confiança foi criado entre o corpo funcional da unidade passou a ser possível ampliar o número de vagas no grupo, chegando a participantes, estando o grupo em sua sétima edição.

Descrição de como se constitui a formação dos grupos e seus encontros.

Na primeira edição do projeto, pode-se escolher segundo os critérios do setor de segurança e disciplina da unidade, os presos que estudavam na unidade, sendo estes do pavilhão um, lugar onde ficam apenas os presos que trabalham e estudam dentro da instituição.

Além do pavilhão um, a unidade possui mais dois pavilhões, e os reclusos destes pavilhões ficam ociosos, pois não existem vagas de estudo e trabalho para todos. Podemos dizer que os dois pavilhões possuem em média mil e trezentos presos. Buscou-se incluir os reclusos dos outros pavilhões com o término do primeiro grupo, conversou-se com a diretoria de reintegração e segurança da unidade, para convidar reclusos dos outros pavilhões.

A escolha destes acontecia através dos atendimentos de inclusão dos recém-chegados, rotina na unidade, ou pela solicitação de atendimentos dos próprios internos. Nas entrevistas era perguntado sobre o interesse em participar do grupo, e observou-se que a grande maioria não fazia ideia que o psicólogo tinha esse pratica, além de fazer exames criminológicos.

Também para buscar mais participantes, pedia-se no penúltimo encontro do grupo, que os participantes convidassem outros reclusos próximos, porque algumas vezes durante os encontros eles traziam nomes de interessados, pois na cela eles conversavam sobre os temas tratados no grupo e muitos ficavam curiosos. Após fazer-se uma lista de todos os interessados, é marcado um encontro para que seja explicado como funcionará o grupo e assim, pegar o nome dos reclusos decididos a participar do processo. São chamados para esta reunião vinte reclusos, tendo o grupo 15 vagas disponíveis.

No encontro explica-se que o projeto ocorrerá uma vez por semana, tendo duração de doze encontros – três meses –, podendo estender-se em virtude de dias em que não é possível realizar atendimentos, como exemplo, em dias de blitz (revista geral em todas as celas) na unidade. Entrega-se para cada um o seguinte impresso:

## PROJETO PSICOLOGIA E A ARTE DAS PALAVRAS

A finalidade do grupo é a criação de um espaço de reflexão e conscientização para os reclusos desta instituição penal.

"Quando pensamos transformamos nossas crenças e consequentemente nosso jeito de viver." (DULCE CRITELLI)

"Nós agimos e sentimos de acordo aquilo que pensamos." (DESCONHECIDO)

Os principais objetivos deste grupo são:

1. Integração grupal, compartilhamento de ideias.

2. Promoção de relacionamentos mais saudáveis.

3. Criação de um espaço para possível resolução de conflitos.

5. Trabalhar de questões relacionadas às diferenças individuais e a importância do respeito e da riqueza destas.

"Entre o sim e o não só há um caminho: escolher." (CLARICE LISPECTOR)

# Encontros do grupo

## *1. Encontro*

Realiza-se a formalização do contrato de trabalho do grupo para o seu bom desempenho, pede-se que sugiram ou questionem alguma regra do contrato. Cita-se que é importante darmos um nome ao grupo, para criarem a sua identidade, este pode ser pensado durante os primeiros encontros

Após leitura e discussão do contrato, inicia-se uma dinâmica de apresentação, onde devem falar: nome, idade, uma qualidade, um defeito e o que esperam dos encontros no grupo. Geralmente esta etapa é breve, entrega-se o impresso a seguir para trabalharmos:

> "Nada posso lhe dar que já não exista em você mesmo. Não posso abrir-lhe outro mundo de imagens, além daquele que há em sua própria alma. Nada posso lhe dar a não ser a oportunidade, o impulso, a chave. Eu o ajudarei a tornar visível seu próprio mundo e isso é tudo."
> (HERMAN HESSE)

Na leitura da frase de Hesse é suscitada a questão de que qualquer processo de mudança, depende em última análise do querer de cada indivíduo, e o máximo que um outro indivíduo pode fazer é apontar caminhos de acordo com as suas próprias vivências.

No texto da Clarice[5], se entra na discussão de quem realmente somos nós. Alguns participantes relatam que dentro do cárcere, não se pode mostrar quem é, e que própria sociedade tem a característica de massificar as pessoas. Observa-se a importância de resgatarmos quem somos nós, para começarmos a tomar as rédeas de nossa vida.

Ao final solicita-se que tragam sugestões de textos, músicas ou filmes para que compartilhem no grupo. Observa-se uma forte tendência de se achar que o psicólogo vai dizer o que cada indivíduo deve fazer de sua vida. Esta mitificação é trabalhada neste primeiro encontro.

---

[5] SE EU FOSSE EU. Texto extraído do livro *A descoberta do Mundo*, Clarice Lispector, Rocco, p. 156.

## 2. Encontro

Resgata-se o que foi refletido no encontro anterior, realizamos a leitura do texto "**Vir-a-Ser**"[6]. Para evocar algumas memórias utilizamos a música "**A lista**" [7] **de Oswaldo Montenegro**. Desenvolvido por **Zyro**

## 3. Encontro

É resgatado o que foi refletido no encontro anterior, e trabalhada a música "Soldado do Morro de Mv Bill"[8], sugerida por um participante.

PERGUNTAS PARA REFLEXÃO

**O que é a sociedade para você?**
Sociedade: "Resultado coletivo das nossas atividades individuais" (KRISHNAMURTI).

"O indivíduo é essencialmente coletivo, e a sociedade foi criada pelo indivíduo. O indivíduo e a sociedade estão inter-relacionados. (...) O indivíduo ergue a estrutura social, e a sociedade, ou ambiente, molda o indivíduo" (KRISHNAMURTI).[9]

**Que lugar você ocupa dentro da sociedade?**

**Qual lugar você gostaria de ocupar na sociedade?**

Pede-se que o participante que sugeriu a música abra as reflexões, ele informa que música reflete uma realidade social, na qual a sociedade gera a criminalidade através de suas desigualdades. Acrescentamos alguns trechos sobre o tema sociedade para enriquecer a reflexão, com as perguntas, pretende-se que reflitamos o papel que ocupamos nessa sociedade, que também fazemos parte das suas engrenagens mortificantes.

## 4. Encontro

Retoma-se encontro anterior e trabalhamos o texto "O sermão do Bom Ladrão de Padre Antônio Vieira", sugerido por um participante.

---

[6]   http://www.espacocuidar.com.br/pt/vir-a-ser/. Acesso em 02/07/2016

[7]   MONTENEGRO, Oswaldo. *Música: A lista*. Álbum: A lista. Independente CD, 1999.

[8]   MV Bill. *Soldado do Morro*. Álbum: Traficando Informação. Natasha, BMG CD, 2000.

[9]   KRISHNAMURTI, Jiddu. *A primeira e a Última Liberdade*. Ed: Nova Era. 2000.

Como contraponto ao Sermão do Bom Ladrão, trouxemos o imperativo categórico de Kant: "Age de tal modo que a máxima da tua ação se transforme em lei universal."[10]

## 5. Encontro

Assistimos o documentário "Eu Maior"[11]

## 6. Encontro

Neste refletimos sobre o documentário "Eu maior", o que chamou mais atenção dos participantes, dos que concordaram ou discordaram.

## 7. Encontro

Trabalhamos com música "Saber Viver[12]" cantada pela banda Titãs, sugerida por um participante e trouxemos as frases de Confúcio e Albert Einstein

"Você não pode mudar o vento, mas pode ajustar as velas do barco para chegar aonde quer chegar" (CONFÚCIO).

O que é saber viver para você?

"Insanidade. É fazer sempre as mesmas coisas, esperando resultados diferentes" (ALBERT EINSTEIN).

## 8. Encontro

Trazemos o documentário "Entre a Luz e a Sombra"[13] para assistirmos.

## 9. Encontro

Propomos a reflexão sobre o documentário "Entre a Luz e a Sombra", trouxemos algumas falas dos personagens do documentário e uma afirmação de Gandhi para a discussão.

---

[10] KANT, Immanuel. *A metafísica da Moral* (1797)

[11] **Eu Maior** – Documentário – Brasil, 90 minutos. Direção: Fernando Schultz e Paulo Schultz .Produção: Fernando Schultz, Paulo Schultz, André Melman e Marco Schultz. DVD 2013.

[12] Erasmo Carlos/Roberto Carlos. *É preciso saber viver.* Intérprete: Titãs. Ábum: Volume Dois. WEA cd, 1998.

[13] Entre a luz e a sombra. Câmera, Áudio, Roteiro, Direção: Luciana Burlamaqui. Produção: Zora Mídia.2009.

"Felicidade é a harmonia entre o pensar, o dizer e o fazer"[14] (MAHATMA GANDHI).

## 10. Encontro

Reflexão sobre a música "1980", do grupo Ao Cubo[15], sugerida por um participante do grupo.

## 11. Encontro

Neste encontro trazemos a música "Se não Agora, Quando?[16]", interpretada pelo cantor Leoni.

## 12. Encontro

No último encontro, ocorre um resumo de todos os temas abordados durante os encontros. Trazemos os seguintes trechos para acrescentarem na reflexão final:

"Quando pensamos transformamos nossas crenças e consequentemente nosso jeito de viver" (DULCE CRITELLI).[17]

"Felicidade não é não ter problemas. Pensar o homem num mundo sem problemas é uma irrealidade, uma ilusão. Ser mais feliz talvez signifique apenas ter a capacidade de lidar razoavelmente bem com os problemas, em vez de ser por eles engolfado ou destruído" (PORCHAT, 1989).[18]

Durante os encontros, surge nas falas dos participantes os três tipos de problemas que segundo Porchat (1989) mais influenciam nossa existência: problemas subjetivos, problemas sócio-econômico-cultural e problemas da condição humana.

É compartilhado no grupo, que não devemos nos esquecer que somos os agentes de mudanças das nossas vidas.

---

[14] http://www.minutodesabedoria.com.br/conteudo/cartoes-do-minuto/6/cartoes-com-frase/40/reflexoes/44/felicidade-e-a-harmonia-entre-pensar-dizer-e-fazer. Acessado em:07/07/2016.

[15] *Rafael Silva Rosa De Souza. 1980. Álbum: Respire Fundo.* Graça Music CD, 2004.

[16] *George Israel / Leoni / Luciana Fregolente. Se não agora, quando?.* Álbum, A noite perfeita. AMZ Produção CD, 2010.

[17] CRITELLI, Dulce. *História Pessoal e Sentido de Vida.* Ed: Educ. 2012.

[18] PORCHAT, Ieda. *O que é psicoterapia.* São Paulo: Brasiliense, 1989.

Deixando claro que isso não significa dizer que as questões sociais, culturais, econômicas e as influências do próprio cárcere não interfiram em nossas vidas, mas que se ficarmos imersos nestas questões, esqueceremos que o processo de mudança começa com o indivíduo, e que estes indivíduos juntos podem produzir mudanças nas outras esferas da nossa vida. Por fim analisa-se a música "Tente outra vez[19]" do cantor Raul Seixas, e solicita-se uma avaliação escrita sobre a percepção dos participantes.

## Análise

> *A compreensão não desculpa nem acusa: pede que se evite a condenação peremptória, irremediável, como se nós mesmos nunca tivéssemos conhecido a fraqueza nem cometido erros. Se soubermos compreender antes de condenar, estaremos no caminho da humanização das relações humanas.*
>
> (MORIN, 2012)

Os participantes deste projeto são caracterizados pela prática de delitos que vão contra as normas sociais, indo parar assim, no sistema prisional. A grande maioria não tinha empregos formais antes da prisão, e relatam vínculos familiares e sociais frágeis.

Frequentemente são usuários de álcool e drogas ilícitas, observa-se nitidamente como o vício atrapalha o andamento da vida e os impossibilita de dar continuidade nas suas vivencias e vínculos sociais. As drogas levam para um círculo vicioso de roubos, furtos e violência.

Suas relações são marcadas de preconceito, exclusão e desigualdade em diversas esferas de suas vidas, acrescentando-se a isso o estigma de ser presidiário. Podemos dizer que estas características geram um processo de desqualificação social, descrito por Paugam (2001) em seus estudos:

> Os que passaram pelo processo de ruptura acumulam problemas do todo tipo – o afastamento do mercado de trabalho, problemas de saúde, falta de moradia, perda de contatos com a família, etc. Está última fase do processo de desqualificação social caracteriza-se por um acúmulo de fracassos que conduz a um alto grau de marginalização. Sem esperanças

---

[19] Raul Seixas / Paulo Coelho. *Tente Outra Vez*. Álbum: Novo Aeon. Philips Records, 1975.

de encontrar uma saída, os indivíduos sentem-se inúteis para a coletividade e procuram o álcool (ou qualquer tipo de droga) como meio de compreensão para a sua infelicidade. Os assistentes sociais encarregados da sua inserção constataram que o álcool e a droga constituem o maior problema para essa população. (Paugam, 2001 p. 76-77)

Assim, o projeto intitulado "Psicologia e a Arte das Palavras" teve como objetivo, ser um espaço de acolhimento, escuta reflexiva, propositor de processos de mudança no sujeito, a fim de estimular estes a reflexão e exercitarem através de textos, músicas e filmes a escuta se si e dos outros. Mobilizando-os a olharem suas histórias de vida e da instituição na qual estão inseridos no presente.

Partimos do pressuposto que:

O ato de repor à consciência sua característica intencional permite ter outra leitura das possibilidades humanas, considerando que se conhecer e se reconhecer na condição de sujeito e de objeto oportuniza o protagonismo do Homem no movimento de refutar sua contingência. Além disto, esta atitude não significa a rejeição da facticidade, mas o seu reconhecimento como ponto de partida, porque de outra forma não há Ser. Assim, pode-se afirmar que a facticidade não impede a liberdade da ação, mas sim, constitui o requisito para a realização da liberdade." (Jacoby e Carlos, 2005, p. 52,53)

No grupo existe um movimento para que o participante, se enxergue como agente de sua mudança, jamais desconsiderando a realidade econômica e social em que se encontram, Sartre nos lega a frase "O importante não é o que fez ao homem, mas o que ele faz com aquilo que fizeram dele."

As músicas, textos, documentários eram meios para iniciar nossos encontros e propiciar discussões e reflexões no grupo. Geralmente, a partir destas atividades, os reclusos expressavam suas histórias e experiências, que giravam em torno da opressão vivenciada no cárcere. Esta condição representada e exposta com muito sofrimento, permeada por exclusão, preconceito e desigualdade. Buscou-se que os integrantes do grupo, se apropriassem do espaço para exercerem as suas singularidades.

Com o documentário "Eu Maior", além de trabalharmos a importância de ter projetos de vida, reforçamos a fundamental busca do autoconhecimento, Morin (2002) nos revela que "a incompreensão de si é fonte muito importante da incompreensão do outro. Mascaram-se as próprias carências e fraquezas, o que nos torna implacáveis com as carências e fraquezas dos outros".

Quanto à instituição prisional, surgiram relatos de insatisfação quanto ao serviço prestado. Sentem-se indignos, pré-julgados a todo o momento em suas falas, gestos e sentimentos, como se o ato infracional que cometeram já se define todo o seu ser e trajetória de vida. Eis alguns relatos:

> *Às vezes me sinto um lixo, obrigado a conviver com pessoas totalmente alienadas, para o sistema somos apenas um número, apenas lixo (A1).*

> *Quem vai querer arrumar um emprego pra mim assim? A sociedade não tá nem ai, ninguém olha pra nós, só isso aqui não é suficiente. Tinha que ter uma política que desse emprego, moradia e educação de verdade para gente, ai sim seria assistência. Como que eu vou conseguir alguma coisa nessa situação (A2).*

Estas falas são marcadas pelo fracasso pessoal e pela condição social que se encontram. São histórias diversas e particulares, mas que tratadas no grupo se reconhecem, e são amparadas pelo grupo.

No cárcere os reclusos sofrem perda de autoestima, despersonalização e assimilação da cultura prisional. (GOFFMAN, 1999)

Diversos estudos apontam que nosso processo de interação social ocorre através do outro. Vemos a nós mesmos pela forma como o outro nos define, e no cárcere todos os reclusos são chamados de "ladrão" (SIC), pelo corpo funcional da unidade. Um recluso afirma *"É difícil mudar, olhar para si mesmo, dá trabalho, a força massificadora do cárcere é muito grande"* (SIC), o própria funcional é uma ferramenta de massificação.

Nestes espaços, o Estado não exerce o seu poder, sua função se circunscreve em evitar fugas, manter todos dentro dos muros. E punir os que estão reclusos, e dentro do possível fazer a manutenção do prédio físico.

> Trata-se de indivíduos que, na grande maior parte dos casos, provêm dos estratos mais desfavorecidos da população geral, com modos de pensar e agir determinados pelas vicissitudes culturais e econômicas próprias dessas camadas sociais. (GOMES, 2012, p. 6)

Seguem os modelos e ditames da modernidade, também no cárcere dos recursos para se distrair é assistir TV, uma "tela" (*sic*). A questão do consumo e de como a sociedade avalia as pessoas pelos bens que possuem, faz com que, muitas vezes, os reclusos queiram ser aceitos através dos bens de consumo, mesmo que para obtê-los seja necessário praticar atos ilícitos.

Os presos do sistema prisional não se reconhecem como grupo. E isso parece gerar um autoengano. Observa-se no discurso dos reincidentes que saem do sistema prisional: *"saiu pelo portão, eu apago, finjo que não existe penitenciária"* (SIC). Eles não elaboram seus sofrimentos, vivencias, e rapidamente retornam ao sistema.

Em seu livro "Vidas Desperdiçadas (2005), o sociólogo Zygmunt Bauman, relata de forma contundente como nossa sociedade capitalista excluí populações que não fazem parte do mercado de consumo, criando a categoria dos incluídos e dos excluídos:

> Num brilhante insight sobre a condição e a conduta das pessoas "supérfluas" ou "marginalizadas", o grande intelectual polonês Stefan Czarnowski as descreve como "indivíduos *déclessés*, de condição social indefinida, considerados redundantes do ponto de vista da produção material e intelectual, e encarado a si mesmos desse modo". A "sociedade organizada" trata-os como "parasitas e intrusos, acusa-os, na melhor das hipóteses, de simulação e indolência, e, frequentemente, de toda espécie de iniquidades, como tramar, trapacear, viver à beira da criminalidade, mas sempre de se alimentarem parasitariamente do corpo social. (BAUMAN, 2005)

E se estas pessoas tentam mudar, seguir uma vida socialmente aceita:

> ... são logo acusadas de arrogância pecaminosa, falsas aparências e da desfaçatez de reclamarem prêmios imerecidos – senão de intenções criminosas. Caso se queixem abertamente e se recusem a honrar aquelas formas que podem ser saboreadas pelos ricos, mas que, para eles, os despossuídos, são mais como veneno, isso é visto de pronto como prova daquilo que a "opinião pública" (mais corretamente, seus porta-vozes eleitos ou autoproclamados) "já tina advertido" – que os supérfluos não são apenas um corpo estranho, mas um tumor canceroso que corrói os tecidos sociais saudáveis e inimigos jurados do "nosso modo de vida" e "daquilo que respeitamos.

Estes reclusos em sua grande maioria fazem parte destas populações de despossuídos, e ainda carregarão o estigma de ser um presidiário. Diante desta realidade, o grupo pode ser um espaço para a reflexão de possíveis formas de lidar com esta realidade. A proposta fenomenológica existencial trabalha com o conceito de transcendência, sendo este essencial em nossa existência:

> ... pelo conceito de transcendência é que se pode perceber a extensão da verdade de que o homem não é um ser estático, mas sim um ser em contínuo desenvolvimento. E nesse sentido, a famosa frase de Sartre: " o homem é o ser que não é e que é o que não é". É a transcendência a questão que nos permite definir a condição humana de introspecção e mediação. E também é pela transcendência que o homem descobre a totalidade de suas possibilidades existenciais; possibilidades que não se esgotam ainda que a existência esteja quedada inerte frente às vicissitudes existenciais. (ANGERAMI, 1985)

No último encontro, busca-se situar o grupo sobre a importância de se buscar transcender suas realidades, de entender os processos de sua vida individual e grupal, passando a entender como chegou ao cárcere, para que enxergue outros caminhos e projetos de vida possíveis. Ou como nos diz Forghieri (1993)

> O ser humano... embora em sua vida sofra limitações de seu ambiente e de sua corporeidade, e necessite adaptar-se a eles, possui a capacidade de transcendê-los por meio da consciência que tem das situações que vivência.

O grupo buscou promover apoio emocional, através de escuta qualificada e empática. Assim cada participante pergunta o que é esquizofrenia, e através da explicação revela que sua mãe tem o transtorno, e que só agora entende porque ela agia de determinadas formas. E como é importante buscar um tratamento. A simples acolhida de uma dúvida, a compreensão de um argumento é relevante. Morin (2012) reforça que:

> A ética da compreensão pode que se argumente, que se refute em vez de excomungar e anatematizar. Encerrar na noção de traidor o que decorre da inteligibilidade mais ampla impede que se reconheça o erro, os desvios, as ideologias, as derivas.

Em síntese, este projeto pretendeu focar o resgate da identidade desses sujeitos através das vivencias e experiências compartilhadas no grupo, tornando aquilo que é vivido como individual em social. Trabalharam-se aspectos ligados à autoestima, a valorização da vida e do autoconhecimento. Buscou-se maior capacidade reflexiva para lidar com os diversos problemas de uma vida em sociedade, atribuindo assim, novos significados aos mesmos.

Relatos de alguns membros sobre a participação no grupo:

> *Me ajudou a descobrir alguns valores e também a enxergar alguns defeitos que precisam ser reparados (A3).*

> *Me sinto em um ambiente social conversando sobre assuntos de necessidade para qualquer pessoa (A4).*

> *Os encontros são horas de descontração e aprendizagem, me fazem pensar muito, e me ajudam a cada dia (A5).*

Trabalhos em grupo mostram o quanto cada ser é singular e plural, simples e complexo e o quão delicado é o trabalho da ciência psicológica, que não pode enquadrar a todos numa mesma moldura, principalmente os viventes de instituições como estas, que favorecem pensamentos reducionistas e simplistas sobre o ser humano, Morin (2002) descreve este ser complexo:

> Devemos ver que todo ser, mesmo aquele fechado na mais banal das vidas, constitui ele próprio um cosmo. Traz em si multiplicidades interiores,

personalidades virtuais, uma infinidade de personagens quiméricos, uma poliexistência no real e no imaginário, no sono e na vigília, na obediência e na transgressão, no ostensivo e no secreto, balbucios em suas cavidades e profundezas insondáveis. Cada qual contém em si galáxias de sonhos e de fantasmas, impulsos de desejos e amores insatisfeitos, abismos de desgraças, imensidões de indiferença gélida, queimações de astro em fogo, acessos de ódio, desregramentos, lampejos de lucidez, tormentas dementes. (MORIN, 2002, p. 57)

## Observação diante da prática psicológica dentro de uma instituição penitenciária

Podemos afirmar que o sistema prisional paulista, local de nossa experiência, é ineficiente e caro para a sociedade, e nós contribuintes pagamos para que o Estado faça a gestão destes espaços.

Neste sistema onde o Estado não interfere efetivamente, o crime organizado prolifera e oferece proteção, empoderamento ao recluso e sua família. Estes sujeitos, ficam à mercê de um poder sem limites, pois a qualquer momento este mesmo poder, os extorque e os pune. Este sistema gera uma rede de vítimas e algozes, que ultrapassa o muro do cárcere chegando a alcançar cada um de nós. O cárcere não é o melhor instrumento de controle social, tal como se preconiza, ao contrário, os efeitos deste instrumento produz um círculo vicioso de violência que gerando mais violência, e em consequência um desejo constante de punição pura e simples, nunca se chegando a resolver o conflito original.

Em sua prática, o psicólogo deve buscar compreender o sujeito preso a partir de suas relações sociais em conjunto com a instituição que se encontra, para que não levado a enxergar o sujeito apenas pelo seu delito. O profissional no cárcere não deve ser apenas um normatizador das convenções morais e sociais, sua intervenção nestes espaços deve ultrapassar a lógica da punição, para que não corra o risco de ser apenas mais um agente reforçador desta lógica simplista.

Cabe ao psicólogo criar espaços que privilegiem reflexões, que problematizem a vida destes indivíduos juntamente com sua vida em sociedade, sendo possível assim a transformação/resignificação de suas vivencias.

## Conclusão

Grupos de reflexão como o exposto aqui, obviamente não são soluções definitivas para os problemas do sistema prisional, mas são um caminho possível, diante de tantos outros que deveriam ser praticados nestes ambientes pela ciência psicológica.

Cabe ao psicólogo pensar nestes espaços, e buscar práticas que favoreçam a promoção de uma escuta qualificada destes sujeitos encarcerados; Ana Bock, palestrando sobre o compromisso ético da psicologia, faz uma critica que deve nos manter alertas em nossa prática cotidiana como profissionais:

> Ajudamos a controlar as crianças inquietas na escola, a melhorar a disciplina, a controlar a sexualidade; contribuímos com nosso saber para asilar os loucos, as prostitutas, os desempregados; ajudamos a ocultar a produção das desigualdades sociais justificando-as como diferenças individuais; criamos instrumentos de seleção e categorização; pusemos o homem certo no lugar certo; isentamos a escola de suas deficiências com nosso conceito de dificuldade de aprendizagem; chegamos até a justificar acidentes de trabalho pela pulsão de morte; construímos exclusão de minorias através da concepção de patologia nas condutas. Apresentamos como necessária e normal a constituição da família burguesa das camadas médias e condenamos as famílias das camadas de baixo poder aquisitivo à patologia; fizemos do homem branco, europeu, heterossexual, das camadas médias, o modelo da normalidade. (...) Enfim, tornamos normal o que é dominante. Esse tem sido o nosso compromisso social. (BOCK, 2001)

Ao se submeter estes individuos a tratamentos indignos, estamos os convidando a continuarem a ter atos indignos para com a sociedade, conforme a reflexão existencialista:

> Não há um único de nossos atos que, criando o homem que queremos ser, não esteja criando, simultaneamente, uma imagem do homem tal como julgamos que ele deva ser. Escolher ser isto ou aquilo é afirmar, concomitantemente, o valor do que estamos escolhendo[...] Portanto, a nossa responsabilidade é muito maior do que poderíamos supor, pois ela engaja a humanidade inteira. (SARTRE, 2014)

Um questionamento que este trabalho deixa em aberto, é em como que a ciência psicológica pode contribuir com a sociedade para pensar em espaços de resolução de conflitos além do cárcere.

E acima de tudo devemos nos questionar: quem sai ganhando para que este sistema, esta realidade seja mantida?

## Referências

ANGERAMI, Valdemar Augusto. *Psicoterapia Existencial*. São Paulo: Cengage Learning, 2009

BAUMAN, Z. *Vidas desperdiçadas*. Rio de Janeiro: J. Zahar, 2005.

BOCK, A. M. B. (1999b). *A Psicologia a caminho do novo século: identidade profissional e compromisso social*. Estudo de Psicologia, 1999.

_____. *Palestra Ética, política e participação social*, proferida no XI Encontro Nacional da ABRAPSO. Florianópolis, 2001.

BUSSINGER, Vanda Valadão. *Fundamentos dos direitos humanos*. Revista Serviço Social e Sociedade, (53), São Paulo: Cortez, 1997.

CARVALHO, C. Corpos *Minados: um estudo exploratório no espaço interno da cultura prisional*. Centro de Estudos Sociais, Faculdade de Economia da Universidade de Coimbra, 2003.

FORGHIERI, Y. *Psicologia fenomenológica: fundamentos, método e pesquisas*. São Paulo: Pioneira Thomson Learning, 2004.

GAY, Peter. *Freud: uma vida para nosso tempo*. São Paulo: Companhia das letras, 1989.

GONÇALVES, R. A. *Delinquência, Crime e Adaptação à Prisão*. Coimbra: Quarteto Editora, 2000.

JOCOBY, Marcia; CARLOS, Sergio Antonio. *O eu e o outro em Jean Paul Sartre: pressupostos de uma antropologia filosófica na construção do ser social*. Disponível em: www.fundamentalpsychopathology.org/.../o_eu_e_o_outro_em_jean_paul_sartre.pdf. Acesso em: 05.09.2016.

MARTINS, José de Souza. *Exclusão social e a nova desigualdade*. São Paulo: Paulus, 1997.

MARTIN, Baró, I. *Sistema, grupo y poder. Psicologia social desde Centroamérica II*. San Salvador: UCA Ed., 1989.

MORIN, Edgar – Os sete Saberes Necessários à Educação do Futuro. 3a. ed. – São Paulo – Cortez; Brasília, DF: UNESCO, 2001.

OUAKNIN, Marc-Alain. *Biblioterapia*. Tradução de Nicolas Niymi. Campanário. São Paulo: Loyola, 1996.

POMPÉIA, João Augusto. *Na presença do sentido: uma aproximação fenomenológica a questões existenciais básicas*. João Augusto Pompéia e Bilê Tatit Sapienza. São Paulo. EDUC, 2013.

PORCHAT, IEDA. *O que é psicoterapia*. São Paulo: Brasiliense, 1989.

PAUGAM, Serge. *O enfraquecimento e a ruptura dos vínculos sociais: uma dimensão essencial do processo de desqualificação social. In*: SAWAIA, Bader (org). As artimanhas da exclusão: análise psicossocial e ética da desigualdade social. 2. ed. Petrópolis: Vozes, 2001.

RIBEIRO, Darcy. *O povo brasileiro: a formação e o sentido do Brasil*. 2. ed. São Paulo: Companhia das Letras, 1996.

SARTRE, Jean Paul. *O Existencialismo é um Humanismo* – Col. Vozes de Bolso, 2014.

SAWAIA, B.B. *O sofrimento ético-político como categoria de análise da dialética exclusão/inclusão. In:* SAWAIA, B.B (org.) *As artimanhas da exclusão: análise psicossocial e ética da desigualdade social.* 4 ed. Petrópolis, RJ: Vozes, 2002.

SCHIAVO, Marcio R. e MOREIRA, Eliesio n. *Glossário Social.* Rio de Janeiro: Comunicarte, 2005.

SUAIDEN, Emir José. *A biblioteca pública no contexto da sociedade da informação.* Ci. Inf., Brasília, v. 29, n. 2, p. 52-60. Maio / ago. 2000.

SILVA, Ezequiel Theodoro da. *Leitura na escola e na biblioteca.* Campinas: Papirus, 1986. 113 p.

GOMES, Sofia 2012. *A pessoa reclusa em contexto prisional: Agressividade, sintomas psicopatológicos e apoio social.* Disponível em: http://hdl.handle.net/10400.12/2259. Acesso em: 07/09/2016.

GOFFMAN, E. *Manicômios, prisões e conventos.* São Paulo: Editora Perspectiva, 1999.

CAPÍTULO 11

# Nietzsche e a Psicologia:
# uma proposta de psicoterapia nietzschiana

*Bruno Gonçalves*

Em vários trechos de seus escritos o conhecido filósofo alemão Frederich Wilhelm Nietzsche se descreve como um psicólogo, um desses exemplos é a carta enviada ao amigo Stringberg em 1888 na qual expõe com orgulho: "Eu sou um psicólogo", em outros escritos ele vê com estranhamento o fato de ninguém o tê-lo caracterizado como um psicólogo, e por ultimo em sua auto-biografia (2005) acrescenta: Que em meus escritos fala um psicólogo sem igual é talvez a primeira constatação a que chega um bom leitor. No entanto, mais de um século se passou sem que a maioria dos intérpretes de Nietzsche sequer considerasse seu desejo de reconhecimento como um psicólogo, tampouco conseguiram enfrentar os aspectos essenciais de seu pensamento e seu papel na pisicologia, que pouco foi explorado. Devemos então reconhecer que, apesar do filósofo se autointitular um psicólogo, ou mais do que isso, reivindicar para si, com grande orgulho, o título de primeiro psicólogo fundador de uma nova prática, ao dizer "Quem, entre os filósofos, foi antes de mim psicólogo...? Antes de mim não havia psicologia alguma" (2005). Contudo, não é facil associar Nietzsche à Psicologia, mesmo por que, ele não ficou conhecido por ser um "psicólogo" no sentido estrito da palavra. Seu nome é lembrado como o de um intelectual com forte influencia na arte, no pensamento contemporâneo e fudamentalmente na filosofia. No entanto, a abrangencia do filósofo não se limita a essas áreas, já que influenciou diretamente na cultura ocidental em termos de: costume, ética e ciência, principalmente nos ultimos anos quando surgiu uma proliferação de estudos em diversos campos acerca de suas obras. Em suma, é necessário ressaltar o fato de que Nietzsche influenciou e ainda influencia grandemente a Psicologia Contemporânea.

Talvez seja o filósofo mais citado dos últimos tempos, não só no meio acadêmico, mas também nas ruas e até nas conversas de botiquim. De fato, existem vários filmes sobre sua biografia e diversos livros analisando sua filosofia, ele é o que as pessoas chamam de filósofo da Pós Modernidade. Aliás, desconfio que o filólogo, filho de um pastor luterano, que começou seu interesse por filosofia através da leitura de Schopenhauer e assim construiu as premissas de sua vocação filosófica, não imaginaria que alcançaria tamanha popularidade, mas é certo que já sabia da importancia de seus escritos e possivelmente aguardava o devido reconhecimento. No prefácio do livro Ecce Homo Nietzsche escreve:

> Na previsão de que em breve terei de surgir perante a humanidade com a mais difícil exigência que se lhe fez, parece-me indispensável dizer quem eu sou. No fundo, todos deviam saber: com efeito, não deixei de dar testemunho de mim. Mas a incongruência entre a grandeza de minha tarefa e a pequenez dos meus contemporâneos expressou-se no fato de que não me ouviram, nem também me viram.... Escutai-me! Pois, sou assim e assado. Sobretudo, não me confundam com outro! (NIETZSCHE, 2005)

Nesse trecho nota-se que Nietzsche tinha plena consciência da magnitude de suas obras, embora, no inicio de sua carreira literária, ainda passassem despercebidas ao grande publico. Autodenominava-se como um filósofo póstumo, alguém que só seria compreendido após 100 anos ou mais. Contudo, sua filosofia não demorou a ser reconhecida, talvez por abordar assuntos polêmicos.

A filosofia Nietzschiana pode ser caracterizada por uma profunda crítica aos valores da cultura ocidental, mas não se limita a isso, ainda faz duras críticas a qualquer imposição de normas de comportamento e principalmente a imposição de maneiras de pensar; podemos supor aí que Nietzsche vai além do papel de filósofo e aproxima-se muito de um psicólogo, quando examina o papel dos costumes, do direito, da moral e da tradição na vida em coletividade, ele investigava a educação familiar, cívica, política e religiosa, além de abranger questões sobre o casamento, liberação da mulher e partidos políticos. Em resumo, fala de coisas humanas e não se preocupa assim como outros filósofos em criar sistemas ou encontrar verdades absolutas.

A pluralidade de temas diferencia Nietzsche de outros filósofos e torna sua obra tão importante para o pensamento moderno. Neste capitulo, faremos mais uma abordagem das ideias do filósofo, na tentativa de relacionar seus pensamentos com conceitos de psicologia, a fim de desenvolver uma proposta de psicoterapia baseada em princípios nietzschianos. Para que isso seja possível apresentaremos os elementos básicos de seu pensamento.

O primeiro assunto é a ideia pela qual Nietzsche talvez seja mais conhecido, trata-se da questão da *Morte de Deus*, pois atualmente muitos remetem a ele o anuncio de que *"Deus está morto"*, o fato é que dão uma grande importância a essa frase, a ponto de que as pessoas possam aludir que a filosofia nietzschiana se resuma a isso; então começamos por ela.

"Deus está morto" é uma das idiossincrasias características de Nietzsche, é uma provocação; a intenção é gerar desconforto, é desconstruir e levar a reflexão, até porque Nietzsche não se ocupa do problema da existência de Deus como outros filósofos assim faziam. Essa problemática não há em sua obra, ele diferentemente de seus antecessores, não se preocupa em encontrar a verdade absoluta sobre o cosmo, sobre a criação, ele nem mesmo se preocupa em encontrar qualquer verdade, pelo contrario, vem questionar a utilidade da verdade e de onde vem essa necessidade da verdade. Analisaremos então a alegoria da morte de Deus apresentada no livro:

> O homem louco. – Não ouviram falar daquele homem louco que em plena manhã acendeu uma lanterna e correu ao mercado, e pôs-se a gritar incessantemente: "Procuro Deus! Procuro Deus!"? – E como lá se encontrassem muitos daqueles que não criam em Deus, ele despertou com isso uma grande gargalhada. Então ele está perdido? Perguntou um deles. Ele se perdeu como uma criança? Disse um outro. Está se escondendo? Ele tem medo de nós? Embarcou num navio? Emigrou? – gritavam e riam uns para os outros. O homem louco se lançou para o meio deles e trespassou-os com seu olhar. "Para onde foi Deus?", gritou ele, "já lhes direi! Nós os matamos – vocês e eu. Somos todos seus assassinos! Mas como fizemos isso? Como conseguimos beber inteiramente o mar? Quem nos deu a esponja para apagar o horizonte? Que fizemos nós ao desatar a terra do seu sol? Para onde se move ela agora? Para onde nos movemos nós? Para longe de todos os sóis? Não caímos continuamente? Para trás, para os lados, para frente, em todas as direções? Existem ainda 'em cima' e 'embaixo'? Não vagamos como que através de um nada infinito? Não sentimos na pele o sopro do vácuo? Não se tornou ele mais frio? Não anoitece eternamente? Não temos que acender lanternas de manhã? Não ouvimos o barulho dos coveiros a enterrar Deus? Não sentimos o cheiro da putrefação divina? – também os deuses apodrecem! Deus está morto! Deus continua morto! E nós os matamos! Como nos consolar, a nós, assassinos entre os assassinos? O mais forte e sagrado que o mundo até então possuíra sangrou inteiro sob os nossos punhais – quem nos limpará esse sangue? Com que água poderíamos nos lavar? Que ritos expiatórios, que jogos sagrados teremos de inventar? A grandeza desse ato não é demasiado grande para nós? Não deveríamos nós mesmos nos tornar deuses, para ao menos parecer dignos dele? Nunca houve ato maior – e quem vier depois de nós pertencerá, por causa desse ato, a uma história mais elevada que toda a história até então!" Nesse

momento silenciou o homem louco, e novamente olhou para seus ouvintes: também eles ficaram em silêncio, olhando espantados para ele. "Eu venho cedo demais", disse então, "não é ainda meu tempo. Esse acontecimento enorme está a caminho, ainda anda: não chegou ainda aos ouvidos dos homens. O corisco e o trovão precisam de tempo, a luz das estrelas precisa de tempo, os atos, mesmo depois de feitos, precisam de tempo para serem vistos e ouvidos. Esse ato ainda lhes é mais distante que a mais longínqua constelação –, e, no entanto, eles cometeram! – Conta-se também no mesmo dia o homem louco irrompeu em várias igrejas, e em cada uma entoou o seu Réquiem aeternaum deo. Levado para fora e interrogado, limitava-se a responder: "O que são ainda essas igrejas, se não os mausoléus e túmulos de Deus?" (NIETZSCHE, 2005)

Com essa alegoria ele quer denunciar uma forma idealizada de pensamento que alicerça a moral e a ética de seu tempo e que tem como estrutura um Deus como ideal supremo de bondade, de poder, de conhecimento. Mas então, o que Nietzsche quer dizer com "Deus morreu"? Ele quer dizer que existia uma *"estrutura religiosa do pensamento"* que possuía Deus como pilar central, mas em sua época essa estrutura perdeu força, quer dizer também que Deus não é mais a figura central na vida das pessoas, ou que a influência da religião em nossas vidas é cada vez menor, pois surgiram outras coisas que se não tomaram o lugar de Deus, pelo menos agora disputam lugar com ele; uma dessas coisas que disputam lugar com Deus, por exemplo, é a ciência.

Então, para um melhor entendimento, a morte de Deus foi percebida em nosso tempo quando se notou uma mudança de paradigma, quando as pessoas não mais recorriam a um padre ou sacerdote ao adoecer, quando nem mesmo recorriam a um curandeiro, mas recorrem aos remédios ou aos médicos com todas suas técnicas e conhecimento cientifico. Assim, pode-se dizer que o anúncio da morte de Deus é uma avaliação histórica e cultural dessa época. Nietzsche não reivindica para si a morte de Deus, pelo contrário ele afirma que *"Deus está morto! Deus continua morto! E nós os matamos!"* (2005); nós, há uma ênfase no "nós", nós o matamos com o advento da técnica, com a ascensão da razão, com a refutação dos dogmas. Assim, Nietzsche se diferencia de toda tradição filosófica, pois não é um filosofo que cria sistemas, mas antes de tudo é alguém que analisa a cultura. A cultura é o tema principal ao qual Nietzsche se dedica, arrisco a dizer que ele é em sua essência um historiador e um psicólogo social nesse sentido.

A "morte de Deus" abre espaço para o desenvolvimento da técnica e da ciência e por que não dizer da Psicologia enquanto saber. O que quero dizer é que talvez o surgimento e o florescimento da psicologia só foi possível após o declínio das ideias religiosas, devemos lembrar também que o surgimento da psicologia coincide com o anúncio da morte de Deus no século XIX, antes disso seria inconcebível alguém procurar um "psicólogo" para tratar os males da alma, isso, definitivamente, era assunto da igreja. Devemos lembrar que até mesmo as psicopatologias até pouco tempo eram consideradas possessões demoníacas.

No entanto admitir a "morte de Deus" e o declínio da religião é confrontar-se com dores existenciais, é admitir a própria finitude, é questionar a ética cotidiana. As questões éticas é uma preocupação bastante comum na época em que Nietzsche viveu, e pode ser demonstrada nos livros de seu contemporâneo, *Fiódor Dostoiévsky* que traz questionamentos acerca de como regular o comportamento das pessoas sem um referencial supremo, em seu romance *Irmãos Karamazov (1879),* o personagem *Ivan Karamazov* traz a ideia de que com o desaparecimento da crença na imortalidade, desapareceria também toda moralidade. Dizia ele: *"Sim, não há virtude sem imortalidade" se Deus está morto, então, tudo é permitido,* o que na época era uma grande preocupação. Então, notamos que o problema não é a morte de Deus, mas sim a lacuna que ficou do declínio da moral religiosa, pois com o Cristianismo criou-se nas mentes das pessoas as fundações do "cristão-moral" que definiu as regras e valores para nossa cultura.

Os dogmas trazidos pela religião que balizaram o relacionamento das pessoas com a vida, e com outras pessoas são para Nietzsche apenas *"bengalas"* que as ajudaram a suportar o peso da consciência da própria finitude, de acordo com o filósofo a ideia de Deus foi *"inventada"* para que possamos suportar a dor da própria existência. Ele vai dizer que:

> O conceito de "Deus" foi inventado como conceito oposto a vida e que nele se condensou em uma unidade terrível tudo o que é prejudicial, venenoso, caluniador, toda a mortal hostilidade contra a vida! O conceito de "além", de "mundo verdadeiro", foi inventado para desvalorizar o único mundo que existe, para destruir a nossa realidade terrena de todo o fim, de toda a razão, de todo o propósito! (NIETZSCHE, 2005)

Essa estrutura de pensamento levou a humanidade a negar a vida e a realidade, ou seja, vem dizer que essas ideias de que o valor esta em servir a um propósito maior e que a recompensa virá não neste mundo, mas no outro mundo, que devemos ser compassivos, que o valor esta no outro e não em nós; é em uma frase, segundo Nietzsche: "a degeneração moral". Assim, Nietzsche se orgulha de seu maior feito a "descoberta da moral cristã" dizendo que como um "mensageiro alegre, como nunca houve, foi o primeiro a descobrir a verdade". Portanto, com a "morte de Deus" traz à tona a reflexão sobre a moral que já não tem mais sustentação; e desafia cada pessoa a rever seus conceitos de moral, de ética, seus valores e suas convicções. Então, pode-se dizer que Nietzsche se assemelha a um psicólogo que nos leva a questionar todos os nossos valores e o nosso modo de viver, apontando que por de trás da moral cristã havia mecanismos primitivos de repressão inconscientes que eram dados através da religião.

De um ponto de vista psicológico, diferentemente da ideia de *Freud* sobre Repressão Pulsional como processo necessário a Civilização, e da necessidade inevitável de reprimir os instintos humanos para que haja vida em sociedade. Nietzsche enxergava a repressão dos instintos, pregados pela sociedade cristã, como uma forma de enfraquecimento da vida e do homem. Ele vai dizer que a moral vigente desde Cristo até sua época é Niilista, no entanto a palavra niilismo que deriva do latim nihil, que significa "nada" e tem significado próprio na filosofia, recebe outra conotação em Nietzsche, para ele niilismo é a desvalorização da vida presente, desvalorização desta vida terrena, ou melhor; a desvalorização desta vida em prol de outra vida. O niilista, é aquele que baseia sua vida em valores que não se confirmam na realidade, é quem deixa de viver o *Agora* em favor de uma suposta vida futura e assim nega esta vida. Nietzsche faz um diagnóstico da sociedade e diz que ela sofre de niilismo, que essa sim é a grande doença da humanidade, sua completa falta de sentido existencial. Porém o niilismo só foi possivel por que predominou na civilização ocidental o chamado "Ideal Ascético", um ideal *nocivo par excellence* (nocivo por excelencia), um ideal derivado do cristianismo que prosperou porque foi até agora, o único ideal, porque não tinha nenhum concorrente. "Pois o homem prefere quer o nada a nada querer" (NIETZSCHE, *Assim Falou Zaratustra,* 1999).

Para melhor explicar o niilismo do qual Nietzsche tanto fala é necessário trazer a análise, outro conceito: *Vondade de Potencia.* Na visão de Nietzsche, Vontade de potência é o mais forte de todos os instintos que dirige a evolução orgânica, é um movimento de auto superação da própria vida, uma tendência a subir, a vitória sobre si mesmo, o domínio de si, e o esforço de sempre alcançar mais potência. Uma força presente no ser humano e no universo que o impele para frente, um desejo de sempre querer mais, de querer crescer.

Acrescenta ainda que esse conceito não se restringe a vida humana, abrange a nutrição, a procriação, a hereditariedade, a sociedade, o Estado, os costumes e a autoridade. Nietzsche explica: "Este é o mundo da vontade de potência e nada mais! E vós também sois esta vontade de potência e nada mais..." (1881). Ao discorrer sobre a motivação nas pessoas, refuta explicações dualísticas como prazer e desprazer diz que o homem não busca o prazer, e não se esquiva do desprazer. O prazer e o desprazer são consequências, simples fenômenos secundários da Vontade de Potência. Em resumo, o que o homem quer, o que a menor parcela do organismo vivo quer, é um "*plus*" de potência.

Ele em seu livro *Para além do bem e do mal* faz crítica ao que chama de "o homem indignado" e nesse ponto pode até ser interpretado como uma possível oposição antecipada ao pensamento psicanalista que tem os impulsos sexuais como motivadores do comportamento humano:

> [...] De alguém que sempre não veja, não procure e não queira ver senão a fome, o instinto sexual e a vaidade, como se estas fossem as molas essenciais e únicas das ações humanas. (NIETZSCHE, 2007)

Nesses termos podemos dizer que o conceito de Vontade de Potencia alicerce da filosofia nietzschiana se aproxima em muito do conceito de Tendência atualizante do psicólogo americano *Carl Rogers*. Vale ainda ressaltar que quando a Vontade de Potencia que implica na superação de si é investida como negação de si propria, ela é chamada de Vontade Negativa de Potência ou "Vontade de Nada" chegamos aí novamente ao termo Niilismo, que para Nietzsche é uma vontade invertida ou predominio das forças reativas que não só bloqueiam as forças criativas, como se voltam contra a própria pessoa. O niilismo é o mal da sociedade insiste o filósofo, é uma doença que a degenera, esse é o diagnóstico que ele faz da cultura ocidental e dos indivíduos inseridos nela. Ele vai dizer que a humanidade está em decadencia, ou melhor, sempre esteve, pois ensinaram-lhes sempre os valores de *décadence* como sendo os valores supremos, esta moral que foi ensinada até agora revela uma vontade de fim, e nega a vida no seu fundamento mais básico.

> Ensinou-se a desprezar os instintos primordiais da vida; inventou-se uma "alma", um "espirito", para arruinar o corpo; ensinou-se ver algo impuro no pressuposto da vida, na sexualidade; procurou-se o principio ruim no que é profundamente necessário para se florescer, no estrito amor de si... (NIETZSCHE, 2005)

Hoje em dia enfrentamos novas formas de niilismo efeito da perda de referencial, Pereira (1984) descreve com brilhantismo as formas cotidianas de niilismo dizendo que como "o ser", "o nada" também se apresenta de muitos modos. A vertigem do nada ou niilismo se preferir pode ser visto em vitimas das guerras, no aviltamento do homem gerado por um economismo feroz, na ausência de sentido das obras de arte, nos sentimentos de decadência, cansaço, vacuidade e descrença, nas formas de estranheza, abandono, agressividade, destruição e terrorismo, que assaltam nosso cotidiano, na inversão ou negação da dimensão valiosa da existência e do mundo, na proliferação e vulgarização de fenômenos como tédio, neurose, angustia e desespero; expressões que se tornaram jargões do nosso linguajar, aliás as quatro últimas palavras descritas:

tédio, neurose, angustia e desespero, resumem as principais demandas das psicoterapias contemporâneas, assim, podemos supor que o niilismo que Nietzsche tanto combatia é presente no modo de existência da atualidade.

O desafio maior do século XIX era a superação do niilismo, *Dostoiévski* já evidenciava essas preocupações, pensava ele como já foi exposto, que o declínio da religião levaria a humanidade a descambar para degeneração e para decadência moral. Por outro lado, surge na mesma época na Europa a ideia de que a moral cristã poderia ser superada pelo positivismo, ou melhor, surge a ideia de que o progresso, a modernidade, o futuro é salvação da humanidade. A confiança é depositada na ciência como sendo a única que pode dar conta de tudo, inclusive de preencher o vazio decorrente da lacuna de Deus. Porém em oposição a *Dostoiévski* e ao Positivismo, Nietzsche defendia que a civilização já estava em processo de decadência muito antes do enfraquecimento da moral religiosa e que justamente essa moral era sim a causa da própria degeneração social, ele também afirmava que a ciência não é suficiente para consolar o homem, pois a idéia de futuro também tira o homem da vida presente, é apenas mais uma forma de niilismo. É como se estivesse trocando a fé pela razão, um idealismo por outro. No entanto, Nietzsche tinha convicção de que qualquer promessa de felicidade ou qualquer ideal de vida que tire a pessoa da vida presente, que a impeça de viver a vida como ela se oferece, é uma forma de niilismo.

Analisando a história da humanidade, sempre existiram forças tentando tirar o homem da vida presente, da vida no aqui e agora, primeiro com a promessa de paraíso e depois com a promessa de futuro melhor, ambas não passavam de niilismo.

Assim, Nietzsche não se limita às criticas aos valores cristãos, ele propõe a luta contra o niilismo e vai como um verdadeiro psicólogo procurar novos valores que curariam a humanidade desta terrível doença. Faz uma genealogia da moral de sua época que o leva as raízes da moral cristã, que por sinal são anteriores a Cristo, assim Nietzsche chega aos primórdios que estruturaram o modo de agir e pensar atual, sua constatação é a de que o niilismo se coloca em marcha desde o platonismo antigo. Nietzsche busca a solução para o niilismo, em uma moral anterior e para isso recorre aos gregos antigos que tinham na sua concepção uma forma de viver que era melhor do que a forma atual. Os gregos tinham consciência dos aspectos negativos da vida, da dor e dos perigos da existência, porém não se entregavam ao pessimismo nem recorriam a "muletas existenciais", pelo contrário, os gregos moldavam o mundo e a vida através da arte, transformando a realidade em um fenômeno estético, ou melhor, eles tinham uma forma própria de se relacionar com a realidade que para Nietzsche é um tipo de conhecimento mais amplo e autêntico que a ciência nascida do racionalismo socrático. No pensamento mítico ou trágico presente na Grécia Antiga, por exemplo, não havia a pretensão de encontrar uma verdade única ou valores absolutos, pelo contrário, os gregos interpretavam a realidade de forma artística com mitos e estórias, assim explicavam o universo, a criação do mundo, do homem e tudo mais, não convinham a eles buscar uma verdade absoluta. O mito de Perséfone é um bom exemplo do poder de criação dos gregos para explicar as estações do ano.

> A arte deve antes de tudo e em primeiro lugar embelezar a vida. (NIETZSCHE, 1999)

Ao analisar a fundo a cultura ocidental e ao sondar as origens das formas de pensar responsáveis por este processo de decadência que corrói o mundo moderno, Nietzsche encontra na tradição socrático-platônica o modo metafísico de pensar que se impôs como base de nossa civilização. Pode-se dizer que os principais adversários da filosofia nietzschiana, não são exatamente o cristianismo, a Cultura Ocidental, o Estado, Kant ou Hegel, mas sim Platão e Sócrates, foram estes os criadores do maior de todos os erros.

Porém, em primeira análise podemos nos perguntar qual a relação entre a moral e a ética com o platonismo, de acordo com Nietzsche (1886), há uma relação estreita, e vai além ao dizer que até mesmo a moral religiosa tem origens em Platão e Sócrates, que Platão é um cristão mesmo antes de cristo, afirmando que: "o cristianismo não passa de um platonismo para o povo", ou seja, adaptaram o platonismo de forma que o povo pudesse assimilar.

Ao falarmos de Filosofia, o senso comum sempre nos remete a célebre frase de Sócrates, "só sei que nada sei" esta frase resume o método de Sócrates, ou melhor, dizendo, esta é a atitude filosófica criada por ele para acessar o conhecimento, atitude de se perguntar sobre a origem e a finalidade das coisas. Então, podemos nos perguntar, o que tem de tão nocivo na filosofia de Sócrates e posteriormente na filosofia de seu discípulo Platão? O que tem de tão ruim em dizer que todo conhecimento deve ser questionado ou mesmo o que há de ruim na frase "só sei que nada sei"? Para Nietzsche a origem dos equívocos consiste exatamente no local em que Sócrates diz residir todo conhecimento, pois Sócrates vai dizer que para se chegar ao saber (a verdade) é preciso trazer a luz o conhecimento que já existe dentro de cada um, que o conhecimento está na nossa essência, na nossa alma, e que só não temos pleno acesso a ele por conta do nosso corpo, para Nietzsche, é daí que nasce à supervalorização da interioridade da razão e a desvalorização da sabedoria instintiva.

Platão influenciado pelas ideias de Sócrates parte do pressuposto que existem dois mundos. O primeiro é constituído por ideias eternas, invisíveis e dotadas de uma existência diferente das coisas concretas. O segundo mundo, o mundo em que vivemos, é constituído por cópias dessas ideias (coisas sensíveis). Uma das bases desse pensamento é o conceito de *Reminiscência* em que defende que o conhecimento seria uma recordação das verdades eternas que a alma contemplara no outro mundo, dizendo de outra forma, o conhecimento está em nossas almas, que são eternas e permanecem no mundo das ideias até nascermos, então ao invés de aprender, estaríamos apenas recordando as ideias e verdades que a nossa alma já tivera acesso antes de ser "colocada" no nosso corpo. Com base neste pressuposto Sócrates e Platão refutam o modo de compreensão da realidade praticado pelos gregos antigos, dizendo que a realidade não pode ser interpretada artisticamente e instintivamente, porque segundo Sócrates os sentidos estão permanentemente a enganar-nos. A realidade só pode ser intuída através da razão, e a verdade está no mundo das ideias. Com isso podemos entender o conceito de Metafisica; que transcende e esta além da física, é exatamente o mundo das ideias de que fala Platão.

Sócrates e Platão também são os primeiros a introduzir a ideia dualística de alma e corpo, para eles a alma habita o corpo durante o tempo da vida, ou em outras palavras, a vida humana está na alma que tem sua terra natal no reino transcendente das ideias, porém alma "recebe" um corpo quando surge neste mundo, desta forma, ela está presa ao corpo ou o seu contrário. Aqui é realizado o primeiro axioma da dialética, corpo versus alma. Para Nietzsche, a partir daí foi estabelecido uma forma decadente de pensar que nega e deprecia muitos aspectos da vida, como os sentimentos, os desejos, e principalmente o corpo.

O niilismo presente na filosofia socrático-platônica pode ser visto em algumas passagens do livro *Fédon* (2000) de Platão, ele diz:

> O corpo constitui um obstáculo para aquisição do conhecimento (...) O corpo é o cárcere da alma (...) A vista e o ouvido, esses dois sentidos corpóreos não são nem exatos nem de confiança, os outros sentidos são ainda inferiores (...) Na companhia do corpo não é possível obter o conhecimento puro, esses só depois de morte.

Nietzsche em Ecce Homo (2005) vai dizer que a filosofia platônica que influenciou as religiões é extremamente niilista por inventar o conceito de alma, de espirito e por fim alma imortal, tudo isso com intuito de desprezar o corpo, para se *inverter os valores e tornar o doente "santo",* para se dedicar uma terrível frivolidade a todas as coisas que merecem seriedade na vida, como as questões de alimentação, habitação, dieta espiritual, tratamento dos doentes, higiene e clima. Mudou-se o referencial da saúde para a salvação da alma. Contudo, em resposta a Platão e Sócrates, Nietzsche escreve em seu primeiro livro: *Assim Falava Zaratustra* (1999) o aforisma *"Dos que desprezam o corpo"*:

> Aos que desprezam o corpo quero dar o meu parecer. O que devem fazer não é mudar de preceito, mas simplesmente despedir de seu próprio corpo e, por conseguinte, ficar mudos... eu sou corpo e alma – Assim fala a criança. E por que se não há de falar como as crianças? Entretanto o que esta desperto e atento diz: "Corpo eu sou integralmente, e nada mais; alma é apenas nome de alguma coisa no corpo... Por detrás dos teus pensamentos e sentimentos, meu irmão, há um senhor poderoso, um guia desconhecido. Chama-se Si mesmo. Habita no teu corpo; é o teu corpo. Há mais razão no teu corpo do que na tua melhor sabedoria.

Tanto o modo de pensar ocidental como os valores culturais influenciados pela filosofia de Platão, Aristóteles e posteriormente Descartes, Kant, Hegel e tantos outros sofreram uma grande desfiguração e uma inversão de valores em relação ao pensamento e costumes anteriores a Sócrates, isso culminou numa degeneração da cultura europeia e principalmente numa moral doente. Aspectos da filosofia platônica que tratam dos instintos, sentimentos e afetos podem evidenciar o quão nocivas eram tais ideias.

> Vivemos no mundo do irreal onde tudo o que vemos é somente uma sombra imperfeita de uma realidade mais perfeita (...) Com amores, receios, cupidez, imaginações de toda espécie e um sem numero de banalidades, jamais conseguiremos alcançar conhecimento qualquer que seja(...) Devemos nos dirigir, para o invisível, divino, imortal e inteligível, onde, ao chegar, vive feliz, liberta do erro, da ignorância, do medo, dos amores selvagens e dos outros males da condição humana (...)A pobreza não vem da diminuição das riquezas, mas da multiplicação dos desejos (...) Embora os homens não o percebam, mas é possível que todos os que se dedicam verdadeiramente à Filosofia, a nada mais aspirem do que a morrer. (PLATÃO, 2000)

Para Nietzsche, Platão nega o corpo os sentidos, os afetos é um niilista, o primeiro dos niilistas, pois nega a vida, ou pelo menos uma parte dela. Toda filosofia depois de Platão nada mais fez do que desprezar esta vida, tal como nós vivemos aqui e agora, tudo isso em nome de outro mundo. Na visão de Nietzsche, a cultura e a moral até hoje supervalorizou um montante de aspectos da vida em detrimento de outros aspectos. Os aspectos valorizados desde a filosofia de Sócrates e Platão são a razão, a objetividade, a ordem, a criação, a forma, a serenidade e o individualismo, esses são o que Nietzsche chama de aspectos Apolíneos, pois derivam do deus Apolo (deus do sol). Mas existem outros aspectos da vida que desde então foram desvalorizados e desprezados, esses são os aspectos Dionisíacos, as emoções, as paixões, o caos, os excessos, os desejos e o transe; aspectos aludidos ao deus Dionísio (deus do vinho). Nietzsche defende a ideia de que desde os primórdios da filosofia, com Sócrates e Platão, a supervalorização de alguns aspectos da existência humana e a depreciação de outros igualmente importantes fez com que a sociedade e consequentemente o homem entrassem em decadência, por fim, Nietzsche questiona: *Onde foi que os aspectos apolíneos levaram a humanidade?* A resposta ele mesmo dá em

> a racionalidade a todo preço, a vida clara, fria, cautelosa, consciente, oferecendo resistência aos instintos era, ela mesma, apenas uma doença, uma outra doença – e de modo nenhum um caminho de retorno à "virtude" (...) à felicidade... (...) (NIETZSCHE, 2006)

Conclui que Sócrates com sua moral fundada no melhoramento, como também a moral cristã, não passaram de um mal entendido, "o combate aos instintos pela racionalidade a qualquer preço, a vida luminosa, fria e precavida, consciente e sem instinto, não se mostraram efetivamente senão como uma doença, uma outra doença". Ela não concretizou de forma alguma um retorno à "virtude", à "saúde", à felicidade, pelo contrário o combate aos instintos se mostrou uma formula para *décadence*. O erro de Sócrates foi não perceber que: "Enquanto a vida está em ascensão, à felicidade é igual aos instintos" (NIETZSCHE, 1886).

## Uma proposta de psicoterapia nietzschiana

Lanço-me ao desafio de associar dois temas de extrema importancia, a filosofia de Nietzsche e a Prática em Psicoterapia. A tarefa é das mais arduas, porém é importante ressaltar que não se pretende criar métodos psicológicos, tampouco acrescentar mais uma abordagem psicológica às já inumeras existentes, pretende-se apenas refletir sobre o que poderia ser uma psicoterapia baseada nos preceitos de Frederich Nietszche. Muitos já devem ter tido tais aspirações, talvez até esboçado tecnicas psicoterapeuticas alicerçadas na filosofia nietzschiana, neste sentido apresento uma proposta, uma perspectiva, fundamentada nas teorias do filósofo, que pesquisei e estudei nos ultimos anos, pois antes mesmo de flertar com a psicologia, a filosofia de Nietzsche já era uma de minhas leituras prediletas. Deste modo, descobri que existem diversas maneiras de se ver o mundo e de pensar o homem, da mesma forma que existem diversas maneiras de aplicar o conhecimento teorico em psicoterapia, e que em uma dessas formas havia um espaço maior para Filosofia, esta é a chamada abordagem existencial fenomenologica, que traz Nietzche como um dos principais referenciais colocando frente a frente Filosofia e Psicologia.

É de conhecimento comum que a psicoterapia existencial foi fortemente influenciada pela corrente filosófica existencialista e consequentemente pelos principais precursores do existencialismo: Sören Kierkegaard, Martin Heidegger e Frederich Nietzsche. Quanto aos dois primeiros podemos identificar claramente sua influencia na estrutura de modelos em psicoterapia existencial, porém o mesmo não acontece com o último, apesar de ser considerada inegável a influencia de Nietzsche na abordagem existencial fenomenológica, na abordagem humanista e em inúmeros métodos psicoterapêuticos, existem pouquíssimos escritos que estabeleçam tal associação ou influência. Rollo May pai da psicoterapia existencial nos Estados Unidos admite, por exemplo, que foi fortemente influenciado pelo filosofo Paul Tilich que por sua vez teve grande parte de seus escritos influenciados por Nietzsche. Outro expoente da psicologia que credita sua obra à influencia nietzschiana é Adolf Adler, no entanto existem diversos outros como Carl Rogers, Abraham Maslow, Irvin Yalom que tiveram suas teorias influenciadas por Nietzsche ou mesmo partilharam os mesmos interesses de pesquisa. Assim, pretendo não só estabelecer pontos de semelhanças entre as ideias de Nietzsche e de autores da Psicologia, mas também associar Filosofia à Psicologia estabelecendo uma proposta de prática psicoterapêutica, sem distanciar da Abordagem Existencial Fenomenológica.

A influência de Nietzsche no existencialismo é inquestionável assim como seu pioneirismo em abordar questões existenciais, porém muitas vezes nos esquecemos de mencionar sua importância para o desenvolvimento da fenomenologia. Apesar de Edmund Husserl, criador da fenomenologia, negar a influencia de Nietzsche e até mesmo se opor em diversos pontos das ideias deste, ambos desenvolveram suas filosofias de um ponto em comum, Husserl parte da crise do racionalismo europeu ao escrever *A Crise Das Ciências Europeias e a Fenomenologia Transcendental* (1983) enquanto Nietzsche em seu livro *Crepúsculo dos Ídolos* (1886) parte da oposição ao platonismo enquanto "filosofia da verdade". Em última análise, fazem a mesma critica acerca do ideal socrático-platônico do conhecimento que posteriormente foi herdado e renovado no Ocidente; em outras palavras ambos criticam as formas de se chegar ao conhecimento e de se fazer ciência. Outro ponto de convergencia entre Nietzsche e a Fenomenologia consiste no fato do filósofo considerar a verdade como o objeto de certo tipo de experiência ao invés de uma entidade existente em si e por si. Talvez possamos considerar que Niertsche seja o primeiro filósofo fenomenológico no sentido de ser o primeiro a abandonar completamente a ideia de "*coisa em si*".

Uma Psicoterapia nietzschiana só poderia ser concebida como uma psicoterapia voltada para emancipação do indivíduo e ter como objetivo, desperta-lo para o caminho de se tornar quem ele é. Pois, pode-se dizer que para Nietzsche a existência humana é apoiada no seguinte aforismo: *"Torna-te quem tu és"* a ponto do filósofo considerá-lo uma de suas "sentenças de granito", *tornar-se quem se é*, é um método imprescindível para emancipação do individuo, essa expressão surge primeiramente na obra *Humano Demasiado Humano - um livro para espíritos livres,* de 1886, *"Torna-te quem tu és"* segundo Nietzsche é uma expressão que supera a máxima *"Conheça-te a ti mesmo"* empregada pelo personagem Sócrates nos escritos de Platão. A ideia é a de que não basta conhecer a si próprio como pretendem vários métodos psicoterapêuticos que objetivam a compreensão de si ou autoanálise, mas em uma psicoterapia nietzschiana é necessário *tornar-se*.

> O espírito livre vai se lapidando e se definindo através de um caráter crítico e de suspeita cientifica. Coloca em tudo os seus pontos de interrogação, sobre tudo nas coisas mais veneradas. E assim ele vai experimentando vários caminhos e possibilidades. Ele faz experiência consigo mesmo, com o mundo e até com Deus e abre por essa desconfiança outras possibilidades no caminhar. (ABDOUNI, 2006)

A questão do *"Ser"* não ganha grande relevância em Nietzsche, assim como acontece em outros existencialistas como *Sartre* e *Heidegger*, por exemplo. Nietzsche atribui uma maior importância à noção de se *tornar-se*. Assim, uma proposta Nietzschiana para uma prática em psicoterapia passa por ajudar o cliente a *tornar-se* quem realmente ele é, e isso implica numa relação aberta, amigável e estreita com a sua própria experiência. A compreensão de si é fundamental para o alcance de um padrão de vida superior, tornar-se psicologicamente livre para se mover em direção a um individuo em funcionamento pleno. Assim, um aspecto essencial da filosofia de Nietzsche que pode ou deve ser empregado na psicoterapia é a honestidade consigo mesmo, ou seja, um novo grau de honestidade que tornaria consciente os motivos das próprias ações, que desvendasse as razões por detrás dos objetivos morais, as verdadeiras razões pelas quais agimos. Esta é a reivindicação principal para uma nova visão na psicologia, assim a melhor maneira de praticar a psicoterapia é fazendo uma genealogia da moral do cliente, ajuda-lo a tornar-se uma pessoa com a capacidade de experimentar a si próprio, com liberdade de espírito e autodomínio, e por haver uma completa ausência de dogmatismo, capaz de determinar sua direção e seu destino. Então, o objetivo final é a "transvalorização", é a criação de valores próprios e individuais, através da experimentação, e não mais corresponder somente os princípios morais vigentes.

> Você deve tornar-se senhor de si mesmo, senhor também das suas próprias virtudes [...] Você deve ter domínio sobre o seu pró e o seu contra,

e aprender a mostrá-los e novamente guarda-los de acordo com seus fins. Você deve aprender a perceber o que há de perspectivista em cada valoração [...], o espírito livre sabe agora a qual "você deve" obedecer, e também do que agora é capaz, o que somente agora lhe é permitido... (NIETZSCHE, 2000)

O psicólogo *Alfred Adler* desenvolveu seu conceito de "psicologia individual", argumentando que cada indivíduo se esforça para o que ele chamou de "superioridade", no entanto, hoje é mais comumente descrito como "auto-realização", porém o importante é que Adler foi reconhecidamente e profundamente influenciado pelas noções de luta e auto criação de Nietzsche. Com isso, pode-se sugerir que uma proposta terapêutica em Nietzsche levaria em consideração todos os aspectos da existencia humana, não somente os aspectos relacionados à racionalização. Éis o que Nietzsche propoe, equilibrar a balança entre aspectos que valorizam a razão e os que valorizam as emoções, assumir as rédeas da própria vida, criar os próprios valores, isso não significa viver unicamente entregue aos prazeres do corpo, à embriagues e ao caos, mas sim que esses elementos sejam levados em conta na balança do ser, propõe que o individuo assuma também seu lado dionisíaco, sem abandonar o apolíneo.

Outro ponto relacionado a essa proposta de psicoterapia, seria a ênfase no corpo como unico meio de compreender as experiências, ênfase nos sentidos e nas vivências humanas. Nietzsche como critico da dualidade: mente e corpo se oporia a qualquer forma de tratamento que separasse mente e corpo ou alma e corpo, para ele tudo é corpo e nada mais. Nietzsche concluiu que os homens mais fortes são aqueles que respondem verdadeiramente aos seus instintos corporais e, portanto, tem controle sobre sua capacidade mental, acrescenta que um instinto é um forte impulso humano que não pode ser ignorado porque as "leis da natureza são infalíveis" O indivíduo deve ter como meta confiar em seu corpo e nos seus instintos. Isto, naturalmente, implica em conhecer sobre o corpo, e compreender, portanto sua influência no comportamento.

"Tomar o corpo como ponto de partida e fazer dele o fio condutor, eis o essencial. O corpo é um fenômeno muito mais rico e que autoriza observações mais claras. A crença no corpo é bem melhor estabelecida do que a crença no espírito." (MACHADO *apud* NIETZSCHE, 1885)

Tornar o corpo guia de suas próprias ações e se relacionar com o mundo a partir do corpo nos parece algo obvio, pois de qual outra forma nós nos relacionariamos com o mundo? Através da razão e pela consciência diria Sócrates e sua tradição, mas para Nietzsche (1873) *existe um abismo entre a sensação e a linguagem*", dessa forma, seria inútil confiar somente na fala intelectualizada do cliente. Uma solução encontrada na Abordagem Centrada na Pessoa que pode ser aplicada a proposta de psicoterapia nietzschiana consiste em guiar as tomadas de decisões a partir da expressão corporal dos sentimentos e vivencias. Este é um dos aspectos revolucionários da psicologia de Rogers que tem um alto grau de aproximação das ideias de Nietzsche, a ênfase nas experiências corporais. De acordo com Messias e Bartolomeu (2005) o processo de sentimento é privado e inobservável. Entretanto, identifica-se o contexto das experiências do cliente na maneira como ele se expressa, como ele gesticula e até mesmo seu tom de voz. Com essa constatação o acesso ao corpo tornou-se fundamental nesse processo psicoterapêutico.

> Sinto, muitas vezes, que o cliente tenta ouvir a si mesmo, tenta ouvir as mensagens e as significações que lhe são comunicadas a partir das suas próprias reações fisiológicas. (ROGERS, 2009)

O corpo também é um tema extremamente importante do pensamento de Maurice Merleau-Ponty, este, pela primeira vez e de forma decisiva, pensa na Fenomenologia da Percepção como uma forma de estruturar o mundo em que vivemos. Angerami (2003) refletindo a obra de Merleau Ponty diz que: "a percepção do corpo é uma das primeiras e mais fundamentais vivências do ser humano. Eu sou meu corpo em todas as dimensões e possibilidades. É meu corpo que sente e me orienta espacialmente em tudo o que possa circundar minhas possibilidades existenciais". Assim pode-se inferir que qualquer técnica de acesso às vivências do cliente numa proposta nietzschiana de psicoterapia tomaria as vivências corporais como ponto de partida.

Como nas psicoterapias existenciais, uma proposta nietzschiana não poderia deixar de dar ênfase à saúde ao invés da doença e de estimular o desenvolvimento do individuo, estimulando também esse individuo a viver no presente, sentir os afetos e emocões atuais e quem sabe atravéz dessa vivencia diaria o homem consiga alcançar uma felicidade mais duradoura. Nietzsche então encontra na psicologia o projeto que vai nos salvar do niilismo. O Niilismo visto como mal da sociedade, como doença que inibi a Vontade de Potência do individuo pode ser visto nos dias atuais, ele decorre do enfraquecimento da moral e da ética, isso por que justamente faltam valores aos quais os individuos possam se pautar; não há mais guias de orientação de nossas ações e ideias, pelo menos dos quais possamos confiar, o que existe é uma infinidade de guias orientadores da nossa conduta que tenta enquadrar as pessoas, existem capsulas da felicidade, guia de autoajuda, "Caminho do Meio" que servem apenas para deixar a pessoa ainda mais perdida. Estudos tem mostrado que dar às pessoas muitas escolhas tende a torná-los infelizes. Se hoje as pessoas possuem infinitas maneiras para perseguir sua felicidade, porém nem sequer realmente sabem o que as tornam felizes. Esta é a essência do que Sartre quis dizer quando escreveu que "o homem está condenado a ser livre".

De fato, os seres humanos se mostraram despreparados para um universo sem centro. Estamos desesperadamente à procura de orientação sobre o que fazer e o que ser. Estamos em risco de perder completamente o propósito, de deixar de se importar com as coisas. As pessoas estão doentes em suas almas; possuem consciência niilista. A falta de valores dos quais as pessoas possam pautar suas vidas faz com que elas busquem coisas que possam preencher esse vazio ou procurem maneiras de fugir da angustia. Por exemplo, um vício em drogas ou em compras ou até mesmo uma compulsão por limpeza pode esconder um medo diante da angustia de escolher; de criar seus próprios valores.

> Quando a tecnologia e o dinheiro tiverem conquistado o mundo; quando qualquer acontecimento em qualquer lugar e a qualquer tempo se tiver tornado acessível com rapidez; quando se puder assistir em tempo real a um atentado no ocidente e a um concerto sinfônico no Oriente; quando tempo significar apenas rapidez online; quando o tempo, como história, houver desaparecido da existência de todos os povos, quando um desportista ou artista de mercado valer como grande homem de um povo; quando as cifras em milhões significarem triunfo, – então, justamente então — reviverão como fantasma as perguntas: para quê? Para onde? E agora? A decadência dos povos já terá ido tão longe, que quase não terão mais força de espírito para ver e avaliar a decadência simplesmente como... Decadência. Essa constatação nada tem a ver com pessimismo cultural, nem tampouco, com otimismo... O obscurecimento do mundo, a destruição da terra, a massificação do homem, a suspeita odiosa contra tudo que é criador e livre, já atingiu tais dimensões, que categorias tão pueris, como pessimismo e otimismo, já haverão de ter se tornado ridículas. (HEIDEGGER, 1889-1976)

Não se sabe se o niilismo é um componente da depressão ou o contrário. De fato, na visão existencial fenomenológica, a depressão é vista como doença do existir, pois muitas vezes traz consigo a falta de sentido e o esgotamento de possibilidades; em uma frase: é a dor do existir. Numa visão nietzschiana a depressão pode ser encarada como sintoma da interrupção no fluxo de crescimento da pessoa, uma Vontade Negativa de Potência ou mesmo uma estagnação dessas foças, ela ocorre frequentemente após um projeto fracassado de existência, falando em termos da filosofia sartriana: *Aquilo que eu fiz de mim está afetando a minha saúde*. Assim uma ajuda psicológica nos termos nietzschianos buscaria fazer com o cliente se colocasse no centro de sua vida e de suas decisões.

O que faz de Nietzsche verdadeiramente profético não é apenas anunciar a "Morte de Deus", mas sim dizer que para ser digno dessa morte, nós mesmos teríamos que nos tornar deuses. Teríamos que recriar o centro do universo, tanto pessoalmente (para cada indivíduo) quanto socialmente.

> Ninguém pode construir em teu lugar as pontes que precisarás passar, para atravessar o rio da vida – ninguém, exceto tu, só tu. Existem, por certo, atalhos sem números, e pontes, e semideuses que se oferecerão para levar-te além do rio; mas isso te custaria a tua própria pessoa; tu te hipotecarias e te perderias. Existe no mundo um único caminho por onde só tu podes passar. Onde leva? Não perguntes, segue-o! (NIETZSCHE, 1999)

Sua proposta de ajuda psicológica seria a de ajudar o cliente a atravessar o caminho mais difícil, não pegar atalhos, não pegar o caminho mais facil e tampouco o caminho do meio. Lidar com as escolhas, não atribuir sua desgraça a Deus, ou aos pais ou a geração passada. Aprender a caminhar no caos, amar a vida na forma como ela se apresenta (A base do pensamento Trágico). Não se trata de uma psicologia pessimista, mas o seu contrário, a psicologia de Nietzsche é uma psicologia para a felicidade, mas ao contrário de idealismos que pregam a felicidade e excluem a dor, ele achava que a dor é um processo vital, o caminho que Nietszche propõe é aceitar a vida. Ainda melhor, não só aceitar a vida como ama-la na forma como ela se apresenta. Ele vai dizer que a vida apresenta alegrias e sofrimentos, que a dor é vital e inerente à vida, porém precisamos entender que nem tudo que nos faz sofrer é ruim para nós, assim como nem tudo que nos faz sentirmos bem é bom para nós. Então viver o sofrimento como algo ruim é condenavel, é uma tolice. Da mesma forma que evitar o sofrimento ou atribui-lo aos desejos como fazem os Budistas que pregam o fim do sofrimento com a completa supreção do desejo (estado de nirvana), também para Nietzsche não passa de tolice, de um subterfúgio que tira o homem desta vida.

Uma proposta psicoterapêutica que visa à emancipação e crescimento pessoal pode cair no erro de ficar demasiadamente idealizada se não lidar com nossa realidade. No Brasil e talvez em todos os outros países nos quais se ofereçam psicoterapia, a demanda de clientes que procuram a orientação para crescimento pessoal ainda é muito pequena, a grande maioria procura psicoterapia para dar conta de suas angústias, e de seu sofrimento. Angerami (2014) corrobora com a ideia dizendo que "a psicoterapia surge como sendo o processo capaz de desentranhar o emaranhado de sofrimento em que o paciente se acha envolto." Assim uma psicoterapia alicerçada em Nietzsche teria como proposta tirar algo de bom do sofrimento, "viver o sofrimento como algo ruim é algo que deve ser abolido". O crescimento é um processo que só se desenvolve em certas pessoas e em função de determinadas condições, condições de sofrimento. A Vontade de Potencia só aparece se encontra resistência, aí o obstáculo se transforma em estímulo, então a questão principal é ajudar o cliente a superar o sofrimento e assim encontrar uma forma de desentranhar as forças que impedem o desenvolvimento de sua Vontade de Potência, isso fica evidente na frase mais conhecida de Nietzsche: "Aquilo que não te mata te fortalece".

## Considerações finais

Neste capitulo foi abordado os aspectos psicológicos do pensamento de Frederich Nietzsche, primeiro esboçou-se os principais conceitos do filósofo para assim relaciona-los à conceitos da Psicologia Contemporânea, assim foi constatado que embora o tema seja pouco abordado existe uma relação estreita entre a filosofia nietzschiana e a psicologia. Nietzsche não só se intitulava um psicólogo como a muitas de suas ideias pode ser atribuído um valor psicológico.

Na exposição dos conceitos filosóficos foi possível relaciona-los as considerações presentes nos arcabouços teóricos de diversas teorias psicológicas, assim podemos supor que alguns aspectos das teorias de diversos autores da Psicologia podem ter sido influenciados por Nietzsche, mesmo que essas influências não tenham sido reconhecidas e valorizadas.

Num segundo momento buscou-se expor uma proposta de psicoterapia baseada na filosofia de Nietzsche e assim constatou-se que várias ideias nietzschianas podem ser aplicadas diretamente a psicoterapia.

Neste sentido podemos destacar alguns pilares principais, o primeiro deles se relaciona ao objetivo psicoterapêutico, que na proposta de psicoterapia nietzschiana, teria de ser a emancipação do cliente através de um processo que contaria com a honestidade consigo mesmo, e levaria a reflexão acerca do modo de agir e pensar do cliente. Outro ponto a ser destacado é que nesta proposta o intuito é dar ênfase as vivências corporais que Nietzsche tanto defendia.

Uma proposta de psicoterapia nietzschiana também passaria pela superação do niilismo que poder ser interpretado hoje em dia como psicopatologias relacionadas à depressão e as manias, além de ajudar o cliente a enfrentar as angustias existenciais.

O capitulo se encerra cumprindo a função a que se propôs: ter possibilitado uma aproximação acerca da filosofia nietzschiana e permitir a reflexão sobre estas teorias e sua relação com a psicoterapia e ainda apresentar uma proposta baseada e centrada nos preceitos de Nietzsche.

# Referências

ABDOUNI, Imadeddini Hussein. *O Espírito Livre na Obra de Nietzsche*. São Paulo: Pontifícia Universidade Católica, 2006.

ANGERAMI, Valdemar Augusto. *Psicoterapia e Subjetivação: Uma analise fenomenológica, emoção e percepção*. São Paulo. Thomson, 2003.

ANGERAMI, Valdemar Augusto. *Angústia e Psicoterapia uma visão multiteórica*. São Paulo. Casa do Psicólogo, 2014.

CAMARGO, Gustavo Arantes. *O pensamento entre o corpo e a Ciência: o pape l da linguagem na disputa por uma filosofia da vida segundo Nietzsche*. Cadernos de estudos lingüísticos, 2013

CHOURAQUI, Frank. *Ambiguity and the Absolute: Nietzsche and Merleau-Ponty on the Question of Truth*. Fordham University Press, 2014

DOSTOIÉVSKI, Fiódor. *Os Irmãos Karamázov*. (tradução: Herculano Villas-Boas). São Paulo. Martin Claret, 2013.

FRICK, Willard B. *Psicologia Humanista – Entrevistas com Maslow, Murphy e Rogers*. Rio de Janeiro: Zahar Editores, 1975. (Coleção Psyque).

HUSSERL, Edmund. *A Crise das Ciências Europeias e a Fenomenologia Transcendental*. São Paulo: Forense Universitária. 1993, reimpressão 2001.

HEIDEGGER, Martin. *Os conceitos fundamentais da Metafísica*. 1889-1976. São Paulo: Forense; Edição: 2011

MACHADO, Roberto. *Nietzsche e a verdade*. São Paulo: Paz e Terra, 1999.

MESSIAS, João Carlos Caselli, CURY, Vera Engler. *Psicoterapia centrada na pessoa e o impacto do conceito de experienciação*. Porto Alegre: Scielo Brasil, 2006

MEIRELES, Emanuel. *Abordagem Centrada na Pessoa: Método, Influências, visão de Ciência e aplicações da teoria de Carl Rogers*. Fortaleza: Universidade Federal do Ceará, 2002

MESSIAS, João Carlos Caselli, BARTHOLOMEU, Daniel. *Experienciação: uma variável no processo de mudança terapêutica*. São Paulo: acesso em: http://www.focusing.org/fot/portugese_gendlin.asp, 2005.

NIETZSCHE, Frederich Wilhelm. *Vontade de Potência* – Parte 2. São Paulo: Escala 1881. (Coleção Mestres Pensadores).

NIETZSCHE, Frederich Wilhelm. *Sobre a verdade e mentira no sentido extramoral*, Tradução de Noéli Correia de Melo Sobrinho, http://ensaius.files.wordpress.com/2008/03/sobre-a-verdade-e-a-mentira-no-sentido-extramoral.pdf, 1873.

NIETZSCHE, Frederich Wilhelm. *Ecce Homo: como se vem a ser o que se é*. Tradução: Heloisa da Graça Burati. São Paulo: Riedeel, 2005.

NIETZSCHE, Frederich Wilhelm. *Para Além do Bem e do Mal – Prelúdio a uma Filosofia do Futuro*. São Paulo: Martin Claret, 2007. (Coleção A Obra Prima de cada Autor).

NIETZSCHE, Frederich Wilhelm. *O Anticristo – Ensaio de uma Crítica do Cristianismo*. Acesso em : http://www.ebooksbrasil.org/eLibris/anticristo.html,2002,2006.

NIETZSCHE, Frederich Wilhelm. *Assim Falou Zaratustra*. São Paulo: Martin Claret, 1999. (Coleção A Obra Prima de cada Autor)

NIETZSCHE, Frederich Wilhelm. *Crepúsculo dos ídolos*. São Paulo: L&M, 2009. 1ª Edição: 1886.

NIETZSCHE, Frederich Wilhelm. *Humano Demasiado Humano – Um livro para espíritos livres*. São Paulo: Schwarcz, 1886, reimpressão: 2000.

NIETZSCHE, Friedrich. *Sâmtliche Werke*. Kritische Studienausgabe (KSA). Org. por G. Colli e M. Montinari. Berlin; New York: Gruyter& Co., 1967-77.

PLATÃO. *Fedon*. Reimpressão – São Paulo: EdiPro, 2000.

PEREIRA, Miguel Batista. *O ser e o nada de J. P. Sartre no niilismo europeu*. Coimbra, Fac.Letras, 1984.

ROGERS, Carl Ramson. *Tornar-se pessoa* – São Paulo: Martins Fontes, 2009.

CAPÍTULO 12

# Interlocução com o pensamento de Sartre: fundamentos e prática de uma psicoterapia

*Luiz José Veríssimo.*

## Notas sobre a formação em uma psicoterapia com base no pensamento de Sartre

A proposta que adotamos de uma psicoterapia existencial de inspiração sartriana é uma psicologia que trabalha a partir de alguns tópicos importantes da filosofia de Sartre (1905-1980). Se, na Revolução Francesa, como se sabe, o mote era *Liberdade, Igualdade, Fraternidade*, em Sartre, são palavras-chave liberdade – escolha – responsabilidade.

O homem é livre, insiste Sartre em sua famosa conferência proferida em Paris (em 1945), que recebeu o nome, quando publicada, de *O existencialismo é um humanismo*. O ser humano se lança no mundo com as suas escolhas, que são estruturadas por uma finalidade (projeto existencial). Ele é integralmente responsável por aquilo que faz, por aquilo que escolhe, enfim, por aquilo que se torna (o que não significa que as escolhas sejam necessariamente voluntárias e imediatamente inteligíveis para ele). Esse tornar-se jamais é definido como um destino premeditado. Nossa existência nada mais é do que aquilo que fazemos de nós mesmos (SARTRE, 1996).

Algumas pessoas que simpatizam com o que escutam ou leem sobre Sartre, identificam-se com algumas de suas ideias na medida em que se afinam com uma moral que articula liberdade com assumir a responsabilidade pelas atitudes tomadas num cuidado de si e com o outro. Por outro lado, já escutamos, mais de uma vez, alguém que diz gostar de Sartre confessar: "eu aprecio muito do que diz o Sartre sobre liberdade de escolha, responsabilidade, má-fé, mas eu não gosto muito dessa coisa de filosofia!". Ou, então: "Aqui, em nossa psicologia existencial, estamos interessados, em primeiro lugar, na prática psicoterápica." É estranho se anunciar um investimento numa prática sem considerar, com igual interesse, os seus fundamentos e desdobramentos. O que nos lega, não só um problema epistemológico, como ético. Pois, como poderemos atender e atuar profissionalmente com correção e seriedade, se não nos interessamos pelos fundamentos que são a razão de ser de qualquer esforço gnosiológico ou técnico posterior?

Para quem se candidata a encarar o pensamento de Sartre e engenhar uma ponte entre a sua filosofia e a proposta de uma psicologia existencial, é preciso andar com muita cautela para não escorregar num terreno que exige uma leitura atenta e uma articulação da psicologia com a filosofia, e não apenas um uso instrumental de aspectos pinçados e, portanto, descontextualizados, da filosofia de Sartre. Tal precipitação pode resultar em graves distorções, como, por exemplo, a interpretação de liberdade como o mesmo que arbitrário; o entendimento de possibilidade como objetivos definidos e planejados por antecipação; a concepção de existência confundida com princípios da psicologia humanista clássica, tais como a concepção de um impulso inato para o crescimento, maturação e desenvolvimento da personalidade.

Note-se que o existencialismo de Sartre é frequentemente acusado ou percebido como um pessimismo, um anti-Humanismo. Ao contrário dessa atmosfera carregada de uma predisposição antitética a Sartre, sua filosofia propõe um valor para a liberdade e para as escolhas, articula-as indissociavelmente à responsabilidade, e denuncia os processos de má-fé, não permitindo à pessoa repousar na isenção da autoria de suas ações e intenções. O que as estruturas existenciais trabalhadas por Sartre mostram é justamente o oposto do que o acusam: Sartre não isola a pessoa no modo de um sujeito narcísico. A subjetividade em Sartre é relacional, é *intersubjetividade*. Dessa forma, Sartre propõe não apenas uma concepção filosófica, uma inspiração para o trabalho psicológico, como uma autêntica ética humanista, donde o título que se deu à publicação da sua conferência *O existencialismo é um humanismo*.

> As pessoas acusam o existencialismo de ser demasiado sombrio, a tal ponto que eu me pergunto se elas não o censuram, não tanto pelo seu pessimismo, mas, justamente, pelo seu otimismo. Será que, no fundo, o que amedronta na doutrina que tentarei expor não é o fato de que ela deixa uma possibilidade de escolha para o homem? (SARTRE, 1987, p. 4)

Para compreender Sartre, é preciso mais do que um diploma, titulação professoral, ou o suposto domínio de conceitos. A formação de um psicoterapeuta que se inclina a encarar o pensamento de Sartre para efetivar um diálogo profícuo com a psicologia, é feita ao longo de todo um processo de maturação – não só intelectual, de leituras, debates, reflexões, como vivencial. É preciso dar à existência aquilo que lhe pertence – o reconhecimento da angústia como o que nos revela que nada está assegurado de uma vez por todas. A angústia revela o nosso *ser possível*. A instabilidade no ser (a contingência de nosso ser: sermos de um modo e podermos ser de outro) é um sentido para a angústia, é um sentido para a própria liberdade.

A *náusea*, por seu turno, pode ser para alguém, num certo momento da sua história, um convite à mudança de rumos na vida. A experiência do *nonsense*, do não-sentido, pode ser um momento decisivo, inclusive numa psicoterapia. Restam, ainda, certas escolhas, como, por exemplo, arriscar se posicionar de outra maneira que não a repetição de hábitos sedimentados.

Em *O existencialismo é um humanismo* (1987), aprendemos que cada pessoa nada mais é do que sua própria possibilidade, donde existir é angustiar-se. E a liberdade tem relação com a forma com que gestamos e gerimos a nossa angústia. A liberdade passa pela forma com que damos voz e vez à angústia. Esse dar não é um ato arbitrário e pontual. Ele é uma trama que cria o roteiro de toda uma vida. O sentido de nossa vida é nosso projeto: não realizamos sempre o nosso ser *provável*, ou seja, aquilo que planejamos ser e fazer, mas, acima de tudo, somos o nosso ser e fazer *possível*, o nosso *projeto de ser*, implicado em cada situação de nossa vida e jamais completado.

## A estrutura fenomenológica da consciência

Em termos fenomenológicos sugeridos por Sartre (1965, 1994 e 2001), o *nada* é o próprio ser da consciência, ou seja, ela não guarda conteúdos como se fossem coisas ou mesmo representações de coisas. A consciência é a sua perpétua *transcendência*, vale dizer, o seu perpétuo *ir para...* Poderíamos admitir a consciência como um dirigir-se para o que não é ela. Não é difícil imaginar esse processo quanto aos objetos. Mas, e quanto à nós próprios, a nossa subjetividade?

A consciência não visa o *eu* como uma algo "dentro" dela. Ela o *intenciona*, o que significa dizer que ela o *tematiza*. O eu é um objeto de nossa consciência, como mesa, flor, cheiros, sons. Quando a consciência se dirige para o que toma como "sou eu", o eu pode aparece para ela como o "mundo interior". O que é estimado como "o meu íntimo" é um campo de vivências e significação, regulado pelas minhas interações no mundo. Na ótica de Sartre, o que costumamos chamar de "mundo interior", é uma modalidade de mundo, não exatamente das profundezas da consciência, como se ela tivesse algo dentro dela, mas do campo fenomenológico onde a consciência de alguém posiciona o que chama de "eu", ou seja, a sua autoimagem e a sua autoestima.

Assim, não faz sentido para Sartre falar-se do que ocorre "dentro de nós", pois o ser humano como Para-si é fundado no nada, num escoar perpétuo para fora de si mesmo, para o mundo. "Como vimos, para a realidade humana, ser é escolher-se: nada lhe vem de fora, ou tampouco de dentro, que ela possa receber ou aceitar" (Sartre, 2001, p. 545). Somente podemos ser fenomenologicamente, ou seja: intencionamo-nos como um eu no mundo. O que é mundo? Um contexto de interações, percepções, vivências apoiadas numa significação. Por isso, Sartre entende o próprio eu como uma das aparições possíveis do mundo para nós.

Erthal pontua: "Pela consciência reflexiva apreendo subjetivamente a mim. Daí estarmos sempre conscientes da escolha que somos" (2013, p. 67). Pela consciência *reflexiva*, procuro apreender de forma livre e responsável minhas atitudes e intenções. Em última análise, a nossa subjetividade se faz tanto de forma não-reflexiva como reflexiva, donde o significado específico em Sartre do estar consciente como modo fundamental da consciência. A forma *irreflexiva* da consciência diz respeito à vivência de nossos afetos e paixões, ao desejo. Costumamos designá-la também de *consciência não posicional de si*. Quer dizer, quando me lanço no modo de consciência não-reflexivo, não estou posicionando o Luiz (o eu) como tema da minha consciência. Posso até sentir vagamente que sou eu que realizo um ato, mas não *me observo no ato*. Assim como não examino o que intenciono de forma analítica e investigativa. Não questiono o que faço, o que penso, o que imagino, desejo, apenas mantenho a imagem de mim já estabelecida e a visão de mundo correlata. No modo *reflexivo*, ou *consciência de segundo grau*, ou modo *tético* da consciência, dirijo a visada da consciência para mim mesmo olhando a mim e o mundo. Trata-se de uma duplicação do olhar. Olho o meu ver e o meu ser visto. Tal atitude é vital numa psicoterapia, caso o cliente decida se engajar no enfrentamento de suas questões e de seus problemas.

## A noção de subjetividade em Sartre

Sartre expõe: "(...) a existência precede a essência, ou, se quiserem, (...) é mister partir da subjetividade" (1996, p. 26). O próprio Sartre trata logo de trazer a questão que vários se perguntam ao ler essa passagem. "O que significa isso exatamente?" (1987, p. 5).

O ser humano não se justifica apenas pelo corpo, pelo meio ambiente, pelo conhecimento, pela sociedade, pela história como um devir previamente demarcado por uma dessas estruturas privilegiadamente, ou por todas. Sem dúvida, todas essas instâncias compõem a nosso existir cotidiano no mundo. Mas, nessa listagem falta um elemento primordial: a *singularidade*, uma estória de vida, o aberto, aquilo que ainda não está escrito nas estrelas, nem nos cânones científicos, nem nos compêndios de filosofia ou teologia.

Sendo *possibilidade*, o ser humano pode transgredir, submeter-se, omitir-se, culpabilizar-se, condenar o outro, rejeitá-lo, amá-lo, esquecê-lo, esquecer-se, sentir-se perdido de si mesmo. Pelas escolhas e ações, cada pessoa concretiza o seu projeto existencial, que pode ser mudado mediante uma reflexão autêntica sobre si e uma atitude coerente com essa autoavaliação. Portanto, o que Sartre entende como subjetividade é se fazer a cada situação dada. A cada situação concreta põe-se em jogo a nossa forma própria de ser, no glossário de Sartre, o nosso ser-Para-si, que não está pronto, nunca está completo, é faltante e é uma busca perpétua por completar-se, ou seja, por uma intencionalidade fundamental: dar sentido à vida, às relações, às nossas experiências.

## A noção de existência em Sartre

Ao tentar explicar o que quer dizer subjetividade, acabamos tocando na própria noção de existência. A existência é um pertencimento exclusivo do ser humano, o que precisamente define a sua humanidade, por isso, Sartre afirma que o existencialismo é um humanismo. A existência tem um significado para Sartre: a afirmação de que o homem é liberdade. Ele é fundado nas suas escolhas. O que é ser livre? O que é escolher? A resposta a essas indagações nos conduz à essência da existência, ou melhor, para Sartre, à proposição da precedência da existência em relação à essência.

Precisamos entender algo acerca da relação entre existência e essência. Para Heidegger, a essência do *Dasein* (ser humano como ser-aí ou ser-no-mundo) reside em sua existência (HEIDEGGER, 2012, p. 119). Sartre (2001, p. 59) designa como a "realidade humana" a expressão que adota para referir-se ao ser-no-mundo apontado por Heidegger em *Ser e tempo*. A realidade humana expressa a *facticidade* do ser humano, ou seja, a condição dele estar-lançado no mundo histórico, cultural e social.

Quando alguém se atribui uma identidade e quer, a todo custo, manter-se como "sou isso", "sou aquilo", "sou assim mesmo", ou, ainda, "a (minha) vida é assim mesmo", está se escolhendo como um ser fadado a engessar-se numa imagem de si que funciona como um decreto, e que pode estar envolvida na maioria das escolhas que faz, senão, em todas. A pessoa se deu uma essência, ou aceitou tal essencialização por parte de alguém dirigida a ela, como um crivo de um olhar que se eterniza, como o giro de uma roda que não conduz a parte alguma, senão à repetição de atos, imagens, desejos, pensamentos, gestos, crenças.

Estamos no cerne da distinção conceitual que Sartre considera entre o ser-Para-si, o âmbito humano, a consciência e o ser-Em-si, o reino das coisas e dos conceitos. A consciência (o Para-si) é falta, perpétua busca por se completar, ser alguma coisa. O ser-Em-si é a-histórico, essencializado, ou seja, definido e limitado por sua essência. Ora, conferindo-se uma identidade a pessoa revela o desejo do Para-si de se dar uma essência, de preencher a sua carência de ser. O que está na raiz da angústia é justamente o ser da pessoa jamais repousar numa essência acabada e definida, tal como são as coisas e objetos.

Se o ser humano é um fazer-se a cada instante a partir de sua situação (social, cultural, psicológica), se ele é um ser que se projeta em suas possibilidades, podemos admitir que ele é, em primeiro lugar, "um projeto, que vive a si mesmo subjetivamente, ao invés de ser um musgo, uma podridão ou uma couve-flor" (SARTRE, 1996, p. 30). O projeto de cada um desses entes já foi demandado, seja por Deus (numa perspectiva religiosa), seja pela natureza (numa perspectiva científica). Musgo, podridão, couve-flor estão absolutamente condenados a ser o que são, a sua essência determina a sua existência, ou melhor, a sua subsistência. Por isso, para nós, seres humanos, ao contrário, vige a supracitada máxima de Sartre, a existência *precede* a essência.

Se não nos apoiamos mais na tradição filosófico-teológica cristã, que concebem uma natureza ou substância, vale dizer, uma essência para o homem, "há pelo menos um ser no qual a existência precede a essência: um ser que existe antes de poder ser definido por qualquer conceito: este ser é o homem, ou, como diz Heidegger, a realidade humana" (SARTRE, 1987, p. 6). Para Sartre, o homem não é mais criatura, e sim, aquele que inventa a si próprio (nas situações concretas – históricas, sociais, familiares, etc. – que experimenta). Isso implica que ele é integralmente responsável pela sua essência. E, desta feita, qual é a essência do ser humano? Resposta: é aquilo que fez, faz e fizer de si mesmo.

Na modernidade, a cultura toma o conhecimento como paradigma para separar o sujeito da natureza e de Deus. Põe Deus no escanteio da neurose, do niilismo, da alienação social ou da infantilidade; aloca a natureza como objeto da ciência e da técnica, e exalta um humanismo racional e cético. De qualquer modo, o homem ainda é enquadrado como portador de uma essência, de qualidades categoriais – desta feita de cunho científico – que o definem: "a sociedade", "a economia", "a história", "o psiquismo", "o sistema nervoso", "o Estado", assim por diante. Na contemporaneidade, agregam-se e se sedimentam novos modelos definidores do homem, como "a informação", "a indústria", "a tecnologia", "o mercado", "a rede".

Nas primeiras páginas de *O existencialismo é um humanismo* (1987), Sartre cita pelo menos três vezes a máxima *a existência precede a essência*, e, em duas delas sempre pergunta aos ouvintes, "o que isso quer dizer"? A resposta apresenta vários desdobramentos. Num deles, Sartre vai orientar o leitor para a importância da *práxis*, ou seja, da ação. "O homem tal como o concebe o existencialista, se não é definível, é porque não é, em primeiro lugar, nada. Ele não será mais do que o seu advir, ele será o que fizer de si mesmo" (SARTRE, 1996, p. 29). Quando Sartre diz que, de início, o ser humano não é nada, não podemos ler essa passagem literalmente. É claro que o ser humano é alguma coisa, caso contrário, nem estaríamos falando dele, quer dizer, de nós próprios. O que se pretende acentuar é a recusa de uma natureza substancial que defina o homem por antecipação ao seu existir. A existência se processa nas escolhas e na práxis. Sartre afirma que o homem *será* o que ele fizer de si mesmo. Reparem que ele, nesse momento, usa deliberadamente o verbo no futuro.

O ser humano encontra-se lançado no mundo. Por mundo entendemos o seu contexto histórico e vivencial. O ser humano encontra-se enredado nas inúmeras condições do seu existir: familiares, sociais, culturais, econômicas, corporais, subjetivas, assim por diante. No entanto, esse enfeixamento de condições não o condena a ser o que ele é, a não ser que essa seja a sua escolha. "Eu sou aquilo que minha família espera de mim", pode sentenciar-se silenciosamente alguém, e fazer escolhas a partir desse projeto original. "Eu sou o que o grande líder designou para mim".[1] "Eu serei como meu ídolo é". "Eu sou super, alcancei as metas x e y, exigidas na seleção." "Não sou ninguém sem a Internet". Nem a apropriação do pensamento de Sartre livra-se de uma essencialização. "Contaram-me, recentemente, que uma senhora, por estar nervosa, soltou um mote vulgar, e declarou, desculpando-se: "Eu creio que estou me tornando existencialista" (SARTRE, 1996, p. 23). Esses são modos de se essencializar: de se retirar a perspectiva de explorar possibilidades próprias para seguir trilhas já sulcadas por inúmeras demandas apeladas à pessoa.

Como *existência*, o homem só existe na medida em que age, sonha, deseja, escolhe, ama, acredita, desencanta-se, reencanta-se, encontra-se, desencontra-se, descobre o outro, descobre a si mesmo ao descobrir o outro. Tal é a amplitude e a complexidade da noção existencial-fenomenológica de existência.

---

[1] Em nome disso já se matou, mata-se, e tortura-se muita gente.

## Liberdade, angústia e má-fé

É válido começarmos a traçar um esboço do que significa liberdade em termos sartrianos, definindo-a em negativo, ou seja, começando por apontar aquilo que ela não é. Acredita-se frequentemente que ser livre é ter o meu querer sem restrições. No entanto, liberdade não é fazer o que quiser, quando quiser. Essa demanda não passa pela noção sartriana de liberdade. Paulo Perdigão esclarece a liberdade concebida por Sartre. "Essa liberdade de escolha não significa que o homem viva a agir a esmo, de qualquer maneira, imprevisivelmente, fazendo não importa o que queira, a qualquer momento, sujeito a uma série de impulsos arbitrários, caprichosos e gratuitos" (PERDIGÃO, 1995, p. 105). Em *L'existentialisme est un humanisme,* Sartre alude às censuras a sua filosofia que o acusam de uma concepção arbitrária de liberdade, como se a conceituação sartriana de liberdade significasse que na liberdade, cada um pudesse fazer o que bem entendesse. O filósofo trata logo de refutar tal distorção. "Vocês podem escolher não importa o que, isto não é exato. A escolha é possível em certo sentido, mas, o que não é possível, é não escolher" (1996, p. 63). A seguir, Sartre argumenta que mesmo que eu tente me convencer de que não estou escolhendo, essa tentativa já é uma escolha (SARTRE, 1996, p. 63).

Algumas interpretações psicológicas acerca da liberdade desconfiam da proposição de que nossa existência se fundamente na liberdade e nas nossas escolhas. Elas argumentam que o que acreditamos ser uma escolha já está determinado de antemão, seja pelos genes, pelos neurônios, pelo funcionamento do organismo, pela modelação do ambiente, pela organização da libido, pela lógica linguística, etc. Respondendo à essas objeções, cabe pontuar que o corpo e a linguagem não estão fora da órbita da existência. Ao nascer, não escolhemos o nosso corpo. A linguagem antecede a nossa inserção no mundo e "faz a nossa cabeça", por assim dizer. É como portadores de uma constituição corporal e psíquica, inseridos em estruturas e instituições sociais (o que, em termos existenciais, significa a noção de *facticidade*), que nos escolhemos no mundo. Em nossas escolhas contabilizamos a apropriação interpretativa de nosso corpo (um corpo significante e não um corpo meramente biológico) e a apropriação interpretativa que fazemos da linguagem num determinado contexto histórico. Caso não se considere a facticidade, a noção de liberdade não passará de mera abstração.

Outro ponto a esclarecer é a inadequação da associação imediata entre liberdade, escolha e arbitrariedade, que tanto se costuma fazer. Sartre faz inúmeras considerações para desconstruir tal associação, quebrando a equação delas como um elo necessário. A voluntariedade e a autonomia do agir são modalidades de escolha, mas, o universo dos possíveis, que forma o campo das nossas escolhas, não se reduz à nossa vontade arbitrária. Costumamos imaginar a escolha como algo deliberado e refletido. Mas ela é muitas vezes passional. A escolha é o modo como agimos, intencionamos, interpretamos, decidimos em cada situação de nossa vida, sem poder justificar que não foi nossa, pois estamos sempre a escolher-nos, ou seja posicionando-nos no mundo e posicionando um sentido e valor a nós-no-mundo.

Escolhemos de várias formas. O desejo para Sartre é um escolher-se no mundo. Assim como a afetividade, a sexualidade, a imaginação. A maioria de nossas escolhas é feita de forma passional e vivencial. A consciência não tética (ou o vivido) é a condição de possibilidade da consciência reflexiva dirigir-se a si mesma no modo do questionamento e da reflexão. Noutras palavras, a consciência de primeiro grau ou o vivido é a condição de possibilidade da consciência reflexiva ou de segundo grau, isto é, da consciência interrogar a própria identidade, de pensar o pensado, sentir o sentido, perceber o percebido, como se diz em fenomenologia.[2] É a consciência no seu modo reflexivo que pode se perguntar, sem rodeios: " afinal de contas, *quem* sou eu, que estou fazendo com a minha vida, quais foram as minhas escolhas a partir do que fizeram comigo?". Não são duas consciências, é uma só, em dois modos possíveis de intencionalidade.

Há quem considere que ser livre é, no máximo, romantismo, utopia. Sartre nota a postura de certas pessoas. Ele observa como elas se justificam, num trecho bastante conhecido de *O existencialismo é um humanismo*.

> As circunstâncias estavam contra mim[3]; eu valia muito mais do que aquilo que fui; é certo que não tive nenhum grande amor ou nenhuma grande amizade, mas foi porque não encontrei um homem ou uma mulher dignos de tal sentimento; se não escrevi livros muito bons, foi porque não tive tempo livre suficiente para fazê-lo; se não tive filhos a quem me dedicar, foi porque não encontrei o homem com quem teria podido construir a minha vida. (SARTRE, 1987, p. 13)

As "circunstâncias" aqui relacionadas são típicas respostas de má-fé. Escutamos algumas outras respostas típicas de má-fé: escolhi "porque meus pais queriam assim", "face à realidade", "porque todo mundo faz", "porque não tinha outro jeito", "porque estava escrito", "porque se não fizesse desse modo,

---

[2]  Esse foi um dos motivos por que Tereza Erthal (2013) designou a sua proposta psicoterápica como "Psicoterapia Vivencial".

[3]  Vale a pena inserir mais uma manifestação de Sartre (2001, p. 549): "Com efeito, se admitíssemos que as circunstâncias decidem por mim (...), estaríamos com isso suprimindo toda liberdade (...)".

que iriam dizer?". Falta, nesse ponto, a percepção de que, muitas vezes, o que chamamos "circunstâncias" foi criado por nós mesmos, em nossas escolhas. Não é o meio que faz o homem. O homem se faz no meio em que vive. É grande a diferença entre a afirmativa de que o meio faz o homem e a segunda assertiva. Estamos já no terreno das condutas de *má-fé*.

> A má-fé é uma condição tipicamente humana. Nenhum animal, ao que se saiba, age de má-fé.[4] Ela não é algo que aparece de vez em quando. É [uma] constituição que acompanha o ser humano enquanto negação da finitude (do nada que institui a liberdade como a expressão mais própria da condição humana). E o que o sujeito quer com a má-fé? Ele se deseja como alguém que se arruma para um espelho que só reflete a imagem idealizada e não expõe a totalidade das suas faces. A má-fé é fabricada pelo sujeito para fugir da culpa e da responsabilidade por suas ações e intenções, numa só palavra, pelas escolhas. (VERÍSSIMO, 2009, p. 162)

O termo "fabricada" não deve induzir o leitor a concluir que a má-fé seja feita de forma arbitrária e voluntarista. Ela é de responsabilidade de cada um, não tem procuração. Foi isso que quisemos dizer. Ela é uma lorota que contamos para nós próprios. Tentamos nos convencer de que não somos responsáveis pelo que fazemos, pensamos, sentimos, desejamos, *somos*. Como não há mentira sem mentiroso, não há enganado sem enganador, ficamos sem desculpas, mesmo quando agimos em má-fé de forma não reflexiva.

Esse é um campo fértil para a expressão da angústia. Nada justifica o que fazemos a não ser que é a nossa escolha. Ela não é sempre arbitrária e voluntarista, repetimos. A escolha é a forma com que nos projetamos no mundo, com que nos posicionamos, a partir do sentido que damos à nossa vida. A angústia é angústia de sermos quem somos, ou seja, é a nossa liberdade. A liberdade é indeterminada. Por que fizemos uma determinada escolha original, fundante de nosso projeto existencial de ser, e não outra? Não há nada anterior que justifique essa escolha, a não ser o próprio modo com que nos lançamos no mundo a partir de como o apreendemos. O nada não é "nada": o nada implica as nossas possibilidades.[5] É algo bastante concreto para Sartre.

Enquanto o nada está na origem da angústia, *nós* fazemos algo com ela. O não fazer nada no modo de tentar omitir-se de si mesmo também é uma

---

[4] Eles se disfarçam, camuflam-se, mas não ouvimos falar que um animal *mente para si mesmo*.

[5] As aspas foram postas para ressaltar o julgamento do senso comum, para o qual, o nada é o mesmo que zero, coisa alguma, ausência de realidade. Na verdade, o senso comum não percebe que já está lhe dando determinações (predicações), e que, portanto, o nada já deixou de ser o mesmo que coisa alguma.

ação. Esse é o teor de responsabilidade por aquilo que fazemos, escolhemos, numa palavra, *somos*. No entanto, fica mais suportável arrolar causas e supostos determinantes como se eles fossem as testemunhas de nossa inocência perdida. Sartre acredita que a única escolha que, em nenhuma hipótese você poderia se furtar é o fato de ter de ser, o que quer dizer, a condição de estar condenado a fazer escolhas, não ter como não escolher, apesar de não poder escolher tudo, pois não somos Deus. "Na verdade, a leitura de Sartre nos índica que não escolher nada mais é do que uma escolha" (VERÍSSIMO, 2014, p. 278).

> A angústia da liberdade surge com a consciência precisa de que somos responsáveis pelos nossos próprios atos. E que o peso da tentativa de transferência dessa responsabilidade para o outro é necessariamente derrotista, seja esse outro representado pelo Estado, opinião pública, grupo social, etc. Não optar é uma forma de opção, pois assim agindo estamos transferindo nosso poder decisório ao outro de maneira indissolúvel responsabilizando-se pela decisão do outro. (ANGERAMI-CAMON, 1998, p. 33)

Conhecida é a sentença de Sartre: "quando dizemos que o homem se escolhe, nós entendemos que cada um dentre nós se escolhe, mas queremos dizer, também, que se escolhendo, ele escolhe todos os homens" (SARTRE, 1996, p. 31). A responsabilidade pelo que fazemos, ou seja, pelo que escolhemos, não se restringe a nossa pessoa, ela alcança um âmbito *relacional*. Cada escolha nossa envolve, igualmente, a forma como escolhemos o outro. Se procuro ajudar imediatamente os membros mais próximos de minha família, e acredito (ou tento acreditar) que cada família cuide de si mesma, não compadecendo por nenhum outro olhar ou gesto de sofrimento que não "dos meus", é porque a minha escolha de humanidade se restringe à esse núcleo familiar. Se o meu posicionamento ideológico é pautado exclusivamente na "verdade" e na moral que escolhi, posso tanto jogar uma bomba nos opositores quanto achar que o intolerável está apenas do lado alheio. Por outro lado, se adoto ou tento concretizar, de alguma forma, uma moral que propõe o amor como fundamento do humano, a cada escolha de convivência, a cada gesto procuro de algum modo universalizá-lo: a compaixão, a solidariedade, a sensibilidade ao outro podem tornar-se pautas da minha existência.

A concepção de liberdade por Sartre não admite que ela se constitua a partir da vontade individualista de um sujeito autocentrado e autorreferido. "O homem, estando condenado a ser livre, carrega nos ombros o peso do mundo inteiro: é responsável pelo mundo e por si mesmo enquanto maneira de ser" (SARTRE, 2001, p. 678).

# A psicanálise existencial, o projeto original e o olhar

O ser que é de outra ordem que simples determinação de coisa é o *existente* ou *Para-si* (nos termos de Sartre), isto é, os seres humanos. O Para-si é falta, desejo de completar-se, aliás, perpétuo desejo de completar-se, sem jamais poder realizar inteiramente tal empenho. Nas palavras de Sartre, o Para-si é o que não é e não é o que é (SARTRE, 2001, p. 39). O jogo semântico indica que o ser humano está sempre por se fazer. Por isso, ele é um projeto inacabado e inacabável.

A Psicanálise Existencial é um método engendrado por Sartre para elaborar uma hermenêutica da existência. Como psicólogo existencial sob a inspiração de Sartre, entendemos o método, nesse caso, como uma janela para a compreensão da existência, e não como prescrições sobre como o psicoterapeuta deve proceder, determinadas de antemão, à revelia do que se passa concretamente na relação terapêutica. A hermenêutica diz respeito à tentativa de compreensão do modo de ser do Para-si cotidiano e à sua articulação com um projeto fundamental de ser. Ao explanar a psicanálise existencial, Sartre afirma que

> é sobretudo por uma comparação entre as diversas tendências empíricas de um sujeito que iremos tentar descobrir e destacar o projeto fundamental comum a todas – e não por uma simples soma ou recomposição dessas tendências: em cada uma delas acha-se a pessoa na sua inteireza. (SARTRE, 2001, p. 690)

Cada conduta humana, cada desejo, ideia, pensamento, gesto, paixão, fala aponta para a totalidade da pessoa, para a pessoa inteira. Cada manifestação do comportamento é uma expressão da escolha fundamental de si mesmo: o projeto fundamental de cada um, também conhecido como *projeto original*. O projeto original é uma noção que trata de uma escolha feita muito cedo em nossa vida, em nossa infância. Desde a infância, e pela vida afora, somos apelados a uma série de demandas pelas pessoas que conosco convivem. Somos desejamos, tratados e imaginados das mais variadas maneiras: como cuidador dos irmãozinhos mais novos, como o filho da mãe/pai, como mimo dos avós, como salvador de dificuldades conjugais, como o estrangeiro, como alguém a ser protegido, como rival, amante, companhia, cúmplice, porto seguro, confessionário, motivo da busca de felicidade, como compensação por uma perda ou rejeição, como tampo para o desespero, faxineiro dos cacos de brigas alheias, assim por diante. Não só a convivência íntima nos envia demandas, como a sociedade escolhe um molde para nós pautado na moral, na ciência, na religião, no Estado, na tradição, nos valores, crenças e práticas vigentes.

Nossa escolha fundamental de nós mesmos dá-se em meio a nossa *situação* no mundo. E eis a nossa condição: alguém situado no mundo, na amplitude dos mais variados apelos e desejos, em meio às normas explícitas e implícitas, que vão desde os horários a cumprir até o que se pode ou não falar, ou mesmo pensar e sentir.

Enfim, eis a facticidade da existência: nossa escolha é feita nas condições em que vivemos – materiais, psicológicas, afetivas, sistêmicas (familiares), sociais, culturais, nas interações com o meio e as pessoas, na comunicação e nas trocas afeto, tudo isso é atravessado pela linguagem, com suas significações prescritas pela cultura.

A escolha original de si mesmo (projeto original), não nos parece ser um projeto que se dê da noite para o dia. Ele vai sendo formado, paulatinamente, ao longo de nossa infância, e pode cristalizar-se posteriormente. O projeto depende de como compreendemos o que nos é enviado pelo outro, especialmente, como captamos *o olhar* do outro, que, por sua vez, institui o nosso *ser-Para-outro* (ERTHAL E VERÍSSIMO, 2015). Afinal, diz Sartre, o outro é o mediador indispensável entre mim e mim mesmo (SARTRE, 2001, p. 290).

Minha subjetividade depende do *ser visto* e do *ver*, da intencionalidade do olhar. Não se trata de olhos como órgãos da visão, mas, do *sentir-se avaliado pelo outro*, o tempo todo – e da formação da subjetividade concomitante a esse fenômeno fundamental (ERTHAL E VERÍSSIMO, 2015). Quem é o outro? *O outro é aquele que me olha* (SARTRE, 2001, p. 292). Quem me olha? Mamãe, papai, a família, vizinho, os amigos, quem é amado, marido/mulher, a sociedade, a mídia, a propaganda, a moral, o governo, a escola, o psicanalista, a religião, o médico, o porteiro, a professora, o psicólogo, os funcionários, o/a chefe, o meu cachorrinho... Hoje podemos acrescentar o olhar da poderosa rede da Internet, onde todos espiam e são vistos por todos. Verdade e mentira, transparência e opacidade, o público e o privado são como categorias morais nostálgicas frente à avassaladora torrente de exposição, querida e odiada ao mesmo tempo. Não está faltando alguém? Sim!, eu mesmo. Vejo-me. Vejo-me no espelho da parede ou da alma, por assim dizer, tanto faz. Ocorre que, ao me olhar, olho-me mediado pelo ser visto pelo outro.

> É como se o outro me definisse, é como se me desse substância, é como se colocasse areia no nada que sou, é como se me preenchesse. E assim, acredito ser algo, uma imagem em que espelho o meu ser a partir das córneas alheias. Não se trata de acedermos que, ontologicamente, minha constituição própria se pauta a partir do outro, ou seja, que é ele quem

carrega a responsabilidade de me constituir como sujeito. Trata-se de reconhecer que, nesse instante, em que me sinto apanhado, capturado, captado, cooptado pelo olhar do outro, ele surge como "o mediador indispensável entre mim e mim mesmo: sinto vergonha de mim *tal como apareço ao outro*".[6] (VERÍSSIMO, 2009, p. 169-170)

Esse processo se dá desde a infância, e segue pela vida adulta. Pensemos na criança. Ela sente vergonha, assim como se sente bem em função de ter ou não sido bem sucedida em corresponder ao que estima que esperavam dela. Carl Rogers chama isso de *condição de valor* (FADIMAN E FRAGER, 1986, p. 230-231). "Serás amado *se* ..." Sartre enfatiza o ser visto. Diante do que vejo e do ser visto, faço a escolha fundamental de mim mesmo. Sussurro, no silêncio da seguridade de minha intimidade, "Eu sou...". Observemos o jogo do ser visto com o ver. "Na verdade, minha constituição se processa a partir da apropriação que opero do olhar do outro, em que eu mesmo transformo esse olhar: trata-se de como vejo o ver, ou melhor, como escolho o ser-visto" (VERÍSSIMO, 2009, p. 170). Eu transformo, magicamente, o olhar do outro no meu cerne, no que me atinge em cheio, e faço isso sem tempo para qualquer reflexão. Mesmo assim, sou responsável pela minha apropriação do ser visto, pois é, antes do mais, na minha conta que ela se escritura.

Na minha situação no mundo, nas interações com as pessoas, faço uma escolha fundamental de "eu sou...". Essa escolha jamais pode ser isolada das condições de nossa vida. Mas ela é, em certo sentido, contingente. Vale dizer, eu poderia ter feito, dentro de um raio de possibilidades, outras escolhas. Erthal (2013, p. 67) pondera: "Assim, a escolha é o ser de cada realidade humana. Cada comportamento particular expressa a escolha original desta realidade, uma vez que não há diferença entre existir e escolher".

Por isso podemos enunciar: nossa escolha é contingente, mas não por isso, aleatória ou arbitrária. Não é aleatória visto que escolhemos sempre numa situação *concreta*, em condições de vida imanentes à escolha, que dão contornos às possibilidades. Minha situação se forma na convivência, como ser-Para-outro. E não arbitrária: porque a escolha não é antes do mais um ato de vontade e cálculo (ainda que possamos planejar nossa vida e conseguir certos êxitos nesse sentido), mas, em primeiro lugar, um ato *intencional*. Ela se dá na concomitância de uma compreensão e de uma paixão, que são, por sua vez, estruturadas por um sentido e por uma designação de valor, cuja origem, reside, em última análise, no nosso projeto de ser.

---

[6] Essa última frase é de Sartre (2001, p. 290).

## A psicoterapia vivencial e seu cunho dialógico

A psicoterapia vivencial é uma proposta de abordagem psicoterápica desenvolvida pela psicóloga Tereza Erthal. Essa psicoterapia tem como meta "maximizar a autoconsciência para fomentar a possibilidade de escolha; (...). A terapia ajuda o cliente a aceitar os riscos e responsabilidades de suas decisões, e, acima de tudo, aceitar a liberdade de ser capaz de usar suas próprias possibilidade de existir" (ERTHAL, 2013, p. 213).

A psicoterapia vivencial é baseada na articulação do pensamento de Sartre com algumas investigações privilegiadas: a vivência do cliente; a sua autoimagem e autoestima; a pesquisa de seu projeto original e a compreensão de suas escolhas; a sua relação com o outro; como a pessoa sente-se vista pelo o outro, o avalia e encara si mesma; a gestão da autoconsciência e da liberdade/responsabilidade; a análise das intenções e atitudes orientadas pela má-fé. A psicoterapia vivencial procura seguir a trilha hermenêutica proposta pela psicanálise existencial enunciada por Sartre: a orientação de que cada conduta é uma expressão do projeto original.

Por isso, a investigação se esmera na compreensão desse projeto. O processo terapêutico é dialógico. Não pode ser feito apenas pelo psicoterapeuta. Existem duas pessoas em interação no processo de compreensão da problemática apresentada pelo cliente. " Isso envolve pessoa-pessoa, existente para existente, contato" (ERTHAL, 2013, p. 211). Deve-se estabelecer um *diálogo genuíno* entre psicoterapeuta e a pessoa atendida. A base para a possibilidade de uma compreensão efetiva é o estabelecimento de um encontro *Eu e Tu*, onde cada um é considerado como um Tu e não como objeto. A pessoa atendida não deve se conformar em ser uma passiva acolhedora (ou refutadora) das devoluções do psicoterapeuta. Donde a importância dela estabelecer uma relação de abertura a si própria, sem ficar passivamente esperando uma intepretação do psicoterapeuta, ou mantendo-se na defensiva, permanecendo sistematicamente refratária à interlocução. Por outro lado, a pessoa atendida não deve ser tratada como um objeto de conhecimento, conhecimento esse calçado em interpretações sobre ela, como diria Veríssimo (inspirado por Martin Buber), não deve se tornar cativa de um *falar sobre* por parte do terapeuta. Essa é uma forma que cria um distanciamento entre as pessoas.

> No falar sobre as pessoas utilizam o pensamento para soterrar o que sentem sob o peso de palavras que se esmeram em racionalizar os processos vivenciais. Essa atitude pode revelar uma forma de esquiva do outro, de evitar o face a face, a confrontação com o outro. Essa paliçada desfaz a possibilidade do colóquio para assentar-se no solilóquio. (VERÍSSIMO, 2011, p. 266)

A experiência própria do psicoterapeuta pode ser *ocasionalmente* expressa apenas para clarificar determinado tema que está em pauta, para mostrar o quão humano o psicoterapeuta é, que não é um super-homem ou o Deus idealizado por uma transferência. No entanto, é preciso acautelar-se que o fio do sentido deve ser capitaneado pela pessoa em atendimento. O psicoterapeuta deve se precaver para não transformar o seu atendimento num confessionário próprio.

O que o cliente traz é de vital importância. Devemos atentar para o que ele expressa, tal como expressa, o tom, os gestos, as pausas, a expressão facial, como ele estabelece contato, o seu olhar, o seu escutar o terapeuta e o seu escutar ou não a si mesmo, etc. O que ele expressa é suficiente. Não procuramos verdades por trás das suas expressões. O que ele diz já diz o bastante sobre ele. Pois, o que fala, mesmo que de má-fé, desvela o seu existir, e, portanto, o seu ser na contingência de um determinado momento de sua vida. Tudo o que ele diz, mesmo que queira esconder-se, *trata dele mesmo*. A resolução de encarar tal condição deverá passar pela imersão da pessoa na angústia. Então é bem proveitoso, nesse momento, escutarmos o que nos diz Kierkegaard a respeito da escola da angústia. "(...) quero afirmar que essa é uma aventura pela qual todos têm de passar: a de aprender a angustiar-se, para que não se venham a perder, nem por jamais terem estado angustiados nem por afundarem na angústia" (Kierkegaard, 2010, p. 163).

Através da empatia, do cliente sentir-se aceito como pessoa, pode-se chegar a núcleos de vivência da pessoa que busca a psicoterapia, costurando, dessa forma a atitude fenomenológica. Isso exige, por parte de quem o atende, um não se apegar-se a seus valores e crenças arraigados, que podem, a todo o momento, escapar e virar uma orientação de aconselhamento para a pessoa atendida. Tal compromisso é mais fácil de falar do que de fazer. O outro nos escapa por todos os lados, assim como o conhecimento de nós próprios e, consequentemente, do que estamos fazendo como psicoterapeutas num atendimento.

Atentos a esse zelo, mapeamos algumas percepções preciosas para uma psicoterapia dialógica. "Podemos formular que julgamos interessante que o atendimento psicoterápico não perca de vista que 1) atender uma pessoa é atender *o outro*. 2) Atender o outro é atender *um* outro. 3) Atender um outro é *estabelecer uma relação com ele*" (Veríssimo, 2012, p. 349).

Regido pelo cuidado de si e com o outro, sem querer tutelar e conduzir as escolhas da pessoa, pode-se viabilizar um trabalho responsável e que promova abertura da pessoa ao seu existir mais próprio.

## Temporalidade e Projeto Original

Caminhando numa via de compreensão do nosso projeto original, descobrimos que somos o nosso futuro. "(...) o homem é, antes de tudo, aquilo que se projeta para um futuro (...)" (SARTRE, 1996, p. 30). Ocorre que hoje estou escolhendo o que serei amanhã, mesmo que, eventualmente, não venha a sê-lo. Por isso, passado e futuro estão na mesma teia.

Devemos considerar, também, que se temos, não raro, a sensação de que repetimos as condutas de sempre, ou, ainda, de que nos metemos de novo no mesmo cenário, isso não quer dizer que a nossa vida está definida e congelada. A nossa existência é possibilidade. Se escolhi agir de uma certa forma, para Sartre, existe um *gap*, um intervalo *entre* nós e o mundo, entre nós e o outro, entre nós e nós mesmos[7], já que nunca estamos descansados de uma vez por todas no ser, pois o devir escoa de nosso controle. Por isso, Sartre faz questão de advertir: entre o agora e o próximo passo, entre ontem e hoje,

> deslizou um nada: *não sou* agora o que serei depois. Primeiro, não o sou pois o tempo me separa do que serei. Segundo, porque o que sou não fundamenta o que serei. Por fim, porque nenhum existente atual pode determinar rigorosamente o que hei de ser. Contudo, como já sou o que serei (senão não estaria disposto a ser isso ou aquilo), *sou o que serei à maneira de não sê-lo.* (SARTRE, 2001, p. 75)

Sou liberdade pela contingência de cada escolha: escolhi de uma forma, mas, poderia ter escolhido de outras. Não posso me lançar em todas as possibilidades, (já que sou um ser situado em contextos concretos, sociais e psicológicos), mas isso não quer dizer que minhas escolhas sejam nulas, pois, nesse caso, estaria orbitando na esfera da causalidade, o que não passa de má-fé para escamotear a liberdade. "Chamaremos precisamente de *angústia* a consciência de ser seu próprio devir à maneira de não sê-lo" (SARTRE, 2001, p. 75-76). Ser o seu devir ao modo de não sê-lo é não ter um futuro decretado por antecipação ao existir concreto.

No entanto, o passado pode aparecer à nós como se operasse por repetições sucessivas. O que costumamos chamar "neurose" parece confirmar o peso de um acontecimento histórico sobre a nossa vida. É preciso seguir daqui em diante, se acompanhamos o pensamento de Sartre, com certa cautela. Cada escolha pode ser sentida ou não como um fardo, depende da maneira como

---

[7] Cf. a noção sartriana de *separação ontológica*.

escolho tanto o passado como o futuro, vale dizer, como os valorizo, significo-os. Escolho hoje o meu próprio futuro, da mesma forma, o meu próprio passado. Posso escolher que não verei no futuro mais que a mera repetição do passado, e que não verei no passado, mais do que a ratificação do futuro. Dessa forma, decreto o meu futuro. Seja ou não diferente de minhas predições, ele será justificado pela maneira que sustento meu ser na autoimagem e na autoestima engatadas na visão que formo acerca do meu passado e do meu futuro.

O contorno que vai tomando a minha existência fica por conta de minha atitude perante a vida. Posso me abrir para a criatividade e para o risco. De modo diverso, posso magicamente transformar em insignificância o que seria surpreendente. Nessa alternativa, o que vem a mim, o que adveio e o que está por vir não deve jamais assustar nem desestabilizar, deve, sim, confirmar as teorias que fiz a meu respeito, lacrar-me com o selo de um "passado".

A escolha fundamental de si mesmo, desenvolvida, como vimos, desde a infância não está condenada a manter-se perpetuamente. Podemos muda-la, pelo menos, até certo ponto. Podemos pensar sobre ela, mas, também podemos mantê-la e tentar fazer isso a todo custo.

## O trabalho com a autoimagem e a autoestima

O cliente aporta numa psicoterapia com determinada autoimagem e imagem de mundo. Alguns afirmam-nas como se precisassem desesperadamente dessa verdade para eles. Essa autoimagem e a correlativa autoestima podem ser, para usar termos do senso comum, favoráveis ou desfavoráveis. De qualquer forma, a pessoa precisou dessa imagem para reafirmar seu projeto existencial, que é perpétua busca de sentido, para preencher a falta de não ter como escapar da contingência – se sua vida está de uma maneira hoje, amanhã as condições podem mudar; a própria pessoa pode mudar, as pessoas de sua convivência podem mudar – de opinião, de atitude. Há uma incerteza na existência, cuja consciência é tonificada pela angústia.

Erthal, escudada em Sartre, afirma: "escolhemos o mundo quando damos a ele um significado por nos escolher" (2013, p. 67). A inspiração para tal conclusão talvez seja assertiva de Sartre "escolhemos o mundo – não em sua contextura *Em-si*, mas em sua significação – escolhendo a nós mesmos" (2001, p. 571).

Cabe, nesse momento, uma explicação de Sartre sobre a articulação indissociável de nós com o mundo: "(...) o mundo nos devolve exatamente, por sua própria articulação, a imagem do que somos" (SARTRE, 2001, p. 571). Aqui, acompanhamos, precisamente, essa identidade nossa com o mundo, a conjunção da autoimagem com a maneira pela qual percebemos o mundo. Nossa atitude (não apenas situada nesse ou naquele aspecto de nossa vida, mas na vida como um todo) e *as nossas escolhas vão estar indissociavelmente ligadas à nossa visão de mundo e à nossa autoimagem.* Nossa autoimagem expressa como o mundo nos aparece. "O mundo nos aparece necessariamente como somos" (SARTRE, 2001, p. 571).

Se me sinto frágil, o mundo pode estar aparecendo a mim como ameaçador, brutal, belicoso, perigoso. Se me sinto um fracasso, o mundo pode estar aparecendo permeado por algumas dessas imagens, mas, também pode ser que seja tomado como um ringue de disputas em que só são louvados o que acredito serem os vencedores, em que discrimino perdedores de vencedores. Se me sinto confiante, o mundo pode estar aparecendo como interessante e sedutor. Se me sinto amado, o mundo pode aparecer como também sedutor, ou como razoavelmente acolhedor, ou como cuidado, são tantas as possibilidades!

Por essas e outras, a autoestima da pessoa que aceita a si própria não depende de sucesso, dinheiro ou fama como muita gente costumam apostar. Por essa crença, tenta-se perseguir esses atrativos com considerável energia, por vezes, deixando de lado necessidades caras a si mesmo. O *beatle* John Lennon, em pleno sucesso (1964), compôs a canção *I am a looser* (*Eu sou um perdedor*). Lennon escreveu na letra da sua música: "And I'm not what I appear to be" (e eu não sou o que aparento ser). John estava mostrando o quão contraditório é o sucesso (algo que muitos perseguem e, depois de um tempo, sentem-se perseguidos e presos por ele), o que pode deixar a pessoa bem no seio da náusea. No ano seguinte, sem conseguir ainda perceber claramente a náusea como negação da sua consciência ao que foi disposto a ela como busca da felicidade (sucesso, fama, ser um ídolo mundial), ele compõe outra canção que expressa fielmente o seu estado de espírito e a sua vontade de mudar tudo em sua vida, sem, na época, ver ainda como: a canção *Help!* (*Socorro!*).

*Escolhemos a imagem do mundo e a nossa autoimagem sincronicamente.* Essa escolha não é necessariamente voluntária e reflexiva, é, antes do mais, fundada fenomenologicamente, ou seja, estrutura-se a partir da intencionalidade, isto é, a partir de um *sentido* e de um *valor* que estão sempre em jogo em todas as minhas interações, percepções, ações, emoções, desejos. "O que é meu e o que me cerca me informa sobre essa escolha que é meu ser" (ERTHAL, 2013, p. 67).

Eis a nossa autoimagem: o dirigir-se da consciência a um mundo que ela gosta de chamar de "interior", mas que, na verdade, é uma relação dela com o que identifica como "eu sou" (autoimagem), e que intenciona pelo desejo, pela vivência, pela paixão (consciência irrefletida), assim como reflexivamente (consciência de segundo grau).

Nossas escolhas são afinadas com a autoimagem/autoestima, que por sua vez, remetem ao nosso projeto original.

> Se cada indivíduo é um projeto que a partir do qual se originam os demais, para que possamos compreender um indivíduo na sua trajetória de vida, precisamos compreender os atos e as atitudes desse indivíduo até chegarmos á revelação desse projeto. A imagem que o individuo cria de si mesmo determina os comportamentos que desenvolve. (ERTHAL, 2013, p. 67)

O trabalho com a autoimagem, a percepção das escolhas autênticas, não maquiadas pela má-fé, requer uma certa dose de risco. Muitas vezes apelamos para a máxima que sugere uma moral do conformismo, acreditando que seja melhor o ruim para nós (o que nos soa com esse valor, o que vivemos nos queixando), mas, conhecido, do que o salto no desconhecido, o risco de ser, ou melhor, de um tornar-se de maneira que transcenda os modos arraigados e familiares. Por isso, numa psicoterapia, importa que a pessoa apreenda reflexivamente a sua autoimagem. Para Erthal (2013, p. 67), "é mister que [a pessoa] apreenda essa imagem para que possa assumi-la de forma responsável. Conscientizar-se do projeto não significa apenas alterá-lo; pode ser que isso leve [alguém] a mantê-lo. É uma escolha que em qualquer sentido leva ao risco". Nesse caso, a pessoa busca, ao refugar inventar-se a si mesma, um refúgio na chamada "zona de conforto", que, aliás, pode ser muito incômoda. É o eterno risco de ser. Não percebe que até insistir em manter-se numa determinada situação, sofrimento, queixume é também uma escolha, e que também, por ser uma escolha, envolve riscos. Ela, não raro, fala expressamente em seu medo de perder. Não percebe que já perdeu a exploração de suas possibilidades e já se perdeu no enlace com o conhecido, que ela costuma tratar como um fardo, e pode até lhe dar conotações de fado, isto é, de fatalidade.

Essa desconfortável zona de conforto, como costumamos dizer nas nossas supervisões, frequentemente aparece como "o relacionamento", "o casamento", "a minha mãe", "o meu pai", "a situação", "a minha doença", "a depressão", "o trabalho". Não raro, as pessoas atendidas gostam de mostrar para quem os atende diagnósticos médicos, psiquiátricos, psicológicos prescritos por profissionais da saúde (a impressão que alguns pacientes nos passam é que só não trazem o mapa astral por vergonha do que terapeuta possa pensar sobre eles num primeiro momento da psicoterapia).

Deixemos claro que não estamos afirmando que se deva abolir por completo os diagnósticos. A problematização do diagnóstico é uma reflexão valiosa aos psicólogos e psiquiatras que adotam uma abordagem fenomenológica, desde os pioneiros, como, por exemplo, Binswanger (1963). Estamos comentando a postura de determinados pacientes em levar de antemão diagnósticos como forma de se justificarem para o psicoterapeuta. Na verdade, trata-se de uma credencial para se justificarem e justificarem a sua existência. Alguns acabam descobrindo essa atitude, ao longo da psicoterapia: que a sua apropriação interpretativa de sua situação é também uma escolha.

## O processo psicoterápico

No início de uma psicoterapia observamos vários tipos de condutas. A pessoa cooperativa é aquela que se expressa com certa facilidade, e quer estabelecer contato com o psicoterapeuta. Há, de outro modo, aqueles que fazem longas pausas, e que respondem de forma monossilábica. "Como foi o seu dia?", o terapeuta pergunta. "Bem.", responde a pessoa. "O que significa bem?". "É ficar numa boa", responde a pessoa. Podemos continuar essa perquirição ao infinito, e certas pessoas poderão responder de forma vaga e distante de si mesmas. Outros fazem relatos extensos, mas a impressão que passam é a de que o que narram não aconteceu consigo próprias, que é um relato *sobre*, um *falar sobre*, como se apenas informassem uma notícia. O silêncio e as resistências podem falar mais do que uma pessoa aparentemente cooperativa, que parece muito falar sobre si, mas que maquia os seus processos. Nesse caso, o falar sobre si não passa de lustre de superfície, de má-fé. Há pessoas que protelam muito a referência autêntica aos sentimentos, às vivências originárias implicadas em suas condutas e falas.

Comportamentos resistentes ao estabelecimento de uma interlocução e contato podem gerar ansiedade no psicoterapeuta, ou desestímulo. Nos psicoterapeutas que debutam num atendimento, pode suscitar a impressão de que precisam de mais técnica, de mais informação. Essa necessidade pode mostrar uma ansiedade por porto seguro na psicoterapia, e, assim, furtar-se da angústia de ser. Como um psicoterapeuta pode se candidatar a trabalhar com a angústia sem estar disponível para ela?

A abertura da pessoa a si mesma e ao psicoterapeuta pode levar tempo. Por outro lado, pode se dar por um acontecimento inesperado que irrompa durante a psicoterapia e mobilize intensamente a pessoa em atendimento, revolvendo-a de tal modo que rompa com barreiras que dificultam o contato franco consigo própria. O assumir a si mesmo pode se dar sem aviso prévio, e até clientes mais fechados podem se surpreender falando de si de forma menos defendida. Não temos calendário que diga quando e como os pacientes, os clientes, como queiramos chamar, vão se portar numa psicoterapia com precisão matemática. Nossa ciência (no sentido originário de construção de um saber hermenêutico) é feita de forma compreensiva e empática (escutar o outro desde o *seu* ponto de vista). Há, portanto, o tempo de cada pessoa para que ela comece a se abrir para si mesma. E isso não está asseverado de forma programática. É uma escolha *dela* e não dos psicólogos. O psicoterapeuta vai precisar lidar com esse nada, essa indeterminação.

A pessoa pode, inclusive, abrir-se ao diálogo com o psicoterapeuta, mas fechar-se a si própria. Nesse caso, é frequente um desejo de entregar suas "confissões" a esse outro para ela especial, já que lhe deposita o seu crédito. Só o fato de "botar para fora" lhe traz momentaneamente a sensação de alívio. Mas, se estiver de má-fé, não vai funcionar, porque ela não deixa a expressão da angústia se tornar mais concreta. O entregar tesouros confessionais a esse outro especial, quando há uma boa relação com o terapeuta, ainda não configura um engajamento com o processo de tomar a vida como *questão*, e não como respostas.

Os problemas não desaparecem somente porque falamos *sobre* eles. A angústia continua. Não há para onde fugir dela. Ela se expressa no corpo e no espírito, por assim dizer. Expressa-se como ansiedade, rejeição a si, terror ao outro, vergonha exacerbada, contenção da sexualidade, sensação de crônica timidez, de estar engolindo o que não seria bom fazê-lo, necessidade de se drogar, de beber sem controle, de namorar o tempo todo, de arrumar outras relações para não correr o risco de se sentir abandonado, de arranjar cumplicidade e companhia, desespero da ambivalência de ser si mesmo e de não querer sê-lo, etc.

A angústia não concerne apenas às situações desestabilizadoras, dolorosas, constrangedoras. A paixão pode ser vivenciada como algo poderoso e prazeroso, e, ao mesmo tempo, insuportável. A angústia como nada que nos constitui, como a totalização não totalizável do ser humano, como falta que sustenta a busca de plenitude, pode pousar onde parecemos estar tomados, contingencialmente, por uma sensação de felicidade, de realização pessoal, da cumplicidade de um inebriamento amoroso. "Imaginemos um casal num momento de intenso êxtase amoroso, com muita ternura e carinho recíproco. Não por isso estamos autorizados a acreditar que eles se retiraram, mesmo nesse momento, da angústia" (Veríssimo, 2014, p. 286-287).

Na psicoterapia, a pessoa pode perceber o quanto o seu sentir, o seu desejar são inegociáveis. A sua angústia de não ser completa, perfeita, inteiramente protegida do trágico encontra-se em quase todas, senão em todas as suas experiências. O problema não é a afetividade, o desejo, a angústia. O problema é como a pessoa *escolhe* com a condição humana que ela é. Ou seja, o *sentido* que ela dá a sua paixão, ao desejo, à angústia. Para ir fundo nessa compreensão, precisamos trabalhar seu projeto existencial.

Cada um *pode*, nos limites de suas possibilidades, perceber os seus processos, ou, ao menos, esforçar-se nesse sentido. *Pode*, igualmente, persistir na má-fé. Escolher a sua liberdade na forma de negação das possibilidades de permitir-se ser. Tudo está se decidindo a cada sessão (na verdade, a cada momento de nossa vida). Mas, nem sempre na forma que nós, psicoterapeutas esperamos. Escapa-nos uma compreensão absolutamente precisa e objetiva do que se passa com o outro. Afinal, trabalhamos com a *subjetividade*. Como dissemos, o importante é o diálogo que convide esse outro, nosso paciente, a se entender consigo mesmo, a reconhecer a mediação do outro na relação consigo próprio.

O desvelamento dos processos de má-fé prepara o campo para a colheita dos questionamentos de posturas, crenças, valores. Esse pode ser um momento em que a pessoa sente, de forma contundente, o que Kierkegaard (1979) ressaltou como o desespero de desejar tornar-se si mesmo e o desespero para esconder-se de si próprio.

Isso pode ser bastante exigente para o terapeuta, principalmente, se ele cobrar de seu paciente e de si mesmo "resultados". As metas não podem ser manipuladas nem pelo psicólogo nem pela pessoa em atendimento. Elas são definidas a partir do projeto original da pessoa. A mudança do projeto é possível. Costuma ser trabalhosa e onerosa. Muitas pessoas aceitam pagar a passagem para si próprias, para um existir mais autêntico, sem tanta má-fé, e enfrentam o que elas mesmas apontam como suas dificuldades e embotamentos. Sem querer, nesse momento, ser moralistas, parece-nos, que o movimento de tornar-se si mesmo é uma escolha corajosa. O inferno e o céu não são mais os outros.

Ao atender, vamos estar navegando em mares calmos e tempestuosos, como nas músicas de Beethoven. Numa semana, a pessoa atendida diz: "não aconteceu nada demais, aliás, minha vida às vezes parece um marasmo." Na semana seguinte, a pessoa traz para a sessão uma tonalidade de desespero do fim do mundo, que está em ruínas. Na outra semana, "ela voltou! Fizemos as pazes". Na outra semana, "É..." um longo e enigmático suspiro. E assim, tecemos, junto à pessoa, o fio do sentido, com muita paciência e cuidado.

Não raro, a pessoa parece ter desistido de si mesma, desistido de procurar um sentido significativo para a sua vida, desistido de pensar no seu projeto original, de se confrontar com a sua autoimagem, de perceber sua efetiva autoestima, de mudar de atitude. Essa desistência de si pode ser uma expressão da *náusea*, o sentimento de que nada mais vale a pena, de que a vida não passa de uma paixão inútil. O psicoterapeuta pode sentir-se irrefletidamente capturado por essa tonalidade, e interpretá-la como uma recusa, pelo cliente, da psicoterapia; ou, o terapeuta pode, até mesmo, tomar para si a atmosfera da pessoa como se fosse uma rejeição a sua atuação. Por isso, o psicoterapeuta precisa levar a sério a seguinte interrogação: quando o paciente não acredita mais nele, desiste dele, devemos, por isso, desistir dele também?

## Pensando o fechamento de uma psicoterapia[8]

O cliente é quem deve decidir o momento de encerrar o processo psicoterápico. Em nossos atendimentos, percebemos que para alguns deles não é um momento fácil. Alguns vão se retirando paulatinamente. Após terem elaborado suas questões e compreendido a finalidade que deram à sua vida, as escolhas fizeram ao longo de sua história, falam em tocar a sua vida sem a terapia, e, ao mesmo tempo, expressam angústia por esse projeto. Começam a faltar, ou sugerem um atendimento a cada duas semanas, um acompanhamento uma vez por mês.

Preocupamo-nos quando escutamos de alguns candidatos à psicoterapeutas existenciais: "vou dar alta ao meu paciente". A alta pode sugerir a tutela da pessoa atendida. Se quem detém a palavra que dá a alta é o psicoterapeuta, o saber parece pender para o seu lado. A alta pode ter outros motivos. Pode ser uma forma do psicoterapeuta, de má-fé, querer apropriar-se de "seu paciente". Quando não pode mais atendê-lo, e o julga "bem", dá-lhe alta. Assim, acredita estar no controle de qualidade do atendimento, o que pode escamotear uma atitude onipotente. Outras vezes, sobretudo em iniciantes, a alta pode ser desejada pelo terapeuta porque ele se sente desestimulado com o atendimento, uma vez que o seu "paciente" não responde como ele esperava que devesse se empenhar na psicoterapia.

A alta pode sugerir o psicoterapeuta como um lugar do técnico, do saber, daquele que posiciona um conhecimento com pretensões cartesianas, ou seja, com pretensões a ser o sujeito do conhecimento, pois, prescreve uma decisão. Mas, o terapeuta não prescreve, ele apenas sugere, poderia se argumentar. De qualquer forma, sugerir uma alta pode resultar, mesmo que essa não seja a intenção, num meio de ocupar o lugar de diagnosticar uma condição da pessoa por ocasião do que se julga ser o momento oportuno para a terminação de uma psicoterapia. O próprio termo "alta" denuncia uma tradição de adotar modelo

---

[8] As considerações aqui se referem a quando a pessoa atendida não têm restrições quanto à duração de uma psicoterapia. Elas *não* se referem à situação da pessoa que o psicoterapeuta avalie que se encontre num quadro psíquico que comprometa a sua autonomia.

médico na psicologia "clínica". O significa esse fascínio pelo jargão médico?, pergunta-se Monique Augras. "A etimologia de clínica aponta para o grego *klíne*, que significa cama. "Para os gregos, *o klinékos*, era o médico que visitava os doentes acamados, e, por extensão a clínica passou a designar os cuidados prodigados pelo médico ao doente" (Augras, 1986, p. 9).

Essa discussão importa, já que estamos trabalhando com assumir a responsabilidade pelas escolhas, assumir-se como não ter como se furtar a fazer escolhas, deixar a angústia expressar o sentido das escolhas feitas ao longo da vida. A preocupação não reside, exatamente, em diagnosticar ou não diagnosticar, pois há situações humanas que demandam os maiores cuidados práticos, estabelecendo contornos muito concretos ao raio das escolhas. Trata-se, antes, do cuidado de não reafirmar um modelo alheio às propostas do engajamento da pessoa com a responsabilidade pelo que faz de si mesma. Sem esse cuidado, pode-se incorrer numa infantilização da pessoa que bate na porta do psicoterapeuta. Ela, agora, com a alta, recebe uma *determinação*. Ela "obteve" "alta", critério referendado pelo psicoterapeuta como se uma torre de controle desse permissão para a pessoa seguir em frente com a sua vida.

Ao revés desse modelo, acreditamos que mesmo imerso em sua problemática, naufragado nos seus sofrimentos, carregado de defesas e de bloqueios, confrontando-se com a expressão da angústia, o cliente ainda "é o melhor intérprete de suas emoções" (Erthal, 2013, p. 211). Queremos dizer que tudo se aproveita numa psicoterapia. Tudo o que vem à psicoterapia é expressão da pessoa, inclusive suas distorções, incoerências, sua má-fé. Cabe ao psicoterapeuta a sensibilidade para escutar, perceber a partir da condição própria a cada um, que é destrinchada no e pelo diálogo.

Isso não quer dizer que o psicoterapeuta não se permita conversar com o cliente sobre o andamento de seu processo psicoterápico. O terapeuta pode expor à pessoa atendida situações inacabadas que não foram, segundo acredita, fechadas durante o processo da psicoterapia. Pode dar uma devolução ao paciente acerca da elaboração da pessoa de suas questões centrais. Pode conversar sobre a condição do cliente, seus esforços para concretizar seus projetos pessoais, como passou a lidar com a falta e a perda, com o prazer e a dor, com desejo e o afeto, com a liberdade e com os limites. Pode estar na pauta a saída da psicoterapia, mas não como "esse é o *seu* momento de sair". Antes, talvez possamos inquirir sobre isso, o que é diferente de prescrever o momento "certo" do cliente encerrar a sua psicoterapia.

Tereza Erthal alude aos vários fatores em jogo no fechamento de uma psicoterapia. Por vezes, o cliente está motivado a prosseguir, mas, se vê enredado em situações concretamente alheias a sua vontade de continuar (contingências financeiras, horários incompatíveis, problemas graves de saúde). Nesse ponto, notamos a distinção da psicologia para o modelo médico. No modelo médico aplicado à psicoterapia, a alta pode resultar num sentimento velado por parte da pessoa atendida de estar sendo dispensada, ou mesmo, rejeitada pelo psicoterapeuta; ou, por outro lado, pode suscitar alívio no paciente, já que pode transferir para outro a responsabilidade sobre o "diagnóstico" da sua situação. Quando o psicoterapeuta entende que cabe à pessoa que ela se posicione quanto ao fechamento de uma psicoterapia, é como se ela "obtivesse o passaporte para o risco" (ERTHAL, 2013, p. 299). E essa angústia é compartilhada por ambos – não ter controle sobre o devir, ao se dar sentido à liberdade através das escolhas.

## O método regressivo-progressivo numa psicoterapia

Para chegar à compreensão do projeto original, a esse irredutível, Sartre menciona o método regressivo-progressivo. Lendo esse método por uma proposta psicoterápica, Tereza Erthal esclarece:

> Este método tem três passos: primeiro, existe a compreensão das percepções que o cliente tem de seus próprios problemas (descrição fenomenológica). Em segundo momento, há um movimento analítico-regressivo, isto é, regressão à história do sujeito para atingir a compreensão de seu então ser-no-mundo. Por último, há o movimento progressivo-sintético, que se movimenta do passado ao presente, numa tentativa de se redescobrir o presente que é elucidado pelo processo fenomenológico. (ERTHAL, 2013, p. 212)

Atenção: devemos anotar a seguinte observação de Erthal. "Não se trata de uma ida ao passado para valorizar o "lá então" na busca de causas determinadoras da conduta. Trata-se, sim, de uma maior compreensão da história do indivíduo, história essa revivida no presente através de seus projetos de vida" (ERTHAL, 2013, p. 212).

O psicoterapeuta não precisa, em primeiro lugar, e a todo momento, "ir até o passado", e estabelecer relações causais a partir dessa investigação. É comum a ansiedade por respostas claras e pelo levantamento de "evidências". Essa sôfrega busca nada mais é do que uma forma de mitigar a angústia. Com isso, o terapeuta pode acabar fazendo inúmeras inferências lógicas precipitadas, pode atirar-se numa armação abstrata, que dá a impressão de explicar muita coisa, mas que, na verdade, encontra-se alienada da experiência mais própria do cliente.

Por outro lado, não há por que objetar uma investigação de situações do passado, e como o cliente se sentiu nelas, ou melhor, como se sente ao recordá-las, como ele as entendia e como as entende hoje. Na verdade, ninguém vai *até* o passado. O *passado é presente*, não como fato, mas como *temporalidade*: ou seja, ele é experimentado concretamente no presente.

Uma observação que não queremos deixar passar. Toda referência a métodos deve funcionar como, no máximo, uma orientação geral, mais a título abertura de opções do que de modelo ou norma a ser seguida. Pois, o que decide a orientação da psicoterapia vivencial é o que se passa no encontro, *a cada encontro*. Aferrar-se a métodos, sejam quais forem, é problematizado por Erthal, através da citação de Seguin: "A única forma que um homem pode assistir psicoterapeuticamente a outros é favorecendo o desenvolvimento total de suas possibilidades, a realização de seu "projeto" através de sua categoria de existente e nada mais" (SEGUIN, citado por ERTHAL, 2013, p. 211). Um método propõe um caminho possível de compreensão, entre inúmeros. Cabe ao psicoterapeuta a responsabilidade de formular o que considera mais apropriado em cada momento terapêutico. O que implica sempre riscos. Escolher é arriscar-se.

Portanto, não se trata de uma ordem disciplinar, mas de uma investigação que resulta de um vaivém, como bem diz Sartre, "o conjunto destes passos, a regressão e o vaivém nos revelaram o que denominarei a profundidade do vivido" (SARTRE, 1987, p. 175), de um movimento em ziguezague: um transitar ininterrupto entre o horizonte sócio-histórico-cultural e os ambientes em que vivemos a nossa história, entre as situações concretas onde nos metemos e a singularidade da nossa pessoa, entre as escolhas atuais e a totalidade temporal das escolhas, entre cada escolha particular e o desvelamento do projeto original. A compreensão dá-se nesse movimento de serpentino, no *entre* Eu e Tu, no diálogo, na descoberta *mútua* de que "desse modo, descobriremos imediatamente um mundo que chamaremos de a intersubjetividade, e é nesse mundo que o homem decide o que ele é e o que são os outros" (SARTRE, 1996, p. 59).

## Referências

ANGERAMI, Valdemar Augusto. *Psicoterapia Existencial*. 3ª ed. São Paulo: Pioneira, 1998.

AUGRAS, Monique. *O ser da compreensão. Fenomenologia da situação de psicodiagnóstico*. 3ª ed. Petrópolis: Vozes, 1986.

BINSWANGER, Ludwig. *Heidegger's Analytic of Existence and Its Meaning for Psychiatry. In Being-in-the-World. Selected Papers of Ludwig Binswanger.* Translated and with a Critical Introduction to His Existential Psychoanalysis by Jacob Needleman. New York, Basic Books, 1963.

ERTHAL, Tereza Cristina Saldanha. *Trilogia da Existência. Teoria e Prática na Psicoterapia Vivencial.* Curitiba: Appris, 2013.

ERTHAL, Tereza Cristina Saldanha e VERÍSSIMO, Luiz José. *Sobre o amor, a paixão, o olhar e as relações humanas. Diálogo com Sartre e com o Humanismo.* Curitiba: Appris, 2015.

FADIMAN, James e FRAGER, Robert. *Teorias da Personalidade.* Trad. de Camila P. Sampaio e Sybil Safdié. São Paulo: Harbra, 1986.

HEIDEGGER, Martin. *Ser e Tempo.* Trad. e org. Fausto Castilho. Campinas: Unicamp; Petrópolis: Vozes, 2012.

KIERKEGAARD, Søren Aabye. *O desespero humano.* Trad. de Adolfo Casais Monteiro. São Paulo: Abril Cultural, 1979 (Os pensadores).

_____. *O conceito de angústia.* Trad. de Álvaro Valls. 2ª ed. Petrópolis: Vozes, 2010.

PERDIGÃO, Paulo. *Existência e liberdade: uma introdução à filosofia de Sartre.* Porto Alegre: L&PM, 1995.

SARTRE, Jean Paul. *Esboço de uma teoria das emoções.* Trad. de A. Pastor Fernandes. Prefácio e Notas de João Lopes Alves. Lisboa: Presença, 1965.

_____. *O existencialismo é um humanismo. Questão de método.* Trad. de Rita Correa Guedes. São Paulo: Nova Cultural, 1987.

_____. *A Transcendência do Ego. Seguido de Consciência de si e Conhecimento de si.* Trad. e introd. de Pedro M. Alves. Lisboa: Edições Colibri, 1994.

_____. *L'existentialisme est un humanisme.* Paris: Gallimard, 1996.

_____. *O ser e o nada. Ensaio de Ontologia Fenomenológica.* Trad. de Paulo Perdigão. 9ª ed. Petrópolis: Vozes, 2001.

_____. *Crítica da razão dialética.* Trad. de Guilherme João de Freitas Teixeira. Rio de Janeiro: DP&A, 2002.

_____. *As Moscas.* Trad. de Caio Liudvik. Rio de Janeiro: Nova Fronteira, 2005.

VERÍSSIMO, Luiz José. Por uma Psicologia da Pessoa. *In* ANGERAMI-CAMON, Valdemar Augusto. *Psicologia e Religião.* São Paulo, Cengage Learning, 2008, p. 135-175.

_____. *Um olhar Entre Quatro Paredes. Esboço para uma fenomenologia do humano. Revista da SEAF* (Sociedade de Estudos e Atividades Filosóficas). Rio de Janeiro, n.8, 2009, p. 161 – 177 (ISSN 1518-7896).

_____. Sartre e o Marxismo. *Revista de Filosofia SEAF* [ISSN 1518-7896], Ano 9, nº 9, 2010 (Coedição Uapê), p. 99-121.

_____. *Colóquio com Martin Buber: a contribuição da filosofia do diálogo para a psicoterapia. In* ANGERAMI, Valdemar Augusto (Org.). *Psicoterapia e Brasilidade.* São Paulo; Cortez, 2011, p. 231-280.

_____. *Entre pessoas: um modo de pensar a pesquisa e a saúde a partir de uma abordagem dialógica proposta por Martin Buber. In* ANGERAMI, Valdemar Augusto (Org.). *Psicossomática e suas interfaces. O processo silencioso do adoecimento.* São Paulo: Cengage Learning, 2012, p. 331-360.

_____. *E por falar em angústia... Algumas notas sobre a angústia pela partitura existencial de um psicólogo. In* ANGERAMI, Valdemar Augusto (Org.). *Angústia e psicoterapia. Uma visão multiteórica.* 2ª ed. ver. e amp. São Paulo: Casa do Psicólogo, 2014, p. 277-302.

CAPÍTULO 13

# A clínica psicológica inspirada na obra sartriana

*Denis Eduardo Batista Rosolen*

## Palavras iniciais

Sartre foi um pensador ateu, que viveu no século XX (1905-1980), e, portanto, num período histórico, que envolveu a primeira e a segunda guerra mundial. Acompanhou diversas atrocidades à vida humana e sempre se posicionou diante dos conflitos de seu tempo. Levou assim uma vida combativa, principalmente enquanto escritor, seguindo o seu próprio projeto existencial.

Ele vivia em um tempo onde valores arraigados pelos costumes advindos das tradições foram drasticamente rompidos pela brutalidade humana, que sublinhava o caráter absurdo e contingente da existência e, a consequente necessidade de se produzir sentidos, a partir da ação no mundo e não esperar que tais sentidos já venham prontos de fora do existente.

Uma época onde milhares de vidas foram ceifadas e famílias desfeitas abruptamente, devido às guerras mundiais deflagradas, nada poderia apagar tanta barbárie vivenciada por pessoas de uma mesma geração. Sartre nunca se calou ante as situações sociais opressivas e limitadoras da possibilidade de escolher livremente. Criou à partir da fenomenologia existencial de Husserl e do estudo da obra Ser e Tempo de Heidegger, uma filosofia própria, que coloca a liberdade como condição fundamental do existente humano, em um tempo onde as verdades acerca da existência são buscadas em causas prévias, que tentam dar conta de explicar os fenômenos humanos, através de uma matriz explicativa. Tais causas são buscadas, seguindo um rígido modelo científico que desconsidera o contexto e as intenções presentes em cada ação, que toma a parte pelo todo e caminha cada vez mais para uma hiperespecialização dos saberes e uma consequente fragmentação da capacidade de contemplar as inúmeras faces e possibilidades de apreender ou dizer acerca daquilo que se mostra. Tudo passa a ser entendido à partir das crenças científicas que permeiam cada área do saber, perde-se com isso a sensação e percepção da totalidade, deixa-se de considerar as possibilidades de *vir-a ser* com aquilo que se mostra..

Explicações válidas sob determinadas circunstâncias já apresentam por si uma complicação em termos de uma ciência rigorosa pois, o que garante que uma causa é mais causa de determinado fenômeno, que as outras que também fazem parte do mesmo contexto? Cada momento traz, no ato de ser concebido por uma consciência, a sua essência, sua verdade, suas possibilidades, logo, acreditar que temos um eu absoluto ou verdadeiro, que temos uma essência imutável, é desconsiderar conscientemente que é possível ser, fazer, pensar, sentir, viver diferente e fazer-se ou desfazer-se, conforme o projeto, é fugir da nossa condição de seres livres para escolher.

Nesta postura ante a vida, é comum encontrar pessoas que se mostram ante as demais com uma postura de passividade, que beira à atitude de uma vítima das circunstâncias sem responsabilidade ou parte nos acontecimentos que se queixam; fugindo à responsabilidade intrínseca a cada escolha sob a justificativa de que existe uma força maior que explica e, portanto, é a causa de determinado fenômeno, seja a genética, os neurotransmissores, o complexo de édipo, o funcionamento cerebral, quando alguém retira de si a consciência de sua responsabilidade por seus atos, ele na verdade não retira de si, ele sabe que se engana, mas, para Sartre, age de má-fé.

Sartre teve contato durante toda a vida com intelectuais ligados politicamente a esquerda e, contrário a outros filósofos mais catedráticos, sempre esteve envolvido em lutas humanitárias. Posicionava-se politicamente através da escrita, apoiando, justificando, e combatendo causas, não só da França mas no mundo todo, chegando a recusar o prêmio Nobel de literatura em 1964, por acreditar que nenhum escritor deveria se transformar em uma instituição; não o interessava julgar o outro e nem se entregar ao julgamento, mesmo que para ser premiado.

Sempre lutou pela liberdade. Certa vez, perguntado sobre se a fome não seria um valor maior e mais urgente do que a liberdade, Sartre respondeu que acabar com a fome era importante para que os que passam fome, tenham a mesma condição de exercer a sua liberdade; acabar com a fome, com a miséria, com a violência não é um fim em si, é um meio para que possamos ser livres para escolher.

Como ser um escritor e intervir no mundo de uma forma engajada à partir disso era seu projeto existencial, e, para executá-lo, teve uma vida ecleticamente produtiva; foi romancista, dramaturgo e filósofo. Sartre foi uma personalidade bastante influente no século XX. Para Mészaros (2012, p. 91),

Sartre em toda sua vida optou por ir até o limite, e, lutou por isso com determinação e intransigência obstinadas. Uma de suas grandes questões sempre foi compreender az seguinte questão: o que você fez (e faz) da sua vida?

Sartre fundou uma filosofia radical; ele dizia que a atitude ponderada, a que vislumbra os dois lados da situação, com a intenção mais de explanar sobre um assunto do que posicionar-se a seu respeito (- É verdade, mas, por outro lado...), para ele, é um modo burguês de ser. Embora tenha nascido em uma família burguesa, ele sempre escreveu críticas sobre a sociedade burguesa e sobre si mesmo; ele foi um irônico e severo julgador de si. Para ele devemos escolher entre um lado ou outro, mesmo que amanhã outra face do escolhido faça mudar a nossa posição, razão esta da atribuição de certa radicalidade à sua filosofia da liberdade.

Sartre media o sucesso individual pela capacidade em estabelecer uma verdadeira conexão com os outros, consigo mesmo e com a morte. Não era psicólogo e nem médico, na verdade ele nunca esteve numa relação psicoterápica enquanto psicoterapeuta, embora tenha feito análise pessoal com o conhecido psicanalista francês chamado Jaques Lacan. Não atuou na clínica, a partir de sua experiência vivencial como Freud, mas, utilizou-se do estudo e da compreensão de biografias, para ilustrar a sua proposta de uma psicanálise existencial. Ele buscava fazer um retrato biográfico, à partir de dentro da existência da pessoa, perpassando por fatores históricos, antropológicos, sociais, econômicos. Buscava entender a obra a partir da vida que a pessoa teve, assim como a vida, a partir da obra. Utilizava para isso um método que intitulou de progressivo-regressivo.

Neste capítulo, vou pontear temas que considero fundamentais na obra de Sartre como a liberdade e a responsabilidade, o engajamento, a consciência, a má fé com a psicoterapia. Desde já é importante frisar que a filosofia sartriana é insuficiente para constituir uma abordagem psicoterápica, pois Sartre não cria nem se fundamenta em nenhuma técnica de tratamento; seria contrário aos princípios da própria fenomenologia. Mas a obra sartriana pode favorecer análises e reflexões éticas acerca da experiência vivida por um psicoterapeuta, não só em sua prática profissional, mas, também, em suas posturas de vida como um todo, e, portanto, não é potencialmente inspiradora apenas de uma especialidade científica e profissional, como a clínica psicológica, mas serve a todos que nela mergulham não só para entender, mas para repensar a vida, a partir da filosofia da liberdade, quando submergir. Cada pessoa e, por extensão, cada psicoterapeuta, atua a partir de sua totalidade. O principal instrumento de trabalho são as escolhas; estas construirão a pessoa que somos. E é a partir de quem somos, que compreenderemos o fenômenos, nos afetaremos com eles;

atuaremos à partir do que se mostra quer seja dentro ou fora da clínica. Porém, escolhas são realizadas em algum modo de estar com ou em algum estado de consciência. Posso fazer uma escolha lúcida e congruente com o que me faz sentido, em um dado momento, ou posso escolher de forma alienada, apenas repetindo as escolhas que se costuma fazer, ora intencionando uma suposta segurança, em outra, uma perigosa tranquilidade.

Quando alguém entra em contato com uma pessoa, sempre o faz com uma pessoa por inteiro, não a vemos por dentro e só num segundo momento, que as possíveis compartimentalizações, que apenas eclipsam a totalidade das possibilidades de ser-no-mundo, se fazem presentes. Toda consciência se apresenta, enquanto objeto, para outra consciência, pois é em sua opacidade que é captada, e por ser opaco e não translúcido, que não podemos estar dentro da subjetividade do outro. Podemos até captar a tristeza na totalidade daquilo que se manifesta, nas palavras, gestos, expressões, secreções corporais como a lágrima; só não temos como aferir se o outro vivencia a sua tristeza do mesmo modo que eu vivo ou vivi outrora. Posso me aproximar de alguém de maneira interessada, me aproximar e, até quem sabe, por algum aspecto da minha presença interessada, favorecer alguma mudança, mas para isso a pessoa tem que querer mudar, tem que me validar, enquanto um outro confiável, permitir que eu me aproxime. Mas, continuando o raciocínio, se esta suposta pessoa for captada em sua totalidade, isso só quer dizer que, dadas as circunstancias que apareceu determinado fenômeno, no caso a tristeza, mais as que favoreceram que foi percebida por mim de determinada forma e não de outra, enquanto tristeza e não exibicionismo, por exemplo, é que me faz possível compreender uma pessoa em sofrimento. Me refiro a um encontro entre uma consciência que já viveu na carne a tristeza e outra que parece sofrer de modo similar, existe sempre um determinado modo de sofrer a tristeza, de modo que cabe partir da vivência de uma tristeza, para falar da tristeza e não de conceitos estanques. Logo, não podemos afirmar que compreendemos a experiência do outro, pois o modo como vivenciamos a tristeza, a raiva, o orgulho, o medo, a culpa e muitas outras emoções e paixões em nossa vivência pessoal pode convidar amplamente o psicoterapeuta a julgar que compreendeu o outro, porque já vivenciou ao seu modo algo similar. Na verdade, é muito importante ao psicoterapeuta permitir-se espantar-se, estar aberto a ver o novo no já habitual e corar-se com isso. (TRIPICCHIO, 2000).

A psicoterapia sob inspiração de Sartre convida o profissional a refletir sobre o ato terapêutico. Para Sartre (1996, p. 536), uma ação é em si intencional; um fumante desastrado, que por negligência fez explodir uma fábrica de pólvoras clandestina, que não deixava entrever o perigo ao jogar um fósforo para o outro lado do muro e provocar uma explosão, não agiu a rigor, pois não tinha consciência das consequências. Ele, contudo foi responsável pela explosão, ao modo do entendimento de responsabilidade de Sartre. Por isso, que, escolher é angustiante, pois o fato de eu não ter agido intencionalmente não quer dizer que eu fique isento das responsabilidades das consequências de minhas ações. Por outro lado, o motorista que dirige alcoolizado, sabedor dos riscos de sua ação, se o faz, escolheu transgredir, logo, agiu intencionalmente e caso provoque danos a ele próprio ou a terceiros, sua responsabilidade será maior pelo seu ato, do que no primeiro caso.

Uma psicoterapia inspirada por Sartre é um processo individual de restabelecimento da responsabilidade pelas escolhas assumidas na vida, escolhas assumidas para si e, por extensão, visto que ser é ser-com, compromissos que temos para com o outro; mais ainda, com o mundo. Mundo que é filho nosso, criação de um ser que significa e faz de coisas soltas e desconectadas que estão aí imutáveis e compactas em um mundo próprio de relações e sentidos, mundo que é, por outro lado, pai/mãe, enquanto aquilo que possibilita o ser manifestar-se, lugar onde o existente pode manifestar-se e criar mundos próprios.

## Possibilidades de um olhar clínico pautado na obra de Sartre

### A Psicanálise existencial e o projeto de ser

A clinica inspirada em Sartre pode ser pensada através de um trecho do livro o Ser e o Nada, quando ele fala da psicanálise existencial, diferenciando a sua abordagem da abordagem psicanalítica freudiana. Sartre (1997, p. 703), diz que:

> As condutas estudadas por essa psicanálise não serão somente os sonhos, os atos falhos, as obsessões e as neuroses, mas também, e, sobretudo, os pensamentos despertos, os atos realizados e adaptados, o estilo, etc. Esta psicanálise ainda não encontrou o seu Freud; quando muito, pode-se encontrar seus prenúncios em certas biografias.

Nesse ponto, pode-se entender que a tarefa da psicanálise existencial não é buscar o escondido, como se a verdade se ocultasse do psicoterapeuta e a sua função fosse similar a de um detetive ou arqueólogo. Não se justifica privilegiar algumas manifestações humanas como o sonho e o ato falho, por exemplo, em detrimento de outras tantas, já que todas as manifestações humanas revelam a mesma escolha fundamental. A isso Sartre chamou de projeto, um apontamento para o futuro em uma intenção que se faz presença no mundo à partir do presente, engloba outras escolhas feitas no passado e dá sentido momentâneo ao absurdo, que é olhar de perto a dimensão presente nas coisas que aí estão, responsabilizar-se por aquilo que escolheu, se encarregar não por mera obediência a uma ordem racional dada a si mesmo, para programar a efetivação de coisas no futuro. O projeto sartriano está implícito em nossas escolhas, mas não inconsciente, nem é algo que nos determina; podemos ter vários projetos e desistir de muitos deles. Schneider (2011, p. 233), a esse respeito, coloca que:

> O objetivo da psicanálise sartriana é decifrar o nexo existente entre os diversos comportamentos, gostos, gestos, emoções, raciocínios do sujeito concreto, ao extrair o significado que salta de cada um desses aspectos em direção a um fim. Isto quer dizer que a psicanálise existencial deve decifrar o projeto de ser de cada indivíduo estudado, pois é ele que define o que são e para onde se encaminham os diferentes movimentos de uma pessoa no mundo...

Podemos, então, entender o projeto como aquilo que o homem faz com aquilo que foi feito dele, visto que sua existência está sempre em devir, a vida se dá num sempre adiante, sem saber as situações que virão ao nosso encontro. Schneider (2011, p. 95) coloca que "quando eu faço minhas escolhas à luz de meu projeto, não escolho só para mim, mas também para os outros". O projeto é a expressão do ser em sua totalidade, ou seja, uma unificação entre passado e presente, e entre corpo e consciência, expressos em atos, gestos ou palavras. O projeto não é da ordem da individualidade, da subjetividade pura e simples, ele é a consciência da responsabilidade que ponteia as escolhas que se faz para si e os compromissos e lutas, que se assume para o mundo.

Existe uma intenção presente em cada escolha que fazemos, que se mostra, de uma maneira manifesta nos atos e não escondida, talvez ela seja difícil de ser vista em função dos vícios perceptivos, que adquirimos no transcorrer da vida; o que está na cara é muitas vezes aquilo que é mais difícil de ser enxergado, mas, não é porque o óbvio quase sempre passa sem ser percebido que ele é inconsciente, o projeto está estampado num ato e na forma como esse ato se relaciona com outros atos, seguindo uma direção, seguindo a uma finalidade. Sartre (1997, p. 540):

> ...Toda ação deve ser intencional: com efeito, deve ter um fim, por sua vez, refere-se a um motivo. Tal é, com efeito, deve ter um fim, e o fim deve ter um motivo, tal é, com efeito, a unidade dos três êxtases temporais: o fim, ou, temporalização de meu futuro implica um motivo, ou seja, remete ao meu passado, e o presente é o surgimento do ato... Para ser motivo, com efeito, o motivo deve ser experimentado como tal.

Portanto, para Sartre, nós somos o que fazemos e não aquilo que achamos, deduzimos, ou idealizamos ser; é a partir dos nossos feitos que o outro nos enxerga, significa e nos coloca em um lugar. Agir é estar consciente, e ter consciência é ter uma intenção, somos convidados e – por vezes – convocados a agir, e, isso se dá de uma maneira perpétua no tempo, pois mesmo se não agirmos, continuamos responsáveis pelas consequências da nossa não ação.

A ação não é justificada dependendo do suposto sucesso ou do fracasso previsto na empreitada; tudo pode terminar em nada sempre, e, isso é um aspecto contingente da vida. Dessa forma, justificar-se dizendo que as chances de êxito eram deveras pequenas e que, por isso, não fez nada, é, muitas vezes, uma fuga à responsabilidade, uma desistência de continuar lutando por algo que faz sentido, por aquilo que se tornou cônscio e, portanto, responsável, utilizando para isso de argumentos racionalizados para nada fazer, minimizando o mal-estar que sente com a omissão. É o que Sartre chamou de má-fé, que, em uma compreensão rasa, seria mentir para si mesmo, mas, não é possível se enganar sem o conhecimento de que está se enganando, já estar posto, previamente. Não é possível, por extensão, escapar da angústia ante as indeterminações e à finitude. Cabe, muito mais, conhecer e bem conviver nestas condições intrínsecas, a todo existente, lutar e persistir criando e seguindo boas razões, para continuar, do que tremer, retirar-se da luta, ou esperar que os sentidos de vida caiam todos prontos no colo ou ao modo da incorporação.

Para ilustrar, rapidamente, a má-fé, convido o leitor a relembrar das vezes em que, quando, diante de um convite inoportuno, disse que não poderia ou não pôde comparecer, quando na verdade, não quis, em hipótese nenhuma, estar no evento; quantas dessas vezes se aquietou, quando acreditou nas próprias mentiras e tratou-as tal qual verdade, e o fez não só para o outro não se chatear, escolhendo mentir conscientemente, para evitar dissabores ou proporcionar agrados falsos.

Mas, se a desculpa inventada, para não comparecer, fosse apenas uma mentira, simplesmente, seria apenas um modo de usar da liberdade de não dizer a verdade, uma estratégia de sobrevivência, no caso de cunho social. Porém, com o termo má-fé, Sartre está se referindo a um modo possível de estar consigo, ou seja, se esforçando para acreditar ser o que não se é. Em outros momentos, no decorrer do capítulo, será discutido o tema da má-fé; por hora, é importante salientar que a ação é sempre uma escolha ante a consciência de sua presença em uma, e a escolha implica uma responsabilidade total por ela (1). A condição primordial da ação é a liberdade.

E, justamente, porque implica a liberdade, é que não implica na existência de uma *necessidade* de se fazer uma coisa ou outra e, sim, em assumir a escolha que fez, sem lamentações e vitimizações, encontrando uma possibilidade de outra construção, a partir do que é possível em uma situação, e de vinculá-la às suas responsabilidades para consigo, para com o outro, para com o social, para com o político, para com o ambiental.

Acredito, que seja essa uma das maiores contribuições do pensamento sartriano, para a prática de um psicoterapeuta: o processo psicoterápico não acaba, quando as demandas estão supostamente resolvidas, superadas e o sofrimento não assola mais um indivíduo. É importante que outras dimensões de existência (a política e o compromisso com o outro) sejam abertas, para que a pessoa se situe na vida em relação ao seu projeto, que, nunca se esgota em algo da ordem do particular. Ser é ser-com, ser responsável por si é ser responsável pelo mundo; ninguém realiza e nem se realiza, nem chega a se conhecer sem o outro.

Uma psicoterapia, que entenda como terminada as suas possibilidades com a resolução de problemas, da ordem puramente da privaticidade e da satisfação das demandas individuais, sem possibilitar que desta resolução individual surja um modo de comprometer-se com o mundo, acaba como começou, de mãos dados com o individualismo. Recentemente, em um grupo de psicoterapia, pude presenciar a indignação de todos os integrantes do grupo com a dor expressa por um integrante, que verbalizava a sua preocupação e tristeza com o que acreditava ser injustiça social e com a crise política, que no momento estava deflagrada. O entendimento da maioria do grupo foi que não era espaço para fazer política; fruto desse entendimento, um sentimento de indignação tomou conta ou seja, houve uma dificuldade em legitimar um sofrimento pessoal, que não tinha como causa as tramas da existência individual, envoltas em sua cotidianidade e familiaridade convencionais. O espaço da psicoterapia, naquele momento, estava sendo compreendido como o espaço de exposição das questões individuais da ordem da intimidade, somente. Não estou dizendo, que não seja, mas, sim, apontando a necessidade de lembrar que, o engajamento às causas sociais, são tão promotores de preocupação e dor quanto são, também, meios de sairmos do atoleiro, que é fixar-se, por muito tempo, em si mesmo. Engajamento não é apenas um compromisso com o outro e com o mundo, mas uma forma de deixarmos de nos preocupar em demasia, com questões individuais.

Os compromissos, que temos e que são extrínsecos aos nossos valores privados, muitas vezes, nos retiram do adoecimento, por excesso de si. Através da falta de ligações com o outro podemos perder o interesse e, não raro, o traquejo em colocar ao mundo as opiniões e sair, assim, da órbita do si mesmo. Acredito, que muitas formas de sofrimento e adoecimento humano têm, no seu âmago, a ruptura do sentimento de participação com o todo e o mergulho de cabeça na individualidade, mínimas coisas assumem, não raro, uma importância descomunal, quando uma pessoa em si assim se encontra.

Segundo Cox (2012, p. 112), "Uma das principais tarefas do terapeuta existencial é convencer o cliente que ele é livre e, portanto, capaz de auto aperfeiçoamento". Creio que a questão principal em um processo psicoterápico não é bem o convencimento; o terapeuta vai, no decorrer do tempo, apontando os momentos em que surge a má-fé no horizonte do diálogo terapêutico. Vai mostrando outras possibilidades não vistas ainda, por quem vive de dentro determinada situação conflituosa, mas que, por vezes, aparece como evidente ao outro que, por enxergar sob outra perspectiva, traz à luz outras faces, que podem ampliar as possibilidades de escolha de uma pessoa, torná-la mais livre, portanto.

A intenção subjacente, em uma terapia inspirada por Sartre, é que a pessoa assuma a sua vida; em outras palavras, se responsabilize por aquilo que se mostra importante, mesmo que seja a consciência da responsabilidade que lhe cabe pelo seu sofrimento. Isso leva à angústia, certamente, porém é na angústia que crescemos, ousamos, mudamos, quer seja essa mudança no plano das ações ou dos significados atribuídos a si ou ao mundo.

Quanto mais conscientes estivermos, maiores serão as nossas responsabilidades, pois, aquilo que se mostra, se mostra aí, e a abertura que esse aí representa é maior, na medida em que temos mais possibilidades de escolher. Quando uma pessoa só tem uma escolha, não podemos falar que ela está livre. Não se trata de convencer e, portanto, influenciar o paciente a fazer nenhuma escolha e, sim, possibilitar que ele perceba uma situação com maior amplitude, profundidade, que consiga perceber outras possibilidades no mundo e no modo como está atribuindo significado às coisas, à vida, a si, ao outro. A psicoterapia, como diz Sartre: "coloca o paciente diante de uma abertura de possibilidades de escolha; não dá a certeza do êxito, favorece a conscientização da angústia e, nela, o vislumbre de outros horizontes possíveis". (SARTRE, 1997, p. 536).

Sartre (1997, p. 702) coloca que a psicanálise existencial "(...) é um método capaz, com uma forma rigorosamente objetiva, de elucidar a escolha subjetiva pela qual cada pessoa se faz pessoa (...)": seu projeto existencial. Cabe ao terapeuta conversar, em uma relação humana e horizontal (de pessoa para pessoa), sobre os sentidos ou não sentidos das ações ou omissões escolhidas, em articulação com aquilo que a pessoa, que procura ajuda quer tornar-se, ou ainda, o rumo que as escolhas tomadas estão dando à biografia pessoal, e o grau de consciência que se têm dos atos e de como estes participam da pessoa, que está em construção.

Para que o projeto seja significativo, o projeto deve participar de suas escolhas, mas sem determiná-las (MÉSZÁROS, 2012, p.154). O projeto está contido no ato, mas, o ato não é função do projeto; não se trata de planificação determinista da existência e sim da consciência da cara que o autor está dando à sua obra, que é ele mesmo. Percebemos isso, a partir do vislumbre das intenções contidas nos atos que fazem existir, mesmo que, ao modo do inacabado, a obra sempre em curso, que é cada existente, no acontecendo de sua vida cotidiana.

Sabemos com Brentano que não existe ato de consciência não intencional, e, às vezes, até naquilo que se apresenta como algo da ordem do real, do já dado, carece dessa objetividade, quando entendido a partir da intencionalidade. Como exemplo, podemos fazer alusão ao passado, como algo que de fato já foi, mas, o fato de fazer parte, enquanto facticidade do meu ser-no-mundo. Ter um passado não é o mesmo que dizer que o passado determina quem sou, a partir de um quem fui, e nem tampouco que eu determino o passado que tive. No máximo, eu posso contar sobre o meu passado a partir dos fragmentos que são aglutinados de tal forma, que passam a ter uma aparência; em outras palavras, no ato de lembrar, estou fazendo uma versão acerca do passado. Escolhemos o passado que acreditamos que é o nosso, ao modo da não escolha e manifestamos este passado, através da nossa escolha, se faz presente, no tom que damos, quando contamos o passado que tivemos. É fato que nem tudo conseguimos lembrar, porque de tantas ocorrências vividas e, portanto, dadas a serem rememoradas, exatamente estas e não outras lembranças vieram à tona em um dado momento, para compor aquilo que eu bem poderia chamar de minha história de vida? Ás vezes, existe escolha, onde parece haver pura facticidade. O nosso passado, enquanto já dado no real, é facticidade, já o passado contado é escolha de elencar alguns fatos e ocultar do outro ou de si mesmo, outros, seguindo a uma intenção.

É que, no ato de rememorar, fazemos uma versão, no fundo uma escolha em dar mais importância a determinados eventos, do que a outros; só que, como dito, essa versão segue uma intenção. Quem conta do passado faz uma espécie de edição daquilo que foi tecido pelos fios da palavra, seguindo as intenções de ser ou parecer ser, seja para si ou para outrem, o que não é. Não é por que nunca foi, ou porque já foi, mas não é mais; às vezes, não é porque foi em parte. Sempre existe um para quê, naquilo que vêm à consciência. Com tais considerações, não se retira a importância do passado no âmbito do tratamento psicoterápico, mas, oferecendo uma perspectiva na busca pela compreensão daquilo que é dito sobre o passado, se busca muito menos um para onde se destina tais palavras, do que de onde vieram (a causa).

O passado, na forma de uma biografia, é reconstruído junto com o paciente, de forma a singularizá-lo, em vez de classificá-lo; em outras palavras, descobrir a escolha fundamental de si mesmo. Cada escolha fundamental é única, constituindo-se a base para escolhas subsequentes, e o único acesso a ela é a exploração detalhada da história pessoal (Cox, 2012).

## As escolhas, a liberdade e a angústia

Nesse momento, cabe esclarecer o que Sartre entende por escolha. Para isso, irei discorrerei acerca da liberdade e suas implicações. A liberdade para Sartre não é a liberdade defendida pelo pensamento liberal, que diz que a liberdade individual termina, quando começa a liberdade do outro. Nesse modelo, a liberdade seria representada como se fossem lotes de terreno, onde o meu vizinho não poderia construir no meu espaço, simplesmente por que seria meu e vice-versa, pautada no direito da posse e no respeito às fronteiras delimitadoras. A tal ideia se objeta, ressaltando que liberdade não é posse, não posso agora tê-la ou não tê-la, nós somos livres, mesmo quando a escolha for deixar-se escravizar pelo outro, visto que essa alternativa já é uma escolha.

Estando conscientes, somos em liberdade; a liberdade é a essência do ser humano, e dizer isso é afirmar que o ser humano não tem essência fixa alguma; constrói essências a cada situação e é essencializado pelo outro, ora pelo habito preconceituoso de avaliar uma pessoa por um comportamento isolado, em detrimento do todo, e outra, por que, muitas vezes, engessamo-nos num mesmo modo de ser que, para quem acompanha a pessoa por um tempo, parecerá fixo, imutável, e sendo assim, pode ser levado a acreditar que existe a essência de uma pessoa, um modo único e engessado de ser determinado de fora (Cox, 2007). A relação que mantemos com o outro não têm limites tão especificados quanto um lote de terreno; olhando de perto, existe muito da presença do outro nos nossos gostos pessoais, nas nossas evitações, no autoconceito, no modo como falamos, enfim, em nosso modo natural de ser e agir. Aliás, agir é interagir (com as pessoas e com o mundo).

A liberdade também não pode ser entendida como o mero fazer o que se quer, visto que, se assim fosse, nos converteríamos em escravos do nosso querer, como coloca a ética Kantiana. É tema bem discutido tanto na filosofia, quanto na teologia e na psicologia acerca dos males e sofrimentos provocados pelas paixões. O que é problematizado aqui é a atitude de tratar falsas contingencias como determinantes de um comportamento.

Dentro de uma perspectiva sartriana, quando agimos de má-fé, fugimos à responsabilidade e atribuímos a causa de um ato a um ente externo à vontade. Se digo que fiz o que fiz, porque estava dominado por uma paixão, por exemplo, estou recaindo em uma fuga à minha responsabilidade pelo ato porque, no fundo, a paixão é uma afetação pessoal, é si mesmo, num modo de ser apaixonado. No caso da má fé, retirando de si a responsabilidade de si, como se nada tivesse a ver consigo e sim com o advento da tal paixão. Trata da paixão como algo que é exterior a ele e não outro estado de consciência, que favorece entender e sentir o mundo.

Somos responsáveis pelos nossos vícios e paixões. Mais ainda, nós os somos no mesmo interim que os criamos, e os criamos, na medida em que permitimo-nos deixar ser e perpetuar por um tempo em uma flutuação do estado de humor e na nossa vontade e propósitos para o futuro, para entregar-nos a algo que nos aparece de modo incisivo e que nos convida, amplamente, a fazer determinado tipo de contato: raivoso, hesitante, amoroso, preguiçoso, enfim, fazemos parte da paixão que nos move na medida em que nos permitimos mover-nos a partir delas.

Porém, na contramão deste entendimento, frequentemente ouve-se dizer que nossos vícios e paixões nos comandam, o que seria um equívoco. Podemos aprender a ser no e com o medo, ou, ainda, ir apesar do medo, ousar, tais atitudes são diferentes de meramente estudar técnicas para extirpar o medo visto que, mais importante do que uma vida sem medo é uma vida onde podemos afrontá-los.

Portanto, não se trata apenas de extirpar por exemplo, o medo, apenas porque nele existe uma boa dose de sofrimento e não se deseja sofrer em demasia. Podemos pensar também que é na possibilidade de se conduzir com coragem, com bravura, até um tanto de heroísmo, para enfrentar o que vêm desse encontro e, no encontro com o medo, através da percepção da possibilidade de passagem por e apesar dele, crescer enquanto pessoa, fortalecer-se.

Podemos até extirpar um medo sentido, em um dado contexto da vida, mas não nos livramos dele e de seu correlato ontológico, a angústia, no transcorrer da existência, pois não sabemos onde as ações vão dar e nem quanto vamos durar, porque não depende só da nossa vontade e sabemos isso queiramos ou não, contamos com o outro e o outro é um enigma que nunca será desvendado.

Cabe ao terapeuta propor alternativas, não só para enfrentar o medo, mas, para favorecer que se possa, na emergência de um sentido amplo, que se assuma o risco de tentar, de colocar o coração em ação, na coragem de lançar-se rumo a um além. Para Sartre, lançar-se é escolher cair de um ou do outro lado do muro.

O existencialismo não prioriza a razão, e nem tampouco a descarta, podemos agir guiados pela lógica e/ou pela paixão. É uma possibilidade aberta pela situação e assumida pela escolha. A dor, a necessidade, a paixão e o sofrimento dos homens são realidades brutas que não podem ser superadas nem modificadas pelo saber. Conduzir-se de uma maneira apaixonada, às vezes, é certamente mais libertário do que conduzir-se de uma maneira racional sempre; liberdade é paixão e paixão é liberdade. As coisas que nunca mudam tendem a estagnar e muitas formas de adoecer são privações da liberdade na existência (Sartre, 1973).

O modo racional de ser muitas vezes enclausura a experiência em um conceito fixo e estático. Só que ousar é correr riscos e provavelmente ficar angustiado com isso. Por isso, que, continuar parado no terreno já conhecido é uma tentação. Dizer para um homem que ele é alguma coisa, é igual a dizer que ele pode alguma coisa e, se pode, em algum momento, essa consciência vai assumir conotações de um dever (Mészáros, p. 310). Seja de um dever ser, ou de um dever continuar não sendo, o fato é que a nomeação abre um universo de possibilidades de ser, e, sendo assim, fazendo ou não fazendo aquilo que se abriu, enquanto possibilidade desejada, a angústia estará presente em cada momento de ação ou não ação, entre o risco do insucesso e a culpa existencial de não ter tentado. Movimentamo-nos na existência sempre adiante, a partir de um estado de angústia, ante à constatação de que nada garante, nada na hora da escolha.

A liberdade para Sartre está expressa na possibilidade sempre presente de fazer algo com aquilo que fizeram de nós, mesmo que existam fatores potencialmente condicionantes de nosso comportamento como as relações de produção, os valores morais subjacentes, o passado histórico que nos convida agir de determinada forma já usual e repetitiva; não estamos presos a nada disso, permanecemos onde estamos ou ousamos ir além por decisão. É pela ação (muitas vezes pequena) que podemos transcender aos condicionamentos, aceitando ou não o convite à inautenticidade, pois, quem não reflete sobre a própria existência, frequentemente atua na inautenticidade sem perceber. Constantemente, somos convocados a tomar partido entre duas coisas: ser obediente, ou lutar; negar ou afirmar, enfim, tomar uma posição a respeito.

## Facticidade e o lugar do outro

Sartre coloca, em contraposição à tradição metafísica ocidental, que a existência precede a essência, ou seja, que não somos determinados a nada, o que não significa que podemos tudo, pois existimos num lugar já dado, num tempo – momento histórico – que não escolhemos, convivemos com pessoas que são tão opacas para nós como nós somos para elas por serem tão livres quanto nós; são facticidades, e, elas constituem um delineamento, um já dado a partir de onde a liberdade é possível.

Algumas destas facticidades são apenas dadas a ser transcendidas via imaginação; por exemplo, posso amenizar o tédio e a espera angustiante, caso eu esteja recuperando-me de uma cirurgia, corporalmente circunscrito ao limitado espaço de uma cama em uma internação hospitalar, apenas imaginando algo melhor e maior. Posso, portanto, romper os limites espaço-temporais através da imaginação.

A imaginação é um modo de ser da consciência, uma possibilidade de transcendência de espaço e tempo, que torna o longe presente, bem como possibilita o ausente também. Por isso pode ser um modo de ser na espera, tal qual um passatempo, mas, sucumbe nela os que sentem em todas as pessoas e lugares, potenciais malfeitores prontos para enganar ou mesmo destruir, os que vivem num mundo sem coincidências, ocupando nele o seu ponto central, sendo chamadas, taxativamente, por quem está fora desse mundo de alienados ou delirantes. Eles vivem a vida dentro de um modo de ser que implica perceber, entender e afetar-se de uma maneira peculiar, habitar o espaço e o tempo de uma maneira distinta se comparada ao usual (também chamado normal) em uma coletividade humana, são, justamente por esse modo de ser descolado da intersubjetividade, compreendidos em sua negatividade. É por esse viés que a psiquiatria tradicional entende a doença mental, a partir do grau de afastamento em relação a uma norma socialmente aceita e pelo quantum de sofrimento que o indivíduo ou a sociedade está passando, pela existência e persistência de determinado sintoma.

Ás vezes, se medica para que uma pessoa pare de sofrer, outras para que setores da sociedade, incluindo aí a família, não sofram mais, muito embora o medicado é sempre um corpo, uma pessoa. Há modos de ser saudáveis, patológicos, gentis, rudes, animados, não importa ao terapeuta o que se é, tal modo de ser, não se busca um em quê consiste e sim debruçar-se sobre a pessoa viva que está aí, a experiência em curso de uma pessoa a partir dela.

O existente existe em um modo de ser próprio, o que nos interessa dentro de uma compreensão fenomenológica é entender a partir da manifestação a subjetividade de uma pessoa, interessa saber como ela vive, como estabelece seus vínculos consigo, com o mundo e com as pessoas à sua volta, como supera seus limites ou como pode superá-los ou adaptá-los a uma vida mais plena de sentidos. Uma pessoa, por exemplo, pode não ser livre para deixar de ouvir vozes de comando, ordenando para que realize atos ilícitos, mas, pode, fruto de um trabalho de ressignificação e reinserção daquilo que surge à consciência aleatoriamente, num plano de significados maior, por exemplo, não atuar seguindo às vozes, buscar por ajuda, criar arte a parir delas.

A facticidade nos coloca a partir de onde, ou ainda, sob que condição iremos escolher? Mas ela não determina quem alguém é, pois um brasileiro pode, por exemplo, mudar de país, mas levará sua brasilidade consigo e, no olhar que o outro lhe lançará, assim como no olhar que lançará sobre o outro, estará a insígnia do seu pertencimento a outro lugar que não aquele, o que provavelmente fará do seu desejo de ser de outro lugar e sua ação de mudar-se para o lugar pretendido insuficientes para que tal se realize. No máximo seria alguém pensando ou querendo ser o que ninguém de lá considera que é.

Aquilo que somos é função da maneira e do lugar que o outro nos dá; se mantenho uma opinião a meu respeito de ser uma boa pessoa, porém todos à minha volta me consideram um crápula, então se mostra importante a reflexão acerca de como ando me mostrando para as pessoas, para elas me taxarem de tal forma, ou ainda, o que elas estão entendendo por crápula e em cima de que ações que executo, que elas me nomearam assim.

Assim, quando uma pessoa desconsiderar tal olhar do outro, que sempre nos coloca em algum lugar e quase sempre revela algo sobre nós, estará vivendo uma espécie de ilusão, pois, vê em si o que ninguém mais vê; ela só será algo no mundo, compartilhado quando o outro assim veracizar. Por outro lado, o modo como sou percebido, lança pistas sobre quem estou sendo no mundo, coisa que muitas vezes a autorreflexão solipsista jamais revelaria. Claro que, entre o que faço e o que fazem de mim, pode existir o preconceito e, nesse caso, não são minhas ações que geram as impressões e nomeações e sim o engessamento do pensamento humano, ao crer em uma verdade que, independente dos fatos, continua impondo ao outro uma insígnia, através de algum julgamento.

Mas, prosseguindo no exemplo, se passado alguns anos, morando no tal lugar, a minha vinculação com as pessoas e meu engajamento com questões locais podem criar raízes mais profundas, de modo que as pessoas da comunidade já não tenham na minha origem brasileira algo que me diferencia deles, então, a questão do pertencimento modificará consideravelmente. Terei transcendido então, não a minha brasilidade visto que, muito do que vi e aprendi no Brasil, fará parte do modo como continuarei percebendo o mundo, mas transcenderei o meu "ser estrangeiro para eles", além de outras barreiras como a língua, os costumes, o modo de ser e pensar. Passarei a ser um deles, mas, em outro plano de realidade, não sou um deles.

Viver é transcender o agora, rumo àquilo que intenciona, mas sem prescindir do que foi nem do sentido que orienta cada passo. O passado e o futuro se fazem presentes em gestos, palavras, entonações, reações corporais, etc. Apontam para o(s) lugar(es) que uma pessoa ocupa no seu mundo, o lugar que ocupa no mundo do outro, o lugar que o outro lhe dá no mundo compartilhado em que vive, e a respectiva intenção que o move a ocupar determinado lugar.

Transcender envolve o vislumbre emocionado de um para quê seguir adiante, e aguentar a angústia do caráter contingente da vida e a inquietação e o tédio inevitáveis, enquanto se espera que algo aconteça ou que algo cesse de acontecer.

A liberdade está intimamente relacionada com a presença/instância do outro, em uma dimensão ontológica na vida humana. Houve transcendência, quando o hipotético habitante de outra nacionalidade parou de me ver como um estrangeiro e passou a me tratar como um deles. Mas, mesmo com essa validação, não eliminou o fato de que existe um já dado, no meu estar aí: o país que nasci, a família, os valores culturais recebidos na infância, na terra natal, enfim, a raiz pode ser que seja sempre a mesma, mas o aroma e o aspecto dos frutos que escolhemos nos dar e ofertar, é de nossa inteira responsabilidade.

O que eu fui e fiz nunca estarão ausentes da minha biografia, pois fizeram parte e fazem parte, ao mesmo tempo de quem eu sou, mesmo que, ao modo do já transcendido o que fui. Assumindo um novo modo de ser, o meu percurso até aqui se faz visível, através das escolhas que fiz e me possibilitaram ser aquele que me faço hoje. Elas não me determinam nem me destinam a nada: sou livre, perpetuamente construtor e desconstrutor de mim mesmo, sempre sob o olhar do outro, que, às vezes, inferniza ou nos lança ao paraíso.

O outro, enquanto facticidade, está presente, por exemplo, no senso de beleza ou de feiura, que só me chega através do outro, e não do espelho. Ninguém se sente feio ou bonito sem o balizamento do outro, na sua historicidade, mas fazer disso comportamento de arrogância e de superioridade ou de inferioridade e passividade, ante ao rotulo colocado, é uma opção, um posicionamento pessoal. Não estamos fadados a nada, porque não temos essência, nossa essência é o nada. Como diz Sartre (1997, p. 290): "(...) o outro é mediador indispensável entre mim e mim mesmo (...)".

## A personalidade enquanto negação da liberdade

Como dito, o ser humano tem, na liberdade, sua condição e sua distinção em relação aos outros entes. A consciência que temos de existir nos faz livres, para transformar instinto em obra de arte, de criar instrumentos, para possibilitar que habitemos territórios inóspitos como o deserto ou as regiões polares. O homem transcende a natureza, não deixando de ser parte integrante dela.

Porém, esta liberdade assusta, pois ela não traz consigo nada para ancorar. Esse sentimento de ter a vida nas próprias mãos, e não saber ao certo o que fazer com ela, pode ser bastante angustiante. Na tentativa de fugir de tal sentimento, não raro criamos sustentáculos para nossa incerteza, e eles podem vir na forma de tentativas de acreditar, que não somos responsáveis pelas escolhas que fazemos, que outros entes são responsáveis pelo ser que me faço. Na verdade, ocorre frequentemente uma tentativa de acreditar, que se nasceu pré-determinado a ser de determinada forma, seja por uma entidade transcendente superior, seja pela genética, pelo cérebro, pelo trauma sofrido no passado, em todo caso, crer-se determinado faz diminuir a consciência e o sofrimento da angústia. Novamente, chegamos ao mesmo ponto, somos nós que escolhemos, o que fazer com aquilo que foi feito de nós.

Sartre, no decorrer de suas obras, mostra como o ser-para-si, frequentemente, faz tudo para tornar-se um em-si. Tornar-se um em-si, é fugir da liberdade alojando-se num conceito fixo, numa tentativa de explicação para os próprios comportamentos, é uma maneira de buscar a verdade absoluta fora do universo das escolhas em um já dado, alcançando com isso o engessamento das possibilidades de tornar-se dentro de uma situação.

Dessa forma, quem faz uma questão acerca do seu verdadeiro eu, por exemplo, está acreditando ou buscando acreditar, que existe uma essência pronta. Busca a si como se fosse possível inquerir-se sobre a realidade do seu ser de fora do ser, mas, nós somos quem somos sempre: enquanto houver consciência haverá quem pergunta sobre si. Posso, nesse caso da busca de outro modo de ser, que não o que está sendo, no momento, até me atentar acerca de uma necessidade de mudança de hábitos, de comportamentos, de ideais, mas sempre o farei a partir daquele, que estou sendo agora.

Logo, não é porque até, então, em minha história, eu me comportei de uma determinada maneira, que faz parte da minha essência ser assim sempre. Faz parte da minha escolha continuar persistindo ou ousar mudar, olhar aquilo que chega à consciência, dando outros significados, ou continuar encontrando-me com os mesmos pensamentos, sentimentos, lembranças, da mesma maneira, por toda a vida.

Uma caneta passa toda a existência sendo caneta, pode ser usada para vários outros fins, mas não determinará o que será dela, pois, nem ela é algo para ela mesma. Uma pessoa pode passar toda a sua existência sem modificar-se e, mesmo assim, não pode ser essencializada, visto que, sempre ela será a perpétua possibilidade de ser diferente, pois somos livres, façamos o que fizer de nossa liberdade. Livres como dito, inclusive, para permanecer sempre os mesmos, mas, assim procedendo, seremos cada vez mais previsíveis, pois repetiremos, sem cessar, aquilo que pode ser compreendido e nomeado pela consciência que assiste a tais repetições como personalidade, caráter, estrutura, tipo, enfim, quanto mais estático o modo de ser no mundo, mais dado a ser agrupado em grupos e padronizado estará.

Aquilo que chamamos de personalidade é, dentro dessa perspectiva, a máscara que escolhemos usar e não mais tirar, que engessa o ser em uma mesma fisionomia. Portanto a personalidade estudada pela psicologia não é considerada dentro de um entendimento da obra sartriana, enquanto inata, a personalidade é a repetição recorrente da escolha de continuar atrelado aos mesmos vícios, às mesmas paixões, ao mesmo. Não somos fadados à imprevisibilidade, mas, podemos nos tornar previsíveis como uma caneta.

## Consciência em Sartre

A consciência não tem dentro e nem fora; ela é para além de si mesma, portanto, podemos dizer que a consciência é uma relação. Já os seres em-si, as coisas sem consciência de si, são completos, densos, imanentes à natureza, pois não falta nada para ser o que são, eles não têm descontentamentos nem revoltas.

Se toda consciência é consciência de alguma coisa, então a consciência precisa do mundo, para ser consciência, e o mundo precisa da consciência, para ser mundo, as coisas são que preexistem e subsistem a ela.

Logo, a consciência já nasce amparada por um ente que não é ela mesma (MORRIS, 2009, p. 91). De fato ela não é nada em si mesmo. Cox (2012, p. 25), a esse respeito, coloca que:

> Ao tentar compreender a tese de que a consciência não é nada, ou um não ser, deve-se começar por aceirar que nem tudo o que faz parte desse nosso universo é feita de matéria, de átomos ou seja lá do que, as coisas materiais são feitas. Por exemplo, o tempo é uma coisa?(...) O mesmo se pode dizer a respeito do que comumente se chama de estados da mente, como crença, expectativa e ansiedade (...).

A consciência se relaciona com o mundo, questionando. Os fenômenos não são fundamentados no ser e, sim, no não ser: sei que eu sou quem sou, por saber que não sou você ou ele. É fundada na negação de tudo aquilo que deixa de ser, para que algo possa ser: se estou aqui, escrevendo, nesse momento, não estou em inúmeros outros lugares que eu poderia estar. Por isso que cada escolhido é bem menor do que as possibilidades que deixou para traz.

Na apreensão do fenômeno, interpretamos, e, na interpretação feita em situação, nossas esperanças, desejos, expectativas e intenções estarão presentes, sempre. Porém, são impossíveis de existirem no momento presente, por dizerem respeito ao futuro e o futuro não ser ainda. Se o futuro ainda não é, então, aqui estou eu sendo o meu futuro, ao modo do não ser. Por exemplo, qualquer expectativa ou desejo é uma presença de algo que está ausente agora, porém, presente, enquanto uma possibilidade. Da mesma forma se daria se estivéssemos falando em relação ao passado: eu sou agora, enquanto lembro um acontecimento, o que não é mais, já foi. Tanto dirigindo a consciência ao passado, quanto ao futuro, ora estarei sendo uma possibilidade (futuro) e outra uma lembrança (passado. Sou, portanto, aquilo que faço agora, na perpétua articulação que existe entre a estrutura que me possibilitou fazer o que faço agora, e o sentido que me conduz a algum lugar almejado com este fazer.

O agora é o nada, que entrecruza aquilo que eu trago do passado, com as expectativas em relação ao porvir; ele é o que faz possível lembrar, desejar, sentir saudade, pois, é o lugar de encontro e manifestação. No agora me encontro com a minha situação, o que não significa que ela me determina. Sartre (1997, p. 538) a esse respeito coloca que:

> (...) não é a rigidez de uma situação ou os sofrimentos que ela impõe que constituem motivos para que se conceba outro estado de, no qual tudo sairá melhor para todos; pelo contrário, ´a partir do dia em que se pode conceber outro estado de coisas que uma luz nova ilumina nossas penúrias e sofrimentos e decidimos que são insuportáveis (...)

A consciência é transcendência, se ela se faz no mundo, é bom esclarecer que ela não tem o mundo como conteúdo. Uma árvore conscientizada não está dentro da consciência, visto que não são da mesma natureza e nem tampouco a consciência tem propriedade sobre o mundo, que, independente dela existir, continuará onde está. É certo que não será mais um mundo, pois não haverá mais consciência para nomear, e mundo só é mundo, vivido por alguém, mas persistirá uma coisa solta no meio do espaço galáctico, uma coisa que, sem consciência, não terá nenhum significado.

A consciência está sempre em direção a algo, que não si mesma. Ela, portanto, mantém uma distância de si. Ninguém é o que é; se fosse assim não haveria liberdade enquanto fundamento; para ser livre é importante poder deixar de ser.

Sentimos uma incompletude perpétua, caminhando em direção ao nada. O nada se faz presente de diversas formas; frequentemente, vive-se no agora o desejo de ser, ou de ter algo, amanhã. De voltar a viver algo, que foi vivido outrora. Em tempos de império do consumismo, de possuir bens de consumo, para driblar o vazio do momento. Incompletude de ser, de saber, de ter, de sentir, faça o que fizermos deixará de fazer sentido e deixará de valer, nadificará.

Muitas vezes, um paciente procura terapia, para restabelecer ou alcançar alguma forma de completude, e não há nada de errado em buscar isso. O problema é quando se frustra; quando a felicidade, o gozo, o momento de êxtase acabam.

Ao psicoterapeuta, cabe ficar ao lado, suportar, permanecer presente nos movimentos de nadificação comuns na vida e, portanto, comuns, dentro de todo processo psicoterápico. Um grande intuito do processo psicoterápico é fortalecer a pessoa no enfrentamento da vida e, consequentemente, no caminhar em direção ao pretendido, tendo uma visão ampla do horizonte de escolhas, que têm diante de si e do sentido íntimo que têm, cada uma delas, atualmente, em sua vida.

Vamos imaginar alguém que se afasta da vida vivida, para se fechar em alguma questão do passado ou do futuro, ante a uma intervenção. Frequentemente, não é digno de atenção só o conteúdo verbalizado, ou a uma demanda manifesta de maneira expressa no discurso do paciente. É importante prestar atenção, também, naquilo que insiste em não ser dito, as expressões corporais, como a atmosfera emocional do paciente são captadas pelo terapeuta. É fundamental estar aberto para se espantar. O terapeuta deve, então, buscar suspender o não espanto, não enquanto uma técnica, mas, sim, como uma postura ética ante ao outro. Fenômeno não é só o que a pessoa diz, é tudo o que ela manifesta, mais tudo o que posso captar daquilo que se mostra, aquilo que sempre esteve ali, mas, nunca foi visto.

Um dia, durante um atendimento clínico, uma pessoa se queixava que ninguém lhe dava atenção; contou eventos recentes em que se sentiu colocado de lado; dos assuntos atuais remeteu-se ao passado e, enquanto ele falava, eu, estranhamente, me sentia com sono e com dificuldades em prestar atenção, ao conteúdo daquilo que ele me dizia. Sua voz não alterava o timbre, enquanto falava; seu braço direito dava pequenos e repetitivos socos na mesa, que estava entre eu e ele; isso gerava um barulho, que fazia fundo para sua fala monótona.

Pensei, na hora, em contar-lhe o efeito de sua fala sobre minha capacidade de manter-me atento, mas, agindo por intuição momentânea, optei por pedir para o paciente, que interrompesse o seu dizer, e apenas continuasse o movimento corporal de dar cadenciados socos suaves na mesa. Foi convidado a efetivar o ato, conscientizando-se de tudo o que acontecia com ele, durante o experimento. Ele estranhou a proposta, porém, aceitou.

Após cinco minutos, ele deu risada e disse que parecia tambor, usado em rituais de umbanda, que logo entraríamos em transe. Pois bem, voltemos um pouco: alguém se queixando, que as pessoas não lhe dão atenção, falando para um psicoterapeuta, que, ao que tudo indica, estava se sentindo de modo semelhante às outras pessoas, que ele alegava não lhe dar atenção, que ao falar de forma lenta e cadenciada, dava socos, num ritmo e intensidade similares aos tambores usados em rituais religiosos de umbanda, e que, portanto, convidavam a uma experiência similar ao transe, se fosse um ritual religioso, ou ao sono e ao tédio, em uma relação qualquer no cotidiano.

Pouco precisou ser dito, para ele perceber, que existia participação dele no modo como as pessoas defletiam, ao falar com ele, percebeu que as colocava em transe como me colocou em sono, durante a sessão; se deu conta que repetia esse movimento em outras esferas da vida, procrastinando. Esse é um exemplo de como uma mesma questão se manifesta em várias dimensões da existência, e também, das diferentes manifestações e possibilidades de intervenção, por parte do psicoterapeuta. Ao pontear estas dimensões, não acho que tal intervenção tinha consistência para ser chamada de sartriana, mas, enfatizei, através deste exemplo, como promover a consciência dos modos, através dos quais a pessoa que se queixa, participe de sua queixa, é mostrar que outras possibilidades existem.

Consciência não é sinônimo de conhecimento, como reza toda uma tradição psicológica e filosófica. Então, tomar consciência não é a mesma coisa que aumentar o conhecimento, nem tampouco o conhecimento é uma espécie de suprassumo da consciência. O conhecimento, oriundo de uma reflexão, é apenas um modo de ser da consciência. Em outras palavras, uma possibilidade da consciência ser com as coisas, mas, existe a apreensão do mundo feito pela percepção, pela intuição e pela imaginação (SCHNEIDER, 2011, p.88).

Desta forma, é tão pertinente dizer que a ajuda num processo psicoterápico pode se dar no sentido de ampliar as possibilidades de autoconhecimento, como aumentando as possibilidades do indivíduo se conduzir na vida, reconhecendo e se guiando pela intuição, ou, ainda, de poder imaginar e se reconhecer no imaginado, de perceber-se percebendo, e, nisso, contribuir para a ampliação das possibilidades presentes no processo perceptivo.

Quando se amplia o olhar do psicoterapeuta para além da queixa, e se propõe uma psicoterapia libertária, se abre, então, a possibilidade de atuar, explorando outros modos de estar no mundo, pois, disso resultam outras possibilidades de se conduzir, enfrentar, reconhecer-se, responsabilizar-se por si, pelo outro e pelo mundo.

Ir além da queixa, não é desconsiderá-la; é favorecer que o paciente perceba o mundo próprio presente nela, com seus distintos aspectos e, fruto disso, possibilitar que se escolha por si, de uma maneira lúcida e coerente.

O perigo de uma psicoterapia, que entende consciência, enquanto sinônimo de conhecimento, é entender a ajuda possível como simples descoberta daquilo que é ainda desconhecido, para que com a elucidação das causas e dos efeitos, aquilo que fazia sofrer, magicamente deixe de existir; seria uma psicoterapia racionalista, e, se assim o fosse, limitaria a possibilidade de enxergar outros caminhos, que não o da investigação sobre o passado, para explicar o que está acontecendo na vida da pessoa que busca ajuda, pois, o que vêm antes, é causa do que vêm depois; sendo ou não sendo a questão é: e daí? O que fazer com isso?

## Considerações finais

A psicoterapia pode nutrir-se de várias maneiras do pensamento existencial, primeiro em um mundo cada vez mais voltado aos objetivos, aos ganhos, aos lucros, as pessoas estão cada vez mais afastadas de uma relação de intimidade com a própria vida, com o mundo circundante e com o outro. É importante, que se possa auxiliar as pessoas, que procuram ajuda, a perceberem o quanto daquilo que elas têm por si-mesmo é uma mera reprodução, um modo impróprio de viver, repassando para o agora valores e comportamentos, que não lhe fazem sentido. Em segundo lugar, auxiliando as pessoas a responsabilizarem-se pela constituição e efetivação de projetos existenciais, que dão sentido à vida, a não fugirem da responsabilidade, que a todo o momento lhe está lançada, através das escolhas que faz. A psicoterapia, enquanto um facilitador de conscientização, é, no mesmo interim, um ampliador da liberdade existencial.

Sartre é um pensador que, ao contrário do que se diz, não está ultrapassado. Ele pode ser filho das duas grandes guerras e ter escrito para o mundo em que viveu, pode ser fruto de seu tempo, mas isso não tira o valor das reflexões, que suscitam sua obra, dentro de uma psicoterapia. É evidente, que a conjuntura atual é bem diferente daquela vivenciada pelo filósofo. Porém, independente disso, o tema da liberdade e da opressão não estão mortos, pelo contrário, o mundo pós-moderno nos traz outras formas de subjetivação, com outras maneiras de fugir à liberdade.

O filósofo oferece um modelo de conduta humana opondo má-fé e autenticidade, transcendência e facticidade, ser-em-si e ser-para-si, e, com isso, oferece uma outra perspectiva de escuta e intervenção no horizonte das práticas psicoterápicas, antes disso, um arcabouço filosófico, para compreender o ser humano nas diversas dimensões do seu existir.

Penso ser importante desconstruir uma crença, que frequentemente vêm pronta pelo paciente, no que tange à impotência em assumir outra postura ante a condição que se encontra. Mas, também, é importante salientar o quanto é difícil efetivar a desconstrução radical de uma verdade não assumida para si, mas atualizada em ações e mantida ao longo do tempo, em detrimento da felicidade. Na vida vivida, uma pessoa não porta uma depressão como se porta uma carteira, a depressão é construída através de seus atos e omissões.

Mesmo que o paciente continue se sentindo doente, se através das intervenções o psicoterapeuta puder favorecer uma postura mais ativa e combativa, ante às próprias negatividades, então, pressupõe-se que já saiu da complicada condição de passividade ante a um tratamento. Não há espaço para utopias na clínica. Talvez nunca consigamos eliminar a alienação, mas, mesmo uma pessoa alienada pode modificar a sua realidade, como bem coloca Sartre (1986, p. 41) :

> (...)Penso, entretanto, em uma liberdade alienada. Acho que, por hora, o homem é livre para ser alienado. Alienação e liberdade não são, em absoluto, conceitos contraditórios. Muito pelo contrário: se não fosses livre, como poderia transformar-te em escravo? Não se escraviza um pedregulho ou uma maquina: só se escraviza ou aliena o homem que, primeiramente é livre(...)

Dizer que uma psicoterapia inspirada por Sartre é algo libertário, não é seguir a nenhum idealismo de que se conseguirá tal estado e sim, estar disposto a contribuir para aumentar a conscientização do paciente acerca de suas queixas, e, na articulação delas com as responsabilidades assumidas ou não na vida, e, assim sendo, caminhar na direção de um progressivo comprometimento consigo e com o mundo.

Tudo a nossa volta conspira para que nos enclausuremos em conceitos estanques de ser; nós, seres capazes de transcender, e, portanto, livres, vivemos tentados em negar nossa liberdade, justificando para não ousar. Sartre (2002, p.65) diz, que estamos divididos entre as exigências de uma moral herdada da propriedade individual e uma moral coletivista em formação.

## Referências

COX, G. *Compreender Sartre*. Petrópolis: Vozes, 2007.

COX. G. *Como ser um existencialista*. São Paulo: Alaúde Editorial, 2012.

MÉSZAROS, I. *A obra de Sartre: busca da liberdade e desafio da história*. São Paulo: Boitempo, 2012.

POMPEIA e SAPIENZA. *Os dois nascimentos do homem: escritos sobre terapia e educação na era da técnica*. Rio de Janeiro: Via Verita, 2011.

SARTRE, J.P. *Sartre no Brasil – A conferência de Araraquara*.Rio de Janeiro: Paz e Terra, 1986.

SARTRE,J. P. *O ser e o nada*. Petrópolis: Vozes, 1997.

SARTRE, J. P. Questão de método.São Paulo: Abril, 1973.

SARTRE, J. P. *Sain Genet ator e mártir*. Petrópolis: Vozes, 2002.

SCHNEIDER, D. R. *Sartre e a psicologia clínica*: Ed da UFSC, 2011.

TRIPICCHIO, A; TRIPICCHIO, *A. C. A Filosofia Clínica e as Psicoterapias Fe-nomenológicas*. São Paulo: APAFIC, 2000.

CAPÍTULO 14

# Psicoterapia e fenômeno humano[1]

*Valdemar Augusto Angerami*

## Reflexões iniciais

Quando se fala em psicoterapia, a primeira ideia que urge é de um tratamento destinado a levar o paciente à cura de determinados sintomas. Para Angerami[2] a psicoterapia, independentemente de sua orientação teórica, tem como seus principais objetivos levar o paciente ao autoconhecimento, ao autocrescimento e à cura de determinados sintomas. No entanto, é sempre importante ressaltar que ao falarmos de psicoterapia na abordagem existencial, não estamos presos aos modelos de atendimento determinados pela quase totalidade das correntes teóricas. Assim, não temos no paciente alguém que procura pela psicoterapia da mesma forma que levamos um carro a uma oficina para consertá-lo. A ideia de que o ser humano é um conjunto de mecanismos reguladores e que em alguns momentos desequilibra-se não é aceita na psicoterapia existencial. Esse fato por si já confere outra estrutura de andamento ao processo psicoterápico e irá determinar peculiaridades bastante precisas ao processo. A ausência do nexo causal de compreensão estabelecida pelas principais correntes da psicoterapia, igualmente, é outro dado que estabelece outros parâmetros para a psicoterapia existencial.

Frequentemente, procura-se compreender o ser humano como sendo um conjunto de experiências passadas e de fatos que trazem implicações ao presente. Busca-se entender fenômenos como angústia, depressão e outros a

---

[1] Esse trabalho foi publicado inicialmente no livro *A Prática da Psicoterapia*, ANGERAMI, V. A. (Org.). São Paulo: Pioneira, 1999.

[2] "O corpo câncer". In: ANGERAMI, V. A.; GASPAR, K. (Orgs.). *O Câncer diante da Psicologia: uma Visão Interdisciplinar*. São Paulo: Pearson, 2016.

partir de fatos localizados principalmente na infância da pessoa. Estabelece-se um encadeamento que dá contornos a experiências e digressões teóricas, onde o determinante maior, certamente, será o estabelecimento de padrões comportamentais que, na maioria das vezes, escapa da percepção do próprio paciente. A proposta básica de abordagem fenomenológico existencial justamente é compreender a existência humana sem recorrer a esse artifício imposto pelo olhar de casualidade e propor uma abordagem onde a realidade existencial seja a totalidade da existência, incluindo-se aí, inclusive, o mergulho de percepção para a angústia do *vir a ser* da perspectiva do futuro. E até mesmo fenômenos como o tédio e a autodestrutividade que necessitam de uma compreensão abrangente, e que não fique presa ao nexo causal de enraizamento no passado, serão vistos de modo mais amplo.

Tomemos a autodestrutividade como parâmetro de análise. Ela não pode ser considerada isoladamente de outras circunstâncias da vida de uma pessoa. A consciência da destruição é algo que se mistura a outras vivências do imaginário e se funde de outra forma, de outra perspectiva. Merleau-Ponty[3] coloca que a vivência do real é algo que a consciência transforma a partir de uma determinada criação do imaginário. Assim uma manifestação de destrutividade não pode ser isolada de aspectos vincados no imaginário. É como conceber distintamente diversas formas de elaboração, tangencialmente circunspectiva, na forma como Merleau-Ponty[4] concebe a própria perspectiva desse movimento que se sente, se vive, o que outros sentem e vivem; até mesmo seus sonhos, os sonhos deles, suas ilusões e a deles não são ilhotas, fragmentos isolados do ser: tudo isso, pela exigência fundamental de nossos nadas constitutivos, é ser, tem consistência, ordem sentido e há meio de compreendê-lo. É, por assim dizer, um modo de vida que escolhe manifestação de destrutividade como contraponto a si próprio numa perspectiva onde a consciência não tem como apreender a realidade dessas circunstâncias.

A realidade existencial acomoda uma forma de vivência para, de alguma forma, determinar formas de direcionamento para as escolhas da própria vida.

Um gesto destrutivo é, antes de tudo, uma exigência, um trejeito, uma manifestação que se incorpora à vida e se transforma em objeto de destruição numa busca destrutiva; é um modo peculiar de tornar real uma manifestação muitas vezes subjetiva e sem transparência dos fatos em si. Um gesto destrutivo não é algo isolado como poderia ser considerado, ou definido na grande maioria das vezes. Ele traz no seu bojo o enfeixamento de variáveis de uma

---

[3] MERLEAU-PONTY, M. *Fenomenologia da Percepção*. São Paulo: Martins Fontes, 1999.

[4] *Ibidem. Op. cit.*

vida; traz em seus aspectos a manifestação de uma faceta – a violência – que se manifesta de maneira isolada, mas que sempre tangencia outras variáveis: o gesto aparentemente isolado – a manifestação da violência – mostra apenas em níveis meramente objetivos a subjetividade e mesmo a existência em toda a extensão da destrutividade; e ainda a própria manifestação da destruição como uma maneira violenta de conceber e responder a outras manifestações de violência. E a destrutividade que se manifesta não é a razão e até mesmo a desrazão; esta, no sentido mais pleno do termo, como significante de descontrole emocional, onde o contraponto com a razão só se efetiva depois da concretização do ato em si; desrazão pulsante na materialização da corporeidade desse mesmo ato; desrazão ainda com implicações no próprio desmoronamento da subjetividade, onde a violência de questionamentos é indício de implicações de diferentes manifestações.

A desrazão como antagônica da razão é algo que se processa em níveis de aprofundamento distante da justaposição simples e determinada dos fatos. É algo que se mistura ao distanciamento da razão na transformação da alteração de consciência provocada por diversos níveis de ação, sejam eles internos ou até mesmo endógenos – aqui fazemos referência a processo de transformação como hipersensibilidade sensorial e outras manifestações da consciência. Neste sentido, é importante destacar-se a presença de agentes externos como o álcool e outras drogas e suas consequências provocação de níveis de alteração da consciência, na combinação e no choque de suas substâncias químicas com os elementos cerebrais e neurológicos.

É sabido que o álcool e outras substâncias têm o seu efeito agravado ou mesmo atenuado de acordo com o resultado dessa combinação. Não há parâmetros precisos para determinar com exatidão os efeitos de uma determinada droga no organismo, porque a resultante dessa combinação é bombástica em níveis da própria mobilização provocada em sentimentos recalcados ou até mesmo no afloramento da consciência de uma impulsividade até então desconhecida e que se manifesta apresenta níveis de total descontrole. É sabido o fato de pessoas que ao beberem, por exemplo, apresentam comportamentos carregados de uma agressividade que, em situações onde existe a transformação e alteração da consciência a partir da, inexiste. Ou então de pessoas que depois da ingestão de álcool tornam-se dóceis, contrariamente a condutas exibidas ao longo da vida. Assim, o importante é estar atento nas transformações que as drogas provocam, que variam de pessoa para pessoa, e que derivam de diferentes níveis de reações orgânicas.

A destrutividade assim, mais do que uma manifestação individual e solitária, é também uma manifestação que responde a todo um clamor social.

Vivê-la é trazer no nível da consciência o próprio teor da destruição que até então se mantinha distante dessa experiência, mas que, de alguma forma, se tangenciava para torná-la real. Transpassa aspectos que se originam não apenas no imaginário, mas na confluência com o conjunto das escolhas individuais de uma determinada pessoa. Dessa maneira, abordar a destrutividade no processo psicoterápico é abordar a totalidade de seu dimensionamento e não apenas o aspecto visível de sua manifestação.

A psicoterapia existencial abarca os sentimentos humanos sem enquadrá-los de maneira reducionista. Aceita os fatos e só depois se propõe a compreendê-los. Tomemos em outro contratempo a questão do desespero humano, que é algo vivido intensamente no mundo contemporâneo, mas é igualmente muito difícil de ser definido. Ao falar nele, o primeiro que nos ocorre são aquelas situações do cotidiano, e muitas vezes sequer é considerado como tal. E nas situações de desespero humano, certamente iremos encontrar o enraizamento da maioria do sofrimento contemporâneo, bem como os aspectos do próprio enfeixamento do desequilíbrio emocional com o sofrimento orgânico. A autodestrutividade manifesta-se de muitas formas e não necessariamente termina em situações delimitadas e definidas com o suicídio. O desenvolvimento emocional do paciente, por outro lado, deve ser considerado a partir de sua própria busca existencial e daquilo que ele norteia para sua vida.

A psicoterapia existencial é catalisadora dos processos emocionais do paciente, e não o conjunto de normas que irá determinar um novo conjunto de novos padrões de comportamento. Assistimos a um avanço cada vez maior das correntes psicoterápicas que, de alguma forma, se fundamentam nos princípios psicanalíticos.

Essas correntes compreendem o ser humano a partir de uma visão mecanicista, enquadrando-o a partir de uma série de mecanismos reguladores.

A psicoterapia existencial, ao contrário, confere ao ser humano uma condição de unicidade, conferindo-lhe uma peculiaridade que determina, assim, uma nova compreensão da própria existência. A seguir faremos uma reflexão sobre alguns dos pressupostos da psicoterapia existencial.

## Alguns questionamenteo sobre a psicoterapia existencial

### Sobre a Utilização de Técnicas

Uma das perguntas que se quase ocorre quando falamos de psicoterapia existencial é: como ela pode atuar com temáticas tão delicadas sem instrumentalizar o psicoterapeuta com um conjunto sistematizado de técnicas!? Ela propõe um conjunto único o paciente e o psicoterapeuta e também que a compreensão do enredamento de vida do paciente seja feito através de si mesmo. Dessa maneira, não pode dispor de técnicas que enquadram o paciente em tabloides de perguntas e respostas para obter-se um quadro de sua estrutura emocional. A proposta fenomenológica é compreender o fenômeno a partir do próprio fenômeno. Isso implica em dizer que o fenômeno é sua própria transcendência, e não a configuração que um determinado olhar debruçado sobre determinada teoria atribui. Assim, o conjunto de baterias de testes comumente utilizado nos processos psicoterápicos para avaliar a estrutura emocional do paciente perde completamente a validade na abordagem fenomenológico existencial, na medida em que são instrumentos que avaliam e medem a estrutura de personalidade de uma pessoa a partir dos pressupostos teóricos de uma determinada corrente teórica.

A proposta existencial aceita apenas aqueles instrumentos definidos de testes projetivos e que permitem ao paciente criar enredos a partir da projeção que certas imagens suscitam. E ainda assim, a avaliação dessas histórias não poderá estar presa a interpretações aprioristicas tal qual ocorre na maioria desses testes. Como exemplo, citamos o teste HTP, largamente utilizado na prática clínica e psicoterápica. Nele é dada ao paciente a oportunidade de desenhar uma árvore, uma casa e uma pessoa. E desde a textura dos traços até as formas da raiz da árvore, existe um enquadre do paciente a normas predeterminadas. Assim, se ele tiver familiaridade, com árvores, o resultado final levará em conta tal peculiaridade, o enquadrando simplesmente nas normatizações de avaliação do teste. E o mesmo irá ocorrer com os desenhos da casa e pessoa. O resultado da avaliação do teste e dos desenhos não considera a peculiaridade do paciente. Tudo é generalizado.

Apesar de tentar aceitar a aplicação dos testes projetivos, ainda assim a proposta existencial determina que exista procedimento bastante criterioso e que permita o paciente criar livremente seu enredamento de vida sem o menor enquadramento com existencial. De todo o modo, porém, o uso de técnicas é praticamente descartável na abordagem existencial, embora existam alguns psicoterapeutas dessa abordagem que defendam o seu uso naqueles casos em que consideram a necessidade de uma estimulação para que o paciente possa apresentar maior desenvoltura diante de suas amarras existenciais. No mínimo, tal procedimento é bastante polêmico na medida em que a técnica estabelece uma condição artificial de relacionamento. Ele sempre nos remete ao fato de que o paciente reage de modo diferente diante da mesma técnica em situações diferentes em razão dos fatores que incidem sobre si e que, certamente conferem condições que não se repetem.

Assim, uma noite mal dormida, por exemplo, apenas para ficarmos num exemplo simplista, determina por si uma configuração ao paciente diante de uma técnica ou ainda da avaliação de um teste. Críticos da proposta existencial afirmam que a ausência de técnicas não deixa de ser uma técnica. Onde a condição do processo psicoterápico se não é feita nos moldes das técnicas apresentadas por outras correntes ainda assim tem em sua proposta libertária, uma técnica que por si só determina um modelo especifico de relacionamento. E ainda que seja verdadeira tal premissa, a própria atitude libertária que pede o fim do engessamento do psicoterapeuta diante de normas estanques certamente teria de permitir a utilização de alguma técnica quando esse psicoterapeuta julgar conveniente.

De qualquer maneira, o uso de técnicas destoa da proposta fenomenológico existencial de compreensão humana, embora possamos encontrar tal procedimento em alguns poucos psicoterapeutas dessa abordagem. A única questão da qual não se abre mão é aquela em que a peculiaridade do paciente será mantida e respeitada como tal. A técnica nos remete a correntes que compreendem o ser humano de modo mecanicista e reducionista. E usar de tal recurso, de alguma maneira, é ir ao encontro dos postulados de compreensão humana que a ótica fenomenológica existencial conceitua como desrespeitosa. É, por assim dizer, como fugir da visão mecanicista que enquadra o ser humano de forma reducionista e buscar esses mecanismos reguladores que o transformam em máquina no processo psicoterápico. Ou temos como premente que a ótica fenomenológica existencial vê cada pessoa como única, ou então buscamos outra ótica de compreensão do ser humano. E o que não faltam na atualidade são abordagens para explicar o ser humano de todas as formas possíveis com todos os tipos de técnicas. A dificuldade e o grande desafio é compreender o fenômeno enquanto fenômeno: um ser que não se repete e que não pode ser explicado a partir de teorias apriorística. Nesse ponto, talvez esbarremos num dos aspectos mais angustiantes da condição humana, que é a necessidade de explicar os *porquês* da existência.

O ser humano, desde as mais remotas épocas, tenta explicar de todas as formas os *porquês* da existência. E nesse sentido, recorre às religiões, filosofias e recentemente às teorias psicológicas. No entanto, a questão principal é a crença de que pode explicar a si mesmo, a sua própria existência e, num pensamento sequencial, a origem de seus distúrbios emocionais e orgânicos. Essa questão é de tal modo conflitante que todas as tentativas de explicação da existência dependem da fé dogmática – a fé em dogmas que não depende de fatos para se cristalizar – para se efetivarem como realidade. E num momento, assistimos o fortalecimento de teorias que juntam princípios clássicos de psicologia com um sonho de um punhado de idealizadores apaixonados. Como um mero contraponto, basta comparar-se a ótica fenomenológico existencial com a Terapia de Vidas Passadas. A proposta da terapia de vidas passadas propõe a compreensão do fenômeno da existência através da utilização de técnicas especificas; conduz o paciente até a vivência de situações ocorridas em vidas passadas, onde possivelmente originaram-se os próprios distúrbios sentidos e vividos na atual existência. Os princípios reencarnacionistas são trazidos no campo da psicoterapia e dele passam a fazer parte como se fossem uma única indivisível postura, onde questões de discordância são tratadas de forma dogmática e em que inclusive se transita por questões de possíveis outras vidas com a mesma desenvoltura que são abordadas fatos do cotidiano.

## Sobre a Questão do Nexo de Causalidade

A questão do nexo de causalidade certamente é um dos pontos mais polêmicos na compreensão da ótica fenomenológico existencial. A quase totalidade das correntes psicoterápicas explicam a existência a partir do modelo cartesiano onde os fatos são justapostos de forma sequencial, buscando-se assim, um nexo de causa e efeito na compreensão da existência humana.

Pode-se se afirmar, sem margem de erro, que é muito difícil deixar de lado à ótica de causalidade nas experiências humanas, uma vez que a quase totalidades dos enredos com os quais nos deparamos direciona-nos para esse posicionamento, Buscamos na infância ou na adolescência possíveis explicações para os desatinos ocorridos na vida adulta, e quando não encontramos fatos que possa corresponder a essas buscas derivamos para outras vivências que poderiam explicar de acordo com o nexo de causalidade.

É necessária uma visão abrangente no sentido de incluir não apenas as vivências do passado, mas também as perspectivas do futuro para aprender uma compreensão mais ampla da existência humana.

Van Den Berg[5] ensina que podemos falar em nexo causal diante de uma janela aberta ao vento, o qual irá provocar o seu fechamento tantas vezes quantas ela for aberta, fato que não ocorre na existência humana. Enredamos a vida num sequencial de fatos como se tivéssemos a certeza do pleno domínio desses fatos. No entanto, é sempre importante frisar: podemos estar diante de situações angustiantes provocadas até mesmo pela nadificação da vida diante da perspectiva da morte, ou do temor provocado por situações desconhecidas e que não têm a menor relação com o passado.

---

[5]   VAN DEN BERG, J. *O Paciente Psiquiátrico*. Campinas: Livro Pleno, 2006.

Essa configuração de compreensão da existência humana, sem a contaminação com o nexo de causalidade, é muito difícil de ser assumida, pois, além de mais prático, temos inúmeras teorias que acoplam o paciente a um enredo pré-concebido e o psicoterapeuta, dessa forma, nada mais necessita que não enquadrar teoria ao discurso desse paciente. Temos até mesmo teorias que tratam de problemas da contratransferência da psicoterapeuta localizando possíveis falhas na relação de maternagem vivida por esse psicoterapeuta. Assim, se o psicoterapeuta falhar nas filigranas presentes na psicoterapia, sua própria mãe poderá ser culpada de tal desatino. Não se trata de negar tal possibilidade, tampouco outros aspectos presentes na existência humana; apenas é necessário enfatizar-se que antes de buscar na maternagem possíveis razões para que a psicoterapia não se desenvolva, devemos estar abertos para abarcar um número muito grande de que certamente serão perdidas pelo simples fato de se ficar na digressão filosófica sobre questões de maternagem.

Merleau-Ponty[6] corrobora que o pensamento negativista (ou positivista) estabelece entre o nada e o ser uma coesão maciça e ao mesmo tempo rígida e frágil: rígida porque é finalmente indiscernível e frágil porquanto até o fim permanecem opostos absolutos. Isso se verá toda vez que se tratar de compreender como o nada recebe o ser nele, e, portanto, não apenas, como dizíamos há pouco, quando se trata de compreender minha encarnação, mas também quando se trata de compreender como posso assumir a visão que o outro tem de mim. É dizer que buscamos a compreensão dos fatos da existência fora da existência em teorias diversas deixando a própria existência sem plenitude ou sem plano secundário.

De outra parte, é sempre importante salientar que no processo psicoterápico existe uma grande tendência a se buscar esse nexo de causalidade, pois o próprio paciente, muitas vezes, vem em busca desse tipo de enredamento. E a grande dificuldade é se criar condições para que se possa alcançar uma compreensão da existência, debruçando-se sobre os fatos que são trazidos pelo paciente, articulando-os da maneira mais ampla possível, expandindo, assim, essa forma de análise tradicional de causa e efeito. E contrariamente ao que se pode aparecer em princípio, em que a abordagem fenomenológico existencial é tachada de reducionista e simplista, os fatos mostram absolutamente o oposto, pois nessa forma de análise até mesmo a perspectiva de futuro é considerada e trazida ao rol das variantes que compõem o enfeixamento do fenômeno da existência humana.

É importante salientar ainda que, muitas vezes, tecem-se críticas à abordagem fenomenológico existencial por total incompreensão de seus postulados ou,

---

[6] MERLEAU-PONTY, M. *O visível e o invisível.* São Paulo: Perspectiva, 1976.

que é ainda pior e mais grave, devido a praticas de alguns teóricos que, embora revestidos de rótulo existencialista, em suas práticas distam completamente dos princípios existencialistas. E lamentavelmente o número de profissionais que se revestem de rótulo de existencialista sem a menor consequência com os princípios existencialistas é maior do que se seria tolerável. Dessa forma, desde escritos absurdos até colocações dantescas são facilmente encontrados e tanto artigos de revistas que circulam frequentemente na área, como até mesmo a literatura específica.

A tentativa de análise da existência incluindo-se o maior número possível de dados só é possível quando nos livramos das amarras que a maioria das teorias impõe na compreensão da existência humana. O fenômeno humano é amplo e rico para ficar estanque a aspectos reducionistas que direcionam sua compreensão apenas para fatos localizados no passado das pessoas, como se esse encadeamento de causalidade fosse algo irreversível e muitas vezes intangível para mudar uma vida quedada diante do sofrimento existencial. É importante, assim, deliberar-se que a compreensão ampla das condições que norteiam uma existência deve ser algo libertário que possa dimensionar as determinantes dessa abrangência.

A psicoterapia existencial propõe-se a ser catalisadora das emoções trazidas pelo paciente num balizamento de fatores e fatos que podem direcionar essa pessoa para novos horizontes existenciais. O que é muito estranho nesse rol de afirmações é ouvir detalhamentos justamente contrários que tentam impingir à ótica fenomenológico existencial o rotulo de simplista.

É frequente ouvir-se citações das chamadas psicoterapias profundas numa alusão clara a determinadas correntes teóricas. Essas citações praticamente colocam as demais correntes na definição antagônica, portanto, superficiais. Umas são chamadas de profundas num antagonismo de superficialidade das demais. Primeiro é preciso pontuar que esse tipo de definição é verdadeiramente simplista, pois nada mais fazem essas psicoterapias que percorrem trilhas e caminhos buscando-se acoplar determinados axiomas teóricos como se esses fossem indiscutíveis e cristalinos. Exemplo disso são as chamadas psicoterapias jungianas e, recentemente, a terapia de vidas passadas. São práticas que estão embasadas em teorias absolutamente dogmáticas no sentido estrito do termo, onde a chamada profundidade é simplesmente a busca de determinados preceitos teóricos que são procurados se forma messiânica como se fossem fatos preciosamente absolutos.

Não se questionam os dogmas buscados e apresentados por essas correntes teóricas, apenas aceitam-se e contemplam-se as interpretações realizadas pelo psicoterapeuta. Como mera citação ilustrativa, narro um caso atendido por mim alguns anos atrás. Fui procurado na ocasião por um homem que possuía cerca de 30 anos e atravessava um período de crise matrimonial bastante contundente. Sua vida praticamente havia se tornado infernal devido ao teor das brigas que mantinha com sua esposa. Ele chegou ao meu consultório depois de anos submetendo-se á chamada terapia de vidas passadas. Apesar do intenso amor que nutria pela esposa, a vida conjugal, além de insuportável, estava atingindo níveis irascíveis de esgarçamento emocional. Sua performance profissional estava inclusive bastante comprometida devido ás suas condições de fragilidade emocional. Ele trabalhava como piloto numa companhia aérea, tendo sobre si a responsabilidade sobre o comando de bordo. Sua vida emocional estava num tal teor de comprometimento que ele foi obrigado a se afastar de suas atividades através de licença médica, evitando, assim, danos maiores e certamente de consequências imprevisíveis.

Após algumas sessões, o nosso paciente, fazendo referência á sua terapia anterior, revelou que a antiga terapeuta, após uma vivência especifica, colocou que numa vida passada a sua atual esposa havia sido sua mãe e que por isso brigavam tanto nessa vida. Argumentava ainda que o teor das brigas não tinha a menor relação com a realidade que viviam nessa vida, pois tudo estava vinculado ao relacionamento mãe-filho de outra vida e que seria necessário um trabalho de alto alcance espiritual que quebrasse os grilhões deixados pelo rancor e pelas feridas trazidas dessa outra vida. O que mais agravante é que ele havia procurado por essa terapeuta por indicação de uma colega de trabalho, sendo que, inclusive, não tinha crenças reencarnacionistas. A realidade atual com o confronto de personalidade sem afinidades sobre determinadas questões, a falta de perspectivas da vida conjugal, ou mesmo a diferença de concepção de valores, enfim tudo que poderia estar truncando o relacionamento não contava diante da interpretação soberana da terapeuta de que os problemas que viviam se originavam numa possível vida passada. O nosso paciente conseguiu rebelar-se contra esse tipo de interpretação procurando por uma psicoterapia de orientação completamente diferente, fato esse que pode conduzi-lo por caminhos onde foi possível, na realidade tornar-se coadjuvante de seu processo de crescimento e conhecimento existencial.

Diante de casos como esse, a grande questão que sempre fica é a que reveste pacientes que são submetidos a esse tipo de interpretação e que não conseguem rebelar-se tendo, então além dos problemas anteriores, responsáveis pela busca do processo terapêutico, uma série de outros, que certamente são de inteira responsabilidade da própria terapia. Dessa forma, quando vemos psicoterapeutas experientes colocando o quanto é delicado o fato de não se respeitar a estrutura emocional do paciente com o risco, inclusive, de suicídio, estamos diante de fatos que, embora não sejam explicitados de maneira clara e transparente, ainda assim, podem provocar esses danos considerados irreversíveis e que, na realidade, são de inteira responsabilidade da terapia.

O nosso paciente finalmente teve a capacidade de se rebelar diante dessas interpretações tão distante de sua realidade existencial. E, além disso, pode enfrentar sua crise conjugal de maneira alcançada pelo seu campo perceptivo, ao contrário da terapia de vidas passadas, que trazia o seu casamento como um compromisso cármico, portanto indissolúvel e sem perspectivas. E não apenas de distanciamento e separação, mas também e principalmente, de uma possível retomada da harmonia conjugal. Tudo era creditado e atribuído a distúrbios que traziam de uma possível vida passada, sendo que todos os esforços para a reversibilidade desse quadro eram infrutíferos. Restava apenas a perspectiva da resignação e do quietismo diante dos fatos. Se Por acaso essas interpretações não encontrarem eco na realidade do paciente, então se trabalha com a sua resistência diante da interpretação do psicoterapeuta, pois esta, além de soberana, é irretocável e infalível.

Nesse sentido, é sábia a colocação de Sartre referindo-se a explicações da conduta humana: *O Que acabei de escrever é falso. Verdadeiro. Nem verdadeiro nem falso, como tudo que se escreve sobre loucos, sobre os homens*[7].

Dessa maneira, lidar com teorias estanques que tudo explicam de forma reducionista é simplista e sem condições de alcançar a totalidade da riqueza do fenômeno humano. Ou ainda, nas palavras de Merleau-Ponty[8], colocando diante do espírito, foco de toda clareza, o mundo reduzido a seu esquema inteligível, uma reflexão consequente faz desaparecer toda questão concernente ao relacionamento entre este e aquele, que doravante é pura correlação: O espírito é o que pensa, o mundo é o que é pensado, não se poderia conceber nem a imbricação de um no outro, nem a confusão de um com o outro, nem a passagem de um para o outro, nem mesmo o contato entre eles – um estando para o outro o vinculado para o vinculante ou o naturado para o naturante, ambos são demasiada e perfeitamente coextensivos para que um possa alguma vez ser precedido pelo outro, por demais irremediavelmente distintos para que um possa envolver o outro. É aceitar que a amplitude da análise possa estar à frente até mesmo das limitações da própria consciência: é poder dimensionar que temos a condição de transcendência da consciência para atingir limites, inclusive muitas vezes desconhecidos até mesmo diante dessa mesma consciência. É estabelecer como parâmetros que os limites de

---

[7] SARTRE, J. P. *Crítica de La Razón Dialéctica*. Buenos Aires: Editorial Losada, 1963.

[8] *Fenomenologia da Percepção.p. cit.*

crescimento existencial estão sempre além daqueles impostos pelas teorias psicológicas, sejam elas quais forem.

E ainda que somos capazes de transcender a fenomenalidade de ser, numa transfenomenalidade além dos nossos limites corpóreos. Escolhemos até mesmo a psicoterapia, ou mesmo as correntes teóricas a partir da concepção de valores, homem e mundo. Então, ao enveredar-se por caminhos de teorias dogmáticas estamos, certamente, buscando enredos que se harmonizem com as nossas próprias crenças e convicções pessoais. O que não se pode, no entanto, é se ter na teoria posições absolutas como se fosse, realmente, algo indiscutível e minimamente inquestionável. Faz parte das necessidades humanas a crença em determinados dogmas para sua própria sustentação emocional diante dos desatinos trazidos pela existência. O que não pode ocorrer é a postura, diante desses dogmas, ser soberana frente aos fatos que, inclusive, contradizem-no. É dizer que se faz necessário um dimensionamento mais amplo de compreensão para que o fenômeno humano possa ser considerado como tal: muito rico e mutante para ser aprisionado em teorias estanques.

## O desespero humano na psicoterapia

Outra grande dúvida que surge quando se fala em psicoterapia existencial é aquela que nos remete á reflexão de como essa abordagem pode lidar com temas de destrutividade e desespero se o próprio existencialismo traz a tona das discussões filosóficas contemporâneas o fato de a vida ser desprovida de sentido?! E de outra parte, como se pode trazer alguém para uma vida libertária se o existencialismo é fruto, em primeira instância, da própria desesperança do homem diante das atrocidades cometidas contra ele mesmo no período das grandes guerras mundiais?! Ou ainda, se o existencialismo traz o niilismo para a filosofia, como pode, então, haver uma psicoterapia embasada em seus princípios e que tenha como proposta tirar o paciente de alguma possível autodestrutividade?! Certamente, são questões que se revestem de um caráter crucial e que merecem que nos debrucemos sobre elas de maneira profunda e abrangente.

Inicialmente vamos tratar a questão do sentido de vida. Para Angerami[9], a vida enquanto existência única e isolada não tem sentido. O homem existe a partir de suas realizações e não pela sua própria vida isolada no contexto de suas realizações. Se a vida não tem sentido, ou usando a definição existencialista, a existência é absurda, tal consciência nos leva em busca de realizações

---

[9] ANGERAMI, V. A. *Psicoterapia Existencial. Noções Básicas.* Belo Horizonte: Artesã, 2018.

significativas visando dar sentido e cor á essa existência. Esse aspecto nos enaera simplesmente para caminhos em que a psicoterapia irá levar o paciente para reflexões sobre as escolhas e projetos que foram efetivados em sua vida. E o tanto que isso está sendo suficiente para concretamente proporcionar a essa existência sentido para, justamente, sair-se do quietismo e isolamento que a falta de sentido existencial provoca. A psicoterapia poderá ser direcionada para aspectos realmente libertários sem a necessidade, inclusive de negar-se quaisquer questionamentos que envolve a vida do paciente. Se a existência é absurda e totalmente carenciada de sentido, então é necessário todo um redimensionamento de realizações e até mesmo de busca de projetos para que esse quadro possa ser transformado em algo libertário. Nesse sentido, a ótica existencialista é soberana, pois abarca em seu postulado justamente os aspectos de destrutividade que, na quase maioria das vezes, são negados ou até mesmo escamoteados das discussões teóricas como se não fizessem parte da própria existência. Assumimos a destrutividade na psicoterapia existencial de forma ampla, de forma que sua discussão e o leque de sua abrangência são colocados de forma aberta e de maneira frontal pelo psicoterapeuta: este fato, seguramente, leva o paciente a sentir-se seguro diante de tais temáticas.

De fato, ao trazer tais temáticas para o campo da prática psicoterápica, segundo a ótica existencialista, a questão do sentido de vida está, antes de qualquer outro parâmetro de discussão, abrindo o campo perceptivo do paciente para que as escolhas que ele realize sejam efetivas no cotidiano. E que, acima de tudo busquem dar um lenitivo a essa existência, justamente contra a falta de sentido para a sua vida. Evidenciava-se, assim, que a psicoterapia existencial traz a tona dos questionamentos aspectos que envolvem o sentido de que, embora não sejam discutidos pela quase totalidade das correntes teóricas, sem dúvida é sentido e vivido pela totalidade das pessoas.

Trata-se então de questões relevantes, que envolvem o sentido de vida e que são sistematizadas para que o paciente possa imbrica-los em sua realidade existencial, tanto visando sua superação como também almejando libertá-lo de questões que possam ajuda-lo a galgar caminhos de superação. Isso na medida em que estará enfrentando e refletindo sobre temáticas consideradas tabus no seio das discussões contemporâneas. O sentido de vida coloca Angerami[10], é algo buscado pelo homem desde os primórdios da humanidade. No entanto, os progressos obtidos nesse aspecto são nulos. Dessa maneira, trazer tais questionamentos para o campo da psicoterapia, seguramente, é uma das maiores contribuições que a ótica existencialista traz para o campo da psicoterapia.

[10] *Ibidem. Op cit.*

O que é ainda mais interessante: apresenta um enfrentamento frontal para temáticas que, além de desestruturantes, são instigantes da condição humana, mas que ao serem refletidas e questionadas tornam-se questões libertárias da própria existência.

O sentido de vida é algo que, alias, não deveria estar ausente de nenhum questionamento sobre a existência humana, e não como ocorre atualmente em que apenas as lides existencialistas reservam-lhe uma condição impar. Nesse sentido, num outro ângulo de análise vamos encontrar até mesmo obra de Victor Frankl, que embora não seja um autor totalmente identificado com a ótica existencialista, seus escritos têm bastante similaridade com os princípios existencialistas. E toda a sua obra está totalmente direcionada para a questão do sentido de vida. Ele, inclusive, é autor dos escritos que culminam na criação da chamada Logoterapia, que literalmente significa Terapia do Sentido de Vida. E apesar de afirmar que o sentido de vida é claramente significado a partir do encontro com o Sagrado, direcionando-se toda uma propulsão no resgate dessa temática na condição humana sua obra é no mínimo instigante para análise e reflexão.

A busca do sentido de vida nas lides existencialistas é assim, antes de qualquer outro posicionamento, a condição primária para que o paciente possa encontrar caminhos decididamente libertários.

Sobre a questão da desesperança trazida à luz da filosofia pelo existencialismo, é necessária uma reflexão ampla e precisa para que sua real abrangência não se perca em afirmações reducionistas.

A desesperança é algo tão presente na condição humana contemporânea que sua simples discussão provoca os mais diversos tipos de irascibilidade. Inclusive é fato que muito dos críticos ferozes do existencialismo centram seu inconformismo justamente ao fato de essa corrente filosófica ter trazido de forma tão crua e verdadeira essa questão que, embora real, é tão desestruturante da condição humana.

O que precisa ficar bastante transparente nessa questão é que o existencialismo não criou a desesperança na condição humana e sim trouxe à tona dos questionamentos seus efeitos na realidade contemporânea. Tampouco criou o desespero e as condições de desigualdades sociais que levam um sem-número de pessoas a uma total desesperança e descrença na própria existência humana. E igualmente não foi ele quem levou as pessoas que buscam o suicídio diariamente nos mais diversos cantos do Universo, a situações tão extremadas de desesperança.

Num simples contraponto a essas questões, basta verificar as pessoas que buscam o alívio das drogas químicas para poderem suportar minimamente o peso e a destrutividade do mundo contemporâneo. Certamente, o existencialismo em nada contribuiu para que o mundo fosse tão cáustico e mesquinho na questão da promoção humana. Nem foi ele quem criou a fome e a miséria socioeconômica que ceifa e dizima milhares de vidas num total acinte a tudo que se possa conceber como dignidade e respeito à própria espécie humana. O existencialismo apenas trouxe tais questões para o campo da filosofia: se tal fato teve repercussões tão bombásticas, deve-se à tentativa vã e ilusória das demais correntes filosóficas de excluir temas das discussões contemporâneas.

Por outro lado, foi igualmente ele quem afrontou o poder constituído, em termos acadêmicos, econômicos e filosóficos, no sentido de mostrar que a dor da existência humana era dilacerante e pulsante e que dependia dos lenitivos apresentados seja pelas religiões, seja ainda por teorias que insistiam em mostrar o homem geralmente bom e que em algumas circunstâncias apresentava-se como cruel. O existencialismo apenas mostrou a crueldade da condição humana diante de suas próprias mazelas e das condições sociais destrutivas e que em última instância, também é criação humana. Nesse sentido, um simples passeio pelos fatos e momentos do auge dos escritos existencialistas mostra que, embora houvesse muita crítica até mesmo de seus admiradores, alguns apontamentos que provocaram estarrecimento quando de seu lançamento infelizmente se confirmavam com o desenrolar dos anos.

Nesse rol, podemos incluir as citações existencialistas que afirmavam:

- que nenhum regime político-econômico poderia ser bem-sucedido devido à precariedade da condição humana;

- que nada poderia ocorrer de maneira plena, pois o próprio homem se encarregaria de destruir tudo o que pudesse lhe beneficiar;

- que questões que envolvessem a precariedade emocional da condição humana certamente fariam que tudo se resumisse à simples e empobrecida busca de poder e acúmulo de riquezas materiais, embora muitas vezes estivessem revestidas pelo rótulo de igualdade, socialismo, comunismo, etc.

Lamentavelmente, podemos verificar que, embora, como foi dito acima, até mesmo dentro das lides existencialistas houvesse incômodo diante dessas afirmações, os fatos mostraram e continuarão mostrando que a crueldade da condição humana acaba com todo e qualquer sonho de uma sociedade mais justa, digna e fraterna. E isso em que pese todos os argumentos em contrário e que enfatizam a condição humana como tendo potencialidade de fraternidade e justeza, o que infelizmente, se ainda existir, acaba se tornando exceção diante de tantas atrocidades que são cometidas contra o homem pelo próprio homem em nome das mais diferentes justificativas. Até mesmo a paz e assuntos que envolvem aspectos de elevação espiritual são justificativas para barbáries e outras tantas atrocidades: o ódio atravessa barreiras e torna disforme e sem contexto todas as tentativas contrárias. E disso, certamente, nem os críticos mais ferozes do existencialismo poderão negar, tampouco imputar-lhe responsabilidade.

No tocante à prática psicoterápica, a questão da desesperança, sem dúvida alguma, se faz presente não apenas na prática existencialista, mas em todas as correntes de psicoterapia. A diferença é que a ótica existencialista mostra-se mais disponível e aberta para abarcar seus questionamentos na medida, inclusive, em que possui todo um referencial teórico e filosófico para compreender a desesperança humana em todas as suas nuances. A ótica existencialista não vê como sendo em problema único e isolado de determinado paciente que num dado momento se vê nessa condição diante de algum desatino trazido pela existência. Ao contrário sabe que a desesperança é algo que faz parte da condição humana de maneira única e indissolúvel e que se torna insuportável em certas ocasiões devido ao estrangulamento existencial que um conjunto de variáveis, incluindo-se aí desde condições meramente existenciais até variáveis socioeconômicas pode provocar.

Trabalha-se numa postura reflexiva com a esperança da mesma maneira aberta e congruente que outras correntes psicoterápicas trabalham com fatos pertinentes à infância do paciente. Não existe distanciamento da prática psicoterápica na abordagem existencial de temáticas que, em princípio, podem apresentar-se como sendo apenas meramente filosóficas, mas que, na verdade, podem estar estrangulando existencialmente a vida do paciente.

O psicoterapeuta existencial, ao refletir sistematicamente sobre os principais temas da existência, estará se tornado disponível não apenas para ajudar o paciente no desenvolvimento de suas possibilidades, como também se tornando coadjuvante no processo mesmo de libertação desse paciente.

O enfrentamento do paradoxo humano é necessário para não se enfatizar apenas tangencialmente determinados questionamentos sem aprofundar-se em sua essência. De outra parte, não há como exigir-se plenitude libertária sem aceitar os paradoxos da existência, incluindo-se aí a desesperança e a questão do sentido de vida. Somos a dualidade intermitente da desesperança e da esperança, da dúvida e da fé inquebrantável, da plenitude da própria vida e do temor da perspectiva da morte. É na psicoterapia de base fenomenológico existencial que esses aspectos são direcionados de forma soberana na medida em que não se excluem entre si por serem paradoxais, nem pela semelhança ou até mesmo pela exclusão de seus atributos e definições. E ainda que, igualmente, tais considerações possam tornar os críticos existencialistas ainda mais irados, certamente é nessa abertura de abrangência que se encontra a maior virtude da psicoterapia existência, na medida em que essa abertura propicia um desdobramento de possibilidades de reflexão ímpar.

E mesmo a colocação corriqueira de que o existencialismo é a filosofia do niilismo e que, portanto, não pode trazer esperança numa reflexão pormenorizada, certamente é completamente de desrazão. Da mesma forma como a questão da absurdidade da existência, a do niilismo é igualmente soberana nas discussões existenciais até pelo desempenho frontal de discussão. Assim, quando se evocam temas do desespero humano, os quais são inerentes à condição humana de forma indissolúvel, temos nos princípios existencialistas um grande arsenal de referencial e suporte teórico-filosófico, que, certamente, pode propiciar ao paciente uma situação bastante privilegiada de escoramento.

A psicoterapia existencial traz à tona das discussões contemporâneas temáticas que ganharam força e abrangência a partir das reflexões do existencialismo. Temas como morte, sentido de vida, tédio solidão, angústia e suicídio, entre outros, ganharam propulsão eu um novo dimensionamento a partir das colocações e ponderações realizadas pelos filósofos existencialistas.

Nesse sentido, quando se evoca a atuação no contexto hospitalar sob a ótica existencial, num simples contraponto de análise, temos uma eficácia alastrando-se muito além da concepção teórica na medida em que os parâmetros de sofrimento humano serão abarcados de forma totalitária sem a menor possibilidade de se perder a própria essência da condição humana. Refletimos em texto anterior[11] sobre das atitudes do profissional da saúde diante da doença e do doente. Desde a própria reflexão das questões pertinentes à destrutividade humana presente no paciente nesse momento de desespero até situações de que a vida se transforma diante de uma nova perspectiva existencial, o sofrimento e as implicações tanto na vida do paciente como na do psicoterapeuta são desentranhados de modo bastante esclarecedor. De maneira bastante ilustrativa, o adoecimento é colocado como sendo uma temática diante da qual a psicoterapia, mais do que nunca, traz um aprofundamento embasado no existencialismo, de modo que suas vertentes sequenciais e até mesmo as próprias implicações na própria vida diante da autodestrutividade sejam totalmente englobadas e apreendidas.

Se a psicoterapia existencial se mostra exuberante em temáticas que outras abordagens sequer tangenciam, em outras questões sua abrangência está

---

[11] ANGERAMI, V. A. "Breve reflexão sobre as atitudes do profissional da saúde diante da doença e do doente". In: ANGERAMI, V. A. (Org.). *Psicossomática e suas interfaces. O processo silencioso do adoecimento.* São Paulo: Cengage Learning, 2012.

muito à frente do rol das discussões contemporâneas. O fato de a psicoterapia de base fenomenológico existencial se propor a compreender o fenômeno a partir do próprio fenômeno confere-lhe uma característica especial na análise da condição humana, tanto naquilo que se evidencia numa observação simplista como, e principalmente, no modo como faz do paciente um coadjuvante em seu processo de libertação e até mesmo na condição de enfeixar determinantes do enredo de sua própria vida. É nessa peculiaridade, aliás, que a psicoterapia existencial tem seu arcabouço nos meandros de sua condição libertária. Pois na medida em que confere ao paciente a condição de coadjuvante na compreensão de seu próprio processo existencial, atribui-lhe sequencialmente uma nova concepção até mesmo de sua condição humana.

E ainda de maneira decididamente diferenciada consegue sobrepor-se na dianteira da prática psicoterápica nos quesitos de respeito e dignidade até mesmo da própria condição humana. O respeito dado ao paciente nos seus valores e princípios existenciais certamente reveste-se de forma a tornar-se uma manifestação extremada de dignidade existencial. É a construção de uma pilastra que se fundamenta nos princípios de respeito aos valores que se perdem nos atropelos da vida moderna. E que, no entanto, se resguardam e persistem num dimensionamento onde os valores da essência humana se mantêm, apesar de tantos fatores que caminham em sentido contrário.

A psicoterapia existencial trabalha no sentido de elevar a condição humana nos níveis se se estabelecer o resgate dessa condição tão aviltada e até assolapada diante dos avanças tecnológicos da sociedade moderna.

## O setting terapêutico

A maioria das correntes teóricas de psicoterapia propõe um setting terapêutico praticamente com as mesmas bases estruturais. Evidentemente que de acordo com a rigidez teórica de determinadas psicoterapias suas estruturas serão mais flexíveis, ou, ao contrário, completamente imutáveis. Assim, vamos encontrar nas propostas mais rígidas de psicoterapia modelos onde o psicoterapeuta muitas vezes sequer cumprimenta o paciente fora do contexto da psicoterapia. Dessa forma, há psicoterapeutas que se encontram com o paciente, muitas vezes, no próprio elevador do prédio onde se efetiva a psicoterapia, mas por conta do enquadre estabelecido pelo setting terapêutico esse psicoterapeuta não dirige a palavra a esse paciente. Certamente o leitor estará identificando nessa postura algo inerente à proposta mais ortodoxa da linha psicanalítica, num contraponto totalmente diverso do próprio Freud, que, segundo relato de seus pacientes, tinha uma postura muito afetiva com eles. No entanto alguns propõem a serem mais realistas que o próprio rei e se esquecem de que a base da psicoterapia, independente de seu arcabouço teórico, é tomar esse paciente mais confiante em sua condição humana.

O modelo mais tradicional de setting terapêutico é aquele que estabelece um horário em alguns dias da semana, permitindo ao paciente trocá-lo ao até mesmo repô-lo de acordo com regras previamente estabelecidas. Dessa maneira, caminham muitas das práticas psicoterápicas apresentando pequenas variantes de acordo com a própria postura do pessoal do psicoterapeuta. O horário das sessões, quase sempre, é uma compilação de 50 minutos, o que permite ao psicoterapeuta um intervalo de 10 minutos entre uma sessão e outra. Esse formato de horário quase sempre é dimensionado de acordo com o próprio desenvolvimento do processo em si. De forma mais ampla, podemos afirmar que o parâmetro horário da psicoterapia é sempre determinado pela proposta teórica que está a embasá-la.

Em termos de psicoterapia existencial, temos um setting terapêutico que vai ao encontro de sua condição de libertária, sem, contudo, desrespeitar um enquadre estabelecido previamente.

O setting terapêutico na psicoterapia existencial estabelece uma relação de ajuda, assim como a maioria das correntes teóricas, onde o psicoterapeuta se propõe a ajudar o paciente em suas dificuldades existenciais. Esse pressuposto necessita ser pontuado com precisão, pois, infelizmente assistimos uma série de desatinos ocorridos sob o manto da psicoterapia, que por falta de um parâmetro mais preciso, escapa dos controles dos referenciais éticos e muitas vezes teóricos.

A relação de ajuda que a psicoterapia estabelece é algo que, de acordo com a proposta teórica que a referencia, possui especificidades bastante peculiares. O próprio conceito de ajuda implica numa reflexão do que nos referimos ao usar tal conceituação.

Do ponto de vista existencial, ajuda terapêutica implica numa postura onde o psicoterapeuta atua como catalisador dos problemas e desatinos emocionais do paciente, apresentando-lhe balizamento e reflexões para que ele possa libertar-se de suas amarras existenciais. Assim por exemplo, se estou diante de uma paciente que é frequentemente espancada pelo próprio marido, a minha condição de ajuda terapêutica será no sentido de levá-la a uma reflexão das razões que fazem com que ela se mantenha num relacionamento tão destrutivo. Ou ainda, quais circunstâncias implicam em sua realidade existencial a manutenção de um relacionamento onde a agressão física norteia a própria dimensão desse vínculo. De outra parte, perderei a minha condição de ajuda terapêutica se eu enfrentar o marido dessa paciente, seja para defendê-la de tais agressões, seja mesmo para puni-lo por tais atos. Nestes casos, perderei minha condição de psicoterapeuta para tornar-me cúmplice dessa mulher em seus desatinos existenciais.

Nesse ponto, é também bastante importante que se estabeleça uma distinção bastante clara dessa ajuda terapêutica que ocorre num processo de psicoterapia e outros contatos terapêuticos vividos pelas pessoas em muitos momentos de suas vidas.

Na psicoterapia, ao longo de meses, anos, o paciente encontra-se com o psicoterapeuta e vai discorrendo sobre suas dificuldades, amarras existenciais e vai tendo a de compreender sua dinâmica de vida, bem como livrar-se até mesmo de seus desatinos existenciais.

Contato terapêutico, por outro lado, são aqueles encontros onde, embora não exista o estabelecimento de um setting terapêutico, ainda assim exista o surgimento de uma situação catártica com o alívio imediato até de aspectos de estrangulamento existencial. Assim, aquelas situações como viagens inter-urbanas de ônibus quando uma pessoa desconhecida se senta ao nosso lado e vai desfiando um corolário de problemas nunca dantes narrados a outrem. Ou então aquelas situações de mesa de bar, quando amigos se encontram e desfiam problemas das mais diferentes naturezas e abrangências. Nessas duas situações o que fica bastante evidenciado é que estamos diante de situações de catarse emocional, ou mesmo alívio de dores existenciais contundentes, não podendo, no entanto, ser situações que podem vir a ser colocadas na mesma dimensão de um processo psicoterápico. Essas situações catárticas trazem, sem dúvida, bastante alívio e um bem-estar indiscutível a quem eventualmente delas participar; mas ainda assim não podem ser contrapostas com a situação psicote-rápica onde os problemas são aprofundados de maneira articulada e enfeixados com a realidade existencial do paciente. A catarse promovida pelo processo psicoterapêutico é sequencial na medida em que o paciente for adquirindo, de forma paulatina e bem estruturada, uma condição emocional mais sólida para o enfrentamento de suas mazelas existenciais.

Nesse aspecto, a psicoterapia existencial atua no sentido de promover um encontro através da psicoterapia, em que o paciente possa promover sua condição humana no sentido de atingir patamares diferenciados em sua rea-lidade existencial.

Enquanto falamos em encontro único, estamos nos referindo a uma possibilidade ímpar de relacionamento entre o psicoterapeuta e o paciente, encontro esse que além de direcioná-los para uma nova concretude existencial, estará alicerçando as bases de sua condição humana. E por mais que se repita sobre a necessidade de se ter presente que a psicoterapia sempre é encontro único tal premissa necessita ser compreendia numa totalidade mais abrangente para que se dimensione a verdadeira amplitude dessa premissa.

O paciente quando procura pela psicoterapia sempre tem atrás de si uma somatória de problemas questão a agrilhoar-lhe a própria vida. Não existe alguém que procure pela psicoterapia estando num estado de plenitude e exuberância existencial. Ao contrário de uma agência de turismo onde as pessoas, com raras exceções, vão em busca de viagens rumo ao prazer, no consultório psicoterápico elas procuram a superação de problemas e dores que estejam agrilhoando a própria vida. Podemos afirmar que a primeira providência que o paciente toma quando se sente em condições de abandonar o processo psicoterápico é afastar de si mesmo, e de seu imaginário, tudo que, de alguma maneira, possa lembrar-lhe de seu processo psicoterápico.

Existem casos até, onde o paciente, inclusive, elimina de sua agenda telefônica possíveis telefones do psicoterapeuta, deixando para procurá-lo através de outras formas em caso de eventual necessidade futura. O psicoterapeuta é alguém que lembra a esse paciente de momentos e situações que ele luta para esquecer ou eliminar de sua vida. Isso certamente é uma das tantas variáveis que fazem do papel do psicoterapeuta um emaranhado muito complexo de situações a serem superadas em seu cotidiano.

Evidentemente que escrevo sobre o setting terapêutico em psicoterapia existencial a partir de minha própria experiência pessoal. Outros psicoterapeutas existencialistas talvez tenham padrões diferentes de setting terapêutico, e é justamente nessa possibilidade múltipla que reside a vertente existencialista. O meu modo de atuação confere a minha atuação profissional e ao setting terapêutico que estabeleço aspectos bastante peculiares. É importante ainda ressaltar que o setting que descreverei detalhadamente a seguir pode ser diferente do setting terapêutico de outras psicoterapias existenciais. Tal situação deve-se única e exclusivamente ao fato da ótica existencialista permitir um esboço mais amplo no relacionamento psicoterapeuta-paciente. Não existe, assim, certo ou errado numa confrontação direta com aquilo que estabeleci como setting terapêutico. Podemos afirmar ainda, indubitavelmente, que até mesmo as correntes teóricas mais ortodoxas também permitem flexibilidade do setting terapêutico de acordo com características pessoais ou mesmo de fatores inerentes as problemáticas do paciente.

Ressaltamos sempre que toda generalização é indevida. As nuances de cada atendimento são muito ricas para não serem consideradas como determinantes das peculiaridades de cada caso. Não existe, por exemplo, o mesmo branco para diferentes situações ou mesmo pessoas. A florada da figueira branca não tem o branco das margaridas brancas. São tons diferentes de branco, embora as duas sejam brancas. Assim como o branco que simboliza a paz não é o branco esbranquiçado das nuvens. Esses multitons que compõem as facetas de um mesmo tom evidenciam as múltiplas possibilidades que existem e incidem sobre um mesmo fenômeno. A condição humana, muito mais rica em detalhamento e diversidade, certamente precisa se abrir para uma percepção de multiplicidade, sem limites de nenhuma natureza.

A seguir descreverei o detalhamento do setting terapêutico que desenvolvi na minha prática psicoterápica:

**a) Do horário –** Estabeleço uma frequência de atendimento de duas sessões semanais e também uma dobradinha horária por um simples encaixe dos dias semanais. Assim, atendo um determinado paciente as segundas e quartas-feiras das 18h00. De acordo com a sua condição emocional esses horários poderão ser desdobrados, sendo que os casos mais contundentes no nível do desespero humano – suicídio, por exemplo – são atendidos, muitas vezes, através de cinco sessões semanais. Minimamente, no entanto, o meu critério de atuação é de duas sessões semanais.

O nível de encontro horário que estabeleço com o paciente determina que o seu horário seja cumprido pontualmente, pois além de haver outro atendimento no horário seguinte, existe sempre o fato de ele acoplar o horário da psicoterapia com outras atividades. Também é colocado que, embora exista uma preocupação muito grande da minha parte em manter a pontualidade horária, em algumas ocasiões poderá haver atraso nesse horário se o paciente do horário anterior encontrar-se numa situação de desarvoro emocional e que, portanto, necessite de alguns minutos a mais para restabelecer-se em termos emocionais.

Este tipo de colocação, aliás, dá ao paciente um grande esteio emocional, pois o que é colocado de forma subjetiva é que ele também será escorado em sua dor, podendo, assim, expandir um pouco do seu limite horário quando isso de fizer necessário. O término horário de uma sessão não significa necessariamente o fim do sangramento d'alma que ele possa estar vivendo. Prorrogar a sessão por alguns minutos para que ele encontre minimamente um pouco mais de alívio é dar-lhe o resgate de sua condição humana e de dignidade existencial. A questão muitas vezes colocada por alguns pacientes que, então nos casos de atraso todos saberão que ele estava num total destrambelho emocional é simplesmente rechaçada com colocação simplista até que os atrasos poderiam perfeitamente ter ocorrido em sessões anteriores. Certamente o paciente subsequente não tem como saber onde e por que se iniciou o atraso nos horários das sessões. Dessa maneira, tenta-se resguardar o paciente diante de uma possível exposição em sua fragilidade emocional, assegurando-lhe a condição de respeito à sua dor.

De outra parte, é importante ainda deixar-lhe claro que esses atrasos ocorrem apenas em situações excepcionais, para que não se passe a sensação que ele terá de se deparar semanalmente com os transtornos que esses atrasos certamente provocarão em sua vida. Ainda dentro dessa questão horária, também fica estabelecido que se o paciente não puder comparecer nos horários estabelecidos previamente haverá um esforço de minha parte para repor essas sessões ainda que em outros períodos. Assim, um paciente que tem a sua sessão programada para as 19h00 de segunda-feira poderá ter uma reposição em uma terça-feira às 15h00; mas fica sempre evidenciado que as possíveis alterações e consequentes reposições são efetivadas em casos de extrema necessidade. Assim não são considerados aqueles casos em que a reposição é solicitada quando fica evidenciada atitude sua de negligência quanto ao horário ou, ainda, quando a falta é uma tentativa de não se entrar em contato com situações difíceis e que estavam sendo mostradas na psicoterapia. Essas faltas denotam resistência ao processo psicoterápico em si, ao contrário, são abordadas enfrentando-se esse questionamento e consequente reflexão para trazer-se à consciência a subjetividade presente no imaginário. E que estaria a justificar a ausência na psicoterapia, bem como a resistência manifestada diante das questões emergidas.

É importante ainda que se fique claro que as possíveis mudanças horárias e eventuais reposições terão de ser realizadas em perfeita sintonia entre o psicoterapeuta e o paciente, não sendo permitida a ocorrência de uma atitude unilateral do paciente no sentido de mudar de maneira isolada um contrato que envolve duas partes em eventual negociação. Nesse ponto, é interessante salientar que um processo que apresente duas partes envolvidas deve ter a participação de ambas diante de qualquer perspectiva ou mudança. Não é aceitável, assim, que uma das partes decida isoladamente qualquer procedimento e apenas comunique à parte passiva sobre a deliberação a ser efetivada. E isso, decididamente, vale não apenas para o processo psicoterápico, mas para qualquer forma de relacionamento. Fazemos o registro de tal ocorrência a partir da psicoterapia apenas e tão somente por estarmos diante de uma análise de suas condições estruturais, não excluindo, portanto, outros dimensionamentos das relações interpessoais.

É sabido ainda que muitos teóricos afirmem que a psicoterapia reproduz de maneira precisa a conduta do paciente em sua vida além do consultório. Desse modo, diante de uma falta do paciente a uma sessão psicoterápica, o procedimento primeiro a ser adotado é investigar o significado da falta, bem como o simbolismo de sua repercussão no processo psicoterápico. A possibilidade de reposição do horário tem de se mostrar viável apenas diante de uma situação real, onde o paciente não pode comparecer à sessão e necessite dos efeitos do processo psicoterápico em sua realidade existencial. Toda e qualquer alteração deverá ser efetivada conjuntamente, de modo que as peculiaridades das nuances do processo sejam preservadas e revertidas em prol do paciente e de seu crescimento existencial.

A psicoterapia é um processo que faz parte da realidade existencial do paciente, assim como outros compromissos e realizações. Cumprir efetivamente o horário inicialmente proposto será um balizamento que irá auxiliá-lo em seu processo de reorganização emocional. Do contrário, a psicoterapia será, ao invés de um sustentáculo emocional para a sua reorganização emocional, mais um ponto de desarranjo e desequilíbrio em sua realidade existencial. Cada situação merece uma análise bastante detalhada, em que essa série de fatores deve ser considerada sem exclusão das possíveis variáveis presentes nessa ocorrência.

O desenrolar do processo psicoterápico, por outro lado confere ao relacionamento um conhecimento de peculiaridades do paciente que permite ao psicoterapeuta deliberar de forma ampla cada possível modificação que venha a ser necessária no desenvolvimento das sessões. Assim, depois de certo período de psicoterapia, as nuances de detalhamentos de conduta do paciente são sensivelmente claras na percepção do psicoterapeuta, o que permite, por si, uma compreensão melhor e até mesmo balizamento das variantes do processo.

**b) Da remuneração** – A questão de remuneração sempre é uma das temáticas mais revestidas de polêmicas quando se evocam questões do setting terapêutico. O pagamento de benefícios é uma questão que se reveste de uma importância muito delicada na medida em que confere ao tratamento um teor de prioridade em relação a outras necessidades do paciente

Algumas correntes teóricas preconizam que não deve haver discussão sobre o valor a ser pago como honorário profissional. Argumentam ainda que se o paciente não condições de pagar pelos honorários exigidos pelo psicoterapeuta, ele deve procurar por outro profissional que tenha um preço mais compatível a sua realidade econômica. Também é colocado que se o psicoterapeuta aceitar negociar o preço de seus honorários profissionais ele estará se desqualificando e, portanto, contribuindo para que o próprio processo psicoterápico também se desqualifique.

É fato que o preço de uma sessão de psicoterapia não é uma mercadoria que se pode ser barganhada em campanhas promocionais, com se fossem artigos de liquidações em fim de temporada. Igualmente também é verdadeiro que a psicoterapia é um processo que precisa ser valorizado por ambas as partes envolvidas e a questão do pagamento pode ser um divisor de águas nesse aspecto. Nesse ponto, uma pequena reflexão sobre a inserção do psicoterapeuta na realidade contemporânea é muito importante para uma compreensão mais ampla da questão.

Chessik[12] advoga que o psicólogo descente de uma linhagem que se origina na figura do xamã, passa pelo médico de família, pelo confessor religioso, pelo confidente do chá da tarde e por outros antecessores que tinham, como proeminência existencial, de atenuar a dor do outro pelo processo de escuta. Portanto, se não houver uma compreensão precisa do valor terapêutico da psicoterapia seu papel acaba se misturando aos seus ancestrais, que promovem o alívio através da catarse e não efetuavam nenhuma cobrança de honorários profissionais. Podemos mesmo afirmar, sem possibilidade de erro, que muitos psicoterapeutas possuem dificuldades de lidar com a questão da remuneração profissional, pois não têm nem para si mesmo um delineamento preciso acerca da importância do processo psicoterápico. E de sua diferenciação em relação a outros processos que, embora promovam algum tipo de alívio catártico, ainda assim não se equivalem em importância e mesmo na articulação e enfeixamento de problemas como é a psicoterapia. Se o próprio psicoterapeuta assim não valorizar o processo por ele conduzido, seguramente será difícil estar estabelecendo um honorário profissional pertinente, já que a sua base de reflexão sobre a importância do processo estará seriamente comprometida. E o que pior, não será apenas a questão do pagamento do honorário que estará em discussão, mas a sua própria eficácia profissional. Pois se não houver uma valorização no sentido de se ter claro o diferencial do processo psicoterápico, certamente tanto a questão do honorário como de outros itens do setting terapêutico estarão irreversivelmente comprometidos.

Um parêntese que se faz necessário nessa discussão envolvendo a questão dos honorários profissionais do psicoterapeuta é aquele que nos remete á realidade econômica do país e a situação de extrema pecúnia vivida por grande parte da população. Assim, e sem deixar de considerar nenhum dos pontos acima colocados, é importante que o psicoterapeuta esteja atento para compreender esse tipo de problemática e colher o paciente em seus desatinos existenciais.

A realidade contemporânea, em que o desemprego ganhou dimensões sequer imagináveis em décadas passadas, necessita compreender cada caso isoladamente e verificar a realidade financeira do paciente sem usar de interpretações indevidas diante de sua dificuldade em assumir o compromisso do pagamento de honorários. A falta de condições financeiras não significa resistência em se

---

[12] CHESSIK, *Why Pshicoterapists fail*. New York: Science House, 1971.

assumir o tratamento. A resistência diante do tratamento é algo que deve ser cuidadosamente verificada para não se incorrer em falsas digressões teóricas.

É sabido que muitos pacientes hoje necessitam de psicoterapia justamente por problemas advindos de suas realidades financeiras. Nesse sentido, é muito importante que não se coloque tais questões num mero psicologismo sem considerar-se o sofrimento vivido por ele devido às suas condições econômicas. Igualmente é fato que o psicoterapeuta, de outra parte, necessita dos honorários profissionais para sobreviver, cabendo, então uma análise da pertinência desse tipo de problemática em sua realidade profissional. Sou impelido a afirmar que todo psicoterapeuta deveria ter consciência e responsabilidade social no sentido de abrir suas possibilidades de atendimento para pessoas carentes em níveis socioeconômicos. Seria muita idealização da minha parte que, enquanto categoria, eles abrissem seus espaços para acolher as pessoas vitimadas pelo modelo socioeconômico que se instalou no país. No entanto, o que se assiste ainda, em que pese os índices disponíveis da desestruturação econômica vivida pelo país, é a colocação de inúmeros psicoterapeutas de que a dificuldade do paciente em assumir um compromisso honorário de psicoterapia nada mais é do que resistência ao treinamento em si. Repito: evidentemente, existirão muitos casos onde a questão dos honorários de fato é resistência ao tratamento, mas também há outros tantos em que a dificuldade socioeconômica é empecilho para submeter-se ao tratamento psicoterápico.

É necessária também uma colocação no sentido de ter claro que o psicoterapeuta, ao contrário de seus descendentes, mantém-se a si mesmo, sendo responsável, com algumas exceções, pelo seu próprio sustento socioeconômico. Basta pensar-se no padre ou no pastor, num simples contraponto, que igualmente exercem atividades de promoção de alívio catártico e que podem desenvolver suas atividades sem receber renumeração do assistido, pois possuem uma ordem religiosa ou igreja a sustentar-lhe em suas necessidades básicas. Dessa maneira, é possível facilmente pensar-se numa atividade samaritana, pois o religioso não precisa preocupar-se com questões comezinhas, como aluguel, conta de telefone, honorários de secretária, etc. Esse balizamento é fundamental para que essas questões que envolvem o pagamento de honorários profissionais sejam compreendidas em sua verdadeira essência. Temos até mesmo a presença de psicólogos que exercem igualmente a atividade de religiosos – padres, pastores, etc. –, o que torna essa questão ainda mais delicada, pois todos os pontos levantados nessa reflexão encontram-se imbricados de modo indissolúvel tornando essa questão ainda mais polêmica. Ademais, o psicólogo ou psicoterapeuta exerce sua atividade misturando-se com quesitos inerentes á sua condição religiosa, o que se torna esse binômio dotado de uma complexidade estrutural de difícil compreensão.

A psicoterapia existencial não apresenta uma postura fechada em relação á questão dos honorários profissionais, permitindo que o psicoterapeuta exerça sua liberdade de ação e escolha para determinar a melhor forma de procedimento para o seu exercício profissional. As reflexões que empreitamos nesse item visam muito mais a ampliação do leque de opções acerca do setting terapêutico do que propriamente determinar normas específicas de conduta. Nas atividades que exerço enquanto supervisor de jovens psicoterapeutas procuro levantar o maior número possível desses pontos para que cada um desses supervisionandos possa fazer sua própria síntese e escolher o procedimento que melhor possa se adequar á sua própria realidade existencial. Nada mais. O melhor procedimento, o melhor procedimento, a melhor maneira de se efetuar a cobrança dos honorários profissionais, enfim todos esses detalhamentos serão aqueles que o psicoterapeuta escolher como sendo o mais viável e adequado para o exercício de sua prática profissional.

**c) De Vínculos Afetivos Preexistentes à Psicoterapia** – A maioria das correntes de psicoterapia preconiza que o psicoterapeuta não tenha nenhum envolvimento anterior cm o paciente antes do processo psicoterápico. É fato que determinados vínculos – amizades estreitas com parentes do paciente ou ainda se atender simultaneamente pessoas de uma mesma família em processos individuais de psicoterapia – certamente serão prejudiciais ao desenvolvimento pleno da psicoterapia. E aí não se trata de simplesmente escamotear-se a realidade dos fatos, pois a existência de vínculos anteriores ao processo psicoterápico em si já dará uma configuração específica ao processo, prejudicando-lhe o seu pleno desenvolvimento. A maioria das correntes de psicoterapia propõe que o psicoterapeuta, bem como a própria psicoterapia sejam neutros, assim como uma folha em branco. Primeiramente, é preciso salientar-se que não existe neutralidade nem no campo da psicoterapia, nem em qualquer outro campo da ciência. Ao escolhermos uma determinada linha teórica o fazemos a partir da identificação dessa teoria com a nossa concepção de homem, valores e mundo. De princípio, já não somos neutros, pois vamos atender ao nosso paciente segundo a concepção filosófica e todo o seu enfeixamento de compreensão da condição humana.

De outra parte, não resta a menor dúvida que envolvimento anterior com paciente será uma variável que impedirá o desenvolvimento pleno da psicoterapia. O conhecimento por parte do paciente de que o psicoterapeuta mantém relações afetivas com alguém de sua realidade existencial certamente será inibitório para que ele possa deixar fluir questões que envolvam essa pessoa. E não há como exigir que o paciente se desenvolva plenamente se ao mesmo tempo o deixamos atrelados a questões de envolvimentos afetivos e que extrapolam os vínculos estabelecidos no processo psicoterápico.

Algumas correntes teóricas de psicoterapia são rígidas nesse aspecto e creio mesmo, embora façam disso uma afirmação meramente pessoal e sem abrangência para outros psicoterapeutas existencialistas, que vínculos anteriores possuem a condição de atravancar o desenvolvimento psicoterápico. Não há como querer que o processo psicoterápico com o filho de um amigo pessoal posso fluir, ou então que uma ex-namorada de um filho meu possa estar á vontade para colocar seus desatinos diante de mim; ou que o marido de uma ex paciente possa confiar que não estarei fazendo uma avaliação dúbia de sua problemática existencial, ou que, apesar de tê-lo como paciente, usarei como referencial dados e fatos colocados pela sua ex esposa.

Alguns psicoterapeutas existenciais não são tão rígidos com relação a tais questões. Porém, é sempre importante frisar que a proposta existencialista não apresenta estruturas uniformes de atendimento nem tolhe o psicoterapeuta no sentido de que ele possa escolher a melhor maneira de se adequar diante dessas questões em sua prática profissional. E usando desse arbítrio é que faço tais colocações, salientando, ainda assim, que a minha postura nessas questões toca muito de perto de outras correntes teóricas mais inflexíveis; isso significa dizer que a síntese que fiz para o desenvolvimento do meu exercício profissional apresenta similaridades outras correntes teóricas. E isso não pode ser considerado nem como demérito nem como virtude, mas única e tão somente que efetivei uma síntese que vai ao encontro a outras correntes teóricas.

E se assistimos nos dias de hoje questionamentos severos sobre terapias que abordam diversos membros de uma mesma família, o cuidado no resguardo de determinadas vinculações irá colaborar para que o paciente, de fato, encontre no processo psicoterápico guarida para seus desatinos existenciais; ou ainda nas palavras de Merleau-Ponty[13], ensina que se fala sempre do problema do outro, *de intersubjetividade*, etc. Na realidade, o que se deve compreender é, além das pessoas, os existenciais segundo os quais nós as compreendemos e que são o sentido sedimentado de todas as nossas experiências voluntárias e involuntárias. É dizer que o nosso campo perceptivo se abre para acolher as verdades perceptivas do paciente que deve ter uma amplitude total do nível de consciência para poder detalhar a pertinência de sua própria realidade existencial. Não há como exigir-se uma psicoterapia de desenvolvimento pleno se não livramos o campo perceptivo de nosso paciente de questões que lhes são transformantes ou ameaçados.

---

[13] *Fenomenologia da Percepção. Op. cit.*

**d) Da transferência** – A transferência é uma das temáticas mais revestidas de controvérsia quando se fala da prática da psicoterapia existencial. Lembro-me que diversas vezes falei dessa temática em eventos de psicoterapia existencial, sendo alvo das mais diferentes críticas, pois os meus pares existencialistas, na sua maioria, sequer aceitam o processo conduzido á luz da ótica fenomeno-lógico existencial que apresenta manifestações do conceito de transferência. Ou ainda, a transferência é meramente um conceito trazido ao campo da psicoterapia pela psicanálise e só ocorre quando a psicoterapia estiver fun-damentada nos princípios psicanalíticos, não existindo por si isolada desse conceito teórico. Insisto novamente que o meu posicionamento é pessoal e não encontra unanimidade entre outros psicoterapeutas de orientação exis-tencialista. E se ainda assim estiver esbarrando em princípios que norteiam a prática psicoterápica de orientação teórica que não a existencial, a questão é de foro íntimo para cada um dos que estiverem se debruçando sobre essas linhas no sentido de compreendê-las, para que um esboço significativo possa se configurar de modo convincente.

A transferência é uma conceituação teórica sobre o fenômeno de o pacien-te transferir para a psicoterapeuta valores e conotações de sua própria história de vida. Assim, diante de uma reflexão feita pelo psicoterapeuta, o paciente pode trazer para a sessão sentimentos que possui em relação ao próprio pai. O simplismo desse exemplo serve apenas, naturalmente, para enfeixarmos a base do que iremos discorrer, pois o fenômeno da transferência envolve questões muito subjetivas, cuja complexidade exige grade sensibilidade do psicoterapeuta para serem apreendidas em sua total abrangência. O que não podemos perder de parâmetro é que a transferência deve ser utilizada en-quanto instrumento de análise da estrutura emocional do paciente. O manejo da transferência não pode estar equidistante da própria condição como a psicoterapia se desenvolve.

A proposta existencialista deve ser pontuada, em sua abrangência libertá-ria, no sentido de que, se aceitarmos a transferência enquanto fenômeno passível de ocorrência no processo psicoterápico, não podemos aceitar o relacionamento transferencial. O relacionamento transferencial apresenta peculiaridades es-tanques para que possamos dimensioná-lo como viável para a libertação das amarras existenciais do paciente.

A transferência na proposta existencialista deve servir ao propósito de sinalizar ao paciente a maneira como ele resolve suas vicissitudes existen-ciais. Transferir é adiar questões de vertentes emocionais que não estão sendo enfrentadas de maneira adequada. É sempre importante salientar que essa definição de deslocamentos dos sentimentos deve ser buscada conjuntamente com o paciente; do contrário, estaremos agindo como a maioria das psicoterapias que entendem o paciente de acordo com a sua ótica sem qualquer convergência com a realidade dele. A principal finalidade da psicoterapia é fazer com que o paciente readquira sua condição humana, acreditando em suas potencialidades, descobrindo-se em aspectos que para si mesmo eram nebulosos para, em última instância, acreditar nessa condição humana. Por isso é que psicoterapeutas mais experientes afirmam que, independente da linha teórica, o processo psicoterápico é eficaz quando tem a capacidade de resgatar o paciente de seu sofrimento emocional gerado, quase sempre, pela perda que tangencia sua potencialidade humana de recuperação diante dos desatinos da própria vida; ou ainda, nas palavras de Merleau-Ponty[14], para quem o puro espectador em que ergue toda coisa à essência, que produz suas ideias, somente tem garantias de com elas tocar o ser atual que é o modo do ser predicativo. É dizer que a própria descoberta de sua condição humana é a matriz libertária para o enfrentamento do conjunto de problemáticas que podem estar cerceando seu desenvolvimento existencial.

Detalhamentos de como atuam certas linhas teóricas são apenas circunstanciais diante desse aspecto do resgate da própria condição humana. Se determinadas correntes teóricas enfatizam aspectos adormecidos no inconsciente, se outras sustentam que as origens dos problemas estão em vidas passadas. E se outras, ainda, afirmam que tudo se originou no momento do nascimento e quantas mais teorizações forem possíveis de serem arroladas para explicar alguns comprometimentos emocionais, ainda assim, na essência daquilo que se propõem as psicoterapias, o cerne dos fatos nos remete á condição de que a verdadeira libertação do paciente se dá quando ele resgata novamente o esplendor de sua condição humana. Este aspecto converge para a afirmação de que independentemente da linha teórica que está a embasá-la toda a qualquer psicoterapia é eficiente se respeitar e buscar atingir esse preceito básico.

É própria da condição humana a busca pela novidade, principalmente quando envolve uma nova explicação sobre a conduta humana. E isso por si ajuda a explicar o número tão grande de teorizações que tudo explicam e que fazem com que surjam a cada dia tantas correntes tentando o aperfeiçoamento das próprias explicações existentes. E no sumo próprios fatos, sempre iremos encontrar a necessidade humana de compreender de maneira mais abrangente possível sua condição emocional.

[14] *Ibidem. Op. cit.*

**e) O Uso de Medicamentos Aliado ao Processo Psicoterápico** – Durante muitos anos, a vertente existencialista propagou em toda a sua condição a proposta da antipsiquiatria apresentada principalmente por Laing e Cooper[15]. Desse modo, além de serem questionados os principais enunciados da psiquiatria tradicional, lançaram-se por terra todos os procedimentos dessa mesma psiquiatria. Passado o furor inicial, temos que a proposta de Laing e Cooper apresentava como alternativa ao treinamento de confinamento psiquiátrico um acompanhamento para esses doentes em algo que dominamos hoje em dia *hospital dia*. Isto significa que, ao invés de trancafiar o doente mental em hospitais manicomiais, se enseja uma alternativa de tratamento sem a internação e com o acompanhamento da família e até mesmo de um controle medicamentoso. Nesses casos, certamente a medicação não será utilizada, com os resquícios punitivos dos remédios utilizados nos processos de internamento, tampouco como controle social acerca da conduta desse paciente. Ao contrário, a medicação administrada visa, acima de tudo, promover o reequilíbrio desse paciente para que ele possa readquirir sua condição humana. Em termos específicos de psicoterapia, também é necessário um posicionamento lúcido do psicoterapeuta para que não percamos essa condição libertária em mera e vã digressão teórica.

Antes de se questionar a manutenção do medicamento administrado ao paciente, sejam eles ansiolíticos, antidepressivos, calmantes ou estimulantes, é preciso avaliar-se como e quando eles foram prescritos e com que intenções. É sabido que muitos pacientes buscam a psicoterapia depois de serem avaliados numa consulta psiquiátrica realizada em um período de tempo absolutamente curto; na falta de melhor avaliação de sua condição emocional, recebem a prescrição medicamentosa, que serve muito mais de controle de sua insatisfação existencial do que qualquer outro sentido ou finalidade. Consultas que são cobertas pelos chamados convênios médicos determinam que a abrangência de cada atendimento dure cerca de quinze minutos. Na falta de melhor avaliação, simplesmente prescrevem-se determinados remédios para que o paciente ao menos sinta que foi avaliado e compreendido em suas queixas e dores emocionais.

Dessa forma, uma possível avaliação da real necessidade do paciente em utilizar-se de medicação deve ser criteriosa. A psicoterapia não pode prescindir

---

[15] LAING, Ronald D. e COOPER, David. A partir de uma revisão na obra de Jean Paul Sartre embasaram sua obra criando a chamada antipsiquiatria. Seus estudos baseados na filosofia sartriana criaram um novo dimensionamento para a compreensão da doença mental. E sua contribuição para o campo da psiquiatria foi de tamanha envergadura que houve mesmo um novo esboço de compreensão da saúde mental a partir de então.

de nenhum tipo de ajuda. Não se trata simplesmente de excluir a possibilidade de auxilio medicamentoso, ou de possível efeito de reequilíbrio emocional do paciente, e sim de verificar-se até que ponto ele realmente precisa desse tipo de ajuda.

Alguns teóricos comparam o efeito da ação medicamentosa ao ato de se enxugar o chão diante de uma torneira aberta, ou seja, se ela não for fechada, não adiantará enxugar o chão. Da mesma forma, a medicação alivia os efeitos de determinado tipo de sofrimento, sendo que as vicissitudes que estão levando o paciente a desestabilizar-se não são consideradas. Na realidade, são elas que fazem com que, inclusive, ele tinha perdido a fé em sua condição humana.

Portanto, independente das razões que possam ser balizadas para justificarem o uso de certos medicamentos, o cerne da questão é avaliar sua real necessidade, bem como coadjuvante no processo psicoterápico. Se a psicoterapia não prescindir de nenhuma forma de ajuda, tampouco deve recorrer a determinadas formas de auxílio que, muito mais do que ajudar ao paciente, pode estar provocando um nível de dependência não apenas química, mas também e principalmente, emocional. A avaliação criteriosa do recurso medicamentoso é condição primordial para se adotar esse tipo de coadjuvante, pois do contrário estaremos agindo de maneira a cercear a verdadeira libertação existencial do paciente na medida em que somos coniventes a esses tipos de dependência.

No momento em que as pessoas estão recorrendo a todos os tipos de entorpecimento da consciência através da ingestão de drogas e de bebidas alcoólicas para aliviar o desespero de suas vidas, certamente a conivência com o uso de remédios, que igualmente alteram a consciência e a própria percepção dos fatos, deve ser cuidadosa e criteriosamente avaliada. Não se trata de expor nenhuma paciente ao risco de suicido se a sua vida estiver controlada por determinados antidepressivos, tampouco colocar alguém diante de situações de noites e noites de insônia. E sim de se avaliar até que ponto o remédio não é apenas mais uma forma que se buscou para escamotear a própria realidade.

Na medida em que a psicoterapia se propõe a ser um processo libertário, tais questionamentos não podem prescindir de uma reflexão que envolva o paciente em todas as condições de sua realidade existencial. E nem de se excluir o momento de sua realidade existencial, e mesmo o momento de sua vida em que a ingestão medicamentosa se fez necessária para que a realidade fosse possível de ser suportada. Simplesmente abominar a medicação não é atitude libertária. E sim a situação de reflexão que envolve o paciente em suas condições de vida e determinação de sua peculiaridade existencial. Remédio não é alívio para nada, e sim apenas um lenitivo para que o paciente encontre condições para realmente liberta-se de suas amarras existenciais.

É importante insistirmos nesse ponto de que não será possível nenhum processo libertário se não considerar as necessidades do paciente em todo o seu dimensionamento. Se a sua realidade existencial se apresentar com a necessidade da ingestão medicamentosa, isso deve ser considerado para que possíveis barreiras possam ser removidas e sua verdadeira libertação existencial seja alcançada da maneira mais ampla possível.

A psicoterapia deve ser soberana para, conjuntamente com as necessidades do paciente, deliberar sobre a real necessidade do uso de medicação, bem como do momento e circunstâncias apropriadas para a sua suspensão.

Esse mesmo princípio também é válido para as chamadas terapias alternativas – homeopatia, florais de Bach, etc. –, onde, embora os efeitos dos medicamentos não tenham o teor bombástico dos remédios apresentados pela alopatia, ainda assim podem provocar um nível de dependência psíquica comprometedor ao paciente. É sabido mesmo do número de pessoas que têm suas vidas direcionadas a partir dos remédios propiciados pelas terapias alternativas; muitas vezes, inclusive, precisam dos remédios para a realização de práticas simples e comezinhas do cotidiano.

O grande ponto de reflexão, enfim, é questionar junto ao paciente sua dependência em relação a determinados medicamentos independente de suas implicações junto do organismo. De acordo com o teor da medicação, essa reflexão deverá ser mais abrangente e envolvente no sentido de dimensionar junto ao paciente não apenas o nível de dependência emocional, mas também as mazelas e consequências físicas que alguns remédios apresentam e provocam, comprometendo, muitas vezes, até possíveis benefícios emocionais de sua proposta inicial. O remédio em algumas situações pode ser considerado indispensável e absolutamente necessário para o restabelecimento físico e emocional do paciente, sendo que a reflexão proposta no campo da psicoterapia é justamente no sentido de avaliar-se essa real necessidade. Ou então, ao contrário, se elaborar junto ao paciente as razões da ingestão medicamentosa num contraponto com o seu anseio libertário. Alguns psicoterapeutas trabalham, inclusive, com o princípio de tratar o paciente sem o recurso de qualquer tipo de medicação para que os seus desatinos existenciais estejam plenos e completos sem nenhum atenuante. Isso para que ele possa exibi-los de forma absoluta para que sejam tratados numa ampla abrangência dentro do processo psicoterápico.

De qualquer forma, a deliberação a ser adotada diante da prescrição medicamentosa deve ser precisa e criteriosa para que não se perca a essência do sofrimento do paciente em mera e vã digressão teórica. Suspender simplesmente a ingestão da medicação exige riscos e compromissos abrangentes por parte do psicoterapeuta; dessa forma, ele passa a ser corresponsável por possíveis implicações decorrentes da suspensão medicamentosa. Na medida em que a psicoterapia se propõe a ser um processo libertário, o enfrentamento da reflexão sobre a prescrição medicamentosa igualmente deve ser feita dentro desse princípio para que não se perca esse norteamento maior do processo psicoterápico.

**f) Da empatia** – A questão da empatia é revestida de muita polêmica. Algumas correntes mais ortodoxas de psicoterapia propõem que ela é algo a ser buscada através de técnicas específicas. Assim se questiona, inclusive, que quando não existe a empatia no decorrer do processo, a questão deve ser dimensionada nos quesitos da transferência ou da contratransferência.

Stratton e Hayes[16] a definem como um sentimento de compreensão e unidade emocional com alguém, de modo que uma emoção sentida por uma pessoa é verdadeira em alguma medida por outra que se empatiza com ela. A empatia é algumas vezes empregada na indicação do grau de capacidade de um indivíduo para ser empático com os outros. Ser empático é considerado uma condição importante para os psicoterapeutas. Ao se fazer uso da definição de Stratto e Hayes, podemos verificar que a empatia pode ocorrer naturalmente num processo psicoterápico. E em algumas vezes, prescindir de habilidade adquirida talvez não por técnicas específicas, mas sim diante de nossa sensibilidade frente á realidade do outro. Do modo como o nosso olhar dimensiona aquilo que o paciente está trazendo, nos apresentando e confiando ao nosso campo perceptivo.

É fato que, depois de alguns anos de prática psicoterápica, a nossa condição de empatia se expande e passa a abarcar muito mais amplitude que nos primórdios de nossa prática. É certo, também, que uma existência repleta de situações ricas em termos de experiências de vida propicia uma condição genuína de empatia que pode superar o desenvolvimento adquirido através da prática psicoterápica. A fusão de uma existência rica de vivências e o desenvolvimento adquirido através da prática psicoterápica serão um binômio indivisível e que tornará o psicoterapeuta muito habilitado para debruçar sobre a dor do paciente. Na verdade, diante de situações que esbarram em nossas limitações pessoais, o desenvolvimento da empatia será muito difícil e, em alguns casos, até mesmo de total impraticabilidade. Como exemplo, cito um caso que atendia há alguns anos atrás.

Naquela ocasião, atendia pessoas submetidas a torturas físicas e mentais nos anos de chumbo da ditadura civil e militar que assolou o país por duas longas décadas. Convivia com um grande número de atrocidades passíveis de serem cometidas contra a pessoa humana. E com os relatos de pacientes submetidos a

---

[16] STRATTON, P.; HAYES, N., *Dicionário de Psicologia*. São Paulo: Pioneira, 1994.

sessões de afogamento[17], choques elétricos nas genitálias, sessões de pau-de-a-rara[18], espancamentos, rajadas de metralhadoras no meio da madrugada, para que acordassem da maneira mais animalesca possível, além de uma série de outros tantos itens de tortura e humilhação da condição humana. Eram sessões de psicoterapia em que o mais ouvido era situações e termos de aberrações á condição de dignidade humana. E isso sem contar com o número de mortes que esses pacientes traziam em sua vida, fossem elas de companheiros que muitas vezes haviam morrido em sessões e tortura, fossem ainda de parentes igualmente *desaparecidos* nesse descalabro patrocinados pelos militares brasilei-ros com a conivência de parte da sociedade civil. Esses parentes *desaparecidos* muitas vezes eram filhos arrancados do seio familiar e direcionados para os mais diferentes caminhos.

Nesse momento, surgiu em meu consultório um jovem cirurgião-dentista com cerca de trinta anos de idade. Nas primeiras sessões, o processo percorreu sem qualquer fato que se destacasse de outros atendimentos. Trazia questões de sua vida efetiva em alguns momentos e, em outros, fatos relacionados a sua vida profissional. E assim o processo se desenvolveu por algumas semanas com suas questões trazidas, e refletidas sem nenhuma ocorrência que fizesse desse atendimento algo peculiar e que merecesse pontuações específicas sobre a desenvoltura psicoterápica.

Isso tudo até que ocorreu uma sessão onde o que foi dito acima se des-moronou e o que se deu passou a fazer parte da minha vida de psicoterapeuta e até de mim enquanto a pessoa de modo indissolúvel. Destaque-se, mais uma vez, que até esse momento a psicoterapia estava sendo conduzida dentro daquilo que se pode conceber como ideal em termos de empatia. Eu me debruçava sobre sua problemática de modo absoluto e era capaz de refletir e levá-lo nos níveis mais profundos de questionamentos sobre os dados e vivências de sua realidade existencial. Mas aí ocorreu aquela sessão fatídica, em que os meus princípios de psicoterapeuta foram lançados por terra. E os princípios de fraternidade e solidariedade foram exacerbados de maneira indescritível.

---

[17] Sessão de afogamento consistia em levar a vítima até um tonel de água e inserir sua cabeça dentro dele até o momento em que essa estivesse desfalecendo por falta de condições respiratórias. Nesse momento, o torturador retirava a cabeça da vítima de dentro do tonel para que ela pudesse respirar por alguns instantes para, em seguida, se iniciar novamente o ritual de afogamento. Essa prática largamente utilizada no período da ditadura civil e militar, ainda é cometida no interior de algumas delegacias ainda hoje com presos comuns devido à facilidade do instrumental utilizado para tal fim.

[18] Pau de arara era uma tortura realizada com a vítima sendo dependurada em pedaços de paus armados de modo a estrangular o corpo diante de sua recusa em relatar o que os torturadores queriam ouvir. Essa prática igualmente continua sendo executada no interior de algumas delegacias de polícia ainda hoje, também pela facilidade do instrumental utilizado.

Naquele dia, o nosso cirurgião-dentista disse-me que precisava narrar algo que não sabia como eu iria receber, nem se iria aceitá-lo ou continuar a tratá-lo como paciente. Respondi-lhe, então, que estava acostumado com os mais contundentes problemas e realidades da condição humana e poucas coisas existiam com as quais não havia me deparado em minha realidade profissional e pessoal. Fazia tal afirmação estribada no fato de que, além dos casos de torturados acima descritos, ainda coordenava trabalhos envolvendo o atendimento de pessoas vítimas de tentativas de suicídio. E calcado ainda no fato de que eu já trabalhara na penitenciária e em entidades que atendiam meninos de rua. Isso tudo além de trabalhos envolvendo prostituição, logo início do meu desenvolvimento profissional.

Doce e tênue ilusão!

O que o nosso jovem cirurgião-dentista revelou me deixou tão atônito e perplexo que não me foi possível, sequer, terminar aquela sessão. O nosso paciente entre um sorriso amarelado e um olhar frio e distante revelou-me que era torturador do DOICOI[19] e que usava seus conhecimentos profissionais para dar requinte ao ritual de tortura.

Diante dessas revelações, transtornei-me de tal modo que o mandei embora de forma totalmente descontrolada, aos berros. Estes berros foram tão contundentes que impressionaram até mesmo a minha secretária, que nunca havia presenciado uma situação de tamanho descontrole da minha parte. Não me foi possível estabelecer nenhum tipo de compreensão, empatia e nem de nada que pudesse apreender o teor de sua fala. A irascibilidade que tomou conta de mim fez com que aquele ser se sentisse o mais desprezível das criaturas existentes na face da terra. Diante do argumento de que agi segundo um juiz que estivesse acima das vicissitudes humanas a condenar o semelhante, seguramente, hoje, passados alguns anos desse episódio, certamente posso afirmar, sem erro de interpretação, que não me seria possível atender o algoz da tortura num horário, para, na sessão seguinte, atender as vítimas desse algoz.

Talvez eu possa ser questionado no meu descontrole diante de sua revelação e que fosse possível trabalhar com ele o sentido da tortura numa reflexão pormenorizada seria libertária para inúmeras vítimas de suas garras. É real que o simples fato de esse paciente estar fazendo tal revelação provocou em meu ser provocou sentimentos que superaram toda a minha condição de distanciamento da problemática do paciente e consequente empatia da sua realidade.

---

[19] DOICOI era o nome da instituição utilizada pelos militares e que servia como aparelho de repressão e tortura contra aqueles que ousavam pensar e agir diferentemente do que preconizavam os ditadores para a sociedade.

Não houve a menor ponderação na minha atitude e o desatino desse desfecho foi tão grande que ele esqueceu uma pasta de documentos na recepção e que foi retirada por um portador.

Evidentemente, exemplifiquei um caso extremado, onde todos os princípios de dignidade humana foram jogados na lama pela prática da tortura. É verdadeiro que enquanto psicoterapeuta não posso apresentar tamanho descontrole emocional, pois perdeu-se a oportunidade, inclusive, de se saber, a partir do depoimento do torturador, as razões de tamanha barbárie diante do semelhante. E embora existam muitos estudos sobre os efeitos da tortura na condição humana, do torturador e do torturado, certamente a minha atitude em nada contribuiu para o desenvolvimento dessas reflexões. Apenas serve para mostrar que diante de algumas situações de limitações pessoais é necessária uma grande capacidade de superação para, na impossibilidade de continuar a prosseguir no atendimento, promover a indicação desse paciente para outro profissional com melhores condições para atendê-lo. O leite derramado é leite perdido, diz a sabedoria popular, e serve para mostrar a necessidade de melhor desempenho diante daqueles casos de desatinos existenciais, em que a nossa própria condição de psicoterapeuta está exposta de maneira fragilizada. Refletir inclusive sobre tais limitações, ou ainda por que diante de determinados casos não conseguimos estabelecer uma condição apropriada de empatia é condição vital para que o processo psicoterápico possa desenvolver-se de maneira realmente libertária.

Aceitar que temos nossas próprias limitações é aceitar que precisamos desenvolver nossa condição humana de modo igualmente libertário. Do contrário, estaremos escamoteando uma das facetas que seguramente emperram muitos processos psicoterápicos de se desenvolverem plenamente. É estar atento para as possibilidades que a vida se nos apresenta de modo a poder integrá-la em nosso campo perceptivo de maneira harmoniosa, questionando e refletindo a cada passo do processo psicoterápico as razões que emperram muitas vezes o desenvolvimento livre de empatia. É assumir antes de qualquer outro questionamento que o psicoterapeuta é igualmente falível e possui limitações que podem prejudicar o pleno desenvolvimento do processo psicoterápico, além de emperrar o caminha libertário do paciente.

## Considerações complementares

As reflexões propostas no presente capítulo não são conclusivas nem encerram sobre si o absolutismo das verdades axiomáticas que não permitem questionamentos de nenhuma natureza. Ao contrário, iniciamos uma trilha sobre a qual outros seguidores da psicoterapia existencial poderão debruçar-se para não apenas refletir sobre seus postulados, mas também para aperfeiçoar as ideias que ora estão sendo lançadas.

Já foi dito exaustivamente que os existencialistas somos poucos e que só não estamos ainda em processo de extinção pela nossa capacidade de reflexão e superação de nossas limitações. E isso de forma clara e absoluta é que nos direciona para o constante aprimoramento de nossas reflexões e atuações. E assim temos a necessidade de união de nossos materiais para que a proposta existencialista continue a crescer apesar de sermos tão poucos... Poucos, mas apaixonados em demasia em nossas crenças e ideias, por menores que sejam...

## Referências

ANGERAMI, V. A. "O corpo Câncer." *In:* ANGERAMI, V. A.; GASPAR, K. C. *O Câncer diante da Psicologia.* São Paulo: Pearson, 2016.

_____. *Psicoterapia Existencial. Noções Básicas.* Belo Horizonte: Artesã, 2018.

_____. *Breve Reflexão Sobre as Atitudes do Profissional da Saúde Diante da Doença e do Doente. In* Psicossomática e Suas Interfaces. O Processo Silencioso do Adoecimento, Angerami, V. A. (Org.). São Paulo: Cengage Learning, 2013.

CHESSICK, DR. *Why Phychorapists Fail*, New York: Science House 1971

MERLEU-PONTY, M. *O visível e o invisível.* Editora Perspectiva, São Paulo, 1976.

_____. Fenomenologia da Percepção. São Paulo: Editora Martins Fontes, 1999.

SARTRE, J. P. *Crítica de La Razón Dialéctica.* Buenos Aires: Editorial Losada, 1963.

STRATTON, P.; HAYES, N. *Dicionário de psicologia.* Editora Pioneira, São Paulo, 1994.

VAN DEN BERG, J. *O Paciente Psiquiátrico.* Campinas: Editora Livro Pleno, 2006.

**Parêmia Dádiva que a vida se nos presenteia**

*Valdemar Augusto Angerami*

*Adriana*
*Meu Doce Adorado...*

Uma simples conferência em uma cidade aprazível...

Uma entre tantas outras aparições sempre cercadas de afeto e muito mimo. Abre-se espaço para perguntas e ela se mostra...

Como uma aparição inusitada ela surge e se faz magnífica.

Tudo se transforma diante daquela pergunta e do encantamento que ela me provoca. Paralisado precisei me recompor para me atentar ao que era falado. Linda, maravilhosamente morena. O esplendor da deificação em sua forma morena. Fui atingido de modo indefensável. Nada voltaria a ser como antes, e essa certeza apenas se confirmou nos dias seguintes quando passamos a estreitar nossos caminhos e vida. Vidas que se cruzam e se harmonizam. Tudo é sua presença. E desde sempre ela está em minha alma...

Serra da Cantareira, numa noite azul de Primavera...

CAPÍTULO 15

# Contribuições para uma clínica do trabalho existencialista-sartriana

*Rayza Alexandra Aleixo Francisco*
*Sylvia Mara Pires de Freitas*

> *Jamais uma pessoa é simples ou complexa:*
> *a situação é que pode ser uma coisa ou outra.*
> (JEAN-PAUL SARTRE)

## Introdução

A virada do século XXI foi marcada por inúmeras crises no modo de organização do trabalho. As organizações ocidentais, a partir dos anos 70, ao abandonarem a perspectiva tecnoburocrática clássica do modelo taylorista-fordista em favor da cultura da flexibilidade, da qualidade de vida ou qualidade total, e da gestão participativa, inaugurada com o modelo empresarial oriental, foram responsáveis pela difusão de novos paradigmas de gestão, cultura e comportamento em todo o mundo globalizado. Como consequência, as mais diferentes dimensões da vida, como o trabalho, a saúde e a subjetividade foram impactadas, favorecendo uma intensa transformação de valores, crenças e concepções (LUNA, 2012; TONI, 2003; APPEL-SILVA & BIEHL, 2006).

Dessa nova razão estrategista permeada pelos princípios do pensamento sistêmico-complexo, o mercado, cada vez mais competitivo e interligado pelas tecnologias de informação e comunicação, se instaura enquanto instância reguladora da vida em sociedade, fazendo emergir um novo perfil de humano e de trabalhador. Esses profissionais, mais participativos e polivalentes; mais escolarizados, competitivos, criativos e com maior soberania no trabalho, em um movimento de resistência às práticas de controle institucionalizadas, inauguram distintas relações interpessoais almejando um ambiente de trabalho mais justo e sustentável (CHANLAT, 1995; ENRIQUEZ, 2000; FAGUNDES, JOTZ & SEMINOTTI, 2008).

Todavia, as sequenciais transformações observadas na produção e distribuição do capital desencadearam a redução dos custos com mão de obra e o crescente questionamento dos direitos e conquistas trabalhistas por segmentos representativos do capital, engendrando o desmonte da proteção social que se encontrava sob a responsabilidade do Estado, além de repercutir na precariedade das formas de inserção no mercado de trabalho, condições laborativas, aumento das exigências quanto à qualificação e instabilidade do emprego (Toni, 2003).

Nos dois últimos decênios, a fragilidade da atividade humana assalariada, considerada imprescindível enquanto fonte de mediação na constituição de subjetividades e modos de interação social, instigou questões entre pesquisadores e intelectuais sobre a forma pela qual o sujeito contemporâneo estaria se apropriando dos desdobramentos sociais e afetivos promovidos pela precarização e desestabilização – quando não a própria inexistência – desse segmento tão importante para a organização social e psíquica, que é o trabalho.

A Psicologia, influenciada por esse cenário, deixou de estudar apenas os postos de trabalho e instituições, contribuindo para a discussão das estruturas patologizantes das organizações na sociedade do capital especulativo. A categoria teórico-metodológica denominada de Clínica do Trabalho, enquanto segmento da Psicologia do Trabalho de aspiração socioconstrutivista, emerge como um conjunto de diversas epistemologias, teorias e metodologias que têm em comum estudar a relação entre trabalho, subjetividade e intersubjetividade, compreendendo o primeiro como a atividade pela qual o sujeito se afirma na sua relação consigo mesmo e com os outros. Ainda, a associação entre clínica e trabalho apresenta enquanto foco de pesquisa e intervenção a realidade vivenciada pelos sujeitos, aproximando-se de uma clínica social, mas que inclui as vivências de prazer e sofrimento, fundamentadas nas experiências objetivas e subjetivas do trabalho. Por esse viés, a ênfase à palavra clínica se dá na articulação do mundo psíquico com o mundo social, tendo por referência a Psicanálise, a Psicossociologia, a Psicologia Social Clínica, a Psicodinâmica do Trabalho, a Clínica da Atividade, a Ergonomia e também a Filosofia e a Antropologia (Bendassolli & Soboll, 2011a).

A abordagem fenomenológico-existencial fundamentada em Sartre, não obstante, apesar de já consolidada na prática clínica, apresenta pouca aplicação no contexto da Psicologia do Trabalho, quiçá produções científicas nessa área que tomem como objeto de estudo o humano e o trabalho enquanto práxis, tal como defende o filósofo. Desse modo, se outras abordagens teóricas tradicionalmente clínicas em Psicologia contribuíram para a compreensão da relação humano/trabalho na contemporaneidade, acredita-se que a Psicologia

Existencialista também tenha seu tributo a oferecer, corroborando para a expansão da Psicologia Social e do Trabalho de forma a desenvolver, em especial, uma práxis psicológica realmente crítica na promoção de saúde no contexto laboral capitalista.

Para isso, buscaremos viabilizar nas próximas linhas um diálogo entre as teorias hegemônicas contributivas à Clínica do Trabalho, incluindo as questões ontológicas e epistemológicas que fundamentam a filosofia da existência e da sociabilidade de Sartre; o método que o filósofo emprega na sua análise existencial; a relação saúde/doença e humano/trabalho a partir dessa abordagem; bem como considerar uma Clínica do Trabalho de cunho Existencialista Sartriano em termos de práxis psicológica.

## Teorias hegemônicas contributivas à clinica do trabalho

No que se refere as chamadas Clínicas do Trabalho, apesar da nomenclatura residir sob a denominação de 'clínica', as abordagens aqui apresentadas, além de multifacetadas, diferem radicalmente da ideia de clínica de consultório, ao passo que elegem como objeto de análise a relação entre vida psíquica e trabalho na estruturação de processos psíquicos chaves do sujeito moderno, devido ao entrelaçamento de consciência e ação, que reflete e é refletida pela prática econômica, moral, política e ideológica circunscrita (LHUILIER, 2006a, 2006b citado por BENDASSOLLI, 2008).

Assim, a apropriação de questões oriundas da esfera do trabalho pela Psicologia apresenta atualmente entre suas mais importantes perspectivas francesas a Clínica da Atividade, a Psicossociologia, a Psicodinâmica do Trabalho e a Ergologia. A **Psicodinâmica do Trabalho**, talvez a mais conhecida entre todas, irrompe na década de 80 deslocando o lócus de atenção da psicopatologia para a apreensão do que seria considerado normativo nas relações de trabalho, tendo como pano de fundo as organizações capitalistas hipermodernas. É representada principalmente por Cristophe Dejours, médico e diretor científico do Laboratório de Psicologia do Trabalho e da Ação no *Conservatorie National des Arts et Métiers* (CNAM) de Paris, França, com formação em psicossomática e psicanálise. A metodologia de pesquisa nessa abordagem constitui-se enquanto prática interventiva, a medida que os espaços coletivos de palavra possibilitam aos trabalhadores a tomada de consciência sobre sua condição, modificando a relação subjetiva dos sujeitos com o trabalho por meio da compreensão de aspectos incompreendidos da atividade realizada. Com isso, ao contrário da ergonomia, a psicodinâmica do trabalho não visa transformar o trabalho, mas sim a relação subjetiva dos trabalhadores a respeito de suas práticas laborais (CLOT & LEPLAT, 2005 citados por BENDASSOLLI & SOBOLL, 2011b).

A **Clínica da Atividade** (ou Clínica do Trabalho e dos Meios de Trabalho) é liderada por Yves Clot, também psicólogo. É desenvolvida desde 1993 e reforça o movimento crítico da esfera constitutiva do trabalho pela Psicologia. A clínica da atividade fundamenta-se, em grande medida, na corrente histórico-cultural em Psicologia e Linguística, concebendo a atividade em relação a aspectos subjetivos como emoções e cognição, sendo o sentido da atividade o verdadeiro regulador entre vida psíquica e material. O método dessa perspectiva é orientado pela autoconfrontação cruzada, pois visa, através de recursos audiovisuais, a recuperação do sentido das atividades desenvolvidas pelos trabalhadores, estimulando a apropriação pela observação e construção de significados (BENDASSOLLI & SOBOLL, 2011b).

A **Psicossociologia**, também conhecida por Psicologia Social Clínica ou Sociologia Clínica, é a área que aborda diversas questões oriundas da articulação entre o que se encontra na ordem da sociedade e o que faz parte do psíquico, concebendo o sujeito em suas múltiplas dimensões. Apesar de a psicossociologia não conferir um *status* central ao trabalho em suas teorizações, ela investiga aspectos nodais do mundo contemporâneo do trabalho que merecem ser destacadas, como as novas ideologias gerencialistas e de poder nas organizações. Desse modo, a intervenção psicossociológica aplicada ao campo do trabalho investiga e denuncia a mobilização de estruturas psíquicas pelos diversos dispositivos gerencialistas de controle e dominação, tendo seu dispositivo metodológico centralizado na análise social de práticas concretas voltadas para a transformação, ou seja, para o empoderamento dos sujeitos na vida cotidiana, em seus grupos e organizações laborais reais. Destacam-se nessa vertente Vincent de Gaulejac e Eugène Enriquéz, pesquisadores do *Laboratoire de Changement Social* e professores da Universidade de Paris VII (MACHADO, CASTRO, ARAÚJO, & ROEDEL, 2001).

A **Ergologia**, por fim, é a abordagem representada pelo Departamento de Ergologia, na *Université de Provence*, França, cujo diretor científico é o professor e pesquisador Yves Schwartz. A disciplina ergológica tem suas origens na experiência pluridisciplinar iniciada no final da década de 1970 por Schwartz, com a criação do dispositivo denominado de Análise Pluridisciplinar das Situações de Trabalho (APST), que toma a atividade como ponto de partida e de chegada na compreensão da história e do humano em todas suas dimensões e situações concretas. A intervenção ergológica, com o propósito de incitar aqueles que vivem e trabalham a pôr em palavras suas atividades, tornando-as comunicáveis pela confrontação de saberes, fundamenta-se no dispositivo dinâmico de três polos, articulando grau de apropriação de saberes expressos sob a forma de conceitos; grau de apreensão das dimensões históricas presentes na situação de trabalho; e debate de valores a que se vê convocado todo indivíduo num meio de trabalho particular (SCHWARTZ, 2011 citado por BENDASSOLLI & SOBOLL, 2011b).

Ainda que as clínicas do trabalho não se constituam como uma escola de pensamento homogênea, sua convergência vincula-se aos primórdios da Psiquiatria, e remete-se a estudos atinentes à saúde mental do sujeito moderno e às relações sociais de produção, especialmente as tradicionais abordagens filiadas à psicopatologia do trabalho. Assim, as articulações que as fundamentam, tais como o interesse pelo poder em nível ontológico de agir (práxis) e as condições psicossociais em que os sujeitos e os coletivos se apropriam de sua atividade no trabalho, dentre outros, aproximam-se genuinamente da concepção sartreana de sociabilidade, principalmente no que tange a compreensão do sujeito e dos coletivos, da história, do trabalho e da relação saúde/doença em Psicologia (BENDASSOLLI, 2008; BENDASSOLLI & SOBOLL, 2011a; 2011b).

## O existencialismo sartriano

Na década de 40, a filosofia alemã de Heidegger, o método fenomenológico de Husserl e o existencialismo de Kierkegaard se transformam em objetos de interesse de Sartre, a partir dos quais iniciou sua trajetória em pensar e fazer Psicologia. A fenomenologia desses pensadores forneceu a Sartre as bases necessárias para a elaboração de suas principais asserções e conceitos filosóficos de ontologia e epistemologia, bem como seu método em Psicanálise Existencial (SCHNEIDER, 2006).

Em *O Ser e o Nada: ensaio de ontologia fenomenológica* (1997), Sartre aprofundou as noções ontológicas, antropológicas, epistemológicas e dialéticas que compõem a realidade, descrevendo o humano de um ponto de vista individual, num esforço intelectual destinado a demonstrar que o mesmo é livre em consciência, mas que só o será em matéria se agir para modificar ou transcender as condições sociais que lhe contingenciam.

Mais tarde, sob influência do pensamento de Hegel e Marx, na obra *Crítica da Razão Dialética* (2002), o pensador empreendeu em debate as noções de coletividade ao examinar o humano em consonância com as imposições da sociedade e da própria história, consagrando, no seio da sociabilidade de seu pensamento, sua segunda e última grande obra filosófica (PERDIGÃO, 1995; SCHNEIDER, 2006).

Ao abarcar discussões de ordem antropológica e psicológica, Sartre viabilizou a Psicanálise Existencial como instrumento teórico-prático de compreensão objetiva das condições concretas e movimentos possíveis da vida humana. Assim, a filosofia existencialista se estabeleceu como uma nova ontologia dialética fenomenológica, sendo a liberdade em ação fundamento da dignidade e do projeto comum de indivíduos e grupos (SCHNEIDER, 2002; 2006).

Para realizar a investigação do fenômeno de Ser em concretude, Sartre se utilizou do método da investigação fenomenológica criado por Husserl. Desse modo, o fenômeno (ser-Em-si), absoluto em sua pura facticidade contingencial, aparece ao sujeito cognoscente (*ser-Para-si*) e cabe a ele apreender essa aparição em si mesma. O conhecimento constitui-se enquanto uma das formas do Ser se aparecer; e a consciência, refletida ou reflexiva, como uma coisa no mundo dentre outras coisas, posto que só existe na medida em que aparece (SCHNEIDER, 2002).

Com isso, Sartre postulou que toda consciência é intencional e funcional, pois é e está para alguma coisa. Ora, dizer que a consciência é posicional significa que a consciência toma o objeto que está fora dela, no mundo, como objeto para si, não havendo consciência sem objeto. Dito de outra maneira, a consciência, que é sempre espontânea, "ao visar os objetos que estão no mundo, deflagra a percepção de que *'em si'* ela nada pode encontrar" (DANELON, 2003, p. 12, grifo do autor). Assim, a consciência é sempre consciência de algo que ela não é (consciência de um Em-si), ao mesmo tempo em que é o nada – a nadificação do Em-si, constituindo a realidade de duas regiões ontológicas, absolutas e relativas uma a outra: o ser e o nada, as coisas e a consciência, o Em-si e o Para-si (PERDIGÃO, 1995; SCHNEIDER, 2002).

O Em-si, objeto que aparece à consciência, está relacionado à plenitude do ser. Por ser plena positividade, não comporta atributos tais quais: atividade, passividade, possibilidade, temporalidade, potência, pois estes só podem advir através da consciência (Para-si). Nesse sentido, "a intencionalidade da consciência traz em seu bojo o fato de o mundo estar fora da consciência, ou de que a consciência é sempre ausência" (DANELON, 2005, p. 52). E deste movimento dialético original o humano é sempre uma não-totalidade ou uma totalidade inacabada, uma totalização-em-curso. Como relembra Perdigão (1995) o pensamento sartriano, "somos uma perpétua totalização em busca do que nos falta" (p. 44). Ademais, somos, ao mesmo tempo, transcendência e facticidade, pois nos constituímos, inelutavelmente, de corpo (Em-si) e consciência (Para-si) em constante totalização do Em-si-Para-si, e desse deslocamento totalizador do Ser no mundo, definimos os contornos do nosso **eu** ou de nossa **personalidade**.

Por sermos transcendência e facticidade, a consciência não existe no tempo: o tempo é que existe na consciência. Isso posto, o **passado** assemelha-se ao Em-si pela sua absoluta determinação, que se impõe ao Para-si como uma redução total da transcendência do ego à pura facticidade (Em-si). O **presente** é experienciado como perpétua fuga, que só nos aparece quando já está transcendido e se desvaneceu em passado. Assim, o presente que desejamos não passa de uma construção em vistas ao **futuro**, caracterizando-se como uma indeterminação, um possível, sendo "a possibilidade aquilo que falta ao homem, que ele busca para ser completo, para coincidir consigo mesmo" (SCHNEIDER, 2002, p.83).

A escolha dentre o campo dos possíveis, portanto, exprime a importância do **futuro** e da **liberdade** para a realidade humana, pois é a liberdade que possibilita o Ser de nadificar-se e temporalizar-se, escapando de determinismos ou causalidades. Ser livre, portanto, é fazer escolhas concretas de forma autêntica, pela realização de alguns possíveis e exclusão de outros, o que indica que toda liberdade é situada na realidade objetiva e em meio a existência de outros projetos ou liberdades, consistindo o campo da facticidade a resistência ou o obstáculo a ser superado.

A liberdade de eleição, nesse sentido, reside no fato de o Para-si ser livre por ser inacabado. Fazer alguma coisa, ter esse ou aquele projeto, ser isso ou aquilo são as principais categorias de ação humana no mundo ante à nadificação e ao vazio que caracteriza o Ser. Por isso, toda a manifestação concreta da vida humana, incluindo cada singular ato no mundo, representa a expressão de um desejo e de um projeto fundamental, incutido na eleição originária de si (PERDIGÃO, 1995).

Ainda,

> [...] Sartre esclarece em sua conferência *O Existencialismo é um Humanismo* (na qual faz uma síntese de muitas das suas proposições contidas em *O Ser e o Nada*), que não existe uma natureza humana, se por isso entendermos uma essência *"a priori"* e universal de homem [...] Mas que há, entretanto, uma condição humana, no sentido de um conjunto de limites que definem a situação do homem no universo. [...] Essa constatação nos faz compreender que, primeiro, o homem existe, surge no mundo, só depois, a partir do seu processo de relações, é que ele se define, delineia sua essência, seu projeto. Isso significa que, na realidade humana, a existência precede a essência, princípio fundamental do existencialismo sartriano, que ressalta a centralidade do processo histórico para o homem, e também a noção da personalidade como um processo de construção. (SCHNEIDER, 2002, p. 84-85, grifos da autora).

Ou seja, usando de sua liberdade incorporada à responsabilidade, o humano escolhe o que projeta ser, e projeta-se rumo a um campo de possibilidades que deseja para si, "pela experiência cotidiana de experimentar-se dessa ou daquela maneira" (CUSTÓDIO & FREITAS, 2011, p. 15). Assim, está sujeito e é criador de valores que o cercam, condição da qual não há como fugir, pois, mesmo a recusa em não escolher já é uma escolha.

Sartre entende que o humano, ao desejar a liberdade e traçar seu próprio destino, fazendo suas próprias escolhas à luz de seu projeto singular, o faz para si e para toda a humanidade, tomando tal fato caráter universal. Por este viés, "eleger um projeto, qualquer que seja ele, faz-se uma obrigação ontológica para os sujeitos rumo à humanização" (MAHEIRIE & PRETTO, 2007, p. 457), pois a escolha de cada sujeito implica na abertura de uma possibilidade à humanidade (SCHNEIDER, 2002).

De fato, não há uma interioridade ou uma natureza na qual o humano possa pautar-se dando sentido para sua existência, de modo que está só no mundo e condenado a construir-se a partir de si mesmo, ou seja, a partir do nada de seu Ser. O humano, por essa perspectiva, defronta-se, a todo o momento com a sua responsabilidade, levando-o à angústia. O desamparo de viver a angústia da responsabilidade, tendo em vista a indeterminação que invariavelmente está implícita nas consequências das escolhas realizadas, revela condição irrevogável da realidade humana. É nesse cenário de solidão e de ausência de fundamento ou sentido que o humano toma atitudes de fuga, definidas por Sartre como atitudes de má-fé. Sartre chamará de má-fé o mascaramento do nada de Ser e da angústia de liberdade, pois é pela má-fé que o humano exerce a possibilidade da fuga da responsabilidade imbricada na escolha de sua existência. Ela não é, então, uma decisão reflexiva do sujeito, mas uma experiência espontânea e inautêntica de Ser (PERDIGÃO, 1995; SCHNEIDER, 2002).

Ainda, a implicação de cada ato singular abrigar uma ligação com a humanidade inteira, supõe outra estrutura fundamental da realidade humana que é nosso ser-Para-outro. A relação dialética do ser-Para-outro enquanto parte da facticidade do Para-si é central na ontologia sartreana, principalmente por realizar uma função mediadora entre o sujeito e as coisas, o corpo e a temporalidade, concretizando-se na constituição do eu e das emoções. A realidade humana é, portanto, Para-si-Para-outro, e a partir dessa relação com o Outro é que o sujeito é significado como um ser humano entre outros seres humanos. Ou seja, posso reconhecer o Outro como consciência, liberdade, projeto, a partir da negação originária de o Outro ser a consciência que eu não sou. Quando esse contato se verifica, o fenômeno de ser visto pelo Outro assume uma importância capital na constituição do que somos, pois para que eu possa obter um pensamento objetivo ou uma verdade sobre mim, preciso da mediação do Outro. O Outro é um mediador indispensável entre mim e mim mesmo. Contudo, não vejo e não sou visto pelo Outro apenas enquanto projeto, mas também enquanto objeto, algo que é Em-si, totalidade acabada, alguém definido. Portanto, da mesma forma que necessito do Outro para existir no mundo, a atribuição da categoria de Em-si a meu Ser objetivado, figura uma forma de opressão. E desde que existo, invariavelmente, já estabeleço também um limite à liberdade alheia (PERDIGÃO, 1995; SCHNEIDER, 2002; MAHEIRIE & PRETTO, 2007).

A relação com o Outro na ontologia sartreana é, pois, permeada pelo conflito de liberdades, e o conflito é o sentido originário do ser-Para-outro. Não obstante, escolhemos constantemente o que somos, definimos a nós mesmos e por nós mesmos. Somos, portanto, a única possibilidade de contornar nossa condição ontológica de conflito com o Outro e com a inércia circundante.

## O método progressivo-regressivo para a compreensão da realidade humana

Ao deparar-se com a urgência de se pensar uma nova filosofia que compreendesse o humano em sua totalidade e concretude, Sartre criou uma metodologia específica de investigação da existência humana e suas possibilidades. De base fenomenológica e oriunda de uma Psicologia da imagem e das emoções, a Psicanálise Existencial foi formulada e se desenvolveu pelo método progressivo-regressivo, ou método biográfico de investigação da realidade humana. Essa preposição teórica-metodológica compreende os indivíduos, suas singularidades e particularidades por um viés psicanalítico clássico, situando, no entanto, sua história, infância e possibilidades em um contexto universal mais amplo, permeado por uma lógica dialética e sintética (SCHNEIDER, 2006, 2008).

Schneider (2008) explica que

> [...] o marxismo, assim como o existencialismo, considera que os fatos nunca são fenômenos isolados; eles se dão em conjunto, são tecidos uns nos outros; alterando um, modifica-se o outro, e vice-versa; tecem-se na unidade de um todo. É esse entrelaçamento, essa relação de função que deve ser perseguido, a fim de elucidar a realidade humana. [...] Assim, para compreender um homem é preciso ir além daquilo que ele fala ou reflete sobre si, é preciso descrever suas ações, sua práxis cotidiana, o contexto no qual está inserido. (p. 292).

A especificidade da conduta ou ato humano, por essa leitura, "atravessa o meio social conservando-lhe as determinações, e transforma o mundo sobre a base de condições dadas" (SARTRE, 1987, p. 151-152). No seio das relações e conflitos, contradições, negações, afirmações e superações, o humano engendra a transgressão diária de fatores reais que o comprimem, "e o processo de transcender o que está dado, indo em direção ao futuro, constitui o projeto de ser" (SCHNEIDER, 2008, p. 294).

Ao captar o sujeito como ser-no-mundo, projeto-em-totalização ou totalização-em-curso, livre e único, sendo feito e fazendo a história, Sartre apreende o movimento dialético singular/universal dessa relação, sendo o objetivo primeiro de sua psicanálise e do método, o reconhecimento da escolha original, assumindo como ponto de partida a forma pela qual o sujeito se elege e se unifica, "recusando, pois, a realidade posta em nome de uma realidade a produzir" (SARTRE, 1987, p. 152).

O método progressivo-regressivo, de caráter compreensivo, sintético e comparativo, adota, portanto, um movimento dialético progressivo à proporção que avança aos fins visados pelo projeto de ser do sujeito; e regressivo "posto que retrocede à condição originária que deu partida à ele" (Schneider, 2006, p.108). Isso é, compreende a história individual pregressa do sujeito, situando os aspectos ontológicos da relação Eu/Outro, e antropológicos da relação Indivíduo/Sociedade, em um contexto universal e histórico que condiciona seu modo e desejo de ser-no-mundo, sua personalidade, em concretude e totalidade, para então captar a unidade que é eleita de forma livre e situada – mesmo que alienada – enquanto um projeto original, tendo como premissa a noção de que cada um de seus comportamentos o imprime no mundo, e que ele se faz e é feito no/por esse conjunto de fatores que revelam, senão, sua liberdade (PERDIGÃO, 1995).

Nesse sentido, o existencialismo engloba em sua investigação biográfica aspectos da história universal e materialidade local que, em outras abordagens, tomam contornos determinantes e estruturais, "através de um movimento hermenêutico pelo qual se busca esclarecer as condições epocais, materiais, antropológicas, sociológicas que subordinam o indivíduo, bem como a forma de que delas se apropriou, chegando a sua dimensão subjetiva, psicológica" (SCHNEIDER, 2008, p. 297).

A compreensão da realidade humana passa, portanto, por aspectos fundamentais da constituição histórico-dialética de ser do sujeito, que se dá entre o objetivo e o subjetivo, produtor do psíquico, de modo que a verdadeira dialética da práxis ocorre justamente pelas condições materiais que governam as relações humanas e são vividas na particularidade. A interiorização do exterior e a exteriorização do interior, com efeito, é uma passagem da vivência subjetiva ao objetivado, tendo sua verdade socializada ou compartilhada sob a forma de ação, de realização, configurando no projeto a superação subjetiva do objetivamente dado, em direção à uma objetividade futura no campo dos possíveis (MAHEIRIE & PRETTO, 2007).

O sentido projetado da ação, portanto, funda no real o movimento de totalização do projeto psíquico objetivado, e "sob pena de perder a dialética histórica, faz-se imprescindível empregar nessa leitura um método que realize esse vaivém entre a dimensão universal/singular ou coletiva/individual" (SCHNEIDER, 2008, p. 296).

A Psicanálise Existencial desenvolvida por Sartre pauta-se na antropologia da significação da experiência como expressão de uma escolha original em circunstâncias particulares e como escolha de si mesmo enquanto totalidade dessas circunstâncias: movimento dialético que se traduz enquanto método de investigação de uma Psicologia clínica.

Assim, é exequível dizer que há uma infinidade de projetos possíveis, como há também uma infinidade de homens possíveis, e que a realidade humana se anuncia e se define pelos fins que persegue: o projeto, a consciência como futuro, cujo método progressivo-regressivo visa esclarecer e transcender (ERTHAL, 1989; PERDIGÃO, 1995; SARTRE, 1997; SCHNEIDER, 2006).

## A leitura existencialista da relação saúde/doença

Referenciado pelo livro *Psicopatologia Geral*, obra fenomenológica do psiquiatra alemão Karl Jaspers, publicada originalmente em 1913, e por diversos grupos do Movimento Antipsiquiátrico, Sartre destitui o humano de um determinismo pautado unicamente por critérios estatísticos ou inatos, apresentando novos alicerces para se pensar os fenômenos do processo de patologização ou "adoecer psíquico" em vias existenciais (SCHNEIDER, 2002, p. 276).

Para isso, o filósofo estabeleceu uma distinção fundamental entre subjetividade e sujeito, consciência e ego, no estudo do sujeito e da relação entre saúde e doença em sua unicidade e sinteticidade, coroando a **consciência** enquanto dimensão subjetiva da realidade humana, e o **ego** ou **personalidade** enquanto subjetividade objetivada, preceito este representado pela unificação do corpo/consciência, oriundo da totalização das experiências singulares do sujeito com o corpo, o tempo, os outros e o mundo, tendo por função o projeto.

Ao negar um empirismo puramente descritivo e causalista da noção de saúde/doença, fundamentado em um dualismo organicista-psicanalítico, ora de fundo descritivo neurofisiológico, ora da esfera analítica da Psicologia individual, Sartre propõe uma aproximação fenomenológica à questão, que necessariamente culmina na compreensão de seus significados pela Psicanálise Existencial.

Desse modo,

> [...] a aproximação fenomenológica da saúde e das doenças implica considerar que elas existem na situação total em que o indivíduo se encontra, tendo forma espacial (têm lugar num espaço físico, familiar e cultural), temporal (comprometem o futuro) e corporal (têm lugar no corpo vivido). A interpretação individual da doença é feita em termos biográficos, mas também através de significados sociais, culturais e históricos. Ou seja, relaciona-se com o Homem concreto em situação (TOOMBS, 1992 citado por TEIXEIRA, 2008, p. 341).

Assim, a linguagem antimetafísica de Sartre encerra o que se denomina de fenda ontológica entre saúde/adoecimento mental e saúde/adoecimento do corpo, através do qual os aspectos fisiológicos passam a ser considerados como constitutivos do fenômeno emocional; e saúde e doença, como acontecimentos (SCHNEIDER, 2002) no percurso individual-histórico-social do indivíduo, revelando-se em modos concretos de existir (KUGELMAN, 2004 citado por TEIXEIRA, 2008).

Interpretar os processos de saúde e doença a partir de uma abordagem hermenêutica implica necessariamente em apreender o projeto concreto de Ser, ou a história de vida pessoal, em termos biográficos e na relação dialética com o contexto antropológico, sociológico e cultural. A personalização e o processo de patologização, por esse viés, são lidos em termos de uma racionalidade dialética entre indivíduo/grupo, ou melhor dizendo, se processam a partir de uma perspectiva sociológica, "transpassados pelas mediações sociais e familiares" (TEIXEIRA, 2008, p. 341).

Assim, Sartre consolida a ideia de que a patologia se constitui a partir das relações de vida do sujeito, jamais se apresentando *a priori* como uma condição fisiológica meramente individual, ou inerente a um suposto mundo interno. A psicopatologia, para o existencialista, também "não é uma complicação 'existencial', pois a existência não 'adoece', nem a consciência. Ela é, sobretudo, uma complicação *'psicológica'*" (SCHNEIDER, 2002, p. 291, grifos da autora) no plano de Ser (ontológica), que acarreta, necessariamente, em um enredamento da personalidade.

Para Sartre, ser titular de um projeto é condição necessária para ser sujeito no mundo, constituir uma personalidade, totalizando-se, destotalizando-se e retotalizando-se entre os homens e as coisas, em função de suas mediações sociais e materiais, ou ainda, fazendo-se num tecido de ser que é histórico, sociológico, grupal. Quando a pessoa, tendo sido sujeito de seu ser, estabelecido sua personalidade em um processo histórico e social, acaba, em função de uma série de circunstâncias da vida de relações, por interligar ou experienciar seu ser (seu projeto) como inviabilizado, cortado ou interrompido em algum âmbito da conjuntura psicossocial, experimenta também a complicação psicológica pela qual o sofrimento, a angústia ou a doença se instala (SCHNEIDER, 2002).

A complicação psicológica figura, consequentemente, uma reação ou uma manifestação da insistência em se viver ante a contradição dos binômios **contexto** e **projeto eleito**, seja na amarra histórica que subjaz o sujeito e suas escolhas, seja pela forma que o sujeito confronta-se com sua própria liberdade e a do outro, envolvendo todo o ser psicofísico em sua facticidade e materialidade.

A sintomatologia aparece como a concretização da subjetividade objetivada no mundo através do corpo. O indivíduo doente apresenta seu corpo/consciência comprometidos devido a uma situação contraditória de Ser, em que suas emoções, afetos e desejos estão ali envolvidos, concentrados na vivência angustiante e na incapacidade de interpretar a incoerência entre escolhas realizadas e o fundamento eleito para sua existência.

Um processo sócio-histórico de mediações e relações materiais muitas vezes viciadas ou deficientes, não raro, permeadas pela opressão, pela privação, violência, estigma, negligência, confusão afetiva, ausência de projetos coletivos, entre outros, pode levar o indivíduo a se complicar psicologicamente, posto que tais fenômenos se apresentam como frutos de uma construção psicossocial relacional. Assim, "o sofrimento possui uma dimensão política – uma vez que envolve a presença 'do outro' no campo da existência do sujeito" – e de poder, que, por sua vez, "se materializa e se exerce sempre *sobre o corpo*, sendo este o lugar, por excelência, para a dominação" (BIRMAN, 2000 citado por BRANT & GOMEZ, 2005, p. 944, grifo dos autores).

Nesse contexto, relações de trabalho, sociais e familiares encaixam-se sob o tema Saúde do Trabalhador, considerando-se também o sistema econômico em que tais enredos se estruturam. Casos de adoecimento de trabalhadores devido a complicações psicológicas – seja por imposição da esfera gerencialista do mundo do trabalho, tais como as dificuldades encontradas, valores incompatíveis, necessidades, anseios, estratégias de trabalho ou de relações profissionais viciadas; seja pelo projeto de atuação profissional ou pela angústia devido a responsabilidade concernente a eleição de si – assumem papel de destaque na Psicologia do Trabalho e, em especial, nas Clínicas do Trabalho, podendo a abordagem existencialista se apropriar genuinamente dessas questões, a fim de intervir através da práxis psicológica no contexto em que tais premissas se definem e são definidas.

## A leitura existencialista sartreana da relação pessoa/trabalho

Na obra *Crítica da Razão Dialética* (2002), Sartre discorreu sobre os elementos que permitiram a síntese entre sua ontologia e o marxismo, na qual examinou o sujeito em sociedade, na coletividade, engendrado e precursor da história. Nesse trabalho, Sartre alterou a máxima de que "o homem está condenado a ser livre" para "o homem está condenado a ser livre com outros homens também livres" (PERDIGÃO, 1995, p. 22-23), reafirmando que a liberdade humana só existe em ação, na prática. É, portanto, no conceito e na defesa da práxis que a *Crítica* foi construída, e compreender as condições que envolvem o humano e o trabalho para o filósofo implica, necessariamente, compreender os conceitos de necessidade ou *rareté*, temporalidade, práxis, projeto, situação, totalização-em-curso, entre outros, partindo da esfera do Para-si e do Para-si-Para-o-outro.

Como explicitado, o humano, enquanto totalização-em-curso, pela consciência, é capaz de estabelecer a existência de contradições e sínteses, fixando relações entre parcelas que se ignoram mutuamente, pois o conceito de Para-si envolve ação prática, projeto livre em concretude e situação. Portanto, o humano é quem introduz o não-Ser no mundo, é quem nadifica e modifica as coisas; e pela falta que há no Ser, somos uma totalização-em-curso. A dialética, como totalização-em-curso, não é outra coisa senão a práxis humana, ou seja, o empreendimento de cada humano na produção de sua vida; fundamento das ações dos grupos e da história. Assim, toda dialética histórica tem como pressuposto básico a subjetividade individual que Sartre definiu como Para-si, exigindo o Em-si, o mundo objetivo, para existir (PERDIGÃO, 1995).

Ainda no plano ontológico, do nascimento à morte, o Para-si, ser orgânico inacabado, necessita do Em-si para existir, ou seja, o organismo necessita da matéria inorgânica para sobreviver. A práxis individual é, em primeiro lugar, negação da necessidade orgânica, ante a qual o sujeito passa a sua existência a tentar conquistar uma totalidade que lhe falta, negando as condições impositivas que experimenta. Portanto, o estímulo originário de toda ação humana no mundo é a necessidade, e o trabalho, pela práxis individual, determina o projeto do sujeito (PERDIGÃO, 1995; MARQUES, 2007).

A origem da vida dialética se dá, então, na práxis individual, e esta representa a ação de um sujeito, que pode ser um indivíduo ou grupo (organismo prático). Pela práxis, o sujeito supera subjetivamente uma contradição no meio presente, rompe com o passado e segue em direção a um futuro livremente eleito dentre os possíveis, sendo o subjetivo intermediário necessário entre duas situações objetivas: a atual (material, concreta), e a futura (ideal, abstrata). Nesse contexto, "a práxis supõe a superação do meio material através de um projeto que, em última instância, é espaço de construção do social e do próprio Ser" (MARQUES, 2007, p. 32).

Através do movimento de atividades coordenadas necessárias ao cumprimento de uma tarefa, ou que sirvam aos fins de um projeto, a relação do sujeito com a realidade material se revela dialética. O trabalho (práxis) de intervir nas coisas da natureza, no sentido mais estrito do termo – e não somente enquanto ofício ou profissão, serviço remunerado ou assalariado – culmina na modificação e humanização da matéria. Pela interiorização do exterior e exteriorização do interior, dá-se, na matéria trabalhada, a objetivação do humano, isso é, "a projeção do Para-si na realidade objetiva" (PERDIGÃO, 1995, p. 187). O trabalho como atividade estruturante dá sentido à matéria e ao projeto humano, e o processo de totalização pela escassez motiva a dialética da práxis, por meio da qual os homens produzem historicamente sua existência e suas relações sociais. Nesse sentido, a totalização em curso é uma aventura singular. Contudo, apesar de singular, por estar em curso no campo da materialidade, reflete no universal, e este, de igual modo, ilumina o singular (MARQUES, 2007).

O campo da realidade material, outrossim, é o campo do prático-inerte, cuja inércia material constituiu-se por ações humanas anteriores a nossa existência. Em outras palavras, o campo material da ação prática circundante é o mundo objetivo que nos espera ao nascer; é o mundo das totalidades, das ações humanas já feitas, observadas nas máquinas, utensílios, ferramentas, signos, leis, cultura, modo de produção, enfim, tudo que "acha-se impresso a práxis que a criou, petrificada na passiva rigidez da matéria" (PERDIGÃO, 1995, p. 193-194).

Como o campo da realidade material é constituída, sobretudo, pela escassez, os outros são portadores de uma ameaça à minha sobrevivência, e a minha existência também coloca o outro em constante risco de aniquilação, como dito anteriormente. Desse modo, "em suas origens, as relações de trabalho e produção se estabelecem em um clima de terror e desconfiança mútua entre os indivíduos" (PERDIGÃO, 1995, p. 191). Cada um sabe que, a contragosto, não passa de um meio para o outro – o adversário – realizar seus próprios fins, considerando que as práxis de ambos são reciprocamente antagônicas.

A escassez de bens e de relações de reciprocidade positiva (ou projetos coletivos); a alienação de projetos livres ainda vivos pelas contrafinalidades da matéria; o mito do destino, a fuga do não-ser e a passividade como constantes na existência humana são características da realidade no mundo do prático-inerte. O trabalho realizado no prático-inerte condiciona a vida, influi nas subjetividades e domina os indivíduos (categoria particular) e coletivos seriais, de forma que, no campo material da ação marcado pela escassez, erige-se a ilusão de um futuro-fatalidade a todos.

Sem dúvida, na sociedade capitalista, o conflito enquanto contingência real assume proporções mais evidentes na classe trabalhadora, na qual a pressão do prático-inerte que a todos domina, penetra em cada práxis individual subjugando-a e alienando-a de modo mais contundente. Nessa conjuntura, não se trata apenas de escassez de recursos ou bens materiais, mas também imaginativos, educativos, transcendentes. O imaginário não é um refúgio, mas um lugar privilegiado de onde se pode adotar posições críticas de transformação da realidade, tendo em vista que o fenômeno da contrafinalidade que engessa o futuro e aliena o indivíduo em uma estrutura molecularizada da sociedade se reproduz e persiste também quando "nós mesmos agimos separadamente, como liberdades em conflito" (PERDIGÃO, 1995, p. 193-195).

De fato, a liberdade na materialidade acha-se alienada, mas de forma alguma suprimida. Inclusive, para que esta afirmativa fosse realizada neste ponto do material, uma liberdade prévia fora empregada negando a razão analítica proferida inicialmente. Nesse movimento, o prático-inerte, apesar de se impor sobre a liberdade alheia como exigência, provocando a alienação e a passividade dos sujeitos, não lhes impede de agir pela livre práxis desalienando-se. Ou seja, mesmo no "inferno do prático-inerte" (PERDIGÃO, 1995, p. 204), é a liberdade de escolha, e não de obtenção – vale frisar – que faz o humano o ser das possibilidades num campo particular de ação.

Sabe-se que o sujeito é fundamentalmente práxis individual que se dá na experiência crítica, e pensar a dialética crítica é pensar no movimento de interiorização da cultura resultante da totalização temporalizada e temporalizante, bem como da exteriorização ou objetificação da subjetividade, situando o singular na história. Com isso, "o que se tem é a não aceitação de Sartre de que o universal exerça plena influência ou mesmo determinação sobre o singular, ou seja, de que o singular seja somente consequência do universal" (MARQUES, 2007, p. 36).

No entanto, a livre escolha individual, dispersa e múltipla não é suficiente para a superação do prático-inerte, do nós-sujeito-objeto, posto que ética e antropologicamente o humano se realiza na coletividade cuja inteligibilidade surge na relação ternária, grupal, e não no individualismo ou na práxis comum criada pelo terceiro excluído. Dessa forma, a própria estrutura do prático-inerte e da experiência psicológica *do nós*, enquanto pura transcendência ou imanência, é a base necessária para a passagem da serialidade, da práxis múltipla e individual ao grupo em reciprocidade. Portanto,

> [...] na sociedade capitalista, enquanto patrões [Estado e instituições] vivem sem progresso possível, propondo-se unicamente a obter mais lucros em benefício próprio [pela práxis-processo], os trabalhadores comuns, pela ação em grupo, buscam dissolver no futuro o prático-inerte. (PERDIGÃO, 1995, p. 205).

Assim, a classe trabalhadora é tanto destino, ao passo que se funda no prático-inerte, quanto negação desse destino, tendo em vista que sua práxis é a única capaz de superar a inércia do campo prático visando outra forma de organização social. Diante do exposto, trabalhar com a noção de que a história assume o caráter de uma totalização-em-curso que sintetiza, mas que jamais é passível de ser totalizada, transcende os limites e contribui para a abertura de práticas psi no campo das organizações e do trabalho.

## Possibilidades de diálogos entre o existencialismo sartriano e a clínica do trabalho

Como dito, as clínicas do trabalho se organizam como um conjunto de disciplinas que, apesar de distintas, apresentam enquanto objeto de estudo o sujeito e os coletivos em intersecção com a esfera do trabalho e suas expressões biopsicossociais, em níveis ontológicos (Eu), antropológicos (Eu/Outro) e sociológicos (Indivíduo/Sociedade). Desse modo, para realizar uma discussão acerca das possíveis relações e aplicações do pensamento sartriano com as abordagens clínicas do trabalho apresentadas, faz-se imprescindível contextualizar a noção de sociabilidade em Sartre realizada na *Crítica da Razão Dialética* (2002) enquanto passagem da coletividade serial ao grupo, exprimindo os limites e potencialidades estabelecidos pelo grupo enquanto práxis; o método progressivo-regressivo na leitura da dinâmica grupal e, consequentemente; abarcar as modificações de paradigmas e olhares sobre a própria práxis psicológica no contexto das organizações, preferencialmente a partir das aproximações entre saúde mental e trabalho, ressaltando o trabalhador contemporâneo em suas dimensões subjetivas e objetivas.

No tocante ao que é factual, a compreensão da realidade grupal, para Sartre, origina-se na relação efetiva entre as pessoas, mediada pela materialidade circundante (universal), tendo em vista que, "ao estar-no-mundo, o homem é automaticamente forçado, em sua práxis, a se relacionar com as coisas, com os Outros, consigo mesmo e, principalmente, com as instituições" (Bettoni & ANDRADE, 2002, p. 67).

Ao investigar a passagem da serialidade à coletividade, o existencialista, em defesa de um movimento constante de totalização tendo a história enquanto fio condutor de transformação, não reconhece a existência do grupo como ontológica, pois o grupo, para ele, não existe no mundo como Ser concreto e objetivo: é, pois, constituído por uma incessante atividade de multiplicidades práticas em um movimento sintético em face ao devir. O grupo, portanto, resulta da livre práxis individual de pessoas que lutam juntas negando a série, a alienação, a alteridade, a impotência e a *rareté* em um determinado campo prático-inerte, unificadas e endereçadas a um mesmo fim (PERDIGÃO, 1995).

Abdicando da própria liberdade, os indivíduos, em conjunto, se projetam a garantir a permanência do grupo na condição de afirmação. Contudo, para perpetuar sua unicidade, "o grupo juramentado tende a definir e controlar a prática individual no quadro de uma prática coletiva" (BETTONI & ANDRADE, 2002, p. 71). Com a premissa de atender as novas circunstâncias, o grupo juramentado organiza-se, estrutura-se internamente e distribui funções entre seus integrantes, de maneira que as múltiplas práxis individuais sejam mutuamente necessárias umas às outras, haja vista que cada um, ao interiorizar a multiplicidade de posições existentes, percebe-se também como criador do esquema a ser aplicado, objetivando-se singularmente e objetivando o grupo.

Contudo, "a força dispersiva do prático-inerte" (BETTONI & ANDRADE, 2002, p. 72), outrora assumida livremente pelo juramento, divisão e estabelecimento de funções, passa a ameaçar a unidade do grupo organizado, dado a precarização da mediação direta semiótica, da informação e comunicação, entre os indivíduos e seus determinados subgrupos. Desse modo, o grupo, impedido de agir singularmente com vistas a um fim comum, passa para uma destotalização-em-curso, na qual a liberdade de cada um assume agora dimensões perigosas, já que sinaliza a iminência da ruptura (PERDIGÃO, 1995).

O conflito entre a liberdade individual de cada participante e as determinações imbricadas no exercício da práxis comum juramentada revela o reencontro com a coletividade serial. Tendo de resistir à alteridade e à inércia restabelecidas, "o grupo passa a agir sempre com maior intensidade sobre si mesmo" (BETTONI & ANDRADE, 2002, p. 72), num trabalho incessante de reorganização interna, transformando sua práxis em processo. De acordo com os autores, "o processo seria algo como o reverso da práxis, em que as estruturas inertes da serialidade assumem cada vez um poder maior e as ações dos indivíduos vão se tornando cada vez mais passivas" (BETTONI & ANDRADE, 2002, p. 73).

De outro modo, quando a práxis comum vira processo, surge o grupo institucionalizado. O Estado e as instituições, em geral, fundamentam suas ações em processos. O grupo institucionalizado exprime a volta à passividade impotente da coletividade serial, na qual o indivíduo deixa de ser essencial e torna-se um elemento de execução das finalidades gerais da instituição. Não exprimindo mais a si mesmo, o indivíduo permanece alienado no grupo por forças que lhe impõem a ordem e sustentam assim a instituição, assinalando a afirmação da hierarquia, burocracia e autoridade. O poder, eliminado dos indivíduos, é entregue a um único ente: o líder, o representante, o soberano, que surge para encarnar à práxis comum inexistente. Nesse sentido,

> [...] a burocracia é um sistema hierárquico no qual os elementos inferiores são instrumentos manipulados pelo elemento superior, o soberano, que imprime ordens tentando encarar como sua a práxis de todos. Pode-se dizer que o grupo, quando alcança a institucionalização, encarna sua última possibilidade de existir e de agir como grupo. (BETTONI & ANDRADE, 2002, p .73).

A relação entre grupo soberano e grupo coletivo pode ser lida como a relação entre Estado e povo, ou ainda, diretoria executiva e funcionários em uma organização. O Estado e as instituições, com suas leis, burocratização e mecanismos de controle e poder, representam a degradação de todo resíduo de agrupamento humano em integração social reciprocamente positiva (PERDIGÃO, 1995; GAJANIGO, 2009).

Assim, o grupo, resultado da totalização temporalizada e temporalizante, surge pela revolta das liberdades individuais contra a estrutura serial e organiza-se tendo como fundamento a práxis individual comum. Porém, condenada a uma inexorável degradação, volta à serialidade, concluindo uma experiência psicológica *do nós*, que se realiza por um movimento cíclico, entretanto, não determinado: o grupo nasce da série pela liberdade dos indivíduos, organiza-se, institucionaliza-se e à série retorna, através da práxis-processo. Apesar de o grupo ter na livre práxis seu embasamento, e não haver algum *a priori* que determine sua existência, na institucionalização, a experiência de ruptura dos projetos e da própria práxis comum é constitutiva de uma experiência de mutilação, sendo "essa mutilação definida por Sartre como [oriunda da] ação por meio do *processo*, e não da *práxis*" (GAJANIGO, 2009, p. 97, grifo do autor).

Logo, considerando o trabalho como terreno privilegiado de mediação entre economia psíquica e campo social, ou entre ordem singular (subjetividade) e ordem coletiva (universalidade), as relações sociais estabelecidas nesse contexto trazem elementos organizativos da materialidade e da história humana, da mesma maneira que representam fontes de realização e prazer, e/ou sofrimento e frustração para os sujeitos. Todavia, pelo conjunto sistematizado das práxis capitalistas contemporâneas, o trabalho e a maneira que é executado, bem como os sujeitos se apropriam dessa racionalidade, se traduz, expressivamente, pela produção de experiências concretas de adoecer, isto é, enquanto interjeição de projetos de ser devido a soberania e ao poder das instituições/organizações.

Nas sociedades modernas, as relações entre séries e grupos se dão num movimento dialético no qual o poder e a soberania do grupo se fia na serialidade do coletivo, e toda experiência psicológica alienada do "nós-sujeito-objeto" é orquestrada por um grupo soberano, representado pelo Estado e organizações detentoras dos meios de produção às quais o coletivo serial vende sua força de trabalho em troca de uma remuneração, visando o preenchimento de muitas de suas faltas, sendo "o emprego a designação capitalista de labor" (Custódio & Freitas, 2011, p. 10).

Assim sendo, o domínio do grupo soberano sobre a coletividade serial também transcorre por um condicionamento exterior, ou êxtero-condicionamento: o capitalismo avançado, ao satisfazer necessidades elementares, cria artificialmente novas necessidades através das quais o grupo institucional, para obter dos indivíduos o comportamento e a ação desejados, erige "um embate de forças na tentativa de controlar a escolha dos trabalhadores para que estes escolham produzir, consumir e, consequentemente, gerar lucros" (Custódio & Freitas, 2011, p. 10).

Ao incentivar a competição no inferno do prático-inerte, as instituições representantes do capital negam aos indivíduos da classe trabalhadora a práxis comum, já que isso significaria a constituição de um grupo potencializado, primeiro passo da insurreição contra o campo material da inércia serial na qual se encontra. Então, "a impossibilidade dos indivíduos de agirem sobre o real [devido a práxis-processo] é o que sustenta o grupo soberano como o responsável pela ação do coletivo" (Gajanigo, 2009, p. 99, grifo do autor).

A classe explorada, de acordo como o Outro e o terceiro excluído a vê, assume sua condição de unidade massificada, permitido aos grupos soberanos apropriarem-se de sua liberdade, de modo que cada indivíduo objetiva seu Ser como um Ser-de-classe-objetivo-para-o-Outro, em um movimento passivo e inautêntico no mundo no qual o Eu trabalhador se sintetiza pelas relações de poder desfavorecidas. Nos coletivos de trabalho, em suma, a liberdade de cada trabalhador lhe é expropriada a fim de que seja substituída pelo projeto do Outro: o da classe hegemônica. Os indivíduos alienados não se reconhecem no produto de seu trabalho e não se percebem repetindo uma ação solitária, competindo entre si.

A imposição de normas e regras, o discurso gerencialista e as inúmeras ideologias e práticas organizacionais nos contextos de trabalho hipermodernos também podem ser interpretados como mecanismos de controle das liberdades individuais. Ao inviabilizar e naturalizar os projetos e desejos de Ser pela intensificação da exploração e falsa integração do trabalhador, arquitetando uma realidade laborativa em que as relações de reciprocidade negativa imperem, o projeto mesmo do terceiro excluído se evidencia senão tendo como destino a dissolução e o engessamento de uma possível formação de grupos, em prol de uma coletividade serial. "O estado de dispersão dos indivíduos, em que não há reciprocidade positiva, onde cada qual vive em seu isolamento, na total alteridade, atuando em um campo comum de escassez, também faz prevalecer uma sensação de impotência geral" (PERDIGÃO, 1995, p. 200).

Tendo em jogo o medo de perder o emprego, e balizados pela violência psicológica socialmente construída nas relações de produção capitalista, os indivíduos se submetem à soberania e ao poder das instituições e organizações. "Práticas antiéticas e ideológicas na instituição social do trabalho são exemplos de intensificação de violência social com amplas repercussões nas subjetividades psicológicas" (ABIB, 2007, p. 15). A respeito, tem-se o assédio moral, em que se dissimula a violência do poder culpabilizando as vítimas; a interpelação ideológica dos desempregados, em que se dissimula a violência das relações de produção capitalista, atribuindo-se a responsabilidade aos desempregados por sua situação; a discriminação de gênero, em que se dissimula o machismo atribuindo-se diferenças de trabalho e salário a diferenças de *know-how* que, ao fim, são diferenças de gênero; as atribuições de metas cada vez mais inatingíveis e possíveis castigos para quem não as cumprir; a valorização do individualismo nas relações de trabalho; a imposição da competitividade como valor agregado, dentre outras ações que tendem a controlar a liberdade do trabalhador retirando-lhe sua dignidade (ABIB, 2007; CUSTÓDIO & FREITAS, 2011).

A violência psicológica na cultura inerte do trabalho, experimentada enquanto sentimentos de humilhação, vergonha, frustração, irresponsabilidade, infelicidade e depressão, é tão imperativa que o trabalhador tende a apropriar-se dessa realidade como sendo-lhe de caráter próprio, logo, constitutivo de seu Eu. Ademais, não concebendo como possível refletir, questionar ou criticar os meios e modos de produção de maneira a sair da passividade, os sujeitos reiteram, em seus próprios atos, a interdição contínua e mascarada dos projetos e desejos de Ser. Assim, a soberania, o poder e a violência das instituições e organizações sociais, bem como a contrafinalidade da matéria, promovem no interior dos coletivos a ausência de uma unidade pela ação, que têm como principal efeito a construção de subjetividades acuadas, paralisadas. Percebendo-se solitários dentro de um coletivo serial, os trabalhadores não vislumbram condições de transformar a realidade.

A organização do trabalho, a práxis-processo, a conduta de má-fé e a experiência irreflexiva da náusea refletem um crescente mal-estar permeado por conflitos e sofrimento psíquicos, que podem, inclusive, alcançar níveis patológicos. Em vista disso, há uma tentativa por parte da clínica do trabalho de não reduzir o sofrimento experienciado pelos sujeitos à uma dimensão exclusivamente individual, mas ao contrário, voltar-se para o sofrimento emergido no campo da facticidade (inscrições ou produções sociais, como modos de organização e divisão do trabalho) com ressonância envolvendo a subjetividade ou a vida psíquica (na perspectiva dos processos psíquicos que operam nos indivíduos como resposta ao sofrimento, seja em termos da falência ou falhas nas defesas e estratagemas individuais e coletivos, seja de bloqueios ou impedimentos do poder de agir) (ABIB, 2007; BENDASSOLI & SOBOLL, 2011a).

Por uma leitura existencialista, essa forma de abordar o sofrimento está associada, em maior ou menor grau, a uma condição dialética do sujeito e da história. Ainda, a clínica do trabalho, considerando o trabalho enquanto terreno privilegiado de mediação entre economia psíquica e campo social, ou entre ordem singular e ordem coletiva, se aproxima das noções singular/universal na abordagem existencialista no que tange a interiorização do exterior e a exteriorização do interior, que por esta ontologia se observa na passagem da vivência subjetiva ao objetivo, sob a forma de ação e de realização de acordo com o projeto e a finalidade da práxis, numa demanda dos indivíduos e dos grupos pela transformação da realidade (MAHEIRIE & PRETTO, 2007; BENDAS-SOLLI & SOBOLL, 2011a).

Para Sartre, "a materialidade, o corpo, a temporalidade e o outro compõem a unidade da realidade humana" (FREITAS, 2012, p. 10), que também contêm em si ambiguidades. O futuro é o que viabiliza ou não o sujeito e seu campo de possibilidades, de forma que a falta na história (*rareté*) é a positividade imposta pela materialidade a ser transcendida. Assim, o humano existe e pela sua práxis individual promove a existência do coletivo que, por sua vez, não perdura como uma possibilidade abstrata *a priori*, mas sim como um conjunto de liberdades projetadas a um futuro potencial. Diante desta afirmação, "faz-se necessário reler o coletivo não mais como uma unidade direta de consensos, mas como totalização constante e nunca terminada de suas singularidades" (MARQUES, 1998, p. 25).

A pesquisa-ação, metodologia comum às clínicas do trabalho, "pressupõe um tipo de envolvimento do psicólogo ou profissional de POT que vai além do uso de procedimentos exclusivamente técnicos" (BENDASSOLLI & SOBOLL,

2011a, p. 68). Por este sentido, o psicólogo assume duas posturas: a de clínico social, orientado para a intervenção e transformação efetiva do trabalho; e a de pesquisador-clínico, através da qual questiona o próprio conhecimento produzido e suas implicações na práxis psicológica singular/universal.

O método progressivo-regressivo proposto por Sartre, como instrumento de intervenção psicológica nos diversos setores da economia que integram o contexto de trabalho contemporâneo – seja no primeiro, representado pelo Estado; no segundo pelo mercado, e no terceiro pelas entidades que não são estatais nem empresariais, mas constituídas sob as formas de associações, cooperativas, fundações, centros, grupos, institutos e outros – conflui-se perfeitamente aos preceitos acima citados, ao passo que "busca compreender o movimento dialético desse segmento da vida humana [o trabalho] a partir dos meios em que ele se constrói, na sua interioridade e sem desconsiderar quaisquer ambiguidades que nele se imponha, inclusive a do próprio psicólogo do trabalho" (FREITAS, 2012, p. 10).

Ainda, a compreensão do movimento e da experiência de cada indivíduo e dos grupos, segundo uma descrição fenomenológica, "fundamenta-se na consciência de que o homem é transcendência e facticidade, ou seja, que ontologicamente é livre, mas que antropologicamente há um mundo construído que se interpõem a sua liberdade" (FREITAS, 2012, p. 12). E que essa mesma compreensão, "diferente de algo abstrato e descontextualizado, ocorre concretamente, sendo um momento de práxis, transformando tanto o objeto como o sujeito que o estuda [...] tornando-se impossível ao pesquisador se ausentar da relação com o seu objeto" (MAHEIRIE & PRETTO, 2007, p. 460).

> O psicólogo do trabalho, ao debruçar-se sobre tais questões, tem a possibilidade de identificar e apreender as relações *a priori* estabelecidas pela instituição e as então construídas pelos trabalhadores, evidenciando os projetos singulares/coletivos que produzem a situação analisada, bem como a forma com que os sujeitos operam as contradições e tensões inerentes a sua condição existencial e as do próprio sistema. (TOFFANELLI, BELLINI, TAKEGUMA, MAZZETTO, REIS & FREITAS, 2012, p. 4).

Ou seja, clarificando as variáveis estressoras laborais e fatores organizacionais alienantes ao projeto social de emancipação do ser humano no sistema capitalista de produção.

Caracterizando-se os proponentes das clínicas contemporâneas e interdisciplinares do trabalho pela busca do aumento do poder de agir dos sujeitos, a partir de uma coprodução de conhecimento-ação vinculado às situações reais e às vivências particulares, o momento de cumplicidade ou análise regressiva, e o de criticidade ou histórico genético, na pesquisa do fenômeno situacional angariado pelo método progressivo-regressivo, permite que os sujeitos ou coletivos de trabalho "se apropriem daquilo que fizeram deles – Para-si-Para-outro – tornando-os capazes de eleger autenticamente seu projeto de Ser através de uma síntese passiva, ou transcender seu ser-Para-outro escolhendo-se de maneira distinta do olhar externo lançado sobre si" (Custódio & Freitas, 2011, p. 13).

A realização da compreensão, sublinhando o conceito-síntese de **situação** no pensamento sartriano, tem por objetivo descristalizar as contradições e ambiguidades das relações interpessoais do humano com a liberdade, a facticidade (contingências sociais e materiais), o projeto existencial, o tempo, o corpo e Outro.

Nesse sentido,

> [...] se o Para-si nada mais é do que situação [...] a realidade humana é, com efeito, o *ser que é sempre Para-além de seu ser-aí*. E a situação é a totalidade organizada do ser-aí interpretada e vivida no e pelo ser-Para-além. Portanto, não há situação privilegiada; entendemos com isso que não há situação em que o *dado* sufocasse sob seu peso a liberdade que o constitui como tal – nem, reciprocamente, situação na qual o Para-si fosse mais livre do que em outras (Sartre, 2002, p. 673, grifos do autor).

O psicólogo no contexto laborativo, ao focalizar o desvelamento do projeto desse ser-em-situação, possibilita aos sujeitos a compreensão de um futuro em aberto, dando-lhes condições para realização do exercício projetante de superação da facticidade dada pela negação/subjetivação reflexiva de destotalização, em direção à retotalização de outras práticas e formas de objetivação e significação de si e do Outro no mundo – se assim desejarem – de maneira responsável e ética, tendo em vista que são construtores desse porvir ainda não existente e livremente eleito sempre em curso. "O importante é que o psicólogo do trabalho colabore, através de uma compreensão crítica, com a promoção de práxis que transcendam os elementos dados e constituídos dentro do campo dos possíveis, considerando a atualidade dos fenômenos" (Toffanelli *et al.*, 2012, p. 3). Nesse movimento, a história se humaniza, de forma que o passado só será conservado no futuro se assim o ser humano o projetar (Alvim & Castro, 2012; Castro, 2014).

Embora a temática referente à saúde mental do trabalhador e, em especial, os processos de sofrimento e adoecimento nas organizações decorrentes das relações de trabalho se apresentem como uma questão fundamental para as clínicas, isso não significa que seus domínios restrinjam-se aos seus "aspectos deletérios ou alienantes" (Brendassolli & Soboll, 2011a, p. 65). Longe disso, evidencia-se que há mais no trabalho do que simplesmente sofrimento. Através da noção de trabalho enquanto práxis, a ação humana no mundo (atividade negadora de todo Para-si; subjetivação da objetividade) em situação também expressa sua capacidade edificante de criação, reinvenção, emancipação e superação das dificuldades colocadas pela positividade do real, julgando que o sujeito não se define na doença ou na complicação psicológica experienciada na sua trajetória de vida e profissão, mas, principalmente, na permissividade de se negar a afirmação imposta pela matéria em direção a um futuro a erigir.

Ao refutar a ideia funcionalista e molecularizada de sociedade, Sartre (2002) se opõe a noção de história como se esta fosse um superorganismo temporal e estruturalizante, apresentando outra proposta no que se refere ao emprego da racionalidade dialética para explicar o projeto humano e sua relação com o devir. Ademais, sendo a necessidade o que move o humano, a crise observada nas relações de trabalho no sistema capitalista apresenta-se como um espaço potencial para a ressureição de uma práxis comum em reciprocidade positiva.

Assim, o coletivo oferece a base de aprendizado para que o humano reconheça sua condição, e pelo desenvolvimento dialético da multiplicidade orientada para os mesmos fins, a ação de todo grupo, no transcurso do tempo, pode vir a sofrer modificações, escapando ao controle coercitivo das relações de poder imbricadas, e essa possibilidade de vivenciar o **nós** no seio da experiência psicológica de **ser-com** é o que daria às relações sociais de trabalho um contorno diferenciado daquele inerte encontrado no contexto laborativo vigente.

## Considerações finais

Freitas (2009) ressalta que toda prática deve fundamentar-se sob pressupostos teóricos, amparados por questões filosóficas, ontológicas e epistemológicas pertinentes, para então ser empregada de forma pragmática, interpelando seu compromisso ético ao tratado de fidedignidade da aplicação do saber pelo método, pois ao embasar práticas partindo de uma compreensão do ser humano e suas vicissitudes, também fica explícito o tipo de mudança que se pretende provocar no contexto a ser aplicada.

Enquanto correntes teóricas fundamentadas no paradigma do trabalho de tradição marxista, os propósitos das clínicas contemporâneas e interdisciplinares do trabalho, e com o que exatamente elas buscam contribuir, se prestam como um convite à práxis psicológica pautada na abordagem existencialista sartreana. Ademais, sendo os processos de transformação do sofrimento em adoecimento no trabalho um forte motivo de convocação dessas abordagens, a aplicação de um referencial já consolidado na prática clínica, como é o caso da existencialista, endossa a assertiva do quão propícia se faz a investigação psicológica pelo método biográfico também no contexto da Psicologia do Trabalho.

Ao reconhecer que existe a possibilidade de uma totalização futura e que o sentido da história só é possível a partir dessa totalização, o psicólogo embasado pelo método progressivo-regressivo e pela noção de situação em Sartre, numa experiência comunitária crítica de **Ser-com** e como **terceiro mediador** no interior dos grupos e coletivos, pode ajudar a superar o processo desumanizante da relação humano/trabalho predominante, tomando como projeto um movimento de construção da realidade humana na qual o trabalho implique na atividade pela qual o sujeito projete a si mesmo para além de uma situação inerte dada, em vistas a uma reciprocidade positiva, colaborando, inclusive, para a perpetuação de projetos individuais em um gênero coletivo comum contra a serialidade e as relações de poder impostas pelos mecanismos de controle da burocracia.

Assim, a Clínica do Trabalho Existencialista-Sartriana apresenta grande potencial de inclusão, expansão e avanço na área da saúde mental no trabalho, pois ao inverter a máxima positivista focada no resultado final da atuação sobre o humano e a organização, reafirma a importância de se voltar para o interior do movimento individual/coletivo e situacional, ou seja, para o processo de abertura a outras formas de agir e se projetar no mundo. Em vista disso, a práxis do psicólogo do trabalho, através do método progressivo-regressivo, inaugura outras possibilidades de qualificar a existência ao promover a angústia e esclarecer a importância vital dela no movimento dialético em que o humano se realiza no trabalho e pela ação transforma a história.

Observa-se, ainda, que a clínica do trabalho opõe-se ética e metodologicamente à algumas práticas psicológicas consagradas pela Psicologia Organizacional e do Trabalho, sendo passível de ser aplicada em contextos não tradicionais, como hospitais, presídios, escolas, ONGs, associações, cooperativas, empreendimentos econômicos solidários e outros. Sua extensão a esses ambientes nos permite captar outra premissa assumida e compartilhada pelas teorias abordadas, no que se refere a necessidade de lutar contra a vulnerabilidade e invisibilidade social, contra a ocultação do trabalho (ou, mais especificamente, os preconceitos que impedem de reconhecer as verdades ratificadoras do prático-inerte) e as formas de alienação e adoecimento implicadas, posicionando-se também como condição para o desenvolvimento e promoção da saúde mental nas relações de trabalho.

Por fim, o retorno à história como produto da práxis humana coletiva sempre em totalização anula o fenômeno social enquanto fato natural, possibilitando o enfrentamento do fatalismo e da descrença num movimento de totalizações, retotalizações e destotalizações incessantes. Partindo dessa mesma lógica, cabe ressaltar que a análise aqui destacada não tem a pretensão de ser exaustiva, nem sequer detalhada, longe disso, mostra-se inaugural, sendo impossível esgotar suas possibilidades e potencialidades no presente texto. Porém, apesar de aberta ao devir, abriga invariavelmente em seu núcleo as preposições em saúde moral no trabalho ensejadas.

## Referências

ABIB, J. A. D. (2007). *Introdução: crítica social, epistemologia e violência*. Em Matias, M. C. M., Abib, J. A. D. (Org.) *Sociedade em transformação: estudo das relações entre trabalhor, saúde e subjetividade*. (pp. 01-17). Londrina: EDUEL.

ALVIM, M. B.; Castro, F. J. G. de (2012). *Clínica de Situações Contemporâneas e Interdisciplinaridade. Anais* do I Seminário NEIFeCS – Núcleo de Estudos Interdisciplinares em Fenomenologia e Clínica de Situações Contemporâneas. UFRJ – Universidade Federal do Rio de Janeiro, Rio de Janeiro.

APPEL-SILVA, M. A.; Biehl, K. Trabalho na pós-modernidade: crenças e concepções. *Revista Mal-Estar e Subjetividade, Fortaleza*, 6(2), 518-534.

BENDASSOLLI, P. F. (2008). Crítica às apropriações psicológicas do trabalho. *Revista Psicologia & Sociedade*, 23(1), 75-84.

BENDASSOLLI, P. F.; Soboll, L. A. P. (2011a). Clínicas do trabalho: filiações, premissas e desafios. *Cadernos de Psicologia Social do Trabalho*, 14(1), 59-72.

BENDASSOLLI, P. F.; Soboll, L. A. P. (Orgs.). (2011b). *Clínicas do trabalho: novas perspectivas para a compreensão do trabalho na atualidade*. São Paulo: Atlas.

BETTONI, R. A.; Andrade, M. J. N. (2002, jul.). A Formação dos Grupos Sociais em Sartre. *Revista Eletrônica Μετανόια*, São João del-Rei, 4, 67-75.

BRANT, L. C.; Gomez, C. M. (2005, out.-dez.). O sofrimento e seus destinos na gestão do trabalho. *Revista Ciência e Saúde Coletiva*, Rio de Janeiro, 10(4), 939-952.

CASTRO, F. J. G. de. (2014). Por uma clínica de situações: uma perspectiva clínica a partir do existencialismo de J-P Sartre. *Anais* do II Congresso Luso-Brasileiro Psicoterapia Existencial – Casos clínicos e aplicabilidade em contextos profissionais. ISPA – Instituto Superior de Psicologia Aplicada, Lisboa, Portugal.

CHANLAT, J.-F. (1995). Modos de gestão, saúde e segurança no trabalho. Em Davel, E., Vasconcellos, J.

*Recursos humanos e subjetividade*. (pp. 118-128). Petrópolis, RJ: Vozes.

CUSTÓDIO, K. V.; Freitas, S. M. P. de. (2011). *Contribuições existencialistas sartrianas para a compreensão das relações de poder nos contextos de trabalho*. Monografia do Curso de Especialização em Psicologia Existencialista Sartreana, Universidade do Sul de Santa Catarina [não publicada].

DANELON, M. (2003). *Educação e Subjetividade: uma interpretação à luz de Sartre.* Tese de Doutorado, Universidade Estadual de Campinas, Campinas, SP. 267p.

DANELON, M. (2005). A Crítica Sartriana à Subjetividade e suas Implicações no Conceito de Educação como Formação do Sujeito. *Revista Impulso*, Piracicaba, SP, 16(41), 47-60.

ERTHAL, T. C. S. (1989). *Terapia Vivencial: uma abordagem existencial em psicoterapia.* Petrópolis, RJ: Vozes.

ENRIQUEZ, E. (2000). Vida Psíquica e Organização. Em Motta, F. P.; Freitas, M. E. de. (Orgs.). *Vida Psíquica e organização* (pp.75-93). Rio de Janeiro: FGV.

FAGUNDES, P. M.; Jotz, C. B.; Seminotti, N. Reflexões sobre os atuais modelos de gestão na produção da (inter)subjetividade dos trabalhadores. *Revista PSICO*, Porto Alegre, PUCRS, 39(2), 224-231.

FREITAS, S. M. P. de. (2009, dez.). Psicólogo do trabalho no mundo das práxis capitalista: reflexões fenomenológico-existenciais. *Revista Abordagem Gestáltica*, Goiânia, 15(2), 157-168.

FREITAS, S. M. P. de. (2012). Contribuição do método progressivo-regressivo para a psicologia do trabalho. In. *Anais* do V CIPSI – Congresso Internacional de Psicologia – Psicologia: de onde viemos, para onde vamos?. Universidade Estadual de Maringá, Maringá.

GAJANIGO, P. (2009, jul.). Sartre para enfrentar a crise: o reencontro com a história. *Universidade e Sociedade*, Distrito Federal, XIX(4), 95-101.

LUNA, I. N. (2012, jun.). Empreendedorismo e orientação profissional no contexto das transformações do mundo do trabalho. *Revista Brasileira de Orientação Profissional*. São Paulo, 13(1), 111-116.

MACHADO, M. N. da M.; Castro, E. de M.; Araújo, J. N. G.; Roedel, S. (Orgs.). (2001). *Psicossociologia: análise social e intervenção.* Belo Horizonte: Autêntica.

MAHEIRIE, K.; Pretto, Z. (2007, dez.). O movimento progressivo-regressivo na dialética universal e singular. *Revista Departamento de Psicologia*, UFF, 19(2), 455-462.

MARQUES, C. D. (2007). *Do individual ao coletivo na crítica da razão dialética de Sartre: perspectivas educacionais.* Tese de Doutorado. Universidade Estadual de Campinas, São Paulo. 126 p.

MARQUES, I. H. (1998, jul.). Sartre e o existencialismo. *Revista Estudos Filosóficos.* FUNREI, São João del-Rei, 1, 75-80.

PERDIGÃO, P. (1995). *Existência e liberdade: uma introdução à filosofia de Sartre.* Porto Alegre: L&PM.

SARTRE, J-P. (1987). *Questão de método*. (R. C. Guedes, L. R. S. Forte, B. Prado Júnior, Trad.,). (3.ed.), São Paulo: Nova Cultural, pp. 109-191. (Col. Os Pensadores).

SARTRE, J-P. (1997). *O ser e o nada. Ensaios de ontologia fenomenológica*. (P. Perdigão, Trad.), (2a ed.), Petrópolis, Rio de Janeiro: Vozes. (Obra original publicada em 1943).

SARTRE, J-P. (2002). *Crítica da razão dialética: precedido por Questões de método*. (G. J. de F. Teixeira, Trad.), Rio de Janeiro: DP&A. (Obra original publicada em 1960).

SCHNEIDER, D.R. (2002). *Novas perspectivas para a psicologia clínica – um estudo a partir da obra "Saint Genet: comédien et martyr" de Jean-Paul Sartre*. Tese de Doutorado, Pontifícia Universidade Católica de São Paulo, São Paulo. 339p.

SCHNEIDER, D.R. (2006, jan.-jun.). Novas perspectivas para a psicologia clínica a partir das contribuições de J. P. Sartre. *Revista Interação em Psicologia*, Curitiba, 10(1), 101-112.

SCHNEIDER, D.R. (2008). O método biográfico em Sartre: contribuições do existencialismo para a psicologia. *Revista Estudos e Pesquisas em Psicologia*, UERJ, 8(2), 289-308.

TEIXEIRA, J.A.C. (2008). Psicologia da saúde crítica: breve revisão e perspectiva existencialista. *Revista Análise Psicológica*, Portugal, 2(26), 335-345.

TOFFANELLI, A. C.; Bellini, M.; Takeguma, M. S.; Mazzetto, O. B.; Reis, R. S. dos; Freitas, S. M. P. (2012). A atitude autêntica como possibilidade de promoção da saúde mental: uma experiência de estágio em psicologia do trabalho. In. *Anais do V CIPSI – Congresso Internacional de Psicologia – Psicologia: de onde viemos, para onde vamos?*. Universidade Estadual de Maringá, Maringá.

TONI, M. (2003, jan.-jun). Visões sobre o trabalho em transformação. *Revista Sociologias*, Porto Alegre, 5(9), 246-286.

CAPÍTULO 16

# Existe uma psicopatologia existencialista?!

*Daniela Ribeiro Schneider*

## Introdução

O termo psicopatologia é polissêmico e controverso. Há muitas versões e concepções sobre o que vem a ser essa disciplina e seu campo do saber. Marcada por seu nascedouro no seio da psiquiatria, reflete as contradições, idas e vindas de sua disciplina mãe. Por isso mesmo, colocada como "fundamento da semiologia psiquiátrica, esse campo de conhecimento foi marcado por diferentes referências teóricas e abordagens em seus pouco mais de duzentos anos de existência" (SERPA JR.; LEAL; LOUZADA, 2007, p 208).

O sofrimento psíquico é um fenômeno tipicamente humano, existente em todas as culturas e sociedades. No entanto, cada época histórica irá abordar este fenômeno de um modo específico, marcado pelo horizonte racional, cultural, social, político predominante no momento. "Desta forma, a loucura na Idade Média era possessão demoníaca e na modernidade, época do Racionalismo, passa a ser a perda da razão. Em tempos de cuidados médicos torna-se psicopatologia, concebida enquanto doença mental" (SCHNEIDER, 2009, p. 63).

Sendo assim, uma questão é o objeto da psicopatologia – o sofrimento psíquico – enquanto fenômeno singular/universal, que acompanha a história da humanidade e se impõe à realidade, exigindo sua compreensibilidade, a fim de possibilitar das práticas clínicas uma intervenção mais segura. Desafia, assim, à psicoterapia fenomenológica existencialista desvelá-lo em sua complexidade.

Por outro lado, está a disciplina psicopatológica, enquanto saber circunscrito em determinado momento histórico, expressando as contradições epistemológicas e culturais de um dado contexto. Sendo assim, a psicopatologia traz intrínseco em seu saber uma concepção de saúde e doença, ou ainda melhor, uma racionalidade acerca do status de normal e patológico. Em geral, tais discussões são naturalizadas e neutralizadas. No caso da psiquiatria biomédica, fruto de um entendimento da natureza como intrinsecamente oposta à cultura, portanto, como algo dado, não construído e, assim, não passível de interpretações. O debate dos seus fundamentos, que deveria ser prévio ao estabelecimento de qualquer psicopatologia, é completamente obscurecido, velando os interesses e consequências inerentes em suas posições teóricas e metodológicas (SERPA JR. *et al.*, 2007, p. 209). Hodiernamente, predominam produções ligadas ao modelo biomédico e o foco na doença e seus sintomas. Segue-se, assim, o imperativo da objetividade de ordem quantitativa, buscando a mensuração em escalas e instrumentos estruturados, por meio de procedimentos estatísticos. Nada contra as mensurações, mas o reducionismo a elas é que é questionável e revela certo interesse em sua hegemonia prática e epistemológica.

Nesse sentido, a psicopatologia fenomenológica, já consolidada na área, ao trazer o sujeito para o centro de suas investigações e intervenções, dando voz e foco para as vivências psicopatológicas, coloca-se como um contraponto para a lógica hegemônica e como uma possibilidade de fundamento para outra clínica, essa que se expressa como fenomenológica existencialista.

Aqui vamos explorar esse contexto histórico das transformações do campo da psicopatologia, na construção desse *approché* fenomenológico, tendo como foco suas relações com o existencialismo e a antropologia estrutural e histórica, conforme formulada por Jean-Paul Sartre, a fim de discutir se é possível existir uma psicopatologia que se especifique como existencialista? Caso exista, qual seria sua contribuição para o campo das psicoterapias fenomenológicas existenciais e para a Clínica da Atenção Psicossocial?

## A relação entre as concepções sartrianas e a psicopatologia de Jaspers

Para que possamos refletir sobre as concepções de Jean-Paul Sartre para a psicopatologia, devemos compreender, primeiramente, a inserção do autor no pensamento psiquiátrico e psicopatológico de sua época e, assim, deslindar as raízes de suas reflexões e formulações para a temática em discussão. Além disso, compreender a importância da psicologia no conjunto da obra técnica de Sartre, o que lhe faz ter interesse de elucidar casos e temáticas psicopatológicas.

Sartre, durante sua formação como filósofo e nos anos subsequentes, sempre demostrou interesse pela temática psicopatológica, mantendo contato próximo com psiquiatras, psicanalistas e psicólogos clínicos, com quem debatia temas dessa esfera. Amigo pessoal de Daniel Lagache, fundador da psicologia clínica na França (PRÉVOST, 1988), foi muitas vezes visitá-lo na ala psiquiátrica do Hospital Saint-Anne, onde, com Simone de Beauvoir, estudaram alguns casos clínicos, conforme relato da filósofa (BEAUVOIR, 1960, p. 288). O casal fez outras visitas a hospitais psiquiátricos, dado seu interesse pelo tema, sendo uma delas relatada detalhadamente por Simone. Descreve a angústia que ela e Sartre ficaram ao se depararem com a situação de degradação humana em que se encontravam os internos do hospício. O que mais os surpreendeu foram "as observações exageradamente normais do diretor", que lhes permitiram chegar à conclusão que os médicos que lá trabalhavam não pensavam em curar ou compreender seus pacientes, por entenderem que em relação aos loucos em estado avançado de demência, nada mais poderia ser feito, a não ser oferecer-lhes o mínimo de conforto (BEAUVOIR, 1960, p. 287). São essas posições mais críticas que marcam a posição do existencialista na abordagem da temática psicopatológica.

Outrossim, travou muitos debates sobre psicanálise e problemáticas psicológicas com J. B. Pontalis, psicanalista de renome e companheiro na revista *Les Temps Modernes*. A descrição dos acontecimentos narrada por Simone, em suas memórias, novamente nos esclarece a posição sartriana sobre o tema: "a psicanálise começava a se expandir na França e alguns de seus aspectos nos interessavam. Em psicopatologia, o 'monismo endócrino' de Georges Dumas parecia-nos – como à maior parte de nossos camaradas – inaceitável. Acolhíamos favoravelmente a ideia de que as psicoses e neuroses e seus sintomas têm um significado que se remete à infância do sujeito" (BEAUVOIR, 1960, p. 28-9).

Como podemos constatar na biografia de Sartre escrita por Cohen-Solal (1986, p. 140), seu interesse na temática psicopatológica relaciona-se com a importância que o saber psicológico ocupa na obra teórica e técnica do existencialista:

> A filosofia seria, de qualquer maneira, uma propedêutica para a psicologia e para sua criação romanesca. Nas revisões da prova de 'Psicopatologia Geral' de Jaspers, nas visitas às apresentações de casos dos doentes do Hospital Sainte-Anne, onde ele passava seus domingos de manhã, em companhia de Nizan, Aron e Lagache, em seu diploma de estudos superiores, quando sustentou, com orientação de Henri Delacroix, sua tese sobre 'A imagem na vida psicológica: papel e natureza', Sartre decifrava, sobretudo, o campo da psicologia.

É preciso destacar, assim, que uma das mais marcantes influências sobre Sartre neste campo "psi" veio de Jaspers, a partir do livro *Psicopatologia Geral,* o qual o existencialista ajudou na tradução para o francês, quando ainda estudante de filosofia. Este muito o influenciou, tanto por ser seu primeiro contato mais aprofundado com o método fenomenológico, perspectiva que virá a marcar sua trajetória filosófica, quanto por ser seu primeiro estudo sistemático da temática psicopatológica e psiquiátrica. Descreve Simone em suas memórias: "à psicologia analítica e empoeirada que ensinavam na Sorbonne, ele (Sartre) desejava opor uma compreensão concreta, logo sintética dos indivíduos. Essa noção, ele tinha encontrado em Jaspers, cujo tratado de psicopatologia, escrito em 1913, fora traduzido em 1927; corrigira as provas do texto francês com Nizan" (BEAUVOIR, 1960, pp. 52-3).

A obra do psiquiatra alemão foi determinante para os estudos da área, tornando-se referência obrigatória para pesquisadores e psiquiatras clínicos. Mas em que consistiu a importância dessa obra? Primeiro, é preciso entender que Jaspers buscou responder aos anseios e questionamentos da psiquiatria de sua época. Essa disciplina, no início do século XX, estava procurando firmar sua credibilidade no meio das ciências médicas. Dividida entre os modelos organicista e psicodinâmico, oscilava em suas indefinições em torno de seu objeto e em suas imprecisões diagnósticas e terapêuticas. A psicanálise começava a lhe exigir uma postura que fosse além da mera descrição de sintomas e fornecesse uma interpretação do adoecer psíquico na história da vida do sujeito (SCHNEIDER, 2011).

Jaspers irá delinear uma nova perspectiva para a psicopatologia, ao agregar ao modelo hegemônico da psiquiatria da sua época, guiada pelas ciências naturais, com base na lógica explicativo-causal dos fenômenos do sofrimento psíquico, a lógica do método histórico-compreensivo, típica das ciências humanas, influenciado por Dilthey e por Husserl (RODRIGUES, 2005; MOREIRA, 2011). "Com o objetivo de associar este modelo ao modelo histórico-compreensivo Jaspers introduz em *Psicopatologia Geral* o método fenomenológico, que se tornou então, a grande 'novidade' do seu pensamento no âmbito da psiquiatria" (MOREIRA, 2011: 173). Rodrigues (2005) discute que, embora o próprio Jaspers tenha negado que seu *Psicopatologia Geral* fosse uma obra de psicopatologia fenomenológica, ao deixar claro que a concebia como uma dentre as abordagens possíveis para a psicopatologia, é nesta ferramenta metodológica, porém, que reside a maior inovação apresentada em sua proposta para o campo. Segundo Messas (2014, p. 40), "a única veleidade declarada de inovação de Jaspers foi, de certo modo, a fenomenologia, mas vista já com mais de um século de afastamento, também antes se insere na tradição do que com ela rompe. E mantém dela algo de extremo valor: a relevância da empatia como instrumento metodológico imprescindível para o acesso às vivências patológicas".

Uma das rupturas almejadas por Jaspers (1979) é com a hegemonia da lógica analítica, embasada na noção de "causalidade", predominante no modelo neurofisiológico e organicista, trazendo novos parâmetros para a psicopatologia e psiquiatria, subordinados à noção de "compreensão" e sua lógica sintética, sustentados na Hermenêutica de Dilthey (SCOCUGLIA, 2002) e na Fenomenologia de Husserl. Realizou, assim, uma revisão dos princípios da psicopatologia clássica, abrindo-lhe novos horizontes. Explica: "a fim de evitar confusões, empregaremos sempre a expressão 'compreender' para indicar a intuição do psíquico adquirida por dentro. O conhecimento das conexões causais objetivas, que sempre são vistas de fora, nunca chamaremos de compreensão, mas sempre de *explicação*" (JASPERS, 1979, p. 42). A perspectiva da compreensão, enquanto "intuição por dentro da vivência do sujeito", produz uma ruptura com o modelo da psicopatologia sustentada na compreensão de uma "entidade mórbida", de cunho organicista, ao trazer para o centro do pensamento psicopatológico a dimensão fundamental da subjetividade, com foco no sentido do sofrimento no conjunto da vida do paciente. Sendo assim, a perspectiva de acrescer ao método explicativo causal, voltado para a descrição dos sintomas objetivos, uma nova abordagem na psicopatologia, de cunho histórico-compreensiva, voltada para as vivências subjetivas, é crucial para ser pensada em relação ao estado da arte da psicopatologia contemporânea.

> Não queremos dizer com isto que uma abordagem descritiva, objetiva, não tenha o seu lugar no ensino de Psicopatologia. Certamente o tem, sobretudo, quando se trata de propósitos práticos que dependam da formulação de uma hipótese diagnóstica confiável, em um vocabulário comum aos praticantes do campo, possibilitando, assim, a comunicação entre eles. (...) Porém, existem outros propósitos práticos em jogo na clínica da saúde mental e no ensino e pesquisa da Psicopatologia. A abordagem descritiva encontra logo os seus limites quando se trata de ter acesso à experiência subjetiva – ao *pathos* – daqueles que temos sob os nossos cuidados. (SERPA JR. *et al.*, 2007, p. 210).

Daí a importância da introdução do método fenomenológico na psicopatologia, como Jaspers afirma em seu artigo de 1912: "a atitude fenomenológica absolutamente não está propagada a tal ponto que a gente não devesse promovê-la sempre de novo. Pode-se esperar que dela ainda resultem preciosos enriquecimentos do conhecimento daquilo que os doentes realmente vivenciam" (JASPERS, 2015, p. 105).

Ressalta, ao descrever os conceitos fundamentais de sua psicopatologia, a necessidade de uma perspectiva de "totalidade" para se compreender os fenômenos psicológicos, conforme já chamavam atenção os teóricos da Gestalt Teoria, em oposição ao atomismo predominante na ciência da época. Como afirma Messas (2014), uma psicopatologia para ser "geral" deve procurar partir da noção de totalidade, visando superar visões parciais do fenômeno. Por isso mesmo, ressalta o protagonismo de Jaspers na procura por uma visão de totalidade como objetivo da Psicopatologia Geral, que não deve estagnar diante de suas dificuldades de aplicação, ao visar a amplitude de seu valor. Recusa, com isso, a simplificação psicopatológica, no sentido de uma abordagem empirista, que adote uma perspectiva generalizante e abstrata. Sendo assim, "a decisão filosófica de manter a relação entre partes e todo em uma tensão dialética máxima e insolúvel é, em Jaspers, radical", segundo Messas (2014, p. 36). Tensão entre a parte/todo, entre o singular/universal que também estará presente em Sartre (1960), marcando a abordagem da fenomenologia dialética adotada pelo existencialista.

Sartre deixará influenciar-se pela lógica implementada por Jaspers nesta visada da totalidade. Segundo o filósofo, o existencialismo encontra-se em uma situação inversa à da psicopatologia clássica, assim como da psicologia empírica, pois "parte da totalidade sintética que é o homem e estabelece a essência deste, antes de ensaiar os primeiros passos na psicologia" (SARTRE, 1938, p. 22).

Nessa mesma direção, o psiquiatra destaca que em toda vivência psíquica existe um "fenômeno originário, irredutível, de um sujeito que se opõe aos objetos" (JASPERS, 1979, p. 75), concepção com impacto no pensamento sartriano, que mais tarde retomará a tonalidade dessa discussão ao introduzir o conceito de projeto originário (SARTRE, 1943). A concepção de que o indivíduo se encontra inteiro em todas as suas manifestações, portanto, a partir de qualquer ato, de qualquer experimentação psicofísica do sujeito, é possível chegar à sua significação ou ao seu projeto originário é central no existencialismo. Por isso, a compreensão, enquanto movimento de elaboração sintética, deve revelar "a profundidade do vivido" (SARTRE, 1960).

Jaspers (1979) propõe, como sequência de seus postulados, a necessidade de buscar *as conexões compreensivas* da vida psíquica, com destaque para a noção de "situação", com base no reconhecimento da "vida simbólica" do paciente. Para tais conexões é preciso considerar que: a) a psique humana exprime-se no corpo; b) o homem vive em seu mundo; c) o homem se objetiva na fala, no trabalho, nas ideias. Em Sartre (1943), sob influência de tal pensamento, as conexões compreensivas serão a base de sua psicanálise existencial. O ponto de partida da investigação dessa psicanálise deve ser os aspectos concretos da vida de um sujeito, ou seja, os fenômenos de sua vida de relações, de homem em situação. Aqui se delineia o método sartriano: por um lado, ele é comparativo, ou seja, estabelece ligações entre os diversos aspectos que presidem a vida de um sujeito, procurando atingir o projeto original que dá sentido ao conjunto; é, nesse sentido, um método compreensivo ou sintético, já que pretende chegar "à intuição do psíquico, atingida por dentro", na direção que aponta Jaspers

(Schneider, 2011). Por outro lado, esse projeto originário concretiza-se nas diferentes relações com o corpo, nos gestos e expressões verbais, na forma de pensar e nas escolhas profissionais de uma pessoa, assim como vimos acima anunciado pelo psiquiatra.

Por isso mesmo, "o conceito de *situação* ocupa lugar central no pensamento de Sartre, seja no plano teórico filosófico, como na sua dramaturgia, nas críticas literárias e nas aplicações clínicas ao investigar a realidade humana singular" (Alvim; Castro, 2015, p. 18). Para Sartre (1943) o sujeito deve ser apreendido sempre como um ser-em-situação, ou seja, como uma totalidade corpo/consciência circunscrita no mundo concreto, com suas especificidades. Situação significa essa unidade indissolúvel entre a dimensão subjetiva e a dimensão objetiva do mundo social e material, que define os contornos da vivência de uma pessoa (Alvim; Castro, 2015).

O movimento compreensivo deve ser feito a partir da realização de uma "biografia" do paciente, ressalta o psiquiatra, entendendo como uma "apresentação formativa de uma unidade individual no todo de uma existência" (Jaspers, 1979, p. 681), etapa fundamental para a inteligibilidade do caso clínico, somada à sua história da doença. Discute, assim, que a vida psíquica é um "todo" em forma temporal. Portanto, "toda história clínica correta vai dar na biografia. Enraizada no todo existencial, a doença psíquica não se pode, dele destacar, apreender" (Jaspers, 1979, p. 811). Em seu entendimento, a vida humana é abertura para o futuro, portanto, ela não é fechada sobre si mesma; é sempre uma biografia incompleta e aberta, porque à espera das realizações futuras. Além disso, a biografia leva a uma perspectiva histórica mais ampla, que vê o homem inserido em um contexto "abrangente": através da história pessoal deve-se chegar na história dos povos. Ou seja, Jaspers assinalava já em 1913, aquilo que seria objeto de estudos aprofundados de Sartre em seu livro "Crítica da Razão Dialética", nos anos 1960, onde o existencialista discute a implicação do contexto antropológico, cultural, social na constituição dialética do sujeito histórico.

Para Sartre a importância da biografia para a compreensão do ser do sujeito é crucial, tanto que o existencialista se dedica a escrever várias biografias de escritores conhecidos (Schneider, 2008; 2011). Na psicologia existencialista a biografia deve expor um homem enquanto totalização e não como um conjunto fragmentário de comportamentos, emoções, desejos. O existencialista critica, assim, a forma mecanicista como as biografias, em geral, são elaboradas, com narrativa histórica feita "por fora". Não se deve fazer uma simples descrição da facticidade (narrativa dos fatos vividos), ou uma biografia de linhagem (onde nasceu, filho de quem, casou com quem, teve quantos filhos, escreveu quantas obras, etc). Suas biografias são realizadas "por dentro", quer dizer, colocam o sujeito concreto, através de um movimento de compreensão, no qual busca esclarecer as condições de época, culturais, sociais, familiares, além das subjetivas, que possibilitaram ao sujeito chegar a ser quem ele foi e a compreender o núcleo de seu sofrimento, assim como seu sentido. Biografia esta realizada sempre no movimento dialético entre subjetividade e objetividade (SARTRE, 1960; 1972; SCHNEIDER, 2008). O método biográfico em Sartre traz contribuições importantes para a intervenção clínica e a compreensão do sofrimento psíquico (SCHNEIDER, 2008; 2011).

Jaspers (1979) ainda aprofunda a discussão com o postulado de que a psicopatologia se depara, constantemente, para além do homem enquanto um "ente natural", ele como um "ente cultural". Dessa forma, se o homem tem, de um lado, predisposições somáticas – a "herança", que lhe trazem importantes aspectos de sua constituição, por outro, é "tradição" que lhe se coloca como fundamento de sua vida psíquica real, advinda do perimundo, (conceito de mundo ampliado, utilizado pelo psiquiatra). Neste perimundo destaca a importância da família, assinalando a contribuição da psicanálise no reconhecimento do efeito marcante desse contexto no ciclo de vida de um paciente.

Na linha das argumentações que fundamenta a psicopatologia jasperiana está, portanto, o entendimento de que este fenômeno está diretamente relacionado ao desenvolvimento de uma personalidade, horizonte em que ela deve ser compreendida. Dessa forma, é importante a concepção de que *a doença realiza-se no núcleo da existência* do sujeito (JASPERS, 1979, p. 849). Assim, numa avaliação ou psicodiagnóstico é preciso buscar "o homem todo em sua enfermidade", ou seja, a doença enquanto uma dimensão da vida deste paciente. Talvez este argumento hoje possa parecer um "lugar comum" (ainda que não colocado em relevo por aqueles que reduzem a psicopatologia às disfunções de uma neuroquímica cerebral), mas, em 1913, trouxe uma importante perspectiva de inovação, justamente por dar o foco ao sujeito em sofrimento. Com isso, vemos a vitalidade do pensamento de Jaspers, que continua contemporâneo e influente na psiquiatria e psicopatologia hodiernas e cada vez mais necessário de ser revisitado pelos profissionais da área, a fim de resistirem à avalanche das simplificações do chamado modelo biomédico e dos interesses da indústria farmacêutica, com foco somente na doença e seus sintomas. Como destaca Messas (2014, p. 24) "cem anos após sua vinda à luz, ainda resiste na comunidade de especialistas a ideia de que seja necessário sobre ela (a Psicopatologia Geral de Jaspers) refletir, não como efeméride de um ponto do passado apenas inaugural, mas como edifício científico a ser visitado obrigatoriamente na formação de novos psiquiatras".

Esta "inversão hegeliana" na compreensão da psicopatologia, ao romper com a inteligibilidade do "homem" tendo como ponto de partida a "doença", mas, ao contrário, compreendendo a "doença" a partir do concreto do "existir humano", da história de vida de relações sociais e culturais do sujeito, é a base da "revolução" proposta no seio do saber e da prática psiquiátrica, ao contribuir na consolidação de uma psicopatologia fenomenológica e servir de fundamento para o movimento da chamada "antipsiquiatria" e seu viés "antimanicomial".

Em síntese, temas centrais em Sartre já estavam delineados por Jaspers: a) a "perspectiva sintética" presente na concepção de "compreensão", que será definidora da questão de método em Sartre (SARTRE, 1938; 1960); b) a crítica ao atomismo e, em seu lugar, a compreensão do psíquico enquanto totalização, fundamento das compreensões psicológicas sartrianas, sustentadas em perspectiva dialética (SARTRE, 1943; 1960); c) a busca de um irredutível psíquico, que em Sartre é entendido como o "projeto originário" e que define o objetivo maior de sua psicanálise existencial (SARTRE, 1943); d) a objetividade dos fenômenos psíquicos: a psique no corpo, a relação intrínseca homem/mundo, o homem objetificado na fala, no trabalho, nas ideias, que serão aspectos aprofundados por Sartre em quase todas as suas obras (SARTRE, 1938, 1940; 1943; 1960, 1965); e) a vida humana enquanto abertura para o futuro, noção definidora da obra sartriana, por ele aprofundada e colocada em novas dimensões a partir da noção de "projeto de ser" (SARTRE, 1943); f) o homem enquanto ente cultural, com a mútua implicação da história individual na história sociocultural (SARTRE, 1960), sendo crucial o papel da história na compreensão do homem. Mais especificamente, a certeza de que toda psicopatologia deve ser esclarecida tendo como base a biografia do sujeito estudado, aspecto que Sartre não só tematizou em sua proposta metodológica denominada, como sabemos, *psicanálise existencial* *e em seu Questão de Método*, mas pôs em prática em seus empreendimentos biográficos (SARTRE, 1943; 1960, 1947, 1952), em especial na biografia de Flaubert (SARTRE, 1971); g) por fim, podemos refletir sobre a exigência de Jaspers de elaboração de uma base ontológica e antropológica para a psiquiatria, exigência essa com a qual Sartre também se deparará no percurso de seus estudos sobre a psicologia, que o fizeram elaborar sua proposta de ontologia fenomenológica (SARTRE, 1943) e sua antropologia estrutural e histórica (SARTRE, 1960).

Temos aí uma breve reflexão sobre a importância de Jaspers na definição da perspectiva sartriana, ainda que tais temáticas tenham sido, também, elaboradas por Sartre na interlocução com outros fenomenólogos, como Husserl e Heidegger. Isto não significa que Sartre concorde com todas as concepções de Jaspers, assim como não o fará com Husserl e Heidegger. Sofrerá suas influências, mas será sempre um interlocutor crítico, que romperá com certas amarras metafísicas presentes em tais autores, elaborando sua própria concepção. É preciso destacar, portanto, os limites da abordagem fenomenológica adotada por Jaspers, que fica muito preso ao modelo descritivo e avança pouco nas definições das exigências de elaboração heurística da fenomenologia, como já criticada por muitos outros psiquiatras e especialistas em psicopatologia fenomenológica (TATOSSIAN, 2012; MOREIRA, 2011; MESSAS, 2014).

A obra técnica de Sartre, imbuída inicialmente de pressupostos jasperianos, tanto em termos do método fenomenológico, quanto de fundamentos para uma psicopatologia crítica, mas acrescida da influência de outras abordagens fenomenológicas e existencialistas, assim como da psicanálise freudiana e da dialética marxista, resultará numa contribuição singular para a área. Tanto é assim, que ela serviu de referência para transformações no campo da psiquiatria e psicopatologia, ao contribuir com a fundamentação teórico-metodológica de movimentos como o antipsiquiátrico inglês, com Laing e Cooper, a Reforma Psiquiátrica Italiana, com Basaglia, além de retroalimentar a consolidação da psiquiatria fenomenológica, com autores como Van den Berg, Ernest Keen, Tatossian, entre outros. É o próprio Laing que afirma: "Sartre está em um grande navio navegando no mesmo oceano que eu tento navegar" (Apud: CHARLESWORTH, 1980, p. 29). Segundo Delacampagne (1990, p. 661), pelo simples fato da obra sartriana "ter servido de alimento para a reflexão anti-psiquiátrica, o existencialismo acabou por produzir, no campo médico, efeitos libertadores – os quais a instituição asilar se viu obrigada a integrar em muitos de seus aspectos".

Os novos rumos de desenvolvimento da temática psicopatológica desde a fenomenologia e o existencialismo até a antipsiquiatria, teve em Sartre uma ponte que possibilitou um salto de qualidade, segundo alguns de seus analistas: "de Kierkegaard, Freud e Jaspers a Sartre, depois de Sartre a Laing e Cooper, se desenha uma linha de aproximação, infinitamente rica de sugestões, realizando a transformação progressiva da loucura em uma linguagem" (DELACHAMPGNE, 1990).

## Delineamentos iniciais para uma psicopatologia existencialista

Uma psicopatologia existencialista deve ter a psicopatologia fenomenológica como fundamento, acrescida de contribuições advindas da psicologia existencialista e da antropologia estrutural e histórica propostas por Sartre. A psicologia existencialista é projeto central da obra técnica de Sartre e se encontra desenvolvida no conjunto de suas obras, desde a publicação de seus primeiros livros "A Transcendência do Ego" (1936), "A Imaginação" (1936) e "O Imaginário" (1940), passando por tantas outras, até sua obra magistral, síntese de seu pensamento, "O Idiota da Família" (1971). Já a proposta de sua antropologia desenvolve-se de maneira mais formal em sua obra "Crítica da Razão Dialética" (1960), que tem como introdução o texto "Questão de Método" (SCHNEIDER, 2006; 2011).

Uma psicopatologia deve ser pensada como uma ciência empírica, pois se debruça sobre fenômenos concretos, vivenciados por sujeitos integrais em contextos de relações específicos. Porém, faz-se necessário, antes, estabelecer, através de processos investigativos, de isolamento, discriminação e classificação dos fenômenos psicopatológicos de ordem geral, a sua essência, ou seja, compreender àquilo que lhes especifica e discrimina entre outros, a fim de poder ter maior precisão diagnóstica e clínica, como por exemplo, estabelecer a diferença entre uma alucinação e uma pseudo-alucinação, como discute Jaspers (MESSAS, 2014).

A questão epistemológica em Sartre (1960) implica a discussão daquilo que considera a tarefa primordial da ciência, que é esclarecer as condições de possibilidade de certos fenômenos de ordem geral, ou seja, esclarecer os aspectos constituintes do fenômeno estudado em seu contexto de ocorrência, ou ainda, as condições que interferem para que ele se desenvolva da forma como está estruturado. Por isso mesmo, em uma psicopatologia existencialista, a descrição das variáveis que compõem os fenômenos psicopatológicos é um dos seus momentos metodológicos, porém, questionar a essência dos fenômenos, ou seja, esclarecer as condições de possibilidade de sua acontecência, a sua delimitação em sua constituição de ser é tarefa primordial. Em outras palavras, a psicopatologia deve descrever a sintomatologia das doenças, sem dúvida, mas não pode se restringir a ser um simples catálogo de sinais e sintomas que se organizam em tipos nosológicos, como ocorre na psiquiatria de cunho mais reducionista, que se inscreve dentro do chamado modelo biomédico, de caráter puramente descritivo e que "tem se tornado cada vez mais superficial e sem nuances" (SERPA JR., 2007).

Há de se compreender, antes de tudo, o que é o adoecer, quem é o homem que adoece, qual sua função na totalização de ser do sujeito, para só descer às diferentes psicopatologias e suas condições de ocorrência concreta, no contexto de vida de relações dos pacientes. Por isso mesmo, a fenomenologia deve se colocar como o estudo das condições de possibilidade das vivências (MESSAS, 2014). Neste caso, diferencia-se da proposta de Jaspers, que acabou por ficar mais no plano descritivo das experiências.

A psicopatologia existencialista ganha contornos mais definitivos na obra da maturidade sartriana, "O Idiota da Família" (1971), principalmente em seu terceiro tomo, onde se dedica a discutir a "neurose objetiva" de Flaubert, ainda que já tenha iniciado seu esboço na biografia que realizará sobre "Saint Genet: ator e mártir" (1952), além de várias discussões sobre fenômenos psicopatológicos realizada de forma esparsa em obras anteriores, como em "A Transcendência do Ego", "O Imaginário" e em "O Ser e o Nada", entre outros. Na verdade, a teoria sartriana deve ser compreendida em seu conjunto, na medida em que o existencialista vai retomando conceitos trabalhados inicialmente por ele, agregando, pouco a pouco, novos elementos e dimensões compreensivas, complexificando sua análise.

Retomemos, porém, alguns conceitos da psicologia existencialista que se colocam como fundamentos para uma psicopatologia, tendo como ponto de partida, inclusive, as influências fenomenológicas em sua abordagem. Mas, acompanhemos, no entanto, a evolução de sua abordagem na trajetória teórica do próprio Sartre.

O ponto de partida para a compreensão do sofrimento psíquico é a noção que advém do "cogito pré-reflexivo", que se coloca como condição para a ocorrência do cogito reflexivo, ou seja, a constatação de que há consciências que são anteriores à reflexão e que lhe têm prioridade ontológica. O cogito pré-reflexivo descreve a experiência de um sujeito que imerge na consciência espontânea, irrefletida, consciência de primeiro grau, enquanto consciência não-posicional-de-si e não-posicional-do-eu, consciência mergulhada no mundo, absorvida por sua vivência, impregnada pelo contexto, sem distância e mediação (SARTRE, 1943; 1965).

Essa noção de consciência irrefletida, que aparece em sua primeira obra técnica "A Transcendência do Ego", vai sendo retrabalhada pelo existencialista, tecendo como que um fio condutor da prioridade da dimensão espontânea na constituição do psíquico, chegando até a noção de vivido – *vécu* – como aparece em sua última obra, "O Idiota da Família", na qual traz o conjunto dos pressupostos de sua psicologia, somados à síntese da influência da psicanálise e do marxismo, aprofundando a dialética entre o singular (a infância, as relações familiares e a interiorização desse contexto) e o universal (as condições objetivas de um dado momento histórico, da materialidade que cerca uma família, das exigências culturais de uma época e de um dado território). Mas qual é a novidade da noção de vivido (*vécu*) que vem, de certa forma, a substituir o que antes era a consciência irrefletida? Vejamos as palavras do próprio Sartre (1976, p. 111): "Eu queria dar a ideia de um conjunto no qual a superfície é consciente e no resto é opaco a esta consciência, sem ser, todavia, inconsciente.

Quando eu mostro como Flaubert não conhece a si mesmo e como, ao mesmo tempo, ele se compreende admiravelmente, eu indico aquilo que quero chamar de vivido". O conceito implica, portanto, a via de compreensão de si mesmo, mas sem que indique algo da ordem do um conhecimento, de uma elaboração reflexiva. Nesse sentido, é muito próximo ou a continuidade do seu conceito anterior de cogito pré-reflexivo.

A experiência do sofrimento psíquico é da ordem do vivido, como acima descrito. O sujeito em sofrimento mergulha em suas experiências concretas e deixa-se absorver por elas, ali o mundo fala mais alto e ele tem dificuldade de estabelecer uma distância reflexiva, sendo levado pelos acontecimentos. A condição de ser-no-mundo, tão cara à fenomenologia, retrabalhada aqui com a dialética sartriana, é crucial para a compreensão do sofrimento. Uma intervenção clínica para ser eficaz tem que compreender este movimento espontâneo do sujeito em um mundo dado, saber destrinchá-lo para estabelecer um nexo de compreensão e uma intervenção que toque naquilo que efetivamente é significativo para o sujeito, ainda que ele próprio não consiga nem definir nem explicar o que é que lhe passa, embora o *saiba* intensamente, melhor do que ninguém, pois como se diz, "ninguém está na sua pele". Por isso mesmo, o ponto de partida de uma psicopatologia fenomenológica é o sujeito concreto, enquanto totalidade psicofísica (moi), corpo/consciência, inserido no mundo (SARTRE, 1965).

O existencialista visava, com isso, acabar com a primazia da reflexão, ou com a hipótese de a razão ser a instância definidora de toda a realidade vivida, típica dos racionalismos, que acabaram por servir de fundamento de boa parte das psicologias e psicopatologias até a metade do século XX. Buscava balançar, assim, os alicerces do edifício racionalista. O mentalismo e o dualismo que dele se desdobra, enquanto expressão máxima da filosofia racionalista de base cartesiana, não deveria mais ter razão de ser no campo psiocopatológico. No existencialismo sartriano não há espaço para se pensar em "mente", em "estrutura mental", nem em "eu interior". Diz ele em seu ensaio sobre a intencionalidade em Husserl: "Hei-nos libertos da *vida interior*. (...) Por fim, tudo está fora, tudo, até nós próprios: fora, no mundo, entre os outros. Não é em nenhum refúgio que nos descobriremos: é na rua, na cidade, no meio da multidão, coisa entre as coisas, homem entre os homens" (SARTRE, 1968, p. 31).

Essa é a condição para se pensar uma psicopatologia existencialista, que, por fim, rompa, por um lado, com o subjetivismo e o mentalismo subjacentes aos modelos anteriores e que supere a concepção de "doença mental" como patologia individual, isto é, como um mal produzido na "mente" de quem a sofre, desconectada das suas relações sociais. Por outro, também critica do determinismo organicista, que reduz a psicopatologia a distúrbios de ordem neuroquímica, ou ainda á predisposições genéticas, pois, apesar de considerar a importância da dimensão corporal (Sartre, 1943; 1938), portanto, sem desconsiderar a dimensão neurofisiológica presente fortemente nas emoções e nas psicopatologias, não a coloca na ordem de determinantes. O corpo é uma das dimensões importantes da complexidade envolvida no sofrimento, mas sua função tem que se dar sempre no conjunto dos variados aspectos envolvidos.

Neste trabalho, para descrevermos a psicopatologia existencialista com o maior rigor possível, não utilizaremos o termo "doença mental", posto que ele é demarcado por este dualismo corpo-mente, refém da dicotomia entre a lógica organicista, neurofisiológica (contida na palavra doença) e a lógica mentalista, racionalista trazida pela perspectiva dinâmica (contida na palavra mental), conforme podemos acompanhar na crítica de Szasz (1979, 1980). Preferimos utilizar os termos "sofrimento psíquico" e "sofrimento psíquico grave" (Costa, 2010). A compreensão do sofrimento psíquico passa pela constatação das dificuldades psicossociais que produzem complicações psicológicas e estão na base de muitas psicopatologias, consideradas na tradição como neuroses. Complicação, segundo o Dicionário Aurélio XXI, significa "ato de complicar-se, tornar confuso, intrincado, difícil; embaraçar-se, enredar-se; dificuldade, embaraço; obstáculo" (Holanda, 2001), termo que descreve objetivamente o que ocorre com as pessoas que sofrem de processos psicopatológicos. A segunda, enquanto agravamento deste sofrimento psíquico, com o aumento da intensidade das afetações psicofísicas, vivências que levam à ruptura com a realidade, base das psicopatologias definidas tradicionalmente como psicoses. Evitamos, com isso, os caminhos traiçoeiros da expressão "doença mental".

Nesta direção, a abordagem do existencialista é influenciada e se aproxima da psicopatologia fenomenológica. Serpa Jr. *et al.* (2007) descrevem a chamada Psicopatologia Antropológica Fenomenológica, que se opõe à Psicopatologia Descritiva, sintomatológica e criteriológica. A primeira, ao contrário deste modelo hegemônico, não lida com sintomas enquanto fatos isolados, mas com fenômenos, concebidos como manifestação da forma experiencial global do paciente, que envolve um tipo particular da relação desta pessoa consigo mesmo, com os outros e com o mundo. Aqui o sujeito da experiência ocupa uma posição central. Destaca-se nela, portanto, modos particulares de ser-no-mundo, sob influências das teorias de Binswanger, com base em Heidegger. "Chamaremos a Psicopatologia Sintomatológica-Criteriológica de Psicopatologia da terceira pessoa e a Psicopatologia Fenomenológica-Antropológica de Psicopatologia da primeira e da segunda pessoa" (Serpa Jr. *et al.*, 2007, p. 212). Isto implica que a primeira é uma psicopatologia realizada por fora, à distância, descrita de forma "isenta", por um terceiro. Já a psicopatologia da primeira pessoa é aquela que recupera o vivido do paciente, tomado do ponto de vista da sua experiência concreta, ou seja, descreve a experiência pré-reflexiva dos próprios estados psíquicos e corporais, sem passar pela elaboração ou reflexão. A psicopatologia da segunda pessoa, por sua vez, recupera o paciente como sujeito narrativo, que descreve do ponto de vista reflexivo e intersubjetivo a sua experiência.

Esta discussão da psicopatologia fenomenológica dialoga muito de perto com a perspectiva do existencialista. É preciso compreender que para a abordagem sartriana o sofrimento psíquico não é da ordem simplesmente da consciência, mas sim da dimensão do sujeito, aqui compreendido enquanto totalização corpo/consciência na relação com o mundo e em direção a um fim: o projeto de ser. Aqui vale a diferença estabelecida por Sartre entre a consciência enquanto dimensão da subjetividade, e o ego, enquanto resultante da dimensão do sujeito (SCHNEIDER, 2006; 2011). A psicopatologia implica, assim, o enredamento de uma personalidade, da totalização do ser do sujeito, como já vimos acima, quando abordamos a influência de Jaspers sobre Sartre.

A personalização é definida por Sartre (1971) "como processo de superação e conservação, no seio de um projeto totalizador, daquilo que o mundo fez – e continua a fazer – dele". Por isso, o existencialista afirma que o ser da pessoa não é totalmente sofrido, nem totalmente construído, demarcando a dialética entre o objetivo e o subjetivo. Acrescenta ainda que "ela nada mais é do que o resultado superado do conjunto dos procedimentos por meio dos quais tentamos continuar a assimilar o inassimilável, isto é, essencialmente, nossa infância" (SARTRE, 1971, p. 656-7). A personalidade é resultante, assim, de um processo de mediações sociais. É no meio dos outros, tecido e retecido nas malhas do conjunto sociológico, que o sujeito vai definindo seu ser, sua personalidade (SCHNEIDER, 2011).

A psicopatologia está intimamente ligada, assim, à apropriação que um sujeito faz da trama das relações materiais, sociológicas, como por exemplo, as relações sociais viciadas; as famílias serializadas, que não conseguiram estabelecer laços reais entre seus membros, experimentando uma confusão afetiva (pois, em muitos casos, o que define as relações são somente os afetos, sem o respeito aos projetos individuais e sem a consolidação de um projeto comum intragrupo). Também determinantes são as situações de opressão material, social, trabalhista, que podem levar o sujeito ao sofrimento psíquico. Da mesma forma, os processos de exclusão social, vividos na escassez material e social, que limitam as condições de possibilidade do projeto de ser futuro e constroem trajetórias marcada por vivências de inviabilização e estigmas, estão na base dos processos de sofrimento psíquico grave.

Dessa forma, as determinantes de uma psicopatologia estão nas ocorrências que se dão no contexto antropológico onde o sujeito está inserido, quer dizer, no conjunto das relações culturais, macrossociais, de uma dada época, de uma dada territorialidade, da materialidade em que se encontra inserido e que são ativamente apropriados pelos grupos, especificando-se em contextos sociológicos, microssocial, onde se dão as relações de mediação mais imediatas do sujeito (familiares, de amizade, etc.) (CARVALHO TEIXEIRA, 1997; 2006). São necessárias tais ocorrências objetivas para que um sujeito venha a sofrer.

Sem dúvida, todo esse processo não é uma simples determinação exterior, pois é ativamente apropriado pelo sujeito, que mergulha na vivência e dá significados e contornos singulares à situação. "Não há, aqui, categorias que, de fora, se apliquem ao vivido, pois é o próprio vivido que se unifica, em um movimento de circularidade, com os meios à disposição, isto é, com as afeições e as noções que a interiorização das estruturas objetivas gera dentro dele" (SARTRE, 1971, p. 654).

Aqui a questão da temporalidade é um importante aspecto a ser considerado. O que viabiliza ou inviabiliza um sujeito, na concepção existencialista, é seu futuro. "Tudo muda se se considera que a sociedade se apresenta para cada um como uma 'perspectiva de futuro' e que este futuro penetra no coração de cada um com uma motivação real de suas condutas" (SARTRE, 1960, p. 66). A personalidade é definida em função do projeto de ser. Sem dúvida, o projeto é um tecimento histórico, cujo passado será sempre fundamental e significativo. No entanto, o enredamento do sujeito em seu processo histórico tem como pano de fundo o futuro (CARVALHO TEIXEIRA, 1997; 2006b). Como nos lembra Van Den Berg (1981, p. 92), referindo-se à dinâmica da temporalidade: "o presente é o convite vindo do futuro para ganharmos o domínio dos tempos passados".

O existencialista em seu "Esboço de uma Teoria das Emoções", exemplifica a função da temporalidade e, em especial do futuro na psicopatologia, ao descreve, por exemplo, a emoção do tipo *tristeza passiva*: o mundo não para de exigir que atuemos nele e sobre ele (trabalhos por fazer, pessoas para ver, atos da vida cotidiana para levar a cabo), mesmo tendo desaparecido uma das condições normais de nossa ação. No entanto, os meios para realizá-lo é que mudaram. Assim, por exemplo, ao tomar conhecimento da sua falência e ruína financeira, o sujeito já não dispõe dos mesmos meios (automóvel particular, dinheiro para compras, etc) para levá-los a cabo. É preciso, portanto, que os substitua por novos intermediários (tomar o ônibus, fazer empréstimos, por exemplo). Porém, é isso precisamente o que não consegue suportar, pois houve um corte com o futuro real que vislumbrava e as condições para realizá-lo. A tristeza tem como objetivo a supressão da obrigação de procurar essas novas alternativas, de ter de transformar a estrutura do mundo, substituindo sua constituição presente (que está a me exigira ações) e o futuro que descortina (dificuldades antecipadas, desejo de ser inviabilizado) por uma estrutura totalmente indiferenciada em termos de afetação. Em resumo, trata-se de descarregar os objetos de sua forte carga afetiva. Já que não pode e não consegue cumprir os atos que projetava, o sujeito comporta-se de maneira que o mundo deixe de exigir de nós. Para isto só lhe aparece uma única solução, atuar sobre si próprio. O correlativo noemático desta atitude é o 'refúgio'. Tudo ao redor é triste, mas, precisamente, pelo fato de querermos nos proteger de sua monotonia aterradora, de sua falta de perspectiva, constituímos um lugar qualquer como *canto* e nos isolamos do mundo, buscando, com isso, afastar as exigências que ali são impostas (SARTRE, 1938).

É importante, porém, atentar para o fato de que a pessoa pode experimentar essa emoção, tristeza passiva, frente a alguma situação difícil que enfrente na vida, mas não necessariamente desenvolver um "quadro depressivo", pois pode ter mantido seu projeto e desejo de ser inabalados. Com o tempo, portanto, a pessoa pode ter condições de superar essa emoção. É o que acontece, muitas vezes no luto, que tem seu tempo de mergulho na emoção, mas uma vez mantido o projeto de ser, é possível superar e redesenhar a situação de vida. O quadro depressivo, ao contrário, se caracteriza por se utilizar desses subterfúgios da tristeza passiva, mas tendo como pano de fundo a experiência da inviabilização do seu ser, a impossibilidade da realização do seu projeto, a negação de qualquer futuro. Portanto, a saída da emoção é muito mais difícil, pois passa pela retomada ou pela redefinição do projeto. Daí ser um quadro de difícil manejo clínico.

A concepção predominante na psicopatologia tradicional, de cunho racionalista, idealista, mentalista, acaba por reforçar o isolamento e a solidão em que o paciente já se encontra, pois traduz impasses concretos em sua vida de relações, envolvendo as condições materiais, culturais e sociológicas, como simplesmente contradições de ideias, irracionalismo, conflitos morais entre o bem e o mal, como se fosse uma questão puramente subjetiva, marcada por seu passado e pela história da própria doença. Da mesma forma, o outro lado do reducionismo de cunho organicista, que traduz todo o sofrimento psíquico como sendo simplesmente resultante de disfunções bioquímicas, não considerando os acontecimentos concretos da vida do sujeito, acabam por naturalizar e individualizar o problema vivenciado. Em ambos reducionismos ocorre uma culpabilização do paciente, reforçando o sofrimento.

Em Sartre não se pode perder a dialética entre a objetividade e a subjetividade, sendo o olhar da complexidade do sofrimento psíquico o único que se aproxima de vivência real do paciente e lhe fornece condições de inteligibilidade de seu sofrimento, sem sustentar-se em culpabilizações de um ou outro lado.

Neste sentido delineia-se o método proposto por Sartre (1971) para a compreensão do que ele chama de "neurose objetiva", sustentando-se em sua proposta de sua psicanálise existencial (SARTRE, 1943) e do *approché* do método progressivo-regressivo, advindo da dialética materialista (SARTRE, 1960), que ele sintetiza na monumental biografia que elaborou sobre Gustave Flaubert.

Trata-se em um *primeiro movimento* de reconstituir a neurose ou a psicopatologia buscando compreendê-la "por dentro", ou seja, reconstituir sua gênese proto-histórica (antes do próprio surgimento do fenômeno psicopatológico). Adentra-se, então, na história desse sofrimento, visando descobrir nele as *intenções teleológicas subjetivas* que se constituem por meio delas e acabam por estruturá-las. Aqui a subjetividade é compreendida como as vivências surgidas da *situação* particular – e que visavam seu caso singular. Implicam a condição de lidar e significar com condições objetivas que lhe são impostas. Sartre exemplifica que a neurose de Flaubert desenvolveu-se num terreno bem definido que o condicionava para a atividade passiva. Frente às pressões vividas na "família Flaubert", esta foi a saída encontrada pelo menino para lidar com aquele mal-estar palpitante, que produzia uma mobilização geral de vivências e emoções, com suas relações dialéticas com o contexto concreto, como respostas às situações vivenciadas (SARTRE, 1971).

Sendo assim, num *segundo momento* na compreensão do psicopatológico, trata-se de desvelar as estruturas objetivas, que fornecem os contornos reais da vivência patológica: o conjunto institucional, produto e expressão das infraestruturas de um dado momento; a conjuntura histórica, expressão das contradições de fatores materiais, econômicos, sociais, culturais; a estrutura familiar, sempre entendida como o resultado metaestável das estruturas e da história, que se particularizam na intersubjetividade de um grupo (SARTRE, 1971).

Aqui entra a dialética interiorização X exteriorização. Tais condições objetivas sempre são passadas através das vivências pré-reflexivas que a pessoa sofre, assim como pelo filtro das elaborações reflexivas que o próprio sujeito produz. Estas contradições colocam uma criança, em sua ingenuidade e agitação infantil, no redemoinho de suas experiências, buscando superar às cegas, esses condicionamentos em direção a seus próprios fins (SARTRE, 1971). As escolhas não são fáceis de serem tomadas: ajustar-se às exigências do meio ou negá-*las*, combater os ajustamentos ou entregar-se a eles. Certamente a condição da resposta depende das mediações que se tem à disposição: é uma criança sozinha, tateando na obscurescência de suas vivências emocionais ou há alguém a estender-lhe a mão e acolher suas inseguranças, ofertando "um colo" e outra condição de elaboração e de resposta da situação? As possibilidades são muitas e estão sempre inscritas no concreto da *situação objetiva*, sempre vivenciada subjetivamente.

Dessa forma, "a neurose intencional e padecida por Flaubert mostrou-se como uma adaptação ao mal, provocando mais distúrbios que o próprio mal" (SARTRE, 1971). Em que medida a neurose prejudica e, em que medida, ela é útil para Flaubert? Esta resposta não é fácil de ser dada, mas aí encontra-se o "perde-ganha" de toda saída psicopatológica, que, por isso mesmo, acaba por ser uma cilada para o próprio paciente. Transgride para libertar-se, mas os meios escolhidos o aprisionam cada vez mais. O "perde ganha" na situação de Flaubert o coloca em situação de desespero: a crise da Ponte Evoque, onde tem o seu primeiro "ataque histérico", o liberta das exigências familiares, pois ele, como "doente dos nervos", não está mais obrigado a fazer o curso de Direito, que odiava. Com isso, ele ganha a possibilidade de dedicar-se à literatura e de ser escritor. Mas a que preço? Pois os transtornos são incontestáveis e invasivos. Gustave vive impressionado, tem medo da loucura e da morte. Sua literatura será uma expressão dos conflitos e sofrimentos que vivencia. Qual a balança para definir a extensão e o peso dos danos? Deve ser a balança aceita pelo próprio Flaubert, diz Sartre (1971).

Sendo assim, a neurose é o subjetivo – como vivência do neurótico – e, embora represente uma desadaptação – ela sempre implica, ao mesmo tempo, uma certa recusa, uma ruptura com o real e suas pressões. Mas ela representa, também, o peso do objetivo, a força das circunstâncias reais. Como disse Sartre em sua carta prefácio ao livro Razão e Violência: "considero a "doença mental" como uma saída que o organismo livre, em sua unidade total, inventa para poder viver uma situação insuportável" (LAING; COOPER, 1982).

O *terceiro momento* do método sartriano na compreensão das psicopatologias traz a definição do que o existencialista chama de "espírito objetivo". A questão que se coloca é se o estágio da complacência neurótica de Flaubert, a sua condição do sofrimento psíquico, contêm em si as estruturas da objetividade de uma época histórica? *É preciso inverter a pergunta*, diz o filósofo: no caso de Flaubert, "a arte não afirma um dos seus momentos históricos, exatamente o que convém à segunda metade do século XIX, através da neurose de Flaubert e dos grandes autores de sua geração? *Não caberia encarar* a neurose de Flaubert como produto da arte-por-fazer? (SARTRE, 1971, p. 39).

Aqui a psicopatologia existencialista discute o quanto certas respostas patológicas são condições de possibilidades vivenciadas para certos sujeitos no enfrentamento de um dado momento histórico. Por isso, conforme a época, são certos quadros psicopatológicos que predominam. No final do século XIX, com a racionalidade moralizadora e a repressão sexual, a questão predominante da histeria; em tempos de transformação do mundo do trabalho e das exigências do aumento do ritmo da produção, o predomínio de quadros de *burnout*, ansiedade, depressão e suicídio, relacionados ao contexto de trabalho (Castro, 2012); em território urbanos dominados pela violência e insegurança, o desenvolvimento de quadros de transtorno do pânico e estresse pós-traumático (Cardinalli, 2016); em contextos de exclusão social e miserabilidade da existência humana a escolha pela embriaguez, entorpecimento e intensidade das vivencias do instante produzidas pelo crack e sua dependência (Souza, 2016). Com isso, fica claro, que as condições epocais se dizem através das psicopatologias. O espírito objetivo nada mais é do que a cultura como prático-inerte, ou seja, a totalidade dos imperativos impostos ao homem desta ou daquela sociedade numa determinada data (Sartre, 1971).

Sartre questiona, assim, como estabelecer a relação entre estes dois tipos de condicionamento, ao mesmo tempo, singular e universal? Um sofrimento psíquico pode, ao mesmo tempo, valer-se das antinomias sociais e dar-se como saída individual? *É exatamente essa dialética que mostra a complexidade do patológico e nos possibilita outra condição de* compreender e intervir em seu contexto.

## Considerações finais

Em Sartre, bem como em Jaspers, na psicopatologia fenomenológica e nos antipsiquiatras, pudemos verificar que a patologia é compreendida a partir do núcleo da vida e da história de vida de relações da pessoa em sofrimento. Sendo assim, é uma psicopatologia que põe acento sobre o sujeito concreto, que se destaca como núcleo da produção do saber e da prática clínica.

A psicopatologia existencialista, que deve suas formulações às influências acima descritas, ganha contornos próprios com os subsídios da psicologia existencialista e a antropologia estrutural e histórica elaborada por Sartre. Traz como destaque a exigência da elaboração de uma clínica de situações concretas, que estabelece sua compreensibilidade na permanente dialética entre as condições objetivas, seja a nível microssocial, bem como ao nível macrossocial, e as vivências subjetivas, tanto em sua experimentação psicofísica concreta, espontânea e irrefletida (primeira pessoa), quanto na condição de elaboração reflexiva de sua situação (segunda pessoa). Sendo assim, a compreensão do sofrimento psíquico a partir da história do sujeito na relação com os outros e com as coisas em sua realidade concreta, tendo como pano de fundo o projeto de ser, enquanto totalização em curso, que se destotaliza e retotaliza e se objetifica nas vivências psicopatológicas, sendo expressão e denuncia de um dado contexto sociológico e um certo momento histórico.

Rompe-se, assim, com o fatalismo biologicista, assim como com o mentalismo ou racionalismo, típico de uma psicodinâmica subjetivista, que acabam por individualizar o sofrimento psíquico e desresponsabilizar o entorno e a sociedade pelos sofrimentos humanos. Subsidia-se, assim, a superação de uma psicopatologia meramente descritiva, restrita aos sinais e sintomas, que obscurece o sujeito e sua vivência e o submete a um tratamento massificado, puramente centrado na medicalização, sem desvelar sentidos e significados da vida afetiva.

Daí a intervenção clínica existencialista ser no sentido de intervenção no sociológico, visando a reinserção social do paciente, ao intervir na mediação para que o sujeito aprenda a lidar com suas relações concretas. Cannon (1993, p. 306), em seu livro sobre a clínica em Sartre, argumenta que o objetivo da psicoterapia existencialista é um movimento "em direção ao exterior, ao mundo prático-inerte intersubjetivo, que só se pode tentar modificar se se lutar contra ele".

Realizamos até aqui o que poderia ser considerado um esboço de uma teoria psicopatológica existencialista. Apesar de inicial, consideramos que, com as reflexões elaboradas, podemos ter uma ideia da importância da fundamentação que a questão psicopatológica, arguida nos termos acima descritos, possibilita para a viabilização de uma clínica ampliada, que qualifique tanto intervenções psicoterapêuticas, em especial as fenomenológico-existenciais, quanto ações em saúde mental pública, na Rede de Atenção Psicossocial.

## Referências

ALVIM, Monica, Fernando Gastal. *Clínica de Situações Contemporâneas: Fenomenologia e Interdisciplinaridade*. Curitiba: Juruá, 2015.

BEAUVOIR, S. *La Force de l'âge (I e II)*. Paris: Gallimard, 1960. (Col. Folio).

CANNON, B. *Sartre et la psychanalyse*. Paris: PUF, 1993.

CARDINALLI, Ida Elizabeth. *Transtorno de estresse pós-traumático: Uma compreensão fenomenológico-existencial da violência urbana*. São Paulo: Escuta, 2016.

CARVALHO TEIXEIRA, J. A. Introdução às abordagens fenomenológica e existencial em psicopatologia (II): As abordagens existenciais. *Análise Psicológica*, 2 (XV): 195-205, 1997.

CARVALHO TEIXEIRA, J. A. Introdução à psicoterapia existencial. *Análise Psicológica*, 3 (XXIV): 289-309, 2006a.

CARVALHO TEIXEIRA, J. A. Problemas psicopatológicos contemporâneos: uma perspectiva existencial. *Análise Psicológica*, vol.24, nº 3: 405-413, 2006b.

CASTRO, Fernando Gastal. *Fracasso do projeto de ser: Burnout, existência e paradoxos do trabalho*. Rio de Janeiro: Garamond, 2012.

CHARLESWORTH, M. Sartre, Laing & Freud. *Review of Existential Psychology & Psychiatry*. Vol.XVII, Nº1. 1980.

COHEN-SOLAL, Annie. *Sartre*. Paris: Editions Gallimard, 1985.

DELACAMPAGNE, C. De l'Existentialisme à l'Antipsychiatrie. *Les Temps Modernes*. Vol.1 e 2, nº 531 a 533, out/dez 1990.

HOLANDA, A. *Aurélio XXI: Dicionário de Língua Portuguesa*. Edição Eletrônica. São Paulo: Lexikon Informática Ltda, 2001,.

JASPERS, K. *Psicopatologia Geral: psicologia compreensiva, explicativa e fenomenologia*. 2ª ed. Rio de Janeiro: Atheneu, 1979.

JASPERS, K. A direção de pesquisa fenomenológica na psicopatologia. *Rev. abordagem gestalt.*, Goiânia, v. 21, n. 1, p. 97-105, jun. 2015. Disponível em <http://pepsic.bvsalud.org/scielo.php?script=sci_arttext&pid=S1809-68672015000100010&lng=pt&nrm=iso>. acessos em 23 jan. 2017.

KEEN, E (1979). *Introdução à Psicologia Fenomenológica*. Rio de Jan.: Interamericana.

LAING, R. (1987). *O Eu Dividido: estudo existencial da sanidade e da loucura*. Petrópolis: Vozes.

LAING, R.; COOPER, D. *Razão e Violência: uma década da filosofia de Sartre (1950-1960)*. 2ª ed. Petrópolis: Vozes, 1982.

LEONE, E. Balanço da Produção Acadêmica Brasileira no Campo da Saúde Mental – 1990/97. *Revista de Ciências Humanas*. UFSC, 2000. (Série Especial Temática: Saúde Mental: uma perspectiva crítica).

MESSAS, G. P. O sentido da fenomenologia na Psicopatologia Geral de Karl Jaspers. *Rev. Psicopatologia Fenomenológica Contemporânea,* 3(1), 2014, 23-47.

MIRVISH, A. Childhood, Subjetivity and Hodological Space: a reconstruction of Sartre's view of Existential Psychoanalysis. *Review of Existential Psychology & Psychiatry*. Vol. XXI, nº 1, 1996.

MOREIRA, Virginia. A contribuição de Jaspers, Binswanger, Boss e Tatossian para a psicopatologia fenomenológica. *Rev. abordagem gestalt.*, Goiânia, v. 17, n. 2, p. 172-184, dez. 2011. Disponível em <http://pepsic.bvsalud.org/scielo.php?script=sci_arttext&pid=S1809-68672011000200008&lng=pt&nrm=iso>. acessos em 23 jan. 2017.

PRÉVOST, Claude-M. *La Psychologie Clinique*. 4ª ed. Paris: PUF, 1988. (Col. Que sais-je?).

RODRIGUES, A. C. T. Karl Jaspers e a abordagem fenomenológica em psicopatologia. *Revista Latinoamericana de Psicopatologia Fundamental,* VIII, 2005, pp. 754-768. Recuperado de http://www.redalyc.org/articulo.oa?id=233017491012

SARTRE, Jean-Paul. *Esquisse d'une Théorie des Émotions*. Paris: Hermann, 1938.

SARTRE, Jean-Paul. *L'Imaginaire. Psychologie Phénoménologique de L'Imagination*. Paris: Gallimard, 1940.

SARTRE, Jean-Paul. *L'Être et le Néant – Essai d'Ontologie Phénoménologique*. Paris: Gallimard, 1943.

SARTRE, Jean-Paul. *Baudelaire*. Paris: Gallimard, 1947. (Col. Folio).

SARTRE, Jean-Paul. *Saint Genet: Comédien et Martyr*. Paris: Gallimard, 1952.

SARTRE, Jean-Paul. *Critique de la Raison Dialectique*. (précédé de Question de Méthode). Paris: Gallimard, 1960.

SARTRE, Jean-Paul. *La Transcendance de L'Ego. Esquisse d'une Description Phénoménologique*. Paris: J. Vrin, 1965.

SARTRE, Jean-Paul. Situações I. Lisboa: *Publicações Europa-América*, 1968.

SARTRE, Jean-Paul. *L'Idiot de la Famille: Gustave Flaubert*, de 1821 a 1857. Paris: Gallimard, 1971.

SARTRE, Jean-Paul. Situations, IX. Mélanges. Paris: Gallimard, 1972.

SARTRE, Jean-Paul. Situations X. *Politique et Autobiographie*. Paris: Gallimard, 1976.

SCHNEIDER, Daniela Ribeiro. Novas perspectivas para a psicologia clínica a partir das contribuições de J. P. Sartre. *Interação em Psicologia*, 10(1), p. 101-112, 2006.

SCHNEIDER, Daniela Ribeiro. *O Método Biográfico em Sartre. Estudos e Pesquisas em Psicologia, 8*(2), p. 289-308, 2008.

SCHNEIDER, Daniela Ribeiro. *Sartre e a Psicologia Clínica*. Florianópolis: EDU-FSC, 2011.

SCOCUGLIA, Jovanka Baracuhey Cavalcanti. *A hermenêutica de Wilheim Dilthey e a reflexão epistemológica nas ciências humanas contemporâneas.* Soc. Estado., Brasília, v. 17, n. 2, p. 249-281, Dez. 2002. Available from <http://www.scielo.br/scielo.php?script=sci_arttext&pid=S0102-69922002000200003&lng=en&nrm=iso>. acesso em 22 Jan. 2017. http://dx.doi.org/10.1590/S0102-69922002000200003.

SERPA JUNIOR, Octavio Domont de; LEAL, Erotildes Maria; LOUZADA, Rita de Cássia Ramos e SILVA FILHO, João Ferreira da. A inclusão da subjetividade no ensino da Psicopatologia. *Interface.* 2007, vol.11, n.22, pp.207-222.

SZASZ, Thomas. *O Mito da Doença Mental*. Rio de Janeiro: Zahar, 1979.

SZASZ, Thomas. *Ideologia e Doença Mental*. 2ª ed. Rio de Janeiro: Zahar, 1980.

TATOSSIAN, Arthur. A fenomenologia existencial e o inconsciente: um ponto de vista psiquiátrico. *In*: TATOSSIAN, Arthur; MOREIRA, Virginia. *Clínica do Lebenswelt: Psicoterapia e psicopatologia fenomenológica*. São Paulo: Escuta, 2012.

VAN DEN BERG, J. *O Paciente Psiquiátrico: esboço de psicopatologia fenomenológica*. São Paulo: Mestre Jou, 1981.

# Sobre os autores

**VALDEMAR AUGUSTO ANGERAMI (ORGANIZADOR)**

Psicoterapeuta existencial; Professor de pós-graduação em Psicologia da Saúde na PUC/SP; Professor de pós-graduação em Psicologia da Saúde na UFRN; professor convidado do Programa de Aprimoramento Profissional em Psicologia e Oncologia da Faculdade de Ciências Médicas da UNICAMP; Coordenador do Centro de Psicoterapia Existencial; Membro da Comissão Justiça e Paz. Autor com o maior número de livros publicados sobre psicologia no Brasil e adotados em universidades de Portugal, Espanha, México e Canadá.

**ANDRÉ ROBERTO RIBEIRO TORRES**

Psicólogo, filósofo, psicoterapeuta com formação em Fenomenologia Existencial pelo Centro de Psicoterapia Existencial; mestre em Psicologia como Ciência e Profissão pela PUC Campinas; professor da Faculdade Anhanguera de Campinas, coautor de diversos livros em Psicologia; autor do material didático da disciplina História da Psicologia do sistema Kroton Learning System (KLS), palestrante e consultor de empresas e professor convidado de instituições nos níveis de graduação e pós-graduação.

**BRUNO GONÇALVES**

Graduação em Psicologia pela Faculdade Anhanguera de Jundiaí. Formação em Psicoterapia Fenomenológico Existencial: Centro de Psicoterapia Existencial. Psicólogo do SUS no CAPS de Porto Feliz desde 2015

**DANIELA RIBEIRO SCHNEIDER**

Psicóloga, Mestre em Educação (UFSC), Doutora em Psicologia Clínica (PUC/SP), Pós-Doutora pela Universidad de Valencia – Espanha. Professora da Graduação e Pós-Graduação em Psicologia e do Mestrado Profissionalizante em Saúde Mental e Atenção Psicossocial da

Universidade Federal de Santa Catarina – Brasil. Autora do livro Sartre e a Psicologia Clínica (EDUFSC, 2011) e uma dezenas de artigo sobre psicologia existencialista e psicopatologia fenomenológica.

### DÉBORA CANDIDO DE AZEVEDO

Psicóloga clínica (1989), Mestre em Educação (1997) com experiência acadêmica nas disciplinas de Psicologia Escolar, Psicologia Infantil, Psicoterapia, Oficina de Criatividade, Atenção Psicossocial, Métodos e Técnicas de Pesquisa, Aconselhamento Psicológico e Grupo de pais. Formação em Psicologia Fenomenológica e Análise do Existir (SOBRA-PHE-2000). Atualmente docente da Universidade Paulista com estágio supervisionado em psicodiagnóstico interventivo e plantão psicológico. Membro da SE&PQ (Sociedade de Estudos e Pesquisas Qualitativos), do PEM (Núcleo de Pesquisas e Estudos Merleaupontianos) e da ALPE (Associação Latinoamericana de Psicoterapia Existencial). Atendimento clínico e supervisão numa abordagem FENOMENOLÓGICO-EXIS-TENCIAL. Participação em congressos nacionais e internacionais como conferencista e com alguns trabalhos publicados.

### DENIS EDUARDO BATISTA ROSOLEN

Psicólogo com especialização em Psicologia Hospitalar pela Faculdade de Medicina da Universidade de São Paulo; especialização em Gestalt Terapia pelo Instituto Sedes Sapientiae; Formação em Psicoterapia Fenomenológico Existencial pelo Centro de Psicoterapia Existencial. Professor universitária na Universidade Castelo Branco de Descalvado; orientador de estágios na Universidade Anhanguera de Leme em 2011; coautor do livro Psicossomática e suas interfaces; professor no Centro de Psicoterapia Existencial. Exerce a clínica psicológica desde 2001; psicólogo clínico no CAPS1 de Pirassununga desde 20012.

### ÉRICA ENEAS RODRIGUES

Graduada em psicologia pela Unip – Universidade Paulista. Psicóloga na Secretaria de Administração Penitenciária, trabalhando com atendimentos grupais e individuais. Formação em Psicoterapia Fenomenológico Existencial no Centro de Psicoterapia Existencial.

### LUIZ JOSÉ VERÍSSIMO

Graduado em Psicologia (PUC-RJ) e Filosofia (UERJ). Mestre, Doutor e Pós-Doutor em Filosofia pela UERJ. Formação em Terapia Vivencial.

Professor de Psicologias Existenciais e Humanistas, Ética e Epistemologia na Universidade Veiga de Almeida. Professor do Curso de Formação em Terapia Vivencial, sob a coordenação de Tereza Erthal. Professor do Curso de Pós-Graduação Psicologia Junguiana, Arte e Imaginário na PUC-RJ. Professor de Temas Existenciais no Curso de Formação em Psicoterapia Fenomenológico Existencial do Centro de Psicoterapia Existencial. Professor da Especialização em Psicoterapia Existencial na UNIPAR. Ministrou cursos de Extensão sobre Amor, Paixão e Relação num enfoque existencial e humanista no CCE da PUC-RJ. Tem livros e artigos publicados sobre temas da Psicologia Existencial e Humanista, Ética, Ecologia e Filosofia da Religião. Membro da SEAF – Sociedade de Estudos e Atividades Filosóficas.

### MAYARA CRISTINA FONSECA OLDONI

Psicóloga pela Universidade do Vale do Itajaí. (Univali). Atua na área clínica há 14 anos. Formação em Psicoterapia Fenomenológico Existencial pelo Centro de Psicoterapia Existencial – Campinas (SP). Psicóloga integrante da equipe do Nahc (Núcleo Assistencial Humberto de Campos, no atendimento clínico psicoterápico de dependentes e co-dependentes) em Balneário Camboriú –SC. Professora na Escola Técnica Geração em Itajaí – SC.

### RAFAEL RENATO DOS SANTOS

Graduado em Psicologia pela Universidade de Marília (Unimar), com especialização em Gestalt-terapia pelo Dasein: Grupo de Apoio – Formação Terapêutica (Marília-SP). Trabalhou como psicólogo na Fundação CASA (Centro de Atendimento Socioeducativo ao Adolescente). Atualmente está no Centro de Referência Especializado da Assistência Social (Creas – Itapetininga-SP), atuando diretamente com Medidas Socioeducativas em Meio Aberto. Membro do NEGDS (Núcleo de Estudos de Gênero e Diversidade Sexual) da UFSCar Campus Sorocaba/SP.

### RAYZA ALEXANDRA ALEIXO FRANCISCO

Psicóloga pela Universidade Estadual de Maringá (UEM/PR/2016). Fez parte da PSIQUE CONSULTORIA – Consultoria e Projetos em Psicologia – Empresa Júnior (UEM/2012-13). Foi integrante do Grupo de Estudos em Fenomenologia e Existencialismo (GEFEX), do Laboratório Interinstitucional de Estudos e Pesquisas em Psicologia, Fenomenologia e Existencialismo – (LIEPPFEX/DPI/UEM/2013-14). Realizou pesquisa na área de Psicologia do Trabalho, na abordagem existencialista sartriana

(PIC/2014). Bolsista no projeto de Incubação social interdisciplinar de Empreendimentos Econômicos Solidários – EES formado por catadores de materiais recicláveis em situação de vulnerabilidade socioeconômica na região Noroeste do Paraná – CATAEES (UEM/SETI/2014).

### SONIA MARIA MACHADO DE OLIVEIRA NUKUI

Professora universitária do Curso de Psicologia – Universidade Paulista. Graduação: Universidade Paulista. Mestrado: Universidade Metodista de São Paulo - área: Psicologia da Saúde. Especialista em Psicoterapia Breve Operacionalizada e Psicoterapia Familiar. Curso de formação em Psicoterapia Existencial pelo Centro de Psicoterapia Existencial. Integrante do Núcleo Apoiar: Familiar-Casal- Universidade de São Paulo (USP.

### SYLVIA MARA PIRES DE FREITAS

Psicóloga. Docente do curso de Psicologia da Universidade Estadual de Maringá (UEM/PR). Mestre em Psicologia Social e da Personalidade pela Pontifícia Universidade Católica do Rio Grande do Sul (PUCRS). Especialista em Psicologia do Trabalho pelo Centro de Ensino Universitário Celso Lisboa (CEUCEL/RJ). Formação em Psicologia Clínica pelo Núcleo de Psicoterapia Vivencial (NPV/RJ).

### TEREZA CRISTINA SALDANHA ERTHAL

Psicóloga formada pela UFRJ. Especialista em Psicologia Clínica pelo CRP-SP e Mestre em Psicologia Social pela PUC-RJ onde lecionada disciplinas ligadas a Psicoterapias Existenciais e Humanistas. É Supervisora Clínica na abordagem existencial. Autora de vários livros sobre existencialismo e Psicoterapia Vivencial.

### TIAGO LUPEPSA

Formado em Psicologia pela Universidade Paranaense – UNIPAR em 2006; Psicoterapeuta Existencial pelo Centro de Psicoterapia Existencial em 2009; Psicólogo do Centro de Referência de Assistência Social – CRAS de Pérola/PR de 2008 à 2012; Psicólogo da Equipe de Equoterapia da Associação de Pais e Amigos dos Excepcionais – APAE de Pérola/PR de 2008 à 2012; Psicólogo do Serviço Auxiliar da Infância e Juventude – SAIJ, da Vara da Infância e Juventude da Comarca de Umuarama/PR, do Tribunal de Justiça do Estado do Paraná desde 2012; Especialista em Psicologia Jurídica pelo Conselho Federal de Psicologia em 2015.

Este livro foi composto com tipografia Bembo
e impresso em papel Offset 90g. na Gráfica Del Rey.